中国城市轨道交通建设应急管理发展蓝皮书

（2023）

《中国城市轨道交通建设应急管理发展蓝皮书（2023）》编委会　编著

中国铁道出版社有限公司
CHINA RAILWAY PUBLISHING HOUSE CO., LTD.

图书在版编目(CIP)数据

中国城市轨道交通建设应急管理发展蓝皮书. 2023/《中国城市轨道交通建设应急管理发展蓝皮书(2023)》编委会编著. —北京:中国铁道出版社有限公司,2024.5

ISBN 978-7-113-31099-8

Ⅰ.①中… Ⅱ.①中… Ⅲ.①城市铁路-铁路工程-建设-危机管理-研究报告-中国-2023 Ⅳ.①U239.5

中国国家版本馆 CIP 数据核字(2024)第 049090 号

书　　名: **中国城市轨道交通建设应急管理发展蓝皮书**(2023)

作　　者:《中国城市轨道交通建设应急管理发展蓝皮书(2023)》编委会

责任编辑: 许士杰　　**编辑部电话:**(010)51873204　　**电子邮箱:** syxu99@163.com

编辑助理: 韩振飞

封面设计: 崔丽芳

责任校对: 安海燕

责任印制: 赵星辰

出版发行: 中国铁道出版社有限公司(100054,北京市西城区右安门西街 8 号)

网　　址: http://www.tdpress.com

印　　刷: 北京联兴盛业印刷股份有限公司

版　　次: 2024 年 5 月第 1 版　2024 年 5 月第 1 次印刷

开　　本: 880 mm×1 230 mm 1/16　**印张:** 22.25　**字数:** 586 千

书　　号: ISBN 978-7-113-31099-8

定　　价: 168.00 元

《中国城市轨道交通建设应急管理发展蓝皮书(2023)》
编写指导委员会

《中国城市轨道交通建设应急管理发展蓝皮书(2023)》编写委员会

主　编	廖国才	张海顺	吕培印			
副主编	刘　淼	夏秀江	曹伍富			
编　委	杨贵生	赵晋友	王玉亮	苏振宇	何治新	宋晓业
	林岩松	路林海	张春雷	李俊伟	吕晓应	钟有信
	游正军	李永伟	张美琴	周　南	刘长志	郭　戈
	李宏达	曾　理	朱海军	张　鹏	王瑞峰	饶　彪
	付朝立	谢志锋	康建明	任八锋	张成满	仇培云
	苏钊颐	徐庆辉	李立双	刘修振	张金伟	曹晶珍
	炊鹏飞	杨宗元	聂旭宇	林　麟	马建红	黎志华
	胡光华	胡奇凡	朱玉彪	范东方	赵　柯	王者永
	任文刚	江先勇	谭　露	李彦睿	康　镜	李　超
	梁邦丽	马昌喜	王正松	汪发松	罗望春	刘　斌
	杨长卫	刘　强	刘开扬	赵　驰	时晓贝	刘正一

《中国城市轨道交通建设应急管理发展蓝皮书(2023)》
审稿专家

赵瑞华（原应急管理部综合协调司）

黎忠文（深圳市地铁集团有限公司）

乔书光（佛山市地铁集团有限公司）

康　佐（西安市轨道交通集团有限公司）

王艳辉（北京交通大学）

李　枫（同济大学）

马　剑（西南交通大学）

《中国城市轨道交通建设应急管理发展蓝皮书（2023）》
主 编 单 位

北京永盛捷泰科技有限公司

北京安捷工程咨询有限公司

北京市轨道交通建设管理有限公司

北京城建设计发展集团股份有限公司

中国铁路设计集团有限公司

中铁第四勘察设计院集团有限公司

晋铁科技集团有限公司

青岛地铁集团有限公司

石家庄市轨道交通集团有限责任公司

佛山市地铁集团有限公司

广州地铁集团有限公司

城市轨道交通系统安全与运维保障国家工程研究中心

南宁轨道交通集团有限责任公司

西南交通大学

《中国城市轨道交通建设应急管理发展蓝皮书（2023）》
参 编 单 位

中铁第六勘察设计院集团有限公司
北京双元盛达教育科技有限公司
中铁电气化局集团有限公司
中铁十六局集团地铁工程有限公司
成都智谷耘行信息技术有限公司
中建三局基础设施建设投资有限公司
武汉地铁集团有限公司
哈尔滨地铁集团有限公司
济南轨道交通集团有限公司
中铁第五勘察设计院集团有限公司

序

当前，城市轨道交通已经广泛分布于全国各地，特别是在一线和二线城市。地下线路在城市轨道交通中占很大比例，其在建设过程需要面对各种复杂的工程地质、地下管线及周边环境等问题，同时还要面临安全风险和潜在的事故隐患。尽管努力预防，但大小事故仍然时有发生，不断加强安全和应急管理工作任重道远。

应急管理是应对突发事故的重要防线，守好这道防线对于遏制事故发生、减少事故损失、降低事故影响至关重要。长期以来，我国高度重视工程建设项目的应急管理工作，不同层级的部门制定了相应领域的应急预案，有些地方还出台了关于城市轨道交通工程的专项应急管理办法。同时，相关企业和科研院所也研发了各种应急技术和装备。上述成果和经验亟需进行全面研究和总结。

《“十四五”国家安全生产规划》中提出生产安全事故死亡人数下降15％，重特大生产安全事故起数下降20％等主要指标，这是对全体应急管理从业者的总体要求。由于城市轨道交通的专业性、复杂性和特殊性，现阶段在专业人才培养、专业队伍建设、社会力量建设、科技信息化水平等方面还存在诸多不足。应急物资、应急通信、指挥平台、装备配备等保障措施还不完善，缺乏协调、重复研究等问题仍然比较突出，这些都使得应急能力的现代化建设工作十分艰巨。

知病因方可对症下药，应急管理能力的提升也是如此。为了深入贯彻党的二十大精神和落实《“十四五”国家应急体系规划》等相关要求，推动我国城市轨道交通应急管理体系和能力现代化发展，中国应急管理学会轨道交通安全应急管理工作委员会牵头组织轨道交通建设、勘察、设计、施工、监理、咨询等部门、企业及高校、科研院所等30余家单位，从应急管理发展、体系制度、装备技术、实操实践等方面对我国城市轨道交通建设期应急产业进行了全面的摸底总结，形成《中国城市轨道交通建设应急管理发展蓝皮书（2023）》。

本书的出版对于我国城市轨道交通建设应急管理发展具有里程碑意义，它为应急管理的科学化、系统化、全面化发展提供基础性支持，为推动城市轨道交通行业的高质量发展贡献积极力量。本书适用于政府建设部门、应急主管部门、城市轨道交通以及类似工程建设项目中从事应急管理工作的人员阅读使用。本书有助于相关人员避免重复研究，提高资源利用效率，对于他们了解和掌握我国城市轨道交通建设应急管理的现状和发展具有重要参考价值。

2024年3月

范维澄：中国工程院院士，中国科学技术大学教授、博士生导师。

前 言

完善国家应急管理体系是“十四五”规划的重要内容，防范化解重大安全风险，深入推进应急管理体系和能力现代化，坚决遏制重特大事故，既是要求也是使命。城市轨道交通的普遍特点是地下线路多、建设规模大、建设周期长、工序工艺及周边环境复杂，不可预见的情况多，施工和安装过程中极易受到各种突发事件的干扰和影响，这就要求在建设期间进行有效的应急管理，以确保工程建设的正常进行和安全可靠。本书作为中国城市轨道交通应急管理发展系列蓝皮书的重要组成部分，主要探讨和总结了城市轨道交通建设期应急管理相关的理论、方法和实践经验，旨在进一步巩固城市轨道交通建设高质量发展的基础，为相关领域从业者提供一份全面的参考指南。

应急管理是一项极其依赖体系化、协同化的系统性工作，在理论、组织、方案、技术、资源和队伍建设等方面均需要全面落实和完善。本书第一篇从应急管理理论出发，总结当前城市轨道交通建设期应急管理的模式和现状，通过典型事故应急案例回顾，分析当前应急管理工作存在的问题和不足，阐述应急管理发展的价值和必要性。

城市轨道交通应急管理涉及单位和部门众多，在具体实践过程中经常出现管理和协同不到位的问题。本书第二篇从应急管理体系和制度建立的角度，总结当前城市轨道交通工程建设领域的应急法规标准、应急预案体系、应急体制机制的现状，提出了加强体系制度建设，构建协同应急的思路与方向。

城市轨道交通工程建设涉及大量的地下空间施工作业，安全风险高，突发事故的应急救援难度大。本书第三篇从应急技术角度总结了当前在安全和应急管理过程中所涉及的方法和装备，包括安全风险管控技术、安全监测技术、常见事故的救援技术与装备、各项应急相关信息平台、应急管理评价技术等内容。这些经过了实战的宝贵技术方法可为施工现场安全态势的可知可控提供帮助，更可在面临突发事件时能够快速、准确地做出应对提供参考。

事故应急工作是对整套预防和准备工作的检验，正所谓“养兵千日，用兵一时”，高效应急的背后离不开一系列的准备工作。本书第四篇总结了我国城市轨道交通工程建设应急管理体系、应急培训、应急物资配置、应急演练等各项“平日”工作的现状，同时也介绍了一些单位的具体做法和要求，总体上偏向于经验性和实操性的内容。

本书第五篇围绕应急管理发展提出展望性建议。今后两年是“十四五”规划实施的关键时期，在城市轨道交通工程建设领域完善并发展应急管理体系是所有从业者的共同目标和任务，应急管理模式创新、应急专项法制完善、应急人才培育和应急市场建设是当前亟需完成的工作。相对于其他类型的工程建设项目，城市轨道交通工程建设应急管理的专业性、技术性要求更高，本书可提供有益的借鉴和参考。

本书不仅适用于城市轨道交通工程建设领域的从业人员，也适合相关领域的研究人员、政府管理部门和企事业单位的决策者和管理者。希望通过本书的学习和阅读，读者能够全面系统地了解城市轨道交通建设期应急管理的知识和方法，提升日常应急管理和事故应对能力，为城市轨道交通建设事业作出积极贡献。

最后，特别感谢参与本书编审和出版的所有专家学者、编辑人员，他们的辛勤工作和宝贵意见为本书的最终完善提供了帮助。同时也衷心感谢所有关心和支持《中国城市轨道交通建设应急管理发展蓝皮书（2023）》的单位和个人，愿我们共同努力，推动城市轨道交通工程建设应急管理工作取得更大的突破与进步。

本书是一部首创之作，愿它成为城市轨道交通应急管理领域的一部经典之作，进一步夯实城市轨道交通安全应急管理体系的基础，为行业的健康高质量发展作出贡献。

祝各位读者阅读愉快，收获满满！

本书编审委员会

2024 年春

目　录

第一部分　绪论综合篇

第二部分　体系制度篇

第四部分 管理实操篇

第五部分　发展与展望

附　录

第一部分 >>>>>>>

绪论综合篇

1 应急管理科学的相关概念、理念及发展解析

1.1 应急管理及发展

应急管理作为管理领域的新兴学科，包括突发事件处理及相应的应急技术支撑，涉及不同主体，涵盖管理科学、系统科学、社会学等诸多领域。

从管理主体上看，应急管理是社会管理的重要内容，强调“政府主导、社会参与”。《中华人民共和国突发事件应对法》第七条规定：“县级人民政府对本行政区域内突发事件的应对工作负责；涉及两个以上行政区域的，由有关行政区域共同的上一级人民政府负责，或者由各有关行政区域的上一级人民政府共同负责。”同时，《中华人民共和国突发事件应对法》第十一条也规定：“公民、法人和其他组织有义务参与突发事件应对工作。”例如，在2008年的“5·12”汶川大地震中，中国政府组织了高效的应急救援和“对口支援”，大量的非政府组织(NGO)和志愿者也积极配合政府参与应急救援与灾后重建，共同取得了抗震救灾的伟大胜利。

从管理客体上看，应急管理强调对突发事件的综合管理。按照《中华人民共和国突发事件应对法》第三条规定，应急管理的客体包括自然灾害、事故灾难、公共卫生事件和社会安全事件，应急管理是对上述四类突发事件的综合管理。

从管理过程上看，应急管理强调对突发事件全过程的管理。按照《中华人民共和国突发事件应对法》第二条的规定，应急管理包括突发事件的预防与应急准备、监测与预警、应急处置与救援、事后恢复与重建四个过程，应使突发事件应急管理工作贯穿于各个过程，充分体现“预防为主、常备不懈”的应急管理理念。

综上所述，应急管理是针对各类突发事件(包括自然灾害、事故灾难、公共卫生事件和社会安全事件)，从预防与应急准备、监测与预警、应急处置与救援到事后恢复与重建等全方位、全过程的管理。应急管理是个复杂的、开放的系统工程。

党的二十大报告提出：“坚持安全第一、预防为主，建立大安全大应急框架，完善公共安全体系，推动公共安全治理模式向事前预防转型。”创新性提出了“大安全大应急”的框架和概念。

“大安全大应急”的概念，从应对范围来说，由“单一灾种”到“多灾种”应对；从治理环节来说，由“条块分离”到“全链条”治理；从包含内容来说，包含了“事前预防、事先预备、事发监测、事中响应、事后恢复”等全生命周期的治理内容；从保障过程来说，从“保障分散”到“全过程”统一，防灾、抗灾、救灾三位一体等。

当前，世界已进入突发事件多发、涉及面广、难度大、应对复杂的阶段，如何做好预案管理工作，有效应对突发事件，已成为世界各国共同面临的挑战。在吸收国内外先进理念的基础上，结合国内具体实践，中国于2018年在突发公共安全事件调度处置过程中形成了国家层面的大安全大应急基本框架。大安全大应急框架是指在政府统一领导和指挥下，各职能部门密切配合、各司其职，各应急救援与监管力量统一调派、协调作战，社会各团体组织发挥专业优势，全体公民积极参与，全方位、立体化应对突发事件。大安全大应急框架包含以下几个基本理念：

(1)生命至上，保障人民生命安全为第一目标；

(2)主体延伸，所有的社会力量都成为核心载体的重要组成部分；

(3)重心下移，一线基层成为重要基础；

(4)关口前移，对灾害来临时的应急处置做到未雨绸缪、常备不懈；

(5)处置专业，职务权力在突发事件处理框架中比行政级别在地方事务中更大；

(6)综合协调，要全面协调，健全形成跨地区、跨领域协作合力；

(7)依法应对，将多头管理纳入法治建设重要内容，纳入大应急框架下；

(8)强化通报，让市民第一时间知晓突发事件处置的真相；

(9)培养人才，在总结经验、推广应用的同时，加强对专业人才的培养；

(10)以科技为依托，科学处置由传统的“以人为本”向“人装结合”转变。

小应急是相对于大应急的概念，主要局限在突发事件应对方面。长期以来，中国的应急管理是小应急的体系，主要表现在，一是灾种的单一分别、分类治理应对；二是治理过程的限制，治理环节的分散，就应急谈应急，仅限事中响应和救援等。

应急管理是以政府设立专门的管理机构、或明确原有相关机构的应急管理责任为开端的。以此标准，可将应急管理的历史划分为三个阶段。

1. 前应急管理时期(20 世纪 50 年代以前)

前应急管理时期，也就是在正式设立或明确应急管理机构之前，政府在处置灾害时采取一系列相对孤立、临时性行为的时期。在这一时期，对于人为的侵权性责任事故，司法部门的介入是理所当然的；然而，人们面对的更多是自然的、非侵权性的天灾人祸，政府究竟是否有责任介入这些灾害的管理，在法律责任上还是空白或者只是零星通过了一些法律作了相应规定。在这一时期，政府或立法机关对某一具体灾难通过行政手段或立法行为进行管理，但没有形成对灾难的持久性、普遍性管理责任和义务。简言之，就是一事一管、一事一议。尽管这些行政与立法行为并没有形成一种制度，但政府反复应对灾害的行为逐步让人们形成了政府具有应急管理责任的观念，这为后来的应急管理奠定了广泛的社会认识基础，也为政府日后干预自然灾害和其他灾难奠定了立法和行政基础。

2. 应急管理规范期(20 世纪 50 年代至 90 年代)

面对 20 世纪 30 年代的经济萧条，许多国家政府不同程度地加强了对经济和社会事务的干预，以弥补市场不足，纠正市场失灵，促进经济复苏。在这个大背景下，作为政府重要职能的应急管理工作，也开始步入了规范期，即各个国家的政府开始在制度上介入灾害管理，并通过设立专门的应急管理机构、确立应急管理原则、完善应急管理法律与工作制度来规范应急管理工作的过程。在这一阶段，受冷战时期的影响，许多国家纷纷加强或重建民防组织，因此，许多国家的应急管理体系都是从民防体系中萌芽而来的，以军事意义为主的民防机构向通用的民防机构转变，应急管理逐渐从政府的军事职能中剥离、独立出来，作为单独的体系予以建设与发展。

在应急管理规范期，一个典型的特征是综合应急管理(CEM)体系的建设，其基础是“命令与控制”理论，即通过整合式应急管理系统(IEMS)的发展实现运转。“命令与控制”手段的前提是：首先，假设应急管理者的集权式控制是应对灾害最好的方式，其次，假设公众处于恐慌状态，或是出于自身最大的利益而开展行动。以此为前提，基于合理性的经典管理理论发展出来的模式则是用以“管理”灾害的最佳手段。然而，研究发现，“命令与控制”范式与现实的应急管理有着不匹配的现象，因为在应对灾害时，公众可能并不慌乱，反而会形成临时团队应对突发事件。随着时代的发展，综合应急管理这一旧范式对于全面解释应急管理开始显得不足；但在当时，这一理论对于整个应急管理体系系统化、规范化的发展则发挥了重要作用。

3. 应急管理拓展期(21 世纪以来)

2001 年美国"9·11"事件发生后，全球安全形势发生了重大变化，国际应急管理和减灾工作也随之呈现出新的发展趋势。这主要体现在以下四个方面：

第一，由单项减灾向综合减灾转变，由单一事件处置向多种事件综合管理转变，从单纯的自然灾害处置向各类突发事件管理延伸，事故灾害、公共卫生、社会安全等突发事件的应急处置工作正日趋完善。

第二，由减轻大害向减轻灾害风险、加强风险管理转变，从"重在处置"向"预防为主"转变。

第三，由单纯减灾向减灾与可持续发展相结合转变，更加强调科学发展，强调运用先进的科技手段和方法。

第四，从单纯应对一个方面、一个区域的突发事件向更多领域、更大区域扩展，由一个国家减灾向全球或区域联合减灾转变，更加强调合作、协调、联动和高效。随着国际减灾与应急管理战略的不断调整与发展，世界各国，尤其是发达国家和地区更加重视应急管理工作，更加强调政府、企业、社会组织和公民都要履行自己的职责，而且在许多方面都进行了积极探索，并取得了明显的成效，形成了各自的特点。

目前专家主要根据危机管理过程对应急管理进行分类。与之相关的理论有："三阶段"模型把危机管理划分为危机前、危机中以及危机后三个时期；"四阶段"模型划分为预防、准备、响应和恢复四个时期；"五阶段"模型把应急管理过程划分为预防、保护、减灾、响应和恢复五个时期。当前，"四阶段"模型被普遍使用，每个阶段过程如下：

(1)"预防"是指事前的管理，就是在日常事务管理过程中负责排查各项危险隐患，并主动对各类可能出现的危险隐患采取一定的防护措施，以便将引发突发事件的各类因素进行排除。本时期的重点是制定安全预案，组织值班人员定期排查，对各种施工设备定期检测并如实汇报。

(2)"准备"是指在突发事件出现之前与出现之后的重合阶段，也是指针对极易出现危险事件而进行应急预防的准备活动，主要包括修改应急预案、定期组织培训、提高管理人员对应急预防的重视程度、增强体能训练；储备应急救援物质和应急机具，以便在事发后能够提供救援保障；对交通要道及时清理并排查安全隐患，以便事发时能够保证畅通；拓宽信息渠道，能够保证及时获取信息来源以便选取应急决策方式。

(3)"响应"是指当突发事件发生后多措并举，有效缓解救援人员压力和减少财产损失及人身伤亡等问题。突发事件发生后，该时期的重点便是及时上报突发事件的相关信息、进行指挥救援决策、针对发生的事件公开透明并处理相应舆情，进而稳定公众情绪。采取的应对措施主要取决于突发事件的等级，需要有针对性地制定解决方案，发放救援物资，特别是面临重大突发事故时要求各部门相互配合，确保及时处理突发事件。

(4)"恢复"是指突发事件在发生一段时间后能够及时处理，保证事态朝着良好的方向去发展，为后续的应对处理起到良好的示范作用。重点是恢复建设秩序、清点并提供相应物资、对问题的发生进行详细调查和总结、对受损群众赔偿安抚、吸取经验教训对后续的事态定期跟进、制成案例定期总结和回馈等。

1.2 应急相关业务及其关系

从广义的角度来看，应急管理还涉及安全管理、风险管理、危机管理以及工程保险等相关业务。从管理流程上看，应急管理往前可以延伸至风险管理；从突发事件的分级，也就是从管理的紧迫性、强度和不确定性来看，应急管理在纵深上可扩展至危机管理。然而，在具体的实践中，从狭义的角度来理解，它们之间仍存在着差别。

1. 安全管理

安全生产管理是管理的重要组成部分，是安全学科的一个分支。所谓安全生产管理，就是针对人们在生产过程中的安全问题，运用有效的资源，发挥人们的智慧，通过人们的努力进行有关决策、计划、组织和控制等活动，实现生产过程中人与机器设备、物料、环境的和谐，达到安全生产的目标。安全生产管理的目标是减少和控制危害、事故，尽量避免生产过程中由于事故而造成人身伤害、财产损失、环境污染及其他损失。安全生产管理的基本对象是企业的员工，涉及企业中的所有人员、设备设施、物料、环境、财务、信息等各个方面。安全生产管理的内容包括安全生产管理机构、安全生产管理人员、安全生产责任制、安全生产管理规章制度、安全生产策划、安全培训教育和安全生产档案等。

2. 风险管理

风险管理由风险识别、风险估计、风险评价、风险应对等步骤组成，通过以上几个步骤对风险因素进行系统的量化和程序化，然后加以控制减少对工程的损失。

(1)风险识别。通常是指管理者对于风险发生前所进行的潜在原因的分析，从识别的种类上来看，可分为不确定的风险和确定的风险两种，分析即是通过科学的方法将隐蔽于诸多工程建设项目中的风险找出。风险识别通常有五个步骤：

①明确不确定因素的风险识别客观性。

②风险识别是一个系统、可持续的过程，识别过程中要重点对风险的来源结构进行客观分析。

③罗列风险，制定风险清单，将影响项目完成等潜在的因素进行系统分析，为后续风险分析奠定坚实的基础。

④建立风险清单，进一步分析风险因素的来源，科学推测各个风险因素之间的相互联系。

⑤风险分类，依据风险性质、可能结果、相关性、概率的大小以及严重程度进行系统的分类。

(2)风险估计。在建设项目风险管理中，需要对项目的目标、计划等各个方面进行仔细分析，然后运用概率论和数理统计的方法，对建设工程项目中存在的风险进行分析，求得规避风险的最佳解决方案。风险估计主要包括风险事件发生的可能性和风险事件的严重性。

(3)风险评价。对于建设项目风险评价的标准通常可以分为两种类型：一种是计划风险评价标准；另一种是可接受风险评价标准。二者均与建设项目的目标存在密切的联系。计划风险评价标准主要是通过经验或是主观预测与建设项目的目标达成必要的联系，而可接受风险评价标准则是项目决策者能够接受的水平标准，也带有较为强烈的主观色彩。

(4)风险应对。在工程建设风险管理中，应对风险主要有四种策略：

①回避风险，在建设项目中，如果面临较大的风险，应当考虑予以回避，回避并非逃避，而是为了更好地应对风险，降低损失和风险发生的可能性。

②转移风险，在建设项目中，转移风险是一种较为常用的风险应对方法，转移风险也叫风险转移，即将建设项目中可能的利益损失转移，从而减少自身的风险或者从客观意义上消除风险。转移风险的方式有很多，常见的有：通过签订合同来转移风险、通过工程担保来转移风险、通过工程保险来转移风险。

③保留风险，利用保留风险的方法来应对风险，往往是在比较优势的前提下或没有其他备选方法的情况下采取，这类方法通常被分为两类：一类是主动保留，要求管理者从主观上估计风险所造成的损失以及自身的应对实力来考虑所面临的风险是否应当保留；另一类是被动保留，一般是指风险管理者不能主观决定，只能被动地接受。

④减少风险，通过采取相应的措施从实质上减少损失，以此来控制风险并使其保持在管理者可接受的程度。

3. 危机管理

危机管理通常是对“危机型”突发事件的应对，这类事件具有影响范围广泛、持续时间长、伤亡或损失特别严重以及对经济社会产生极端恶劣影响的特点。在时间非常紧迫和不确定性极高的情况下，需要采取果断措施并做出关键决策。然而，危机又具有一定的“机遇性”，即“危机＝危险＋机遇”。因此，危机管理贯穿于风险管理和应急管理的整个过程，兼顾了“风险”与“突发事件”的特性。

4. 工程保险

工程保险是指以各种工程项目和机器设备为主要承保对象的保险业务，旨在为工程的建设、安装，机器的安装、调试、运行过程中出现的意外损失和第三者造成的人身伤亡、财产损失提供保障。工程保险的核心目标是通过将风险转移给保险公司，使投保人以最小的固定费用获得最大的潜在风险保障，在发生保险事故时，投保人可以通过保险索赔获得合同约定的补偿。为确保项目的顺利实施，业主和承包商一般通过合同约定保险责任主体，购买相应的保险产品，并向保险公司支付保费，一旦项目出现保险范围内的损失，保险公司将按照合同约定承担理赔责任。工程保险是业界公认的转移工程项目风险最有效的经济手段。常见的工程保险类型包括建筑工程一切险、安装工程一切险、第三者责任险、雇主责任险、人身意外伤害险和十年责任险等。此外，根据项目风险特点，还可以选择其他工程保险产品，以最大程度地保障项目利益。

5. 应急管理与应急管理相关业务的区别与联系

(1)相较于安全管理，应急管理的管理对象更加广泛与复杂。在建设期，各类突发事故的成因复杂多样，施工期间的典型危险源主要来源于设计、后勤、财务、施工以及自然、法律、政治、市场在内的工程外环境因素，施工安全因素仅仅是触发因素的一个方面。从突发事故的后果来看，大型工程的系统复杂性导致一旦某个环节发生偏离计划外的突发事故，往往会引发工程成本、进度、质量等多方面次生性或衍生性的冲突和危机，因此，工程应急管理是对突发事态下工程建设质量、安全、进度和成本等多目标的综合管理。

(2)相较于风险管理，应急管理除了对工程施工风险源进行充分控制之外，更注重针对大型工程突发事故发生后的一系列不良后果的控制与应对。由于大型工程突发事故往往机理复杂，灾源难鉴，很难预测，超出了传统工程风险管理的可控范围，因此，在风险管理的基础上加强应急管理的专业职能显得尤为重要。

(3)危机管理相较于应急管理来说，更加重视“做最坏的打算”，并强调决策的非常规性和“艺术性”，把握机遇，转危为机。危机管理的目标定位可以根据危机事前与事后两个阶段分别追求的最高与最低境界来确定。

(4)工程保险是一种经济手段，通过购买保险来转移工程项目中可能发生的风险和灾害的损失。它可以提供经济上的保障，对工程项目的各种风险和损失进行补偿。

1.3 应急管理工作内容

1.3.1 安全管理

1. 工程建设安全管理中的不安全因素

(1)人的不安全因素。是指对安全产生影响的人方面的因素，即能够使系统发生故障或发生性能不良事件的人员、个人的不安全因素和违背设计与安全要求的错误行为。人的不安全因素可分为个人的不安全因素和人的不安全行为两个大类。

①个人的不安全因素，指人员的心理、生理、能力中所具有不能适应工作、作业岗位要求的影响安全的因素。主要有三种因素：心理上的不安全因素，指人在心理上具有影响安全的性格、气质和情绪，如急躁、懒散、粗心等；生理上的不安全因素，包括视觉、听觉等感觉器官、体能、年龄、疾病等不适合工作或作业岗位要求的影响因素；能力上的不安全因素，包括知识技能、应变能力、资格等不能适应工作和作业岗位要求的影响因素。

②人的不安全行为，指造成事故的人为错误，是人为地使系统发生故障或发生性能不良事件，是违背设计和操作规程的错误行为。主要分为 13 类：操作失误、忽视安全、忽视警告；造成安全装置失效；使用不安全设备；手代替工具操作；物体存放不当；冒险进入危险场所；攀坐不安全位置；在起吊机下作业、停留；在机器运转时进行检查、维修、保养等工作；有分散注意力行为；没有正确使用个人防护用品、用具；不安全装束；对易燃易爆等危险物品处理错误。

(2)施工现场物的不安全状态。物的不安全状态是指可能导致事故发生的物质条件，包括机械设备等物质或环境所存在的不安全因素。

①物的不安全状态内容：物（包括机器、设备、工具、物质等）本身存在缺陷；防护保险方面存在缺陷；物的放置方法存在缺陷；作业环境场所存在缺陷；外部和自然界的不安全状态；作业方法导致的物的不安全状态；保护器具信号、标志和个体防护用品存在缺陷。

②物的不安全状态类型：防护等装置缺乏或有缺陷；设备、设施、工具、附件有缺陷；个人防护用品用具缺少或有缺陷；施工生产场地环境不良。

(3)管理上的不安全因素。在管理上，不安全因素通常被称为管理上的缺陷，是事故潜在的不安全因素，作为间接的原因主要包括以下方面：技术上的缺陷；教育上的缺陷；生理上的缺陷；心理上的缺陷；管理工作上的缺陷；教育、社会和历史原因造成的缺陷。

2. 工程建设安全管理的基本原则

(1)管生产的同时管安全。安全寓于生产之中，安全管理是生产管理重要组成部分，对生产起到促进与保障作用，在实施过程中，安全与生产存在着密切联系，没有安全就绝不会有高效益的生产。无数事实证明，只抓生产而忽视安全管理的观念和做法是极其危险和有害的。因此，各级管理人员必须负责管理安全工作，在管理生产的同时管安全。

(2)明确安全生产管理的目标。安全管理的内容是对生产中人、物、环境因素状态的管理，有效地控制人的不安全行为和物的不安全状态，避免事故发生，达到保护劳动者安全、健康和财物不受损的目标。

有了明确的安全生产目标，安全管理就有了清晰的方向。安全管理的一系列工作才能有序地朝着这一目标展开。如果没有明确的安全生产目标，安全管理就成了一种盲目的行为。盲目的安全管理无法有效地控制人的不安全行为和物的不安全状态，危险因素就会存在，事故最终不可避免。

(3)必须贯彻预防为主的方针。安全生产的方针是“安全第一，预防为主”。“安全第一”是把人身和财产安全放在首位，安全是为保障生产，生产必须确保人身和财产安全，充分体现了“以人为本”的理念。

“预防为主”是实现安全生产的重要手段，通过采取正确的措施和方法进行安全控制，使安全生产形势向安全生产目标的方向发展。安全管理不仅仅是处理事故，而是在生产活动中，针对生产的特点，对各生产因素进行管理，有效地控制不安全因素的发生、发展和扩大，把事故隐患消灭在萌芽状态。

1.3.2 日常应急管理

1. 应急预案

(1)编制目标。应急预案的编制目标是在突发事件发生之前进行有效准备,并在突发事件发生时采取合理的应对和处置措施,最大限度地降低其后果和负面影响。所谓"发生前的有效准备",是将应对处置所需要的各种安排、资源、培训都落实到位;所谓"合理应对和处置",是在突发事件发生前、发生中、发生后的完整过程中,应对者能够采取尽可能合理、科学的应对手段和方法,并且具备实施这些手段和方法的物质条件。而这些手段、方法和物质条件,已经在应急预案中确定和安排好了。

要实现应急预案的编制目标,必须做到以下方面:

①应急预案的制定者必须依据中国的行政管理体制、相关法律法规以及国家总体应急预案,结合地方实际情况,创造性地建立应对和处置重大突发事件的体制机制。

②制定人员必须认真研究本地各类突发事件的发生和发展规律,弄清它们的发生时间、各阶段的特征、破坏性进程和渐进的影响范围,结合当地人口和重要财产布局,制定出不同阶段的应对和处置措施。

③根据突发事件的进程和应对处置措施,确定不同阶段所需要的应对和处置资源。

④形成符合地方实际情况的科学、有效的应急预案。

(2)编制原则

①以人为本,健全机制,要把保障人民群众的生命安全和身心健康作为应急工作的出发点和落脚点,最大限度地减少突发事件造成的人员伤亡和危害。

②依靠科学,依法规范制定、修订应急预案,要充分发挥社会各方面尤其是专家的作用,实行科学民主决策,采用先进的预测、预警、预防和应急处置技术,提高预防和应对突发事件的科技水平,提高预案的科技含量。

③统一领导,分级负责,对于总体预案要在党中央、国务院的统一领导下,坚持分级管理、分级响应、条块结合、属地管理为主的原则。

④加强协调配合,确保快速反应,对于总体预案,要加强资源整合。对于部门预案,要明确不同类型突发事件应急处置的牵头部门或单位,其他有关部门和单位要主动配合、密切协同、形成合力。

⑤平战结合,要贯彻预防为主的思想,树立常备不懈的观念,经常性地做好应对突发事件的思想准备、预案准备、机制准备和工作准备。

⑥借鉴国外经验,符合我国实际,认真借鉴国外处置突发事件的有益经验,深入研究我国实际情况,切实加强我国应急能力和机制的建设,提高社会管理水平。

(3)构成要素

①总则:包含编制目的、工作原则、编制依据、使用范围等内容。

②组织指挥体系及职责:包含应急组织机构与职责、组织体系框架描述、应急联动机制等内容。

③预警和预防机制:包含信息检测与报告、预警预防行动、预警支持系统、预警级别及发布。

④应急响应:包含分级响应程序,信息共享和处理,通信,协调指挥,紧急处置,应急人员的安全防护,群众的安全防护,社会力量动员与参与,突发事件的调查与分析、检测与后果评估,新闻报道,应急结束等内容。

⑤后期处置:包含善后处置、社会救助、保险、突发事件调查报告和经验教训总结及改进建议等内容。

⑥保障措施:包含通信与信息保障,应急支援与装备保障,技术储备与保障,宣传、培训和演习,监督检查等内容。

⑦附则:包含名词术语、缩写语和编码的定义与说明,预案管理与更新,国际沟通与协作,奖励与责任,制定与解释部门,预案实施或生效时间等内容。

⑧附录:包含各项应急预案,各部门突发事件相关的应急预案,预案总体目录、分预案目录,各种规范化格式文本,相关机构和人员通信录等内容。

2. 应急演练

演练是一种协同、检验的活动,通常用来在单一部门或组织验证一项特殊的行动或功能。演练主要用于对新装备实施训练,制定或检验新政策、新程序,或者训练和保持现有的技能。演练的范围相对较窄,通常用于一个行动的某一特殊方面。此外,演练还被用来确定方案是否能如设计的那样得到实施,评估是否需要更多的训练,或者加强最好的实践。

(1)演练的目的。依据《国务院突发事件应急演练指南》演练的目的包括以下五条:

①检验预案。通过开展应急演练,可以发现应急预案中存在的问题,进而完善应急预案,提高应急预案的实用性和可操作性。

②完善准备。通过开展应急演练,可以检查应对突发事件所需应急队伍、物资、装备、技术等方面的准备情况,发现不足,及时予以调整补充,做好应急准备工作。

③锻炼队伍。通过开展应急演练,可以增强演练组织单位、参与单位和人员等对应急预案的熟悉程度,提高其应急处置能力。

④磨合机制。通过开展应急演练,进一步明确相关单位和人员的职责任务,理顺工作关系,完善应急机制。

⑤科普宣教。演练是最好的培训方式之一。通过开展应急演练,可以普及应急知识,提高公众风险防范意识和自救互救等灾害应对能力。

(2)演练类型

①单项演练:单项演练在国外也叫功能演练,是指只涉及应急预案中特定应急响应功能或现场处置方案中一系列应急响应功能的演练。单项演练是在模拟的仿真场景和氛围中进行的,注重针对一个或少数几个参与单位(岗位)的特定环节和功能进行检验。国外的功能演练注重对指挥部运作的演习,重点检验应急预案的指挥、协调、综合功能,以及事前、事中和事后各机构的程序、职责的互动,一般在应急指挥中心或者一个类似应急指挥中心的房间、教室中举行,从而保证应急预案所涉及的所有重要人物(比如各相关部门的负责人)参加。

②综合演练:国外称为全面演练,是应急预案的最高层次的演练,涉及应急预案中多项或全部应急响应功能,并且要求尽可能模拟真实事件的全面性。综合演练要求所有应急预案涉及的部门、人员、装备都要按照真实发生突发事件的情况到位,设计仿真的突发事件情景,甚至连伤病员、难民也要仿真,按照应急预案的安排一丝不苟地执行。演练要检验在真实应对中所需要涉及的人员、装备和各种资源,全面检验各个相关部门和人员执行应急预案的能力。演练设计越逼真、越接近真实的突发事件形势,就越能发现应急预案的不足,也越能培养所有参与者实施预案的能力,从而在真正的突发事件发生时,越能从容应对,减少损失。

3. 应急资源配置与核查

应急资源指的是应对突发事件所需的全部资源,包括物资、装备、设施、资金、人员(包括专家组、专业抢险队伍、群众队伍和志愿者)等。

(1)分配资源落实任务

①根据应急响应环节和行动分配,所有涉及应急响应的部门在履行应急响应时,由本单位负责落实所需资源的缺口,并限期到位(一般在预案发布后 60 天内)。这些资源可以由政府购买或补贴,也可以由本部门全部或部分承担。

②根据保障功能进行分配,应急响应中承担协作任务的单位通常单独或共同负责提供应急响应的某种保障功能,如通信与信息保障、现场救援和工程抢险装备保障、应急队伍保障、交通运输保障、医疗卫生保障、治安保障等。资源的缺口由该保障功能的责任人负责满足,或者统一提交政府解决。

(2)核查资源到位状况。落实应急资源的任务分配之后,应该在 60 天内核查资源到位情况。资源核查的内容包括:

①资源的数量与品种。对于由辖区自己准备的资源,对照应急预案中确定的资源需求明细,核查各种对应资源的情况,包括资源的数量、品种规格。如果是资金,还应该有拨款情况和专用账户。对于租借、征用的资源,既要看租借、(预)征用合同,也要查看资源实物。对于要求上级政府拨付的资源,需要向上级有关部门提供资源需求申请单,以确定拨付可能性。

②资源的性质与状态。所谓资源的性质,是指准备的资源是否为应急资源,能否确保“应急”可用。例如,应急通信保障需要的资源如果是民用通信装备,在突发事件发生时有可能瘫痪甚至崩溃。资源的状态是指应急资源的存在状态。物资资源一般分为三种状态:随时可用(现货储备)的现货资源、征集可用(流通储备和社会储备)的现有资源和生产可用(生产能力储备)的潜在资源。对于现货资源的核查比较容易,但如果属于平灾结合的资源品种,核查时要注意置换机制,谨防出现被卖出后没有补充的现象。对于征集可用的现有资源和生产能力储备的潜在资源,也要核查到位。

4. 值　守

在日常应急管理中,值守是指对特定区域、设施或系统进行 24 小时不间断监控、巡查、维护的应对突发事件的一种工作方式。值守人员需要时刻保持警惕,确保在发生紧急情况时能够迅速、准确地做出反应,从而降低事故损失,保障人民群众的生命财产安全。

(1)值守的重要性

①提高应急响应能力:值守工作可以及时发现潜在的安全隐患,提前预警,为应急响应提供有力支持。通过实时监控和数据分析,值守人员可以迅速了解事故发生的情况,为指挥部门提供第一手资料,提高应急响应速度和准确性。

②降低事故风险:值守人员通过对重点区域、设施和系统的巡查,可以发现并及时处理各种安全隐患,从而降低事故发生的风险。同时,值守人员还可以对突发事件进行现场处置,减少事故造成的损失。

③保障公共安全:值守工作涉及公共场所、交通要道、重要设施等众多领域,关系到广大人民群众的生命财产安全。通过加强值守工作,可以提高公共安全水平,为人民群众创造一个安全、和谐的生活环境。

(2)值守的内容

①对重点区域进行巡查:值守人员需要定期对重点区域进行巡查,包括生产场所、交通要道、重要设施等。巡查内容包括设备运行状况、安全防护措施、环境条件等,发现问题及时上报并整改。

②对突发事件进行应对:值守人员需要具备一定的应急处理能力,当发生突发事件时,能够迅速判断事态发展,采取有效措施进行处置。例如,火灾、坍塌、涌水等情况,都需要值守人员迅速到

场进行处理。

③对安全隐患进行排查：值守人员需要定期对区域内的安全隐患进行排查，包括设备故障、操作不当、环境恶劣等问题。对于发现的安全隐患，要及时上报并督促整改，确保安全隐患得到及时消除。

④对应急预案进行演练：为了提高值守人员的应急处置能力，需要定期组织应急预案演练。通过模拟实际情况，让值守人员熟悉应急处置流程，提高应对突发事件的能力。

(3)值守的方式

①人工值守：传统的值守方式是人工值守，值守人员需要 24 小时不间断地对重点区域进行巡查和监控。这种方式虽然人力成本较高，但可以保证值守的有效性和及时性。

②电子值守：随着科技的发展，越来越多的企业开始采用电子值守方式。通过安装监控摄像头、传感器等设备，实现对重点区域的远程监控和实时报警。这种方式不仅节省了人力成本，而且提高了监测效率。

③联合值守：在一些特殊情况下，可能需要多个部门共同参与值守工作。例如，在暴雨、台风、大雪等恶劣天气时，需要公安、消防、安监等部门联合值守。

1.3.3 应急管理应对措施

1. 预　　警

预警是指根据突发事件过去和现在的一些数据、情报、资料等，运用逻辑推理和科学预测的方法和技术，对某些突发事件现象、征兆、信息度量的某种状态偏离预警线的强弱程度，对未来可能出现的风险因素，发展趋势和演变规律等做出估计与推断，并发出确切的警示信号或信息(即预警信号)，使政府和公众提前了解事态发展的趋势，以便及时采取应对策略，防止或消除不利后果的一系列活动。

(1)预警的内容与流程。预警内容主要包括事件概况、预警级别、开始时间、影响范围及应采取的措施等。预警流程包括信息收集、信息筛选、信息评价、阈值设定和报警五个时间序列的工作。

(2)预警的方法

①指数预警：通过制定综合指数来评价监测对象所处的状态，目前主要应用于宏观安全领域(如公共卫生指数、社会安全指数等)，用来预测公共安全周期的转折点。

②统计预警：主要通过统计方法来发现监测对象的波动规律，优点是变量少、数据收集容易、操作比较简便，如多元判别分析法、Logistic 回归分析等。

③模型预警：通过建立数学模型来评价监测对象所处的状态，因而在监测点比较多、比较复杂时广泛使用。该类模型分为线性模型和非线性模型。当主要灾害变量之间有明确的数量对应关系时，可以使用线性模型进行预警；而非线性预警模型则对处理复杂的非线性系统具有较大的优势。目前，如何对监测对象的复杂表现状况进行有效预警评价是预警方法领域中的难点。

2. 先期处置

先期处置是指在突发事件即将发生或刚刚发生后的初期阶段，有关部门对事件性质、规模等只能做出初步判断或还不能做出准确判定的情况下，对事件进行的早期应急控制或处置，并随时报告事态进展情况，最大限度地避免和控制事件恶化或升级的一系列决策与执行行动。先期处置的主要任务包括启动现场处置预案、成立现场处置指挥机构、封闭现场、疏导交通、疏散群众、救治伤员、排除险情、控制事态发展、上报信息等。

(1)先期处置目标与原则。先期处置的目标是在突发事件发生的第一时间开展先期处置工作，按照边处理、边报告的原则，及时有效地控制事态、防止事态升级和扩大，并将了解的情况和所采取的措施立即反馈给有关部门和地区。

先期处置应当遵循如下基本工作原则：

①统一现场指挥。必须建立应急处置现场指挥员制度，确定越级指挥、先期处置的原则与权限，并落实完善应急管理行政领导负责制和责任追究制。

②根据事态性质决定处置方式。先隔离事态，后控制处置。对于各类性质比较确定的突发事件，以控制与限制为主；对于各种原因不明的突发事件，要一边隔离事态和控制处置量，一边及时判明事件性质和发展趋势。

③边处置、边报告。必须坚持边处置、边报告的原则，对于没有明确规定、把握不准的问题，应当及时请示；情况紧急来不及请示时，应当边处置、边报告或边报告、边处置。

(2)先期处置的工作内容

①在事件发生的第一时间，及时采取临时性的应急控制措施。强化属地管理为主、充分授权、及时决策的原则，提高当地应急指挥机构的就近决策与处置权，以保证突发事件能够得到及时而有效的处置。细化突发事件发生后第一时间的先期处置措施，规范突发事件发生地应急管理部门进行临时性前期应急控制的权责，防止事态进一步扩大，尽可能减少危害。建立先期处置队伍和后期增援队伍的工作衔接机制，提高科学处置的水平。

②在了解现状的基础上明确支援内容与要素。向有关部门和领导报告事态进展情况，必要时可向上级有关部门和领导请求支援。明确先期处置队伍向有关部门和领导报告事态进展的内容、程序、方式、时限，规范越级报告制度，提高信息报送的质量。明确先期处置队伍向上级有关部门和领导请求支援以及上级有关部门和领导提供支援的条件、方式和内容，建立情况紧急时上级部门和领导进行越级指挥的制度。

③重视基层在突发事件先期处置中的作用。基层是信息报送的第一来源，也是先期处置的重要主体，而且往往是出现在先期处置第一时间的群体。由于基层离现场近、熟悉现场情况，因此是先期处置的最佳主体。突发事件发生后，基层能做到见事早、行动快，及时开展先期处置，才能为整个事件的成功处置赢得宝贵时间，将事件解决在初发阶段，控制事态扩大，避免造成更大的人员伤亡和财产损失。同时事发当地的基层组织也是协助大规模应急处置的第一帮手。基层组织和群众可以积极配合上级、外部专业救援队伍开展处置工作，在现场取证、道路引领、后勤保障、维护秩序等方面充分发挥协助处置的作用。同时，要建立政府、企业、社团和个人之间“自救、互救、公救”相结合的合作关系，明确相互的权利、职责和义务。区域之间也要加强协作，相互援助，共同防灾救灾，防止灾情的衍生和扩散。

④注重媒体应对，提高舆论引导能力。作为先期处置的主体要善于同媒体打交道，强化舆论引导：一是充分尊重，要与媒体保持及时沟通与联系，让其参与其中，自觉接受监督；二是真诚面对，对事故采取实事求是的态度；三是正确引导，事故发生后要及时公布有关事件原因和救援进展等方面舆论关注的信息。因条件限制不便召开新闻发布会的，也要拟出权威的新闻通稿供媒体采用，或充分利用新媒体，及时有效发布有关信息，主动引导舆论走向。

3. 快速评估

(1)快速评估内容。快速评估的内容由应急处置和救援的需要决定，可包含多种内容，大至突发事件的性质和初步损失情况，小至特定类别的影响，如交通中断、停水停电等。一般而言，快速评估的内容包括两大类：

①突发事件损失和影响快速评估。此类快速评估主要为应急处置指挥决策提供信息支持。评估的内容包括：突发事件的影响范围、突发事件的级别、事故灾情隐患、人员伤亡情况、直接经济损失、房屋倒塌损失以及疏散安置者的数量、受影响区域的基础设施损失情况、环境情况、公共服务情况、社会损失以及次生衍生灾害等。

②影响区域需求快速评估。此类快速评估主要为应急救援决策提供信息支持。评估的内容包括：抢险所需的人力、物力和财力等资源情况、抢险需求情况、受影响区域群众对生活（生产）物资的需求情况、受影响区域救援的医疗和防疫需求情况以及不同时期的突发事件后的救助目标及需求情况等。

（2）快速评估流程

①在突发事件发生后，事发地政府和单位应立即上报相关情况。根据事件的类别和级别，按相关应急预案启动应急响应并成立应急指挥机构，同时进行先期处置工作等。如有必要，相关政府和部门可以在还未接到上级指示之前就开展快速评估工作。

②应急指挥机构根据应急处置和救援中的决策信息需要，组织有关部门、单位和人员开展快速评估工作。

③有关部门、单位和人员选择适当方法，进行快速评估工作。

④有关部门、单位和人员随时向应急指挥机构反馈快速评估的结果，并在规定时间内向应急指挥机构递交快速评估的报告。

⑤应急指挥机构在综合研判各方面快速评估报告后，进行指挥决策。

⑥应急指挥机构可根据突发事件的事态发展适时开展多次（并行）快速评估活动，直至突发事件结束。

4. 决策指挥

（1）决策指挥工作内容

①启动应急响应程序。应急响应程序是指在突发事件发生后，实施开展应急处置与救援行动的有关方法和程序。科学完备的应急响应程序有利于提高突发事件应对的能力和水平。我国对自然灾害的响应等级分为四级，不同程度的灾害发生后，都有较为规范的救助措施。我国自然灾害应急救助的制度化、体系化，为更好地应对和管理灾害提供了强有力的保障。

②专业化现场指挥。要建立一个专职的、由专业化的应急救援指挥人才组成的现场指挥队伍，提高现场指挥的专业化水平。《中华人民共和国突发事件应对法》第八条规定："国务院在总理领导下研究、决定和部署特别重大突发事件的应对工作；根据实际需要，设立国家突发事件应急指挥机构，负责突发事件应对工作；必要时，国务院可以派出工作组指导有关工作。县级以上地方各级人民政府设立由本级人民政府主要负责人、相关部门负责人、驻当地中国人民解放军和中国人民武装警察部队有关负责人组成的突发事件应急指挥机构，统一领导、协调本级人民政府各有关部门和下级人民政府开展突发事件应对工作；根据实际需要，设立相关类别突发事件应急指挥机构，组织、协调、指挥突发事件应对工作。"第四十八条规定："突发事件发生后，履行统一领导职责或者组织处置突发事件的人民政府应当针对其性质、特点和危害程度，立即组织有关部门，调动应急救援队伍和社会力量，依照本章的规定和有关法律、法规、规章的规定采取应急处置措施。"

③资源调配与征用

a. 资源调配，应急资源由应急专业救援队伍、应急救援物资、救援设备、义务或群众志愿救援组织等组成。应急资源调配是应急决策和应急响应的重要内容。及时有效调动人、财、物、通信、技术等各种资源，为应急处置与救援提供重要保障。

b. 紧急征用，紧急征用是指政府在抢险、救灾等紧急情况下，根据法律规定的权限和程序，暂时使用单位、个人财产的行为。征用权源自《中华人民共和国宪法》、《中华人民共和国物权法》和《中华人民共和国突发事件应对法》等相关法律的明确规定。实施征用行为需要满足以下几个条件：征用权行使的前提是突发事件发生后，为了抢险、救灾等紧急需要；实施征用行为必须严格依照法律规定的权限和程序；征用的范围包括应急救援所需的设备、设施、场地、交通工具和其他物资；被征用的财产在使用后应当返还权利人，如果财产毁损、灭失的，应当给予补偿。

④专家参与。专家参与是指专家根据客观实际情况，参照历史经验和未来预测结果，以自己的专业知识和各种信息为基础，为突发事件应对工作提供科学依据和可行方案，供决策主体参考的过程。通过推进专家机构建设，探索建立应急管理专家参与应急管理工作的联动模式，不断提高专家在预防和处置各类突发事件中的作用，有利于为突发事件应对工作提供各种决策支持，从而提高应急管理的水平。

⑤临时救助安置。临时救助安置是一种非定期、非定量的临时生活救助和安排制度，对因天灾人祸、意外事故等突发性、偶然性因素造成临时生活困难家庭提供吃饭、穿衣等基本生活的救助和生活场所的安置。《中华人民共和国突发事件应对法》第六十一条规定："受突发事件影响地区的人民政府应当根据本地区遭受损失的情况，制定救助、补偿、抚慰、抚恤、安置等善后工作计划并组织实施，妥善解决因处置突发事件引发的矛盾和纠纷。"

5. 协调联动

(1)协调联动的目标与原则。协调联动建设的目标是做好纵向和横向的协同配合，促进不同区域、不同部门甚至国家之间在应急管理实践工作中的合作与交流，通过建立条块结合、上下联动的组织体系和跨地区、跨部门的协调合作框架，提高合成应急和协调应急能力。协调联动应遵循"党委领导、政府负责、军地协同、社会参与"的工作原则。

①建立应急救援联动机制。充分整合各种应急资源，综合协调、分工协作，实现预案联动、信息联动、队伍联动、物资联动，切实提高应对突发事件的能力。

②政府负责、社会参与。积极发挥政府的组织领导作用、专业部门的技术指导作用和人民群众的主体力量作用，形成上下联动的工作机制。

③军地联动、有序协调。通过军地应急联席会议、军地灾情信息共享、军地联合指挥、军地联合应急值守、军地灾害联合会商、军地联合行动、军地综合保障、军地应急演练等各方面的制度和配套措施，逐步提高部队与地方政府之间在应对突发事件方面的联合指挥、科学行动、快速反应、兵力投送、专业保障等各种非战争军事行动能力建设。

(2)协调联动机制建立的方式。当突发事件发生时，采取什么样的方式建立协调联动机制，一般会根据突发事件的规模、破坏程度和应对难度等因素综合考虑。

①国家应急管理综合协调指挥机构。为了实现指挥有力、信息共享、资源共用、协调顺利、联动一致的状态，真正发挥协调联动机制的作用，理想的状态就是成立国家应急管理综合协调指挥机构，把平时分散的政府各部门、分割的各行政区域和社会力量整合起来。例如，美国于1979年成立联邦紧急事务管理局(FEMA)，将原本分散在不同部门的应急管理机构整合起来。2003年，FEMA同其他22个联邦机构一起归入国土安全部，形成了在美国总统领导下的，由美国国土安全部统一规划、协调的庞大的应急管理综合协调指挥机构。俄罗斯的紧急状态部也在重大突发事件发生时，进行统一的协调和指挥。

②专项应急管理指挥部。针对不同的突发事件种类，成立相应的专项应急管理指挥部。一

般而言，根据突发事件发生的频率，可以分为常态和临时专项应急管理指挥部。例如，中国常设的专项应急管理指挥部有国家防汛抗旱总指挥部，负责组织、指导、协调和监督防汛抗旱时的应急管理工作。临时专项应急管理指挥部主要是在突发事件发生后成立，如在“5・12”汶川特大地震发生后，中国第一时间成立了抗震救灾总指挥部；玉树地震发生后，国务院也成立了抗震救灾总指挥部。

③联席会议。联席会议就是在突发事件的应急管理中，在没有上级部门统一指挥领导机构的协调下，由没有隶属关系但有工作联系的政府部门或行政区域，为了解决应急管理中的协调联动问题，以一方或多方牵头的形式召开会议，充分发挥参与部门的积极性，形成具有约束力的规范性意见，达成共识并组织实施。联席会议作为应急管理协调联动机制的一种有效方式，主要分为部际联席会议和区域联席会议。

④临时工作领导小组。对于一些在危害和规模上不是非常巨大，不需要成立专项指挥部来应对的，可以考虑成立临时工作领导小组来协调不同部门之间的联动。但是，如果平时综合协调联动部门欠缺，临时小组需要花大量的时间进行协调，另外，临时小组的模式有时也导致协调联动的经验无法很好积累。

⑤合作契约。合作契约是应急管理中的协调联动机制的一种建立方式。与层级协调不同，合作契约不能依赖权威体系运作的命令和控制，而要依靠市场或法律合作契约中体现的互惠、信任、激励、约束和惩罚等因素来制约，合作契约在政府部门与企业、非政府组织的协调联动机制中有较为广泛的体现。

6. 信息发布

(1)信息发布的目标与原则。建立信息发布机制的目标是及时、主动、公开透明地发布信息，充分发挥主流媒体的作用，正确引导舆论和公众行为，及时消除社会上不正确信息造成的负面影响。信息发布应当遵循以下工作原则：

①坚持正确导向、维护社会稳定。信息发布应以尊重事实为基础，同时坚持正确的导向和维护社会的稳定。在准确、及时地公布突发事件信息的同时，要强调政府应对事件的信心、解决事件的决心和对事件中不幸受到伤害的公众的同情心，以凝聚人心、稳定社会。信息发布工作要有利于党和国家的工作大局，有利于维护人民群众的切身利益，有利于社会稳定和人心稳定，有利于事件的妥善处置。

②坚持以人为本、满足信息需求。信息发布要以满足公众知情权为基本出发点，本着实事求是的原则发布信息，做到不隐瞒、不欺骗、不有意缩小事件的危害性，通达社情民意，反映人民心声。

③坚持及时准确、积极引导舆论。信息发布应争取第一时间发布权威信息，确保及时、准确、客观地全面报道突发事件动态及处置进程。此外，信息发布还应坚持团结稳定、正面宣传为主的方针，充分利用大众传媒等载体，展现政府、公众和社会组织的积极风貌，有助于缓解、消除因突发事件引起的负面情绪，化消极因素为积极因素，把社会舆论引导到健康、理性的轨道上来。

④坚持公开透明、做到开放有序。除涉及国家安全和国家秘密外，信息报告要按照公开透明的原则，对公众、相关机构和人员、有关国家和国际组织及时准确地发布信息。在此前提下，开放有序地组织采访，统一组织新闻发布工作，确保信息报送程序规范、数据核查及时、对外发布口径一致，并切实做好媒体服务引导工作。

⑤坚持统筹协调、明确工作职责。将突发事件信息发布和新闻报道工作纳入突发事件处置总体部署，建立信息发布的内部规范，做到专人负责，分级管理，同时，要坚持事件处置与新闻报道工作同步安排、同步推进，积极处理好与媒体的关系，主动做好信息公开和舆论引导工作。

⑥坚持规范管理，依法开展报道。依法开展突发事件信息发布和新闻报道，做到科学、依法、有效管理，促进工作的规范化、制度化、法制化。杜绝媒体为追求眼球效应而扭曲事实的做法，反对虚假报道，反对不负责任、消极有害的炒作和渲染，杜绝可能激化社会矛盾、制造社会恐慌情绪、诱发不稳定因素的报道。对违反规定、不守纪律、造成严重后果的新闻媒体直接责任人和有关负责人，要严肃追究责任。

(2)信息发布的工作内容

①应急管理过程中的新闻发布和舆论引导。完善政府应急管理信息发布和舆论引导制度，做好各类突发事件的应急管理信息发布工作，采取授权发布、发布新闻稿、组织记者采访、举办新闻发布会等多种方式，及时向公众发布突发事件发展情况、应对处置工作进展和防灾避险知识等相关信息，保障公众的知情权和监督权。依法做好重特大突发事件及敏感事件的信息发布和舆论引导工作，大力宣传政府采取的措施和干部群众的先进事迹，树立负责任的政府形象，形成良好的舆论环境。

②决策者在灾害现场进行现场沟通。明确应急管理领导者在突发事件现场进行沟通和交流的渠道、方式、内容、程序和技巧，提高应急管理部门和决策者进行现场信息发布和有效沟通的水平。利用灾害现场应急通信系统，强化灾害现场与后方的信息交互机制，提高在抢险救援过程中现场救援队与后方信息保障中心之间进行海量信息交互的能力，充实对毁灭性灾害情况下快速覆盖灾区的灾情现场快速调查手段，健全在第一时间收集灾情整体信息机制，强化现场向后方及时报送信息的能力。

③建立信息发布的专家参与机制。重视专业团队、专业人士的作用，建立健全专家参与信息发布的应用机制，提高专业化水平。应主要依靠专业团队来制定信息发布和公共沟通机制，政府官员更多地应该在专业团队后面进行指导，并在恰当的时间充当发言人。

1.4 工程建设应急管理

工程建设应急管理作为一个独立的概念和工程管理范畴，对于其理解尚未有统一的界定。国内较为通用的定义为，工程建设应急管理即针对工程项目建设过程中的突发事故，采用计划、组织、控制等方法和手段降低突发事故所产生的负面影响，最大限度地实现工程项目的目标。其核心目标是实现工程建设的安全、质量、进度和投资的最优化。

工程建设应急管理包含工程建设应急管理的政策法规、工程建设应急管理体系、工程建设应急管理机制、工程建设应急管理的人才管理、工程建设应急管理预案与处理、工程建设应急管理的关键技术、建设应急管理平台、工程建设应急管理实训基地、工程建设应急管理培训、工程建设应急管理演练、工程建设应急管理审查与评价等内容。

1.4.1 工程建设突发事件及其管理

突发事件是指突然发生，造成或者可能造成重大人员伤亡、财产损失、生态环境破坏和严重社会危害，危及公共安全的紧急事件，具有突发性、紧急性、严重性、不确定性和社会性等特征。

工程突发事件是指在工程项目实施过程中突发的意外事件或紧急状况，可能对工程项目的计划、进度、质量、安全和成本等方面产生不利影响。这些突发事件通常是在项目进行中无法预见和控制的，可能是由自然灾害、结构破坏、设备故障、人为错误、不良天气条件等原因引起的。

1.4.1.1 工程突发事件的分类

目前，在《中华人民共和国突发事件应对法》《国家突发公共事件总体应急预案》等法律法规和行政规章中，根据突发事件的发生过程、性质和机理，将突发事件主要分成为自然灾害、事故灾难、公共卫生事件和社会安全事件四大类。但与工程项目相关的突发事件类型主要为自然灾害和事故灾难，因此工程突发事件包括但不限于以下情况：

(1)设备故障或损坏：突发设备故障或损坏可能导致工程项目暂停或延误，需要及时修复或更换设备。

(2)施工事故：包括意外事故、人员伤亡等情况，需要立即采取措施保护人员安全并进行调查和处理。

(3)自然灾害：如地震、风暴、洪水、台风等自然灾害可能对工程造成严重破坏，需要及时应对并采取相应的恢复措施。

(4)结构破坏：结构部件在外力作用下出现变形、开裂、坍塌、倒塌等情况。

1.4.1.2 工程突发事件的分级

按照社会危害程度、影响范围、突发事件性质和可控性等因素，将自然灾害、事故灾难、公共卫生事件等分为四级，分别为Ⅰ级(特别重大)、Ⅱ级(重大)、Ⅲ级(较大)和Ⅳ级(一般)，并依次用不同颜色标明(表 1.4—1)。需注意不是所有突发事件均可预警，表中的预警颜色主要针对可以预警的自然灾害、事故灾难和公共卫生事件。

表 1.4—1 突发事件的等级及预警

突发事件等级	定　义	预警颜色
Ⅰ级(特别重大)	预计将要发生特别重大事故的突发事件，事件会随时发生，事态在不断蔓延	红
Ⅱ级(重大)	预计将要发生重大事故以上的突发事件，事件即将临近，事态正在逐步扩大	橙
Ⅲ级(较大)	预计将要发生较大事故以上的突发事件，事件即将临近，事态有扩大的趋势	黄
Ⅳ级(一般)	预计将要发生一般事故以上的突发事件，事件即将临近，事态可能会扩大	蓝

突发事件的应急处置要遵循“统一领导、综合协调、分类管理、分级负责、属地管理为主”的原则。大部分的突发事件都应当主要依靠本地和本级政府的力量加以解决，只有当突发事件的规模和破坏程度超出了地方政府的处置能力时，才由上一级政府介入。即便是这样，任何重大的突发事件发生后，事发地人民政府都应当针对其性质、特点和危害程度，立即组织有关部门，调动应急救援队伍和社会力量进行先期处置。但突发事件的分级，直接影响着各级政府的应急处置权限，每一级政府的职责也需要明确界定。

以《国家安全生产事故灾难应急预案》为例，其应急预案启动条件分级如下：

(1)造成 30 人以上死亡(含失踪)，或危及 30 人以上生命安全，或者 100 人以上中毒(重伤)，或者需要紧急转移安置 10 万人以上，或者直接经济损失 1 亿元以上的特别重大安全生产事故灾难。

(2)超出省级人民政府应急处置能力，或者跨省级行政区、跨多个领域(行业和部门)的安全生产事故灾难。

(3)需要国务院安全生产委员会处置的安全生产事故灾难。

设计突发事件的分级制度时，在确认主体、指标构成、级别认定、发布主体等各个方面都需要根据实际情况及时做出调整和更新。

(1)在分级标准的确认方面，由国家相关的应急管理部门根据事件的性质严重程度、可控性和影响范围确定，并加以细化。不同类型的突发事件和不同地域的突发事件都应当根据实际情况确立不同的分级标准。尽管预警信号在全国统一使用，但由于中国地域辽阔，各地所面临的突发事件都有着明显的差异，同样的突发事件对各地造成的危害可能不一样，突发事件等级的区分也就不同，所以各地应当根据自身的情况使用这些预警信号。

(2)在级别的指标体系方面，应以政府的应急管理能力为核心，综合其他相关因素。突发事件的级别是由各种因素综合构成的，除了事件的性质、严重程度等“硬”指标外(基本上以人员伤亡和财产损失作为衡量指标)，还应包括事件的影响范围、潜在危害性以及可能带来的连锁反应等“软”指标。在所有指标中，政府的应急管理能力是关键。

(3)在发布主体级别方面，应当明确信息发布机构(如相关卫生部门或指挥部)，各种发布渠道，最大限度让民众知情。政府以及其他应急管理主体应当通过电视、广播、手机短信、滚动新闻、网络等多元化、立体性的信息网络方式，以最快的速度向公众发布预警信号，确保公众能及时、准确、全面地获悉相关信息。

(4)在级别的调整程序上，应当根据事件的发展态势不断更新级别，并对中央的特殊权力做出特别规定。突发事件的发生、发展都是一个不断变化的过程，因此事件的级别和政府应急管理措施都必须根据不断发展变化的形势适时进行调整。同时，为了弥补上述分级可能存在的缺陷，对有必要做出规定的事件可赋予中央政府直接处理权和责成处理权。

(5)特别需要强调的是，不论哪一级的突发事件，事发单位、人员和事发地政府都应当针对其性质、特点和危害程度，立即进行先期处置。第一时间、第一反应者能否自救互救，能否有效控制事态，往往决定了伤亡的大小和处置成本的高低。

1.4.1.3 工程突发事件的阶段划分

《中华人民共和国突发事件应对法》和《国家突发公共事件总体应急预案》将突发事件的发展过程划分为预防与应急准备、监测与预警、应急处置与救援、事后恢复与重建四个阶段(表 1.4—2)。

表 1.4—2 突发事件的阶段划分

分期	发生阶段	主要任务	机制设置	内容
酝酿期	事前	预防与应急准备	防范事件的发生	1. 应急预案体系； 2. 城乡规划符合预防与应急管理的需要； 3. 预防潜在隐患； 4. 完善应急培训、演练、教育体系； 5. 确保应急的人员、物资、经费保障； 6. 建立巨灾风险保险体系； 7. 人才培养与科学开发等
爆发期	事发	监测与预警	及时控制事件并防止其蔓延	1. 突发事件信息系统； 2. 突发事件信息收集、报告、评估制度； 3. 监测制度； 4. 预警制度； 5. 社会安全事件信息报告制度等
缓解期	事中	应急处置与救援	最大限度地降低事件带来的损失	1. 应急处置机制； 2. 各类事件应急处置措施； 3. 应急协作机制； 4. 信息发布； 5. 禁止编造、传播虚假信息； 6. 群众性基层自治组织应急职责； 7. 有关单位的应急职责； 8. 公民应当履行的义务等

续上表

分　　期	发生阶段	主要任务	机制设置	内　　容
善后期	事后	事后恢复与重建	尽快恢复正常秩序并从灾难中学习	1. 损失评估和组织恢复重建； 2. 支援恢复重建； 3. 善后工作； 4. 调查、应急处置工作总结等

通过对突发事件的分期，可以将政府及其有关部门的任务分解到不同的阶段中，科学地设置各个阶段的应急管理机制及其具体内容。

（1）酝酿期：预防与应急准备。预防事件的发生，是突发事件管理的内在要求。预防与应急准备工作是应对突发事件的基础性工作，做好这一工作，一方面可以避免事件的发生；另一方面，即使事件发生，也可以有效减少人员伤亡和财产损失。

（2）爆发期：监测与预警。许多突发事件的发生都是有苗头和征兆的。第一，通过监测与预警工作，经由科学的分析和判断之后，可以做到早发现、早报告、早预警、早处置，许多突发事件就可能被消除或控制在萌芽状态，一般突发事件不至于演变成重大突发事件；第二，健全的预警制度是做好突发事件应急响应的依据；第三，面对不可预测的事件演变过程，政府相应做出行为调整并让公众知晓，这不仅是应对突发事件的需要，也是降低管理成本、保护行政相对人权益的措施之一。

（3）缓解期：应急处置与救援。突发事件发生后，首要的任务是进行有效处置，最大限度地减少损害，防止事态扩大和次生、衍生事件的滋生，这包括采取各类控制性、救助性、保护性、恢复性的应急措施，建立社会各方面的应急协作机制，明确公民的应急责任与义务等。

（4）善后期：事后恢复与重建。在处置工作结束后，争取尽快恢复生产、生活工作秩序，制订恢复重建计划并修复公共设施；同时，还要进行整体的、系统的评估，便于将来从灾难中学习，避免类似事件的发生或降低同类事件带来的损失。

需要强调的是，应急管理的周期，即“预防与应急准备—监测与预警—应急处置与救援—恢复与重建”是一个循环的过程。科学的恢复重建是最好的预防和准备；实事求是地总结评估会提高今后的监测预警和应急处置水平。因此，加强应急管理可以从突发事件的任何一个阶段切入，而不应过分教条地按部就班、循规蹈矩。

1.4.2　工程建设应急管理发展

一直以来，应急管理都是全球高度关注的问题，不同国家和地区的管理模式受到法律、政策、文化、技术水平等因素的影响而存在差异。美国、日本和英国等国家在应急管理领域的研究起步较早，探索时间较长，目前已形成了符合各自特点的应急管理体系。

1.4.2.1　国外应急管理

1. 美　　国

2001 年“9.11”事件发生后，美国对应急管理体系进行了全面的审视和梳理，并着手展开了一系列的改革和重构，通过不断制定并颁布全国范围内统一的标准和规范，应急管理事业迈上了科学化、专业化之路，形成统一并覆盖所有应急职能和灾种的国家事故管理方法与国家响应计划，建立了从联邦到地方全覆盖的应急管理机制。

其中，应急管理体系由联邦、州和地方政府（市、县、社区）三个层级组成。在联邦政府层面，应急管理工作主要由国土安全部负责。其下属的联邦应急管理局（FEMA）是联邦层面应急管理的综合协调机构，负责处理与重大灾害相关的防灾、减灾、救灾及民防工作，通过全过程应急管理，领导联邦政府各部门共同应对超出各州应对能力的重大自然灾害和火灾爆炸事件，实现保护各种设施、减少人员伤亡和财产损失的目标。FEMA 成立于 1979 年，2003 年并入国土安全部，其主要负责人由美国总统直接任命。在州及地方政府层面，均设有不同规模的应急管理专门机构，其主要负责人由各州州长及地方政府领导任命。

在实际运行过程中，美国应急管理工作主要由州和地方政府承担。州及地方政府有很大的自主权，一般灾害的应急指挥权也属于事发地政府。地方政府仅在其无法应对灾害时才向州或联邦政府提出援助请求。接到援助请求后，州或联邦政府会按照法律规定和程序，调用相应资源予以增援。此外，美国各州及地方政府通过签订应急互助协议等方式，建立了较为完善的区域协调互助机制，确保一个地区在应对灾害时可以获取更多的应急支援。通过突出属地管理，美国建立了以州和地方政府为骨干和主力，以联邦政府为辅助的应急管理体制。

除了以属地管理为主外，美国应急管理体制还有两个显著的特点，即分级响应和标准化运行。分级响应是根据事件的严重程度和公众的关注程度，在同一级政府的应急响应中，根据不同的响应级别实时响应。标准化运行指的是在整个应急响应过程中，人员调度、物资调拨、信息共享、术语代码使用、文件记录和发布格式等都要遵循标准化的运行程序。此外，美国应急管理强调全生命周期管理，即在应急管理中，应该从事前预防到事中应对再到事后恢复全过程进行管理。包括灾害风险评估、灾害预防和减灾、紧急响应和灾后恢复等各个环节，由此通过全方位的管理来降低灾害风险、提高应急响应能力和实施恢复重建。

近年来，美国应急管理呈现出社区参与的特点。强调社区居民在应急管理中的参与和责任，鼓励社区居民参与灾害风险评估、灾害准备和应急响应计划的制订。旨在通过社区居民的参与增加信息的畅通和准确性，提高各种资源的利用效率，并加强社区的韧性和恢复能力。

美国的应急管理体系在灾害发生后能广泛动员社会力量参与，共同应对灾害，然而，在实践中也存在不少问题。

美国的应急管理模式在许多方面是相对成熟和有效的，但仍然存在一些缺点和挑战，具体如下：

(1)分散的责任和权力：美国的应急管理体系在联邦、州和地方三个层级政府之间，分散了责任和权力。这种分散可能导致信息共享和协调方面的困难，特别是在跨越不同政府层级时。此外，不同政府层级之间的意见和利益不一致也可能影响应急响应的一致性和效率。

(2)应急资源的调配问题：在应对大规模灾害时，美国面临应急资源的调配问题。由于资源的限制和分布不均，不同地区可能面临资源供给不足的情况。此外，资源调配过程中的协调和决策也可能受到政治因素的影响，导致资源分配不公平或不合理。

(3)灾后重建和恢复挑战：尽管应急响应可能高效，但长期恢复和重建可能面临复杂的政治、经济和社会问题。此外，灾后恢复的进程可能受到各种利益相关者的制约和冲突，导致进展缓慢或不完全。

(4)社区准备不足：不同社区公众教育水平不一，对应急管理的准备程度水平不够，缺乏应急意识和准备可能导致应急行动的滞后和不充分。加强公众教育和提高社区准备水平是一个重要的挑战。

(5)财政限制：应急管理需要大量的财力支持，但不同地方政府财政压力不一，可能会出现紧急预算的不足和资源的有限化，影响美国应急管理的综合能力。

2. 日　　本

近年来，日本逐步建立了一套以首相为最高指挥官、内阁官房负责整体协调和联络、通过中央防灾委员会等制定对策、突发事件牵头部门相对集中管理的中央、都道府县、市町村三级应急管理体制。

在中央一级，由中央防灾委员会负责制订防灾基本计划和防灾业务计划。在地方一级，由于日本实行地方自治体制，地方政府根据国家防灾基本计划的要求，结合本地区的特征，制订本地区的防灾减灾计划。当重大灾害发生时，首相首先征询中央防灾委员会意见，然后决定是否在内阁府成立紧急救灾对策总部进行统筹调度，并在灾区设立紧急救灾现场指挥部，以便就近指挥。内阁府作为应急管理中枢，承担汇总分析日常预防预警信息、制定防灾减灾政策以及中央防灾委员会日常工作的任务。各类突发公共事件的预防和处置，由各牵头部门各司其职、各负其责，实行相对集中管理。例如，内阁府牵头无明确主管部门负责事件的应急救援工作，经济产业省牵头负责生产事故的应急救援工作，总务省消防厅牵头火灾、化学品等工业事故的应急救援工作。

此外，全国都道府县、2 000 多个市町村相互签订了 72 小时相互援助协议。通过相互协作模式，日本联合防灾救灾和应急管理体制已经覆盖到基层组织。

虽然日本在应急管理体系建设方面取得了不少成就，但也存在一些缺点和挑战，具体表现为：

(1)复杂的组织结构：日本的应急管理体系涉及多个部门和机构，以及各级政府、地方自治体和社区之间的协调合作。这种复杂的组织结构可能导致信息沟通和协调方面的困难，影响应急响应的效率和灵活性。

(2)信息共享和协调不足：尽管日本致力于信息共享和协调，但在灾害发生时，不同机构和部门之间的信息孤岛和壁垒可能影响决策的准确性和应急行动的协调性。

(3)应对大规模灾害的挑战：尽管日本在面对小规模和中等规模的灾害时表现出较高的应急管理能力，但对于大规模灾害，例如大地震和海啸，应急资源的调配、伤员救援和灾后重建等方面需要更多的努力和改进。

(4)社区层面的脆弱性：尽管强调社区的参与和共生，但在某些社区中，特别是人口稀少或地理条件恶劣的地区，社区层面的应急准备和能力可能相对较低。这种情况使得应急管理面临更大的挑战，需要针对不同社区进行有针对性的支持和资源投入。

3. 英　国

近百年来，英国通过不断总结与改革，形成了具有自身特色的应急管理体制机制。

英国没有设立中央级部门专职负责应急管理工作，国家层面主要由内阁国民应急事务秘书处主导，而在地方层面，警察、消防、医疗救助等并不直接隶属于地方政府。英国应急体系较为复杂，但总体呈现注重多层分工、上下联动、跨部门协作的运行特点，在国家层面由内阁负责，地方层面的郡和县以及市则由“地方抗灾联席会议”负责，突发事件主要由地方响应与处置。

国家层面建立三级响应模式：第一级是超出地方处置范围和能力但不需要跨部门协调的重大突发公共事件，由相关中央部门作为“主责政府部门”负责协调上下级关系，主导事件处理；第二级是产生大范围影响并需要中央协调处置的突发公共事件，启动内阁简报室（COBR）机制，协调军队、情报机构等相关部门进行处置；第三级是产生大范围蔓延性、灾难性影响的突发公共事件，启动 COBR 机制。此时，COBR 由首相或副首相的领导运转，决定全国范围内的应对措施。

地方层面建立“金、银、铜”三级指挥运行机制。金级指挥：或者称为战略协调组。通常在警察局总部由高级警察官担任总指挥，与事发地区内所要求的一、二类响应者一起工作，要求有一个媒体大厅。银级指挥：在离事件现场恰当距离的位置上多个机构的管理人员一起工作，如果事件（如洪水）区域内需不同的处置方法，则需要多个银级指挥。铜级指挥：封锁或疏散；媒体；休息中心；交通管理；战略控制区域/备用车辆场/编组。

虽然英国的应急管理体系经过多年的发展与改进，在大多数情况下表现良好，但目前也存在一些缺点和挑战，具体表现为：

(1)决策和协调机制难以适应重大突发事件处置的需要；容易忽视政府所面临的突发事件风险；对所面临的风险和政府自身的管理能力过度自信；针对一些重大突发事件的应急响应不够及时。

(2)分权和多层次体系复杂。英国的应急管理体系涉及多个层级和机构，包括国家、地方政府、应急服务部门和其他相关部门。这种分权和多层次结构可能导致协调和合作的问题，信息共享和资源调配可能不够顺畅。

(3)抗议和社会动荡多发。在一些紧急情况下，如大规模抗议活动或社会动荡的紧急情况下，地方组织存在资源分散、协调困难以及公众安全和秩序维护等复杂问题。

(4)战略风险的研判和应对能力亟待加强。面临着全球化、经济繁荣、公民生活条件差异、老龄化、家庭和社区、社会安全、个性化的公共服务、气候变化、民主创新等十个方面战略风险的新挑战，只有迅速增强战略风险管理能力，才能迎接上述风险的挑战，保障社会的安全和繁荣。

(5)重大突发事件的应急响应不够及时。突发事件主要由地方响应与处置，地方与内阁面临信息共享和沟通的挑战，包括不同机构之间的信息流通问题，导致政府容易忽视所面临的突发事件风险。必须建立跨部门的权威、固定和快速的协调机制才能克服这一系列问题。

4. 俄 罗 斯

俄罗斯是世界上少数几个为了灾害的预防和管理，在各级政府中建立专门服务机构的国家之一。自 20 世纪 90 年代初以来，俄罗斯逐渐建立了以总统为核心，以联邦安全会议为决策中枢，以紧急情况部为综合协调机构，联邦安全局、国防部、外交部、情报局等权力执行部门协调配合的垂直型应急管理体制。

联邦安全会议由总统直接领导，是保障国家安全的整个国家机制的核心，下设十二个常设的跨部门委员会，职能涵盖了从国家安全情报的收集与分析、突发事件预测、制定应急预案，到形成实际决策、协调行动、决策效果评估等应急管理环节。紧急情况部是俄罗斯应对灾害事件的组织核心，主要负责自然灾害、技术性突发事件和公共安全事件的预防和救援工作，在必要时可调用本地资源，并可通过总理办公室请求获得国防部或内务部的支持。

在纵向组织体系上，俄罗斯在俄联邦、联邦主体(州、直辖市、共和国、边疆区等)、城市和基层村镇四级设置了垂直领导的应急管理机构。为强化应急管理机构的权威性和统一性，紧急情况部在俄联邦和联邦主体之间设立了八个区域中心，每个区域中心的应急管理工作由紧急情况部的区域分部负责。联邦、区域、联邦主体和城市紧急情况机构下设指挥中心、救援队、信息中心、培训基地等管理和技术支撑机构，确保紧急情况部发挥中枢协调作用。

在具体实施环节，俄罗斯还建有“全国紧急情况预防和应对体系(USEPE)”，覆盖了俄罗斯联邦的各个行政区划单位，形成了横向协调、纵向贯通的全国应急管理组织体系。

虽然俄罗斯的四级垂直应急管理机构可以横向协调、纵向贯通，但也存在一些缺点和挑战，具体表现为：

(1)不足的资金和资源：俄罗斯应对大规模紧急情况和自然灾害时可能面临资金和资源不足的问题。这可能导致紧急情况下的资源短缺，包括救援人员、设备、医疗物资等。

(2)基础设施问题：俄罗斯的一些地区存在基础设施问题，包括道路、桥梁和通信设施的老化和不足。特别是在偏远地区或恶劣天气条件下，会极大妨碍救援行动的进行。

(3)基础组织的执行力度：权力高度集中保证了指挥中枢的快速反应和有利决策，然而随着层层推进，中枢指挥系统的控制力量逐渐分散消解。本该强有力贯彻决策的公共危机管理支援保障系统，却“深陷基层社会”，难以有效地运行。

1.4.2.2 中国应急管理

新中国成立以来，应急管理制度体系建设大致经历了三个发展阶段，分别为单灾种应急管理制度形成时期（1949—2003年），作为整体的应急管理体系建立时期（2003—2018年），以及中国特色应急管理制度体系构建时期（2018年至今）。

2018年，中国在大部制改革进程持续推进背景下，制定了《深化党和国家机构改革方案》（以下简称《方案》），提出推动形成统一指挥、专常兼备、反应灵敏、上下联动、平战结合的中国特色应急管理体制。同时，《方案》将原国家安全生产监督管理总局等十三个部门的应急管理类职责统一集中整合，组建成为应急管理部，明确规定了应急管理部的组织架构和职能范围，将自然灾害防救方面的职责分工和中央救灾物资储备方面的职责分工做出了规定，稳固了应急管理制度体系的框架。由此，我国的应急管理体系从综合协调体制向统一指挥、权责一致、权威高效体制转变；从多部门协同应对向更加专业化、职业化管理转变；从临时性指挥机构向常设制、常态化治理组织转变；从侧重应急处置（事中、事后）向危机管理全过程（事先、事中、事后）转变。

中国目前基本形成了统一指挥、专常兼备、反应灵敏、上下联动的中国特色应急管理体制，逐步完善了法律法规、标准规范、应急预案等制度体系，探索构建了一套全新的应急管理工作体系。

中国应急管理体系与制度内容在不断完善，在特殊时期，中国特色社会主义制度优势下的应急管理表现亮眼。但是，当前仍然存在一些问题：

（1）部门机构职能划分与“大应急”理念耦合度不足：“一案三制”所针对的四大类突发事件包括：自然灾害、事故灾难、公共卫生事件、社会安全事件。然而，应急管理部的职能范围却规定为安全生产类、自然灾害类突发事件及防灾减灾工作，将疾控职能保留至国家卫生健康委员会，将维稳职能保留至中央政法委，在大部制改革与应急管理部成立的大背景之下，应急管理职能划分依然存在部分分散化的特征。这种做法是“以‘全灾种管理’上适度的‘退’，去真正实现对自然灾害和事故灾难的‘全过程管理’”。实际上，部门与职能划分不完全对应，在某种程度上仍然会制约到制度执行的协调性与高效性，“大应急”管理组织体系架构有待完善。

（2）应急管理全过程预案体系与协调联动机制不足：应急管理部的成立与三定方案的公布实施，实现了我国应急管理体系完成大部制转型升级，配套制度政策也相对完善。但是，应急管理全过程预案体系与协调联动机制仍然有待加强。从应急预案体系来看，横向上，单灾种的应急预案制定已较为完善，应急预案已经沿着应急预案链条延长（事前、事中、事后）的理念向着预防和灾后两头纵深；纵向上，新时期，我国应急预案体系还存在着“层级设计不够清晰、功能定位不够明确、编制方法不够先进等问题”。从协调联动机制来看，由于应急管理部将多部门的应急管理职能进行了整合，在组织机构形式上完成了统一，但是以前各部门之间（现在各职能之间）的协调与联动机制需要重新调试、更新并完善，仍有许多制度设置与安排工作亟待进行。

（3）多元主体参与渠道与机制不完善：多元协同治理在应急管理当中发挥的成效明显不足，原因在于多元主体（政府—市场—社会）参与渠道与机制不完善，缺乏配套法律法规与社会规章制度。2019年习近平总书记在中央政治局第十九次集体学习时强调，要坚持群众观点和群众路线，坚持社会共治，完善公民安全教育体系，推动安全宣传进企业、进农村、进社区、进学校、进家庭，加强公益宣传，普及安全知识，培育安全文化，开展常态化应急疏散演练，支持引导社区居民开展风险隐患排查和治理，积极推进安全风险网格化管理，筑牢防灾减灾救灾的人民防线。实际上，多元的应急管理主体对于应急管理的参与效能是巨大的，如社区在群防群控方面的职能，专家智库在应急管理全过程协调指挥中的职能，志愿者队伍在应急管理预防、抗灾与灾后重建等方面的强大力量都是应急管理社会制度构建的重要内容。

(4)应急管理法律法规级别数量与其地位不对应：第一，主体法律框架不完善。以大部制形式建立的应急管理部对于应急管理多部门职能进行了整合，其行政地位和行政资源具有较大提升，但是在法律地位上，它的重要性与其对应的法律级别与数量并不相称，应急管理仍然是最高以部门单行法的形式存在，其职能内容没有体现在宪法当中。第二，法治化主体内容不完善。例如在《中华人民共和国突发事件应对法》法律文本中出现大量“相关部门”的表述，没有具体落实主体责任，在各部门履行职责过程当中容易产生推诿、扯皮的现象，事后追责时也容易出现模糊不清的情况；再如，《突发公共卫生事件应急条例》的制度内容作为针对《中华人民共和国传染病防治法》的补充，其制度内容相对孤立，缺乏关于部门间相互配合，以及政府与社会力量如何配合的制度内容。此外，还存在法律功能分散、法律规定内容与部门权责不配套、权责脱钩等问题，在一定程度上影响了应急管理法治化水平。

(5)大数据科技使用与管理规范不足：应急管理在大数据科技领域存在的主要问题在于其使用与管理规范相对空白。大数据、人工智能、云计算等科技的不断发展能够为常态化防控提供更加强大的支持，能够为应急风险评估、灾前预警以及灾后重建提供强大的技术支撑。信息数据的收集、处理与公布等方面涉及的信息安全领域的问题仍需持续关注，在此基础上进一步将数字信息技术与安全应急产业相结合，创新体制机制提升应急管理与公共安全治理，也是亟待探索的领域。

(6)媒体生态与舆论治理不完善：存在重宣传、轻沟通，缺乏与民众高效进行对话沟通的规范性机制与制度建设的问题；在信息发布上也曾出现过口径不一、片面报道等情况。其根本原因在于防范化解舆论风险的能力不足，如不及时通过完善体制机制建设纠正这一方面的问题，容易给应急管理工作留下舆论隐患，也有可能会发展衍生出更多舆论风险。

1.4.3 工程建设应急管理内容

工程建设中的应急管理对于保障人员安全、减少工程损失、保护环境和资源、提高工程质量以及维护社会稳定具有重要意义。可根据基本建设程序将工程建设项目主要分为可研、勘察设计、施工、安装、竣工验收等阶段，针对不同阶段，工程建设应急管理有不同的需求。应急管理需要在整个工程建设过程中持续改进和更新，以适应项目不同阶段的需求。

1. 可研阶段

工程建设可研阶段的应急管理是项目规划和准备阶段的重要组成部分，旨在识别潜在的风险和危机，并制定应对措施。

(1)风险评估与分析：在可研阶段，借助专业的风险评估工具和方法，全面了解项目所在地区的风险情况，对项目可能面临的各种风险进行评估和分析，包括自然灾害(如地震、洪水、风暴等)、环境污染风险、安全风险等。

(2)灾害影响评估：项目可能对周边环境、社区和生态系统产生影响。因此，在可研阶段，需要进行灾害影响评估，以确定项目可能引发的紧急情况，并制定相应的对策。包括评估项目可能引发的环境影响和社会影响。

(3)法律法规遵守：在可研阶段，必须确保项目符合国家和地方的法律法规，特别是与应急管理相关的法律法规。这包括获得必要的环境许可和安全认证，并确保项目计划符合相关的法律要求。

(4)社会沟通和利益相关者参与：包括与项目利益相关者、社区和政府部门的沟通和合作，了解当地的需求和担忧，并在应急情况下获得支持和资源。

工程建设可研阶段的应急管理旨在建立一个完善的预警和应对体系，以减少潜在风险的影响，并确保项目在后续阶段的顺利进行。这需要综合考虑各种风险和利益相关者的需求，制定合适的预案和应对策略。同时，定期审查和更新应急管理计划也是保持项目安全建设的关键因素。

2. 勘察设计阶段

工程勘察设计阶段的应急管理措施是为了在项目实施过程中减少潜在风险的发生和应对突发情况，以确保项目顺利进行。

(1)应急方案制定：在设计阶段，制定详细的工程应急方案，包括应急组织机构、应急流程、资源调配等内容。该方案应与工程设计相结合，确保在紧急情况下的应急响应能够顺利进行。

(2)安全设计：在设计过程中考虑工程的安全性，包括使用符合安全标准的材料、设备和施工方法等。

(3)培训和演练：进行应急培训和演练，以确保项目团队和相关人员了解应急预案，并能够有效地执行。这些演练可以模拟各种紧急情况，以提高危机管理能力。

3. 施工阶段

工程建设施工阶段的应急管理是确保工程项目在施工期间能够应对各种紧急情况和风险的一项重要工作。

(1)应急管理组织与培训：建立健全的施工现场应急管理组织，明确责任和职责，强化现场安全意识，定期进行安全教育和培训，确保工人了解应急措施和安全规定。此外，对项目施工人员进行应急演练和培训，使其掌握基本的急救知识和技能。

(2)应急预案制定：结合现场施工情况，制定详细的工程应急方案，包括高空坠落事故、触电事故、坍塌事故、车辆事故、交通安全事故、火灾爆炸事故、机械伤害事故及治安联防等多种突发事件的应急处理预案。

(3)定期演练和预案改进：进行定期演练和模拟，以确保项目施工现场人员了解应急预案，并能够有效地执行和提高现场人员应急响应能力。此外，对演练情况进行总结评估，改进应急预案和应对措施。

(4)危险品管理：对施工中可能涉及的危险品进行识别、分类、储存和处置，确保安全使用和处理，做好危险品的标识和信息传递，提高危险品管理的效率。

(5)设备设施检查和维护：定期检查施工设备设施的运行情况，确保其符合安全要求，及时维护和修理设备设施，避免因设备故障导致的事故。

(6)定期检查和监测：定期进行施工现场安全检查，发现和纠正安全隐患。施工现场配备必要的监测设备，对施工现场的环境、结构等进行实时监测。

(7)合作伙伴沟通和协作：与施工团队、监理单位、承包商等合作伙伴建立良好的沟通机制，共同制定应急预案和协调应急响应，以便协调各方力量，共同应对突发事件，确保应急响应的高效和有序。

(8)信息传递与通信设备准备：确保施工现场通信设备的正常运行，保证在突发事件下能及时传递信息，协调应急救援工作。设立多种沟通渠道，保障信息畅通，包括应急通信网络和备用通信设备。

这些应急管理措施有助于降低施工阶段可能出现的风险，保障工程质量和人员安全。整个施工阶段的应急管理也需要持续改进和更新，以适应项目现场施工情况的需求。

4. 安装阶段

在工程项目的安装阶段，应急管理措施的目标是确保施工安全、预防事故，并在突发事件发生时能够迅速、有序地做出应对。

(1)风险评估和预防:对安装现场进行全面的风险评估,包括设备安装过程中可能出现的问题和隐患。制定预防措施,确保设备安装符合标准和规范,降低事故发生概率。

(2)应急预案制定:制定详细的安装阶段应急预案,包括突发事件的识别、应急响应程序、人员责任等。针对可能出现的各种问题,制定具体的处置方案。

(3)安全培训与教育:对参与安装工作的人员进行安全培训,使其了解安全规定、操作流程和应急处理方法。安装时提供个人防护装备,并强调其正确使用。

(4)现场安全管理:强化现场安全巡检,确保设备安装符合安全要求,消除潜在的安全隐患。制定安全警示标识,明确危险区域,提高工人的安全意识。

(5)设备检查和调试:在安装完成后,进行设备的检查和调试,确保设备安全、稳定运行。严格按照制造商的安装和调试要求进行操作,避免因操作不当导致设备损坏或事故。

(6)紧急停机和排除故障:建立设备紧急停机程序,确保在发生问题时能够迅速切断电源或其他能源,避免事故扩大。培训工作人员识别和排除常见故障,提高设备故障应急处理能力。

(7)备用设备和备品备件:准备备用设备,特别是关键设备,以备在设备故障时能够迅速更换,减少生产中断时间。存储足够的备品备件,确保在需要时能够迅速替换受损部件。

(8)协调与沟通:建立良好的沟通机制,确保施工现场各方人员之间的信息畅通。与相关部门、供应商和承包商建立紧密联系,共同应对可能发生的问题。

(9)定期演练和培训:定期进行应急演练,模拟各种突发事件场景,提高工作人员的应急响应能力。组织定期培训,使工作人员熟悉应急预案和处理流程。

(10)信息传递与记录:建立完善的信息传递系统,确保信息在各个层级迅速准确传达。对突发事件的处理过程进行详细记录,以便事后分析和改进。

以上这些措施有助于在工程建设的安装阶段及时、有效地应对各种突发事件,保障施工安全和工程顺利进行。在实际操作中,应根据具体项目的特点和风险因素制订相应的应急管理计划,并不断进行评估和改进。

5. 竣工验收阶段

在工程项目竣工验收阶段,应急管理措施的目标是确保工程质量达到验收标准,及时处理可能出现的问题。

(1)竣工验收标准和程序:制定详细的竣工验收标准和程序,明确验收的各项指标、测试方法和检测仪器,并进行必要的测试和检查。确保工程按照设计要求和质量标准进行验收。

(2)状态评估和质量检查:对工程状态进行评估,检查各项施工质量、指标是否满足要求。对工程的各个部位、构件进行质量检查,确保没有明显的质量问题和安全隐患。

(3)隐患排查和整改:对工程中可能存在的隐患进行排查,包括质量问题、安全问题等。建立整改方案和时间表,确保隐患能够及时有效地得到整改、消除。

(4)环境保护和安全防护:针对工程项目可能对环境造成的影响,采取相应的环境保护措施,确保符合相关法规和标准。加强安全防护措施,包括安全警示标识的设置、施工现场的管理等,保障人员安全。

(5)紧急事件应急预案:制定紧急事件应急预案,明确人员责任、响应措施和协调机制。针对可能出现的紧急情况,制定相应的处理方案和处置措施,并进行演练和培训。

(6)协调与沟通:建立良好的沟通渠道和协调机制,确保各方沟通畅通,及时解决问题。与相关部门、业主和监理单位保持密切联系,共同推进竣工验收工作,协调处理突发事件。

(7)文档记录和信息管理:做好竣工验收相关的文档记录,包括验收报告、整改记录等,以备后期参考和审查。建立信息管理系统,确保施工验收过程中信息传递和沟通的准确性和完整性。此外,注意整理和归档竣工文件和资料,包括工程图纸、检验报告、应急方案等,以便于后续的运维管理和应急响应。

(8)人员培训和意识教育:对参与竣工验收工作的相关人员进行培训,包括工程验收标准、程序和技术要求等方面。加强人员的安全意识教育,提醒在工作中注意安全,防范突发事件的发生。

在实际操作中,应根据具体项目的特点和风险因素制定相应的应急管理措施,并在竣工验收前全面进行准备工作。

总之,在每个阶段,应急管理都应与工程管理相结合,确保工程项目在紧急情况下确保人员安全、减少损失,并最大限度地保证工程进度和质量。同时,需要注意,不同阶段的工程应急管理需要根据当前的特点和风险进行定制,并且还需注意是否符合国家和地区的法规和标准。

1.5 应急产业化

1.5.1 产业化的定义与主要内容

应急产业化是突发事件应急管理能力产业支撑体系的构建进程。结合应急产业的特点,应急产业化是指形成应急产业的产品、服务或其活动以及支撑这些产品、服务、活动的科研培训等活动,从不具有产业性质(或状态)逐渐转变为充分具有产业性质(状态)的全过程,或从较少具有产业性质(状态)变为较多具有产业性质(状态)的过程,是其现代化、资本化、规模化和体系化的过程。

应急产业化的实质就是要打破应急行业非产业化运行的传统模式,以产业的理念来经营其产品、服务等,将应急产业的各个环节、各个方面有机地联系起来,实现应急产业的专业化、规模化、市场化、标准化、集成化等,使应急产业真正成为个现代意义上的产业。

1. 应急产业的专业化

打破现有的部门分割、地区分割、企业分割,围绕应急产品和服务,建立应急行业各个方面、各个环节之间的专业化社会分工体系,并通过各个环节的服务,建立相互之间的有机联系,组织社会化协作基础上的分工分业生产、经营,逐步摆脱过去“小而全”的经营格局,优化资源配置,提高经济效益。

2. 应急产业的规模化

壮大应急产业和企业的规模,提高产业集中度和企业集中度,实现规模化生产与经营,完成从量的集合到质的激变。形成规模化应用和产业链,完善产业配套,推动应急产业链深层次整合,形成配套完整、紧密协作、核心竞争力明显的应急产业集群。最大限度地发挥规模效应,增强应急产业的整体竞争实力,提高产业运行效率。

3. 应急产业的市场化

转变应急行业的资源配置方式,让市场机制在应急资源配置中发挥更加积极的作用,逐步实现应急资源从计划配置为主向市场配置为主的体制转型,构建与社会主义市场经济体制相适应的应急产业体系。一是形成市场化的应急产业投入—产出机制,从公共政策和经济政策这两个不同的角度来考虑应急行业的发展与运行,提高应急产业的经济效益;二是利用市场机制吸引更多的社会资源和力量,提高应急产品与服务的供给能力。

4. 应急产业的标准化

按照市场拉动、产业促动、企业主动、政府推动的原则,围绕应急产业的各个环节与方面,建立健全与国家标准体系一致、与国际标准体系接轨的完整的应急产业标准体系。借助标准对应急产业进行有效的引导和规范、解决不同类型产品与服务间的互联互通问题,借助标准不断提高应急产业的质量与水平、为产业发展确立良好秩序,提高应急产业的质量与效能。

5. 应急产业的集成化

建立应急产业内部各种资本、技术、资源以及其他相关要素之间的有机联系,应急产业涉及的各个方面(横向)、各个环节(纵向)之间的有机联系,将产业运行的各个环节、全部活动整合为一个完整的产业系统,优化系统结构,克服分散化的弊端,充分发挥优势互补、整体集成的积极效应,实现高效率、高质量、高效益和低消耗的目标。

1.5.2 我国应急产业化发展途径

1. 政府主导,改造传统产业

作为战略新兴产业的应急产业,其形成、发育、演化一般由政府主导、企业与政府共同合作完成。充分发挥政府在应急产业领域的资源配置与组织协调作用,借助政府资源来组织和推动应急产业化。特别是由政府直接组织实施具有战略意义的产业化项目,这种项目具有投入巨大、技术和知识密集、风险高等特点,一般的经济主体很难胜任,因此必须上升为政府行为,由政府组织相关部门和单位来共同完成。政府通过提供技术支持、市场保证、政策和制度供给等来推动和引导社会主体和资源进入应急产业化进程。

2. 社会组织引导,加快产业化发展进程

依托各种类型的专业协会、社会团体或非政府组织,把分散经营的经济实体组织起来,形成利益结合、互相依赖的社会化生产和服务体系,进而把应急产业的各个方面、各个环节联结起来,形成一体化生产服务网络的模式。

由政府相关部门牵头,引导应急产业龙头企业建立行业协会,提高参与市场竞争的组织化程度。行业协会作为产业规模发展的重要标志,在应急行业产业化发展的过程中对产业的专业化、标准化起着重要的推动作用,可以有力地促进产业结构调整。以中国的应急产业为例,目前已先后成立了全国性的安防、消防、保安、防伪技术行业协会,起到连接政府与企业的桥梁和纽带的作用。

3. 建立产业园区,实现产业集群化

依托产业园区,壮大应急产业和企业的规模,提高产业集中度和企业集中度。实现规模化生产与经营,最大限度地发挥其规模效应,提高产业运行效率,实现产业规模化。以技术经济实力较强、具有竞争优势、具有辐射带动能力的公共安全企业为龙头,围绕某一项产业或产品,带动相关企业实行专业化分工和社会化生产与服务。建立应急产业内部各种资本、技术、资源以及其他相关要素之间的有机联系,应急产业涉及的各个方面(横向)、各个环节(纵向)之间的有机联系,把分散的生产要素整合成为统一的生产体系:克服分散化的弊端,充分发挥优势互补,整体集成的积极效应,实现应急产业的集成化。产业园区是推进工业化的重要载体,是产业化加速、产业整体提升的关键和产业建设的中心。比如《安全生产“十二五”规划》中提出:“促进安全产业发展。制定实施安全产业发展规划。重点发展检测监控、安全避险、安全防护、灾害监控及应急救援等技术研发和装备制造,将其纳入国家鼓励发展政策支持范围,促进安全生产、防灾减灾、应急救援等专用技术、产品和服务水平提升,推进同类装备通用化、标准化、系列化。合理发展工程项目风险管理、安全评估认证等咨询服务业。到 2015 年,建成若干国家安全产业示范园区。”

1.5.3 我国应急产业化重点应用领域

1. 安全防范产业

安全防范产业主要涵盖监控产业、防盗报警产业和门禁对讲产业等。我国的安全防范产业开始于20世纪70年代末：1979年公安部下发77号文件，明确要求各地公安机关建立专门机构负责技术防范工作，由此揭开了中国安全防范产业的序幕。安全防范作为一个专业领域，在中国经历了40多年的发展历程，其应用范围发生了巨大变化，已经从重要单位、要害部门的防范扩展到商业、学校、社区、家庭等社会层面的全面防范。近年来，安防行业进一步发展，特别是数字网络视频设备和各种红外探测器等防盗报警产品的出现，进一步拓宽了安防行业的发展领域。

安防行业的科技创新热情高、力度大，企业将计算机技术、通信技术等众多学科的先进技术应用到安防领域，使安防行业形成了具有独立行业特点的、较为完整的技术产品体系。安防电子产品逐步从模拟产品快速地向数字化、集成化、网络化、智能化过渡，进入了一个安防技术新的发展时期。

2. 消防产品行业

中国消防企业经过内部改造和引进国外的先进技术和设备使得消防产业快速发展，现已形成包括火灾报警设备、自动灭火系统、防火建材、消防装备等门类齐全、初具规模且具有一定国际水平的产业。由于城市规划和工业布局不合理遗留的不安全因素，以及城市消防基础设施不足、消防装备器材落后、建筑物消防设施状况不佳等问题所导致的社会整体抗御火灾能力较低的局面，必须尽快加以改变，使消防安全水平与经济发展水平基本适应。因此，中国的整体建设在客观上要求发展消防产业。

随着社会和经济建设的不断发展，消防产品的需求量日益增大为消防产品行业带来了极好的发展机会，但我们必须清醒地看到，行业内目前还存在着结构不合理、技术水平低、产品质量差、管理薄弱以及缺乏科技创新等种种问题。为了在竞争中求生存，企业必须向产品多元化、企业集团化、生产集约化、市场扩大化方向发展。因此，消防产品行业依然存在着很大的改进与提升空间，尤其是在产品创新、科技创新方面有着极大的市场潜力。

3. 灾害金融产业

中国高度重视对灾害保险业防灾减灾作用的政策研究和试点工作。不断总结并完善农业、林业自然灾害保险与财政补贴相结合的农业、林业风险防范与救助机制，统筹考虑农业、林业巨灾风险分散机制，逐步加大保险对灾害损失的经济补偿和转移分担功能。

灾害金融产品对防灾减灾的作用是巨大的。首先，它具有社会减震器的作用。通过灾害链的传递与放大，地震等巨灾的发生将导致资本流量的剧烈波动，进而影响金融市场的稳定，灾害金融产品可以在一定程度上缓解地震等巨灾对国民经济发展（包括政府财政、生产性投资和金融系统）的突然、猛烈冲击。其次，灾害金融产品具有心理稳定器的作用。它是一项可为公众提供稳定预期（比如赔付金额）的事前制度安排，从而降低对事后国家财政救济和社会捐助的依赖。再次，灾害金融产品具有风险控制器作用。它不仅具有损失补偿的功能，如果设计得当，还具有风险控制的功能，可以增强个体灾前的自我保护意识和灾后的自我恢复能力。最后，灾害金融产品具有管理减压阀和显微镜作用。在灾后国家财政救济和社会捐助等非市场方式下，如何保证救灾物资和资金的公开、公平、公正的分配使用，对社会管理水平的要求很高；而通过灾害金融产品这种市场机制来安排灾后重建资金，可以减少大量的社会管理成本和监管压力，透明高效、增进公平。

4. 应急教育培训

应急管理人才培养与教育是建设高素质应急管理队伍的先导性、基础性、战略性工程，是切实提高我国应对突发事件、提高风险应对能力、推动社会稳定和社会和谐的重要保证。我国应急管理人才培养体系的建设仍处于起步阶段，经过多年的发展，学科体系、培训机制等建设，有了较大的进步。

现阶段，中国应急管理培训教育主要依托党校、行政学院、军队和武警院校等渠道进行培养，同时，辅助以部分高等院校和科研院所为重要基地。这一应急管理培训教学体系已初具规模，各项配套体系建设也在逐步完善。

(1)在硬件配套方面，一些专业部门已经建立起了相应的基地和中心，比如中国地震局搜救救援中心凤凰岭培训基地、中国气象局的气象发布平台、中国水利部的指挥平台、消防部门的培训基地等；同时，不同层级政府部门也开始了应急管理平台的建设。这些建设工作为开展应急管理培训提供了较好的硬件平台。但从总体来看，这些硬件配套仍然存在许多不足：

①缺乏专门针对应急管理培训的设计与规划。

②主要局限在政府体系内部，缺乏与外部资源的合作与整合。

③主要是针对专业技能的培训，缺少针对风险管理、危机决策、沟通与协作等培训内容的支持。

(2)在软件开发方面，国内已陆续推出多达百种的相关著作和教材，但是，与应急培训需求相比，仍然缺乏专门针对应急管理培训需求的高质量教材，针对不同培训对象编撰的教材更是微乎其微。课件开发、案例库建设和多媒体制作的情况也都处于刚刚起步的阶段。

(3)在师资建设方面，中国应急管理培训的师资力量主要分三个部分：专职教师、行业内专家以及政府相关领导及其工作人员。总体上来看，师资力量还比较薄弱，理论研究人员和实务工作者结合很少，呈现“两张皮”和错位现象，并未被完整、系统地整合起来。

(4)在资金保障方面，一些地区(如北京市)和部门已经划拨出专门资金用于开展有关应急管理培训体系的研究、规划和实施工作，但是，目前仍缺乏对系统化应急管理培训长期工作的资金配套支持。

2 城市轨道交通建设安全与应急管理综述

城市轨道交通作为中国广为发展的基础设施项目，目前已有 67 座城市开通或在建中，总建设运营里程超过 15 000 km，在未来仍具有巨大的发展潜力。由于城市轨道交通工程通常位于地下，其所处的工程地质和周边环境条件复杂多变，涉及的工法、工种和设备繁多，从业人员队伍庞大，突发事件时有发生，因此，城市轨道交通安全和应急管理工作场景多，并且需求紧迫，长期以来一直受到政府和社会的广泛关注。

2.1 城市轨道交通建设突发事件应急管理特点

2.1.1 城市轨道交通工程建设特点

城市轨道交通工程建设规模大、施工周期长、施工风险高，其安全生产涉及专业领域多、类型多、数量大，除了建筑、结构、风、水、电等常规领域之外，还涉及线路、限界、轨道、通信、信号、牵引供电、AFC、综合监控、PIS、屏蔽门等 10 多个专业领域的 20 多个设备系统。事故影响大、致因复杂，人的不安全行为、物的不安全状态及管理缺陷隐患突出。同时，城市轨道交通工程建设大多为地下工程，具有线路长、空间狭窄、施工工期紧、周边环境复杂等特点，工程建设安全隐患与风险无处不在，无时不在。

2.1.2 突发事件应急管理特点

根据城市轨道交通工程建设特点，工程建设过程中突发事件应急管理特点如下：

(1)安全风险类别多、抗风险能力低。城市轨道交通工程建设中安全风险种类包含:坍塌、垮塌、渗漏、沉降、洪水灾害、机械伤害、火灾、高处坠落、物体打击、车辆伤害及其他伤害等。施工过程中，现场存在的安全隐患未及时进行排查治理，均有可能导致安全事故的发生，一旦发生突发事件，其后果往往是灾难性的。

(2)事故影响范围广。城市轨道交通线路通常位于城市的中心地带或繁华商圈，工程周边涉及多家产权单位的市政道路、地下管线、建(构)筑物。在突发事件应急管理的过程中需要协调多家单位和部门，覆盖面积广，一旦发生生产安全事故，影响范围很广。

(3)管理复杂。引发突发事件的因素多样复杂且相互并联交织。人为因素、设备因素、地质因素及环境因素都可能导致突发事件的发生。所以，在应急管理上需要综合考量各种因素，全面科学地分析，做出合适正确的判断。

(4)救援难度比较大。城市轨道交通建设多处于封闭或半封闭的狭小空间内，人员密集且作业环境恶劣，在面临突发事件时，由于空间的限制，很难开展相应的应急管理工作。

2.2 城市轨道交通建设应急管理发展概况

城市轨道交通建设应急管理范围涵盖了整个建设阶段，主要包括施工准备、土建施工(土方开挖与主体结构施工）、机电设备系统安装与调试、试运行阶段的应急管理。

城市轨道交通建设应急管理的内容涵盖应急管理体制、机制、应急预案、培训与演练、应急响应、现场处置、事故处理等方面。应急管理的对象包括人员、环境、物资设备等应急资源以及各种管理信息和资料等。

目前，各地均根据当地特点建立了相对完善的突发事件应对应急管理工作机制，明确了各参建单位的应急管理职责，完善制度措施，强化物资储备，并加强应急队伍建设，落实相关保障措施。各地铁公司均编制综合应急预案、工程项目应急预案，且综合应急预案经专家评审，并报工程所在地县级以上人民政府相关部门和其他负有安全生产监督管理职责的部门进行备案。北、上、广、深作为在全国政治、经济等社会活动中处于重要地位并具有主导作用和辐射带动能力的大都市，其在城市轨道交通应急管理方向具有领先地位。

在安全管理方面，北京地铁始终坚持"安全第一，预防为主，综合治理"的工作方针和"抓小防大，安全关前移"等管理思想，以"安全、便捷、舒心、环保、准时"为安全管理目标，并按照这个指导方针，认真贯彻有关安全生产法规。

上海市在实践中形成了适应上海地铁特点的三级安全管理模式，设立了安全领导小组，并成立安全工作小组进行安全隐患排查治理。整合公安、消防等资源，依托市公安局指挥中心，成立了市应急联动中心，搭建统一的 110 接警平台，作为突发事件应急联动处置的职能机构和指挥平台。

广州地铁构建出符合广州市实际的安全管理模式和应急保障体系，坚持预防为主、预防与应急并重的思路。通过在长期实践中积累的丰富的安全管理经验，建立了风险管理平台，实现了管理信息化。

深圳地铁在应急管理工作中采用的是"预案＋制度＋演练＋应急指挥平台"四位一体的管理模式。从细微入手，防微杜渐，完善了部门安全管理档案，规范了安全管理模式，并形成了危险源管理、突发事件应急预案、应急演练、安全会议、安全考核、临时用电、安全检查、安全培训等台账。

在应急资源配置与调配方面，各城市进行了一定的探索。例如，大连地铁集团成功实现了建设期和运营期应急物资的协同调用；宁波地铁开展了轨道交通重要应急抢险设备和物资配置研究，并优化了应急资源配置；青岛地铁制定了工程建设应急物资配备指南企业标准，根据不同工法特点和易发生事故类型，明确了建设期各线路及工区应急资源最低配备标准。

2.3 城市轨道交通建设应急管理模式

2.3.1 应急管理体制

目前，我国城市轨道交通建设应急管理工作一般是在所在城市应急委的统一领导下，由市城市轨道交通建设专项应急指挥部负责。部分城市轨道交通建设应急管理仍以建设单位为主（地铁集团），在市级层面尚未成立负责统筹协调、指挥和调度相关部门、单位参与城市轨道交通建设突发事件应急管理工作的市级城市轨道交通建设突发事件应急指挥部，一旦发生重大突发事件，可能会出现指挥缺失、多头指挥等问题。

2.3.2 应急教育培训模式

我国城市轨道交通工程建设应急教育培训依据国务院、住房和城乡建设部、应急管理部等相关法律法规要求,形成了人才选拔使用机制和人才培养输送机制,培训对象、培训形式、培训资源在各地略有差异。例如,郑州地铁邀请住房和城乡建设部建设专业委员会的专家进行授课,以充分掌握应急管理要点;青岛地铁针对盾构司机等特殊作业人员开展培训,取得集团内部证书;上海地铁通过制定体系化的中长期培训发展规划,针对不同岗位人员,按照定期递进式培训与不定期重点突破式培训相结合的方式,持续强化事态判断能力、专业排故能力和统一指挥能力培养,确保应急人员能够有效应对各类突发事件。

2.3.3 城市轨道交通建设应急装备发展

2.3.3.1 城市轨道交通建设应急装备发展情况

应急救援装备作为应急救援行动的重要物质基础,要求具备种类齐全、数量充足、功能稳定、性能可靠和机动灵活性强的特点。发达国家已基本实现模块化配置,并且各类高科技产品层出不穷,尤其以美国、日本、俄罗斯等国家表现最为突出,目前,这些国家已经研制出了许多适用于应急抢险的新型应急救援装备,如多功能滑移转向装载机、远程遥控挖掘机等。

随着中国对突发灾害应急救援工作的重视,应急救援装备也得到了逐步发展,但总体而言,国内应急救援装备与国外发达国家相比,在功能和技术水平等方面还存在差距。主要包括研发能力弱、集成化程度低、机动灵活性差、专用设备不足等。

首先,应急救援装备研发起步晚,储备不足。近些年来,国家开始着手建立富有中国特色的突发事件应急管理体系,国务院于 2006 年 1 月 8 日发布《国家突发公共事件总体应急预案》。预案提及要做好应急救援装备的保障工作,但因国家安全科技长期投入不足以及研发企业长期面临的高投入、低市场的困境,使得应急救援装备领域进展缓慢,导致救援装备总量过少、配备率过低、专用救援设备严重匮乏。其次,救援装备体系尚未完善,总体利用率不高。汶川、玉树、舟曲等地区的重大自然灾害的应急救援实践检验表明,我国救援装备体系仍有待完善。受经济发展水平差异的影响,部分地区应急救援基地装备储量不足,有限的应急救援装备也多为常用工程机械装备,专用的山地、两栖等机械配置缺乏。此外,由于国家尚未建立有效的应急救援装备辅助决策系统,装备资源得不到有效整合,有限的装备投入也因救援现场缺乏统一的应急救援指挥平台而得不到最大限度的利用。再次,政策引导,推动应急救援装备逐步发展。自国家总体应急预案颁布以来,国家制定了一系列法律法规,鼓励、扶持具备相应条件的教学科研机构培养应急管理专门人才,组织开发用于应急处置与救援的新技术、新设备和新工具。2012 年 3 月,工业和信息化部组织编制了《突发事件工业产品保障应急预案》,明确了工业产品应急保障的组织体系和响应程序,推进了应急工业产品的动态储备。同时积极推动相关企业投入应急救援装备的研发与生产,如徐工集团、詹阳动力重工等有军品生产任务的企业就在常用工程机械的基础之上进行了应急救援专业设备的改装,三一、中联重科等企业也投入到了救援专用设备的研发当中,惊天液压等属具企业则积极研发救援专用属具。最后,科技发展,助推应急救援装备抢险技术提升。科学技术的进步推动了先进技术在应急救援装备中的应用,从而提升了应急救援装备抢险技术的水平。特别是 CIS 等信息技术在应急救援装备上的应用,极大地提高了抢险效率。以 2011 年青海玉树地震为例,中联重科利用安装在产品上的卫星定位系统在第一时间寻找并调集玉树附近地区的中联重科装备产品火速集结,为抗震救灾的胜利立下了汗马功劳。

2.3.3.2 城市轨道交通建设主要应急装备

城市轨道交通应急装备主要包括:

(1)指挥、通信、网络装备:指挥装备主要包括各种类型服务器、存储设备、数据平台、集成应用系统、网络安全等；通信装备主要是具备多种通信模式的应急指挥车；网络装备主要为无线自组网设备，包括 MESH 中继与终端。

(2)探测、检测、监测装备：探测装备主要包括瞬变电磁仪、地质雷达、汽车钻、隧道红外探水仪、高密度电法仪等；检测装备主要包括气体检测仪、声波检测仪等；监测设备主要包括水准仪、全站仪、三维激光扫描仪以及监测基坑围护结构、边坡坍塌报警装置等。

(3)坍塌类事故应急救援装备：救援头盔、救援靴、救援防护服、液压泵、凿岩机、无齿锯、剪切钳等。

(4)水类救援装备。

(5)消防类救援装备。

(6)安全生命类救援技术与装备。

(7)其他救援技术与装备。

2.3.3.3 城市轨道交通建设应急装备发展趋势

随着社会的高速发展和科技的快速进步，应急救援装备必将得到进一步完善和发展，向着多样化、多功能化、信息化、智能化的方向迈进。

第一，向多样化、多功能化和信息化发展。应急救援的任务特点和规律决定了应急救援装备势必朝着多样化、多功能化、高效能、高科技等方向前进，逐步实现常规装备标准化、大型装备便携化、小型装备携行化、单一装备集成化，并注重机动灵活性、性能稳定性、经济实用性、种类齐全性、操作简易性和修理方便性等特点。城市轨道交通多数位于地下，研制必要的专用、大型应急救援装备，以满足特殊需求。同时，注重可视化、无线遥控等信息技术的应用，实现应急救援装备主动配置、动态调配，以及远距离操控等功能，充分发挥抢险装备的效能。

第二，建立完善的应急救援装备体系。一些国家目前已形成了通用、专用、大型、小型等应急救援装备合力搭配、军地联动、就近调配的应急救援装备体系格局，有效地保障了应急救援的装备供给，这一体系随着科技的发展而不断完善。我国的应急救援装备建设，也必将以建立完善的应急救援装备体系为基础，推动应急救援装备的研发生产、合理化配置与调配等。首先在应急救援装备研发生产的基础之上，根据各地人口分布、灾害频率、作业环境、交通等情况编制应急预案，编配装备。其次是将属地驻军、机械企业及大型施工企业的通用、专用、大型等抢险装备依据需求纳入其中，整合资源，建立联动应急机制，实现灾后救援装备的迅速投送。对于应急救援装备配置薄弱的灾害多发区，应加大应急装备建设。同时，国家在应急救援装备研发的投入上要做好引导，使救援装备的研发能涉及所有的灾害救援。

第三，开发应急救援辅助决策系统，实现应急救援装备调配智能化。现代通信技术、计算机网络计算以及现场总线控制技术的飞速发展，智能化逐渐渗透到各行各业，应急救援装备的配置与利用也不例外。为了避免出现应急救援装备重复配置、资源分散、抢险过程中难以统一协调作战的情况，建立集应急救援装备储备、管理、维护、调配、运用为一体的应急救援装备辅助决策系统，实现应急救援装备决策的智能化成为趋势。在这方面，中国与一些发达国家存在一定的差距，短时期内难以赶上发达国家水平，我们可以大力借鉴发达国家的先进技术，充分吸收国外成熟的技术经验和优势，推动中国应急救援装备辅助决策系统的建设与发展。

2.3.4 专业救援力量

为了严格履行应急救援工作职责，救援人员应服从命令、听从指挥、尽心尽力、忠于职守，各地轨道公司根据应急现场指挥部选择的救援方案，调配救援人员，制定救援现场作战方案，及时开展抢险工作。积极采取措施,稳定险情,控制危险源,各地轨道公司采用不同方式相继引进专职应急救援队伍。

例如在北京,由住房和城乡建设委员会牵头,经报北京市政府、市安全生产委员会批准,组建北京市地铁施工应急抢险大队,并将其纳入北京市应急救援队伍体系统一管理;在厦门,轨道交通集团应急管理架构按照"1+4+N"设立应急管理体系,即"轨道应急抢险中心+四大股份公司应急抢险队+各工区应急抢险分队";在长沙,轨道集团应急救援指挥部成立有建设救援队伍、运营救援队伍、地保与执法救援队伍、外聘救援队伍、轨道消防队伍、轨道应急救援基地队伍六大方面队伍;在徐州,轨道集团也成立有应急救援大队和应急民兵排。

2.3.5 与外部单位的协同联动

建立健全风险防控协同机制、风险防控责任机制,主动加强协调配合,坚持一级抓一级、层层抓落实。重大风险的发生和演变往往会打破常态管理中明确的专业化分工界限,出现跨地区、跨部门、跨层级、跨主体现象,这就决定了重大风险的防控与治理需要更有效的协同机制予以支撑,促进各方面相互沟通、相互配合、共同行动,形成突发事件应急处置合力。要发挥好应急管理部门的综合优势和各相关部门的专业优势,根据职责分工承担各自责任衔接好"防"和"救"的责任链条,确保责任链条无缝对接,形成整体合力。要注重加强各地区、各部门的信息共享机制,沟通协作机制和组织领导机制建设,实现跨地区、跨部门的重大风险防控有机协同联动。要注重强化社会参与和社会协同机制建设。

目前,一旦发生较大以上突发事件,在政府主管部门、行业主管部门的监督领导下,轨道交通建设单位与外部单位协同联动,包括社区片区、相邻单位、消防、公安、医院、公交、专业救援机构、社会救援组织、爱心捐助等公共救援力量。

社区片区、相邻单位、专业救援机构、社会救援组织等社会力量在防范化解重大风险方面具有明显的专业优势,一直以来,国家出台了一系列文件倡导社会力量参与应急救援服务,但在社会力量参与城市轨道应急救援相关协调联动机制方面,法律法规欠缺相关规定。现行城市轨道交通应急领域法律法规中,社区力量参与政府危机管理缺乏制度性规范,导致了社区力量参与缺乏法理支撑,应急行动缺少规范性指导。因此,为了充分发挥社会力量的作用,建立有序的参与机制是至关重要的。

2.4 城市轨道交通建设突发事件案例回顾及启示

2.4.1 某市轨道交通2号线一期工程"2·7"透水坍塌事故

2018年2月7日20时40分,由某局组织施工的某市轨道交通2号线一期工程土建一标段A站至B站盾构区间右线工地突发透水,引发隧道及路面坍塌,造成11人死亡、1人失踪、8人受伤,直接经济损失约5 323.8万元。

1. 事故发生经过。

2018年2月7日晚事发前,某市轨道交通2号线一期工程A站至B站区间右线盾构机完成905环掘进后,位于隧道底埋深约30.5 m的淤泥质粉土、粉砂、中砂交界处且具有承压水的复杂地质环境中,在进行管片拼装作业时,突遇土仓压力上升,盾尾下沉,盾尾间隙变大,盾尾透水涌砂。经现场施工人员抢险堵漏未果,透水涌砂继续扩大,下部砂层被掏空,使盾构机和成型管片结构向下位移、变形。隧道结构破坏后,巨量泥沙突然涌入隧道,猛烈地冲断了盾构机后配套台车连接件,在泥沙流的裹挟下盾构机台车被冲出700多米，并在隧道有限空间内引发了迅猛的冲击气浪，隧道内正在向外逃生的部分人员被撞击、挤压、掩埋，造成重大人员伤亡。

2. 事故直接原因

(1)事故发生段存在深厚富水粉砂层，且临近强透水的中粗砂层，地下水具有承压性，盾构机穿越该地段时发生透水涌砂涌泥坍塌的风险较高；

(2)盾尾密封装置在使用过程中，其密封性能逐渐下降，盾尾密封被外部水土压力击穿，形成透水涌砂通道；

(3)在涌泥涌砂严重的情况下，仍然在隧道内继续进行抢险作业，撤离不及时；

(4)隧道结构破坏后，大量泥砂迅速涌入隧道，并在狭窄空间范围内形成强烈泥砂流和气浪，向洞口方向冲击，导致部分人员逃生失败，造成了严重的人员伤亡后果。

3. 事故间接原因

(1)某局装备分公司安全生产主体责任不落实；

(2)某局三公司安全生产主体责任不落实；

(3)某局安全生产责任制落实不力；

(4)某公司对发包项目安全监督管理工作不力；

(5)某轨道监理公司安全生产监理责任落实不到位；

(6)某市铁投公司监管不力；

(7)某劳务公司安全生产管理不到位；

(8)某区落实安全生产责任制不到位；

(9)某交通运输局对城市轨道交通工程项目安全监管不力；

(10)某国土和规划局(市轨道办)对城市轨道交通工程项目行政许可审批不严、综合协调督促不力；

(11)某区轨道办对城市轨道交通工程项目属地安全监管不严；

(12)某公安消防局未严格履行有关法定监管职责；

(13)某区人力资源和社会保障局对用人单位日常巡视检查不力；

(14)某安全生产监督管理局履职不到位，工作存在不足。

2.4.2 某公司在建轨道交通11号线某站横通道“12·1”较大坍塌事故

2019年12月1日上午9时28分，某市在建轨道交通11号线四分部二工区1号竖井横通道上台阶喷浆作业区域上方路面出现塌陷，导致途经该路段的一辆清污车、一辆电动自行车以及车上人员坠落坑中，共有3人不幸遇难，直接经济损失约2 004.7万元。

经调查认定，某公司在建轨道交通11号线某站横通道“12·1”坍塌事故是一起地下施工遇复杂地质条件引发的较大责任事故。

1. 事故发生经过

2019年12月1日约9时28分，某交叉口突发地陷，途经该路段的一辆清污车和一辆电动自行车随地面塌陷掉入地下，造成3人失踪。在初次塌陷后的4小时内，塌陷处又多次向外坍塌，塌陷面积由最初的约20 m^2，扩展到坍塌面积约570 m^2。塌陷区边缘西侧为该市大道高架桥，邻近高架桥的两个桥墩，北侧桥墩水平距离为5.3 m，南侧桥墩水平距离为5.8 m；塌陷区边缘东侧与跨沙河涌桥墩最小距离为6.5 m，距离东侧居民楼水平距离为28 m。

2. 事故直接原因

(1)坍塌区域1号横通道上方富水砂层及强风化层逐渐加厚，拱顶围岩为强风化砂砾岩，裂隙发育，局部揭露溶洞，围岩总体稳定性差，暗挖法施工时发生透水坍塌的风险高。

(2)地质勘探因该站地表建筑物、立体交通、地下管线、地区服装批发市场及其周边人流车流极为密集等诸多客观因素影响，加密勘探受限，勘察精度与地质复杂程度不匹配，项目施工单位施工前未充分掌握施工区域及附近的地层变化与分布特征、地下地质水文情况。

(3)施工单位安全风险辨识不足，针对施工过程中出现的渗水、溶洞等风险征兆，未采取针对性安全技术防范措施，未及时对地面采取围蔽警戒措施。

3. 事故间接原因

(1)施工单位安全生产主体责任不落实；

(2)施工单位未采取有效的技术和管理措施及时消除事故隐患；

(3)监理单位安全管理人员履职不到位；

(4)施工单位缺乏有效的应急联动机制。

2.4.3 某市地铁5号线区间污水管施工“1·29”中毒窒息事故

2018年1月29日10时40分左右，某环卫服务有限公司的作业人员在三环路立交外侧辅道进行污水管道堵头拆除过程中，先后被管内污水冲走。事故造成2人死亡、1人失踪，直接经济损失约400万元。

1. 事故发生前状况

某市地铁5号线土建9标某区间盾构穿越三环路前，施工总承包单位××局城轨公司为防止三环路外侧既有污水管道发生泄漏影响盾构施工安全，委托外包单位某环卫公司对污水管道进行封堵。2017年12月初，5号线土建9标项目部通知李某，要求其安排对污水管道进行封堵。12月12日，李某安排张某具体承担封堵施工任务。当日，张某组织胡某、胡某、张某、黎某4名工人对该污水管道进行了封堵。2018年1月28日，盾构施工顺利穿越三环路。当晚，5号线土建9标项目部工区长代某通知张某，要求拆除污水管道内堵头，恢复污水正常排放。据张某交代，其接到项目部电话后，安排胡某、胡某、张某3人次日前往该污水管道拆除堵头。

2. 事故发生经过

2018年1月29日10时左右，一名在三环路立交外侧辅道污水管道进行施工作业的工人，跑到铁五院正在进行地表沉降监测作业(距离事发污水井约50 m)的叶某等3名测量员面前，告知其工友在井下施工时沼气中毒，请求帮助救人。叶某等3人先后来到井口，与求助工人一起拉动安全绳救人，由于安全绳受井下水流影响，阻力很大，无法拉动。情急之下，求助工人戴上头灯，沿井壁下到井内救人，叶某等人进行了阻止，但该求助工人未予理睬，坚持下井，不久就失去了踪影。

3. 事故直接原因

现场作业人员违章作业，进入污水井下作业未落实“先通风、再检测、后作业”的操作规程，不佩戴潜水装备下井作业，是造成这起事故发生的直接原因。

4. 事故间接原因

(1)某环卫公司以其他方式允许他人以本企业名义承揽工程，未对该工程的施工活动进行组织管理，导致施工现场管理缺失，作业人员违章作业和盲目施救。

(2)某工程局城轨公司安全生产主体责任落实不到位，一是制度性文件执行不到位，项目人员职责分工不清晰，制定的相关检查制度、交底制度、培训制度无针对性；二是项目工区安全员无证上岗；三是以包代管问题突出，污水管道堵头拆除专项施工方案制定不及时，施工现场管理缺失，堵头拆除时生产及安全管理人员均未到现场，技术交底流于形式。

(3)某国际咨询公司监理人员配备不足，部分投标监理人员未实际到岗履职，监理人员调整后未履行变更手续；关键工序卡控不严，未将污水管道封堵、拆除等重点工序纳入日常安全巡查，且无相关巡查记录；对该污水管道堵头拆除专项施工方案审批把关不严，堵头施工作业 2017 年 12 月 12 日已经实施，方案 12 月 26 日才审批，明知违规，但未予以制止。

(4)某地铁投资公司安全督查检查不到位，对某工程局城轨公司地铁 5 号线土建 9 标项目安全员无证上岗等问题失察。

2.4.4 启 示

第一，要落实企业安全主体责任，强化安全生产责任意识。在城市轨道交通工程施工前，对安全风险进行评估分析，并制定安全隐患排查清单。在建设施工过程中，进行动态跟踪，及时发现安全隐患的先兆，并立即采取治理措施，将危机控制在萌芽阶段。

第二，城市轨道交通突发事件应急主管部门要加强对相关单位的监管，并丰富监管手段，建立安全生产信用体系。定期或随机对企业进行巡查，对监控不力、隐瞒不报安全隐患的情况严肃处理。将城市轨道交通相关单位的不诚信行为记录在企业安全生产诚信黑名单中，并进行公示，以提高企业质量安全违规成本。

第三，在城市轨道交通突发事件应急处置过程中，要坚持统一领导、多方协同应急的原则。城市轨道交通突发事件的应急处置需要公安、消防、医疗、新闻媒体等联动机构的协调配合，形成一股应急合力。平时各自为战的各个应急机构，在共同参与一项应急救援工作时，需要统一集中指挥权，避免因为指挥权分散而导致各个应急联动机构无法形成整体性强、高效率的应急合力。

第四，引导社会力量参与城市轨道交通突发事件应急管理，充分利用社会资源，补充更新应急装备。面对综合性愈加明显的城市轨道交通突发事件，需要充分发挥全社会的力量，形成全民救灾减灾格局。一些企业拥有丰富的应急物资储备，能有效解决城市轨道交通应急管理部门应急物资短缺、救援装备落后的问题。在城市轨道交通突发事件应急管理中，应当充分发挥社会组织和公民的应急救援作用，实现应急资源的合理配置。

2.5 城市轨道交通建设突发事件应急管理现状与不足

2.5.1 应急预案

2.5.1.1 应急预案建设情况

在国家突发公共事件应急预案和国家交通安全事故应急预案的基础上，我国城市轨道交通突发事件应急预案逐步建立起来。

国家层面，政府机关编制了总体预案和城市轨道交通专项应急预案。2006 年 1 月 8 日，国务院颁布了《国家突发公共事件总体应急预案》，对各种类型突发事件的应急处置进行了纲领性的规定。为规范城市轨道交通建设工程质量安全事故应急预案管理工作，提高城市轨道交通建设工程风险事故的应急处置能力，2014 年 3 月 12 日，住房和城乡建设部颁布了《城市轨道交通建设工程质量安全事故应急预案管理办法》。

地方层面，轨道交通工程建设城市编制了地方性应急预案。相关城市根据城市轨道交通建设情况和国务院颁发的《突发事件应急预案管理办法》编制了地方城市轨道交通专项应急预案。例如，长沙市编制了《长沙市轨道交通与隧道工程建设应急预案》；广东省编制了《广东省城市轨道交通运营突发事件应急预案》;无锡市编制了《无锡市城市轨道交通建设突发事件应急预案》;南昌市编制了《南昌市轨道交通工程建设安全生产事故应急预案》。苏州、青岛等其他轨道交通工程在建城市,都编制了相关应急预案。

各地城市轨道交通建设单位研究制定了集团层面的综合预案和专项预案。各生产经营单位结合自身特点,依据国家、省级、市级城市轨道交通突发事件应急预案,研究制定了集团层间的综合预案和各项专项预案。例如,上海申通集团编制了《上海轨道交通建设工地突发事故应急预案》;沈阳地铁集团编制了《沈阳地铁集团有限公司突发公共事件总体应急预案》,并根据可能出现的各类突发事件编制了防汛、防洪、防台风等多个专项应急预案。

2.5.1.2 应急预案管理的不足

城市轨道交通应急预案是城市轨道交通工程建设突发事件应急管理的重要前提。城市轨道交通应急预案是否具有针对性、时效性,决定了其是否有指导作用。目前,我国城市轨道交通突发事件的应急管理在应急预案方面存在演练不充分、修订不及时等问题。

1. 城市轨道交通应急预案演练不充分

城市轨道交通生产经营单位对突发事件应急预案的实战演练方面存在不足。开展城市轨道交通突发事件应急预案实战演练是应急准备工作的重要组成部分,能有效提高城市轨道交通从业人员的业务技能和应急能力。只有经过专业培训和应急演练,发生突发事件时,应急救援队伍才能及时到位,高效实施应急救援措施,控制事态发展,最大程度减少损失并降低影响范围。

2. 城市轨道交通应急预案修订不及时

城市轨道交通突发事件应急预案的修订周期过长,导致其时效性不强。一些部门单位未能根据自身结构调整、人员变动、设备更新、相关法律法规的变更以及演练中发现的问题进行调整;未能对城市轨道交通突发事件应急预案进行动态管理,及时更新升级,从而导致应急预案落后失效。

2.5.2 应急体制

2.5.2.1 应急体制改革情况

国家对应急管理体系进行了改革,将应急管理职能集中于应急管理部,以实现对重大突发事件进行统筹管理。应急管理部的职责包括编制国家应急总体预案,指导各部门应对突发事件工作,推进应急预案体系建设。此外,应急管理部还负责建立灾情报告系统,统筹应急力量与物资储备,建设救助体系,承担国家应对特别重大灾害指挥部工作,指导水灾、水旱灾害、地质灾害等防治工作。同时,应急管理部还负责监督管理工作。此次机构改革的一个重要举措是组建应急管理部,这有利于集中管理主要救援力量。把公安消防部队、武警森林部队以及安全生产等应急救援队伍一并归为应急管理部管辖。通过将主要救援力量集中到一个管理部门,能够解决之前因为管辖权问题而不便进行联合培养的问题,有助于建设一支专业技能和综合知识兼备的救援队伍。

各地方政府也成立了应急管理部门,主要职责为:(1)贯彻执行应急管理、安全生产等法律法规规章和政策规划,拟订应急管政策;(2)负责应急管理工作,指导突发事件和综合防灾、减灾、救灾工作;(3)指导应急预案体系建设,建立完善事故灾难和自然灾害分级应对制度;(4)牵头建立统一的应急管理信息系统;(5)组织指导协调安全生产类、自然灾害类等突发事件应急救援;(6)统一协调指挥各类应急专业队伍,建立应急协调联动机制;(7)统筹应急救援力量建设,承担消防、森林和草原火灾扑救、抗洪抢险、地震和地质灾害救援、生产安全事故救援等专业应急救援力量建设相关工作;(8)负责应急管理、安全生产宣传教育和培训工作等。相较以往各地方政府对城市轨道交通应急管理机构实行的分类管理、综合协调,以及以“平战结合”为特色的各联动机构协调配合模式,成立各地区应急管理局后，有效提高了城市轨道交通突发事件应急反应及处置速度。

2.5.2.2 应急体制存在的不足

在社会力量培育方面存在明显的不足。公民安全与应急教育的推进滞后，使得公民在参与城市轨道交通突发事件应急管理时，缺乏必要的知识和技能。

2.5.3 应急机制

2.5.3.1 应急运行机制建设现状

我国已经建立了统一指挥、分级响应的城市轨道交通突发事件应急运行机制。城市轨道交通应急机制的建设原则是：统一指挥、功能齐全、反应灵敏、运转高效。城市轨道交通突发事件应急处置包括：应急预防、应急准备、应急响应和灾后恢复。城市轨道交通突发事件应急管理机制依据应急处置流程，分为监测预警机制、信息处理机制、应急响应机制、联动协调机制、善后恢复机制。

城市轨道交通建设风险类别众多，突发事件影响范围广泛，应急处置需要多单位、多部门联动协调，因此，应急联动机制亟待加强。

2.5.3.2 应急机制建设存在的不足

1. 城市轨道交通应急预防不充分

城市轨道交通相关单位对安全隐患的排查工作不到位，城市轨道交通应急主管部门的监管力度不足，导致城市轨道交通应急预防措施不充分。危机生命周期理论认为，在安全隐患显现时，危机尚处于酝酿期，这是缩减危机的最佳时期。因为酝酿期的危机不会造成大范围、大规模的损害，如果能够及时发现危机的苗头并引起足够重视，及时采取治理措施，就能以最小的人力、财力、物力将危机缩减并遏制在萌芽阶段。忽视城市轨道交通突发事件的预防工作，存在侥幸心理，没有做到有效地预警、预测，就无法规避和控制风险。现实中，在城市轨道交通突发事件发生前，相关单位缺乏敏锐的洞察力和忧患意识，过于依赖事后处理。比起灾前预防，城市轨道交通应急主管部门和相关单位更注重应急处置，对安全隐患的排查并不及时、到位。

2. 城市轨道交通应急联动不协调

城市轨道交通各应急联动机构在平时缺少磨合，在现场处置时联动协调性弱。城市轨道交通建设突发事件影响范围广，其应急救援工作不是某个部门、某个单位能独立应对的。城市轨道交通建设突发事件的应急救援需要政府各部门、企事业单位及社会救援力量联合起来，形成整体应急合力。在城市轨道交通日常应急管理工作中，各应急联动机构的组成成员都是各自为政，就责履责，彼此间的信息交流和共享不足。各应急联动机构间平时缺乏联动、磨合，在应急处置现场，常表现出无序混乱，导致整体应急效率低下，削弱了战斗力。

2.5.4 应急法制

城市轨道交通应急法制是应急管理的重要保障。城市轨道交通突发事件应急管理要取得良好效果，不仅要健全顺畅应急运行机制，还要重视法制建设。

2.5.4.1 应急法制建设现状

我国城市轨道交通突发事件应急管理工作正在逐步走向法制化、规范化轨道。《中华人民共和国突发事件应对法》作为应急管理的基本法，对应急管理全过程作出了原则性的规定。

城市轨道交通突发事件应急管理相关部门规章主要涉及运营方面，目前，城市轨道交通建设应急法律法规与城市轨道交通的建设发展存在一定的不适应性。各地政府在城市轨道交通建设突发事件应急管理法制建设方面已经做出了积极的努力并取得了一些成绩，但相对于城市轨道交通的建设发展速度，城市轨道交通建设突发事件应急配套法律法规建设还存在一些滞后的问题。

2.5.4.2 应急法制建设存在的不足

1. 城市轨道交通应急配套法规不健全

城市轨道交通运营突发事件应急管理在中央层面的基本法已经建立，但建设期的专项法规尚不健全，且城市轨道交通应急法律法规缺少各应急联动机构间协调联动机制的相关规定。

2. 社会参与城市轨道交通应急管理缺乏制度保障

我国长期缺少专门规范非营利性组织、社会公民参与城市轨道交通突发事件应急管理的法律或政策性文件。社会力量参与政府危机管理缺乏制度性规范，导致社会力量参与缺少法理支撑，应急行动缺少规范性指导。企事业单位、志愿者协会、社区、人民群众等是城市轨道交通突发事件应急救援不可或缺的辅助力量。但是城市轨道交通突发事件应急管理法律法规没有对社会组织、公民的主体地位进行确认。社会组织、公民参与应急处置多是出于自发行为，表现出无序性，缺乏规范性，社会参与的“1＋1＞2”协调效应没有发挥出来。

3. 城市轨道交通应急法律宣教效果不佳

城市轨道交通突发事件应急法律法规的教育宣传效果不佳，导致现场作业人员的安全意识不强，应急能力薄弱。

3 发展城市轨道交通建设应急管理的价值与必要性

3.1 应急管理是社会发展的重要支撑

应急管理是针对突发事件或事故灾害而提出的，其核心价值在于对灾害事件的正确响应与处置，通过事前、事中、事后的各种措施降低事故危害和损失，其对经济社会稳健发展十分重要。

我国幅员辽阔，地形落差巨大，地理单元丰富，且身处环太平洋断裂破碎带和亚热带季风气候区域，这也就导致了各类自然灾害多发频发，我国人民有悠久的抗灾治灾历史，可以说，中华民族的发展史就是一部抗御和战胜自然灾害的历史。在长期治理灾害的过程中，我国人民积累了丰富的经验，逐渐形成了“居安思危、有备无患”的应急文化。

秦汉时期已经开始注重洪水的预警预报工作，《后汉书·礼仪志·请雨》就记载：“自立春至立夏尽立秋，郡国上雨泽”。在日常管理中，各级官员本着“积极应对才能减少损失”的理念，在易涝点位检查加固堤坝、兴修水利工程，这些都是行之有效的应急准备工作。当洪水来临时，古代统治者要求责任到人，除了需要地方官员和水利部门的官员到一线指挥救灾外，还要求他们如实汇报灾情。如有瞒报、漏报、谎报等行为，将会从重处罚，直到今天，领导干部到现场仍为应急抢险的重要原则之一。洪灾过后，政府通常会在灾区开仓赈灾，安抚百姓，减免租税，帮百姓重建家园，如在明洪武十七年，黄河开封段东月堤决口，大面积受灾，朱元璋便派官员抵达前线指挥，同时免除来年的赋税，为灾后恢复、减少损失提供重要支撑。

从古代的防洪救灾事例可知，尽管缺乏体系化的总结提炼，但其仍然体现了现代应急管理中的几大要素，即应急预防工作、应急准备工作、应急响应处置和灾后恢复措施。新中国成立后较长一段时期，一直是沿用这些朴素的灾害应对方式，针对洪水、地震等典型自然灾害的预防与应对成立了国家地震局、水利部、中国气象局、自然资源部等机构，一些机构又设置了若干二级机构以及救援队伍，形成了各部门独立负责各自管辖范围内的灾害预防和抢险救灾的模式。但在经历了 1975 年大洪水、1976 年大地震这种超大范围、超大规模的灾害事件后，这种分散管理、单独应对的应急管理模式逐渐有些力不从心，在此之后，中国摒弃了单项应急管理模式，发展跨部门的综合应急管理直至成立专门的应急管理部，中国的应急管理体制逐步完善。

习近平总书记指出，应急管理是国家治理体系和治理能力的重要组成部分，承担防范化解重大安全风险、及时应对处置各类灾害事故的重要职责，担负保护人民群众生命财产安全和维护社会稳定的重要使命。这是对应急管理价值最为准确的评价。

3.2 发展城市轨道交通应急管理是对国家安全战略的贯彻与落实

近些年，中国围绕构建现代化国家治理体系出台了大量的法规和政策。首先是 2019 年公布施行的《生产安全事故应急条例》，该条例的出台标志着安全生产应急管理立法工作取得重大进展，对做好新时代安全生产应急管理工作具有特殊且重大的历史意义。该条例强化了应急准备在应急管理工作中的主体地位，明确了有关各方在生产安全事故应急工作中的职责，对全国生产安全事故应急工作进行了系统规范，切实解决了长期以来事故应急工作无法可依的问题，为全面提升应急管理工作水平提供了有力的法律支撑。

2021年，《中华人民共和国安全生产法》第三次修订版发布，在其新增的第七十九条中规定“国家加强生产安全事故应急能力建设，在重点行业、领域建立应急救援基地和应急救援队伍，并由国家安全生产应急救援机构统一协调指挥；鼓励生产经营单位和其他社会力量建立应急救援队伍，配备相应的应急救援装备和物资，提高应急救援的专业化水平。”

紧接着，国务院在2022年发布了《“十四五”国家应急体系规划》，要求“扎实做好安全生产、防灾减灾救灾等工作，积极推进应急管理体系和能力现代化”。总体目标：到2025年，应急管理体系和能力现代化建设取得重大进展。到2035年，建立与基本实现现代化相适应的中国特色大国应急体系，全面实现依法应急、科学应急、智慧应急，形成共建共治共享的应急管理新格局。随后，应急管理部依次下发了《“十四五”应急救援力量建设规划》《“十四五”应急管理标准化发展计划》《“十四五”应急物资保障规划》等具体落实文件，为实现国家应急体系规划指明了路径。

同年，习近平总书记在二十大报告中明确提出：“坚持安全第一、预防为主，建立大安全大应急框架，完善公共安全体系，推动公共安全治理模式向事前预防转型。推进安全生产风险专项整治，加强重点行业、重点领域安全监管。提高防灾减灾救灾和重大突发公共事件的处置保障能力，加强国家区域应急力量建设。”将应急能力建设与国家安全相提并论，这也是应急管理重要性的体现。

此外，《中华人民共和国突发事件应对法》修订工作也正在进行中，必将更加有力地推动我国应急管理现代化的发展。

综上所述，应急管理是我国当前及未来十年的重点建设领域，城市轨道交通建设工程的应急发展也必将紧随国家法规政策指向，以大安全大应急为基本思路，不断健全与完善现代化的应急指挥、风险防范、应急救援、应急物资保障、科技支撑和人才保障体系和能力，为国家应急能力现代化作出贡献。

3.3 健全城市轨道交通应急管理是行业高质量发展的需求

应急管理工作是典型的“养兵千日、用兵一时”的工作，每一场应急救援都是争分夺秒与时间赛跑，这其中的协调指挥效率、处置技术和手段、应急装备的科技含量等，对于应急成果的好坏起着重要作用，是管理水平和管理能力现代化的重要体现。

应急体制决定了应急协调指挥效率，优秀的应急体制应具备责任清晰、流程明确、标准统一、制度规范、贴合实际等特点，这就要求参建单位在体制设置方面充分做好工作。

应急队伍和人才素质决定了应急处置技术和手段，城市轨道交通突发事件多数位于地下狭窄空间，事故状况信息获取困难，地质与周边环境不明朗，在有限的时间内，处置与救援是否科学对于结果影响非常大，因此，救援人员的日常知识储备和培训演练十分重要，这些都需要大量的投入。

高科技含量的探测和救援装备离不开应急配套产业的发展，一些先进装备甚至决定了最终救援质量，如生命探测装备、地质扫描装备、AED急救装备、自组网通信装备以及各类无人装备等，这需要大量的研发与投入。

综上所述，应急管理是一项管理和技术密集型工作，一场成功的应急救援背后必然有一套科学的、完善的应急救援体系和机制，这也是轨道交通行业高质量发展的必然选择。

3.4 提升城市轨道交通应急能力是行业社会担当的体现

城市轨道交通建设工程通常位于城市核心区域，线路覆盖范围广、人口密集、周边环境复杂，发生安全事故时往往会造成人员伤亡或周边环境的破坏，应急成效与工人和百姓的生命财产安全息息相关，令人遗憾的是，很多事故应急处置过程中往往存在应急失当的现象。

2018年2月7日20时40分，由某局组织施工的某市轨道交通2号线一期工程土建一标段A站至B站盾构区间右线工地突发透水，引发隧道及路面坍塌，造成11人死亡、1人失踪、8人受伤，直接经济损失约5 323.8万元。这起重大坍塌事故起初存在盾尾密封透水，然而由于施工单位对隧道内的险情处置不当，冒险组织堵漏，扩大了人员伤亡和财产损失，施工单位虽然编制了应急预案，但是预案对涌水涌泥涌砂抢险时在何种情况下应当立即撤离没有明确的指引，完全依赖现场指挥人员个人经验判断，对抢险救援的指导性不强。

无独有偶，2021年7月20日，某市地铁5号线列车行驶至某上行区间时遭遇涝水灌入、失电迫停，经疏散救援，953人安全撤出、14人死亡。这起事故中存在严重的应急失当问题，首先是运营单位应对处置不力，未及时采取预警响应行动，在气象部门多次发布暴雨红色预警后，运营单位未按有关预案要求加强检查巡视，相关领导没有引起高度重视，没有在线网控制中心（OCC）和现场一线统一指挥、开展有效的应急处置，导致现场应对处置管理混乱，未执行重大险情报告制度，事发整个过程都没有启动应急响应，400多名乘客被困车厢1个多小时，严重延误了救援时机。并且行车指挥调度失误，在涝水冲倒停车场出入场线洞口上方挡水围墙、急速涌入地铁隧道后，因道岔发生故障报警，列车在站被扣停车，在没有查清原因、不了解险情的情况下又放行，水淹过轨面后，司机按照规定制动停车，但OCC主任调度员在未研判掌握列车现场险情的情况下，指令列车退行，约30 m后列车失电迫停，导致列车所在位置标高比退行前所在位置标高低约75 cm，增加了车内水深，加重了车内被困乘客险情。

因此，强化应急能力，避免应急失当，既是对参建各方负责也是对整个社会负责，这是城市轨道交通工程的行业特点所决定的。

3.5 构建现代化应急管理是我国城市轨道交通走向世界的名片

城市轨道交通安全事故特点决定了我们必须走现代化应急的道路，随着大安全大应急框架的提出与实践，应急管理也从被动式管理向主动式预防转变。应急即是安全，完善和发展现代化应急，提升建设安全将是我国城市轨道交通的一张靓丽名片，其背后的应急管理体制、机制、技术和模式，将是我们建设从业者走出行业、走出国门的实力和信心。

第二部分

体系制度篇

4 城市轨道交通建设应急预案体系

4.1 建设期应急预案体系建设现状

城市轨道交通建设应急预案体系与城市轨道交通突发事件应急预案体系息息相关，但又有所不同。目前城市轨道交通突发事件应急预案体系较为完善，不仅包括国家层面的总体和专项预案，还包括城市轨道交通内部的总体预案和专项预案，以及城市轨道交通建设企业所在省/市的总体和专项预案，其应急预案体系如图 4.1—1 所示。

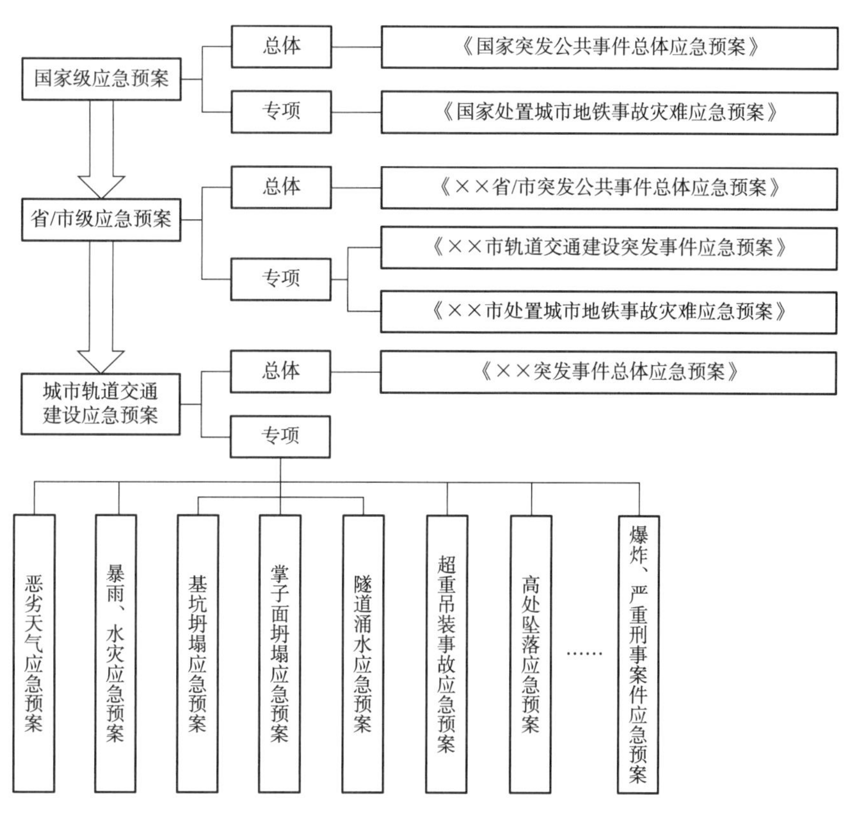

图 4.1—1 城市轨道交通突发事件应急预案体系

对于建设期应急预案体系建设，其主要涉及到政府、建设单位和施工等其他参建单位，各个单位在城市轨道交通工程建设中相互协作、相互配合，共同完成工程建设任务。政府在城市轨道交通工程建设中扮演监管和协调的角色，主要职责包括制定相关政策和法规，对工程建设进行质量和安全监督，同时协调各个部门和单位之间的关系，确保工程建设的顺利进行。建设单位负责组织和实施城市轨道交通工程建设项目，主要职责包括制定工程计划和方案、组织设计和施工、采购和配置资源、对参建各方实施合同履约管理。参建单位包括设计单位、勘察单位、施工单位、监理单位，主要负责工程设计、勘察、施工、监理等工作。因此，建设期应急预案体系主要从政府、建设单位、参建单位三个层次出发，根据各单位的职责划分的不同，制定不同的建设期应急预案内容。

政府层面主要适用于本行政管辖区域内突发事件应急管理，明确各相关部门和单位相应的应急管理职责、任务和要求，按照适用区域范围不同，具体又可分为国家级、省部级和城市级等三级政府综合应急专项预案。相关预案内容主要包括应急组织体系及职责、应急资源保障、应急监测与预警、应急响应及处置、后期处置等内容(项目应急预案)。

建设单位层面主要适用于建设单位各类各级突发事件的紧急应对。按照性质和作用的不同，具体又包括综合应急预案、专项应急预案(项目应急预案)和现场处置方案等三个级别的预案，它们相互衔接协同，上下分工合作形成一个有机的整体，以有效应对轨道交通工程建设过程中可能要面对的各种突发事件。预案的主要内容包括工程概况、风险分析、组织机构及职责、应急处置方案、应急保障措施等内容，针对轨道交通工程建设中可能出现的重大险情和事故，制定相应的应急措施和处置方案。

施工单位层面主要适用于施工现场的突发事件应急处理。预案的主要内容包括作业现场情况、风险分析、应急处置措施、应急联络及协调等内容，针对作业现场可能出现的突发事件，制定具体的应对措施和现场处置方案。

目前，相关法律、法规和行政管理文件有《中华人民共和国安全生产法》《中华人民共和国突发事件应对法》《生产安全事故应急条例》《突发事件应急预案管理办法》《生产经营单位安全生产事故应急预案编制导则》《国家突发公共事件总体应急预案》，此外，住房和城乡建设部印发了《城市轨道交通建设工程质量安全事故应急预案管理办法》，湖北省人民政府印发了《湖北省突发公共事件总体应急预案》，广东省人民政府印发了《广东省突发事件总体应急预案》，湖北省住建厅印发了《湖北省建设工程重大质量安全事故应急预案》，武汉市人民政府印发了《武汉市突发事件总体应急预案》。

4.1.1 各级政府城市轨道交通建设应急预案的建设与管理状况

4.1.1.1 国家层面

1.《国家突发公共事件总体应急预案》

本预案于2006年1月8日由国务院印发，并自印发之日起施行。总体应急预案共6章，分别为总则、组织体系、运行机制、应急保障、监督管理和附则。

总体预案明确提出了应对各类突发公共事件的六条工作原则：以人为本，减少危害；居安思危，预防为主；统一领导，分级负责；依法规范，加强管理；快速反应，协同应对；依靠科技，提高素质。

总体预案将突发公共事件分为自然灾害、事故灾难、公共卫生事件、社会安全事件四类。按照各类突发公共事件的性质、严重程度、可控性和影响范围等因素，总体预案将其分为四级，即Ⅰ级(特别重大)、Ⅱ级(重大)、Ⅲ级(较大)和Ⅳ级(一般)。

总体预案适用于涉及跨省级行政区划的，或超出事发地省级人民政府处置能力的特别重大突发公共事件应对工作。总体预案规定，突发公共事件发生后，事发地的省级人民政府或者国务院有关部门在报告特别重大、重大突发公共事件信息的同时，要根据职责和规定的权限启动相关应急预案，及时、有效地进行处置，控制事态。必要时，由国务院相关应急指挥机构或国务院工作组统一指挥或指导有关地区、部门开展处置工作。

总体预案规定，国务院是突发公共事件应急管理工作的最高行政领导机构；国务院办公厅设国务院应急管理办公室，履行值守应急、信息汇总和综合协调职责，发挥运转枢纽作用；国务院有关部门依据有关法律、行政法规和各自职责，负责相关类别突发公共事件的应急管理工作；地方各级人民政府是本行政区域突发公共事件应急管理工作的行政领导机构。总体预案对突发公共事件的预测预警、信息报告、应急响应、应急处置、恢复重建及调查评估等机制作了详细规定，并进一步明确了各有关部门在人力、财力、物力及交通运输、医疗卫生、通信等应急保障工作方面的职责。

总体预案要求各地区、各部门做好对人员培训和预案演练工作，抓好面向全社会的宣传教育，切实提高处置突发公共事件的能力，并明确指出突发公共事件应急处置工作实行责任追究制。对突发公共事件应急管理工作中做出突出贡献的先进集体和个人要给予表彰和奖励。对迟报、谎报、瞒报和漏报突发公共事件重要情况及其他失职、渎职行为的，依法对有关责任人给予行政处分；构成犯罪的，依法追究刑事责任。

2.《国家处置城市地铁事故灾难应急预案》

为做好城市地铁事故灾难的防范与处置工作，保证及时、有序、高效、妥善地处置城市地铁事故灾难，最大程度地减少人员伤亡和财产损失，维护社会稳定，支持和保障经济发展，经国务院批准，国务院办公厅于 2006 年 1 月 23 日印发了《国家处置城市地铁事故灾难应急预案》，这可以说是我国第一版的国家级城市轨道交通突发事件应急预案。该预案虽然有力促进了我国城市地铁事故灾难应急工作，但明确仅适用于我国地铁（包括轻轨）发生的特别重大事故灾难，致使人民群众生命财产和地铁的正常运营受到严重威胁，具备下列条件之一的：

(1)造成 30 人以上死亡（含失踪），或危及 30 人以上生命安全，或者 100 人以上中毒（重伤），或者直接经济损失 1 亿元以上；

(2)需要紧急转移安置 10 万人以上；

(3)超出省级人民政府应急处置能力；

(4)跨省级行政区、跨领域（行业和部门）；

(5)国务院认为需要国务院或建设部响应。

4.1.1.2 各省/直辖市/自治区层面

根据《国家突发公共事件总体应急预案》《国家处置城市地铁事故灾难应急预案》等要求，省、市级人民政府陆续制定和发布执行了适用本行政辖区内的省级、市级突发公共事件总体应急预案或建设突发事件应急预案，明确了突发事件发生时的应急指挥机构、各级政府部门的应急职责和建设单位的主体责任等，规定了阶段性修订完善的要求等，全国性的应急预案框架体系初步形成。见表 4.1—1。

表 4.1—1 应急预案制定情况

省/直辖市/自治区	预案名称
北京市	《北京市突发事件总体应急预案(2021 年修订)》
天津市	《天津市建设工程安全事故应急预案》《南开区突发事件总体应急预案》
上海市	《上海市突发公共事件总体应急预案》《上海市地下空间突发事件应急预案》(2023 版)《上海市处置建设工程事故应急预案》(2023 版)
重庆市	《重庆市建设工程事故应急预案》《重庆市突发事件应对条例》《重庆市突发事件应急预案管理实施办法》《重庆市突发事件预警信息发布管理办法》
黑龙江省	《黑龙江省突发事件应急预案管理办法》
吉林省	《吉林省生产安全事故应急预案》《吉林省突发事件总体应急预案》
辽宁省	《辽宁省人民政府突发公共事件总体应急预案》
河北省	《河北省人民政府突发公共事件总体应急预案》
甘肃省	《甘肃省建设安全事故应急预案》《甘肃省突发事件总体应急预案》

续上表

省/直辖市/自治区	预案名称
青海省	《青海省突发事件总体应急预案》
陕西省	《陕西省突发事件总体应急预案》
河南省	《河南省突发事件总体应急预案(试行)》《河南省交通运输综合应急预案》
山东省	《山东省交通运输综合应急预案》《山东省突发事件总体应急预案》《山东省生产安全事故应急办法》
山西省	《山西省城市公共交通运输突发事件应急预案》
安徽省	《安徽省生产安全事故应急预案》
湖北省	《湖北省突发公共事件总体应急预案》
湖南省	《湖南省突发事件总体应急预案》《湖南省交通运输突发事件总体应急预案》
江苏省	《江苏省突发事件总体应急预案》
四川省	《四川省突发事件总体应急预案(试行)》
贵州省	《贵州省突发事件总体应急预案》
云南省	《云南省交通运输厅突发公共事件综合应急预案(简版)》
浙江省	《浙江省生产安全事故应急预案》《浙江省突发公共事件总体应急预案》
江西省	《江西省交通运输综合应急预案》《江西省突发公共事件总体应急预案》
广东省	《广东省城市轨道交通运营突发事件应急预案》
海南省	《海南省人民政府突发公共事件总体应急预案》《海南省生产安全事故应急预案(2020年修订)》
新疆维吾尔自治区	《新疆维吾尔自治区突发事件总体应急预案》《自治区交通运输综合应急预案》
内蒙古自治区	《内蒙古自治区建设工程生产安全事故应急预案》
宁夏回族自治区	《宁夏回族自治区突发事件总体应急预案》
广西壮族自治区	《广西壮族自治区应急管理厅突发事件应急处置预案(试行)》

从当前各地应急预案的制定情况来看,各省/自治区/直辖市都基本处于轨道交通建设应急预案体系的初步建设阶段,并且部分地区还尚未完成建设目标。

4.1.1.3 城市政府层面

根据《中华人民共和国突发事件应对法》规定,地方各级人民政府和县级以上地方各级人民政府有关部门根据有关法律、法规、规章、上级人民政府及其有关部门的应急预案以及本地区的实际情况,制定相应的突发事件应急预案。目前,各个开通建设轨道交通的城市政府均能够根据《中华人民共和国突发事件应对法》和《国家城市轨道交通建设突发事件应急预案》的要求,制定、发布、执行本市城市轨道交通突发事件建设应急专项预案,以指导本市轨道交通企业的建设应急救援工作。见表4.1—2。

表4.1—2 建设期综合应急预案情况

城　市	预案名称
广州	《广州市建筑工程突发事件应急预案》《交通建设工程三防应急处置工作指引》
佛山	《佛山市城市轨道交通工程建设生产安全事故应急预案》
长春	《长春市生产安全事故应急预案》
武汉	《武汉市突发事件总体应急预案》
深圳	《深圳市突发事件应急预案管理办法》《深圳市地铁突发公共事件应急预案》《深圳市轨道交通项目建设管理规定》

续上表

城　市	预案名称
南京	《南京市突发事件总体应急预案》《南京市交通运输局公共交通突发事件应急处置预案》
沈阳	《沈阳市突发事件总体应急预案的通知》《沈阳市建设工程生产安全事故处置应急预案》
西安	《西安市地铁工程建设突发事件应急预案》
苏州	《苏州市城市轨道交通工程施工安全事故应急预案》《苏州市突发事件总体应急预案》
昆明	《昆明市建筑工程事故应急预案》
杭州	《杭州市建筑施工突发事故应急预案》《杭州市生产安全事故应急预案》《杭州市突发事件总体应急预案(2022年修订)》
郑州	《郑州市突发事件总体应急预案(试行)》《郑州市城乡建设局在建房屋建筑和市政基础设施工程事故应急预案(试行)》
宁波	《宁波市轨道交通工程突发事故应急预案》
无锡	《无锡市轨道交通建设突发事件应急预案》
青岛	《青岛市突发事件总体应急预案》
南昌	《南昌市轨道交通工程建设安全生产事故应急预案》
东莞	《东莞市突发事件总体应急预案》
南宁	《南宁市突发事件应急预案管理办法》
兰州	《兰州市建设工程安全事故应急预案》
常州	《常州市生产安全事故应急预案》《常州市突发事件总体应急预案》
徐州	《徐州市突发事件总体应急预案》《徐州市生产安全事故应急预案》《徐州市轨道交通工程建设应急预案》
太原	《太原市突发事件应急预案管理办法》
洛阳	《洛阳市突发事件总体应急预案(试行)》
金华	《金华市建筑工程生产安全事故应急预案》
芜湖	《芜湖市生产安全事故应急预案》
绍兴	《绍兴市轨道交通工程建设安全事故应急预案》
南通	《南通市城市轨道交通工程建设突发事件应急预案(2020年修订版)》

从当前各城市政府现有轨道交通建设综合应急预案的情况来看，当前各个城市综合应急预案的建设情况各不相同，存在部分城市综合应急预案建设不完全的问题。除了佛山、太原、苏州、南通、无锡、西安、绍兴、宁波等少数城市外，大部分城市都只有关于全体建设工程的应急预案，但缺少城市轨道交通工程建设的针对性综合应急预案。

4.1.2 各参建单位轨道交通建设应急预案体系现状

当前我国的应急预案体系主要包括政府、建设单位、参建单位三个层面，并在建设单位、参建单位层面下设立综合应急预案、专项应急预案(项目应急预案)和现场处置方案，各类应急预案编制内容各有侧重。

全国各轨道交通参建单位应急预案一般分为三级：一级是地铁集团层面制定的综合应急预案，二级是地铁集团下属各建设公司制定的综合应急预案及专项应急预案，三级是施工监理等参建单位制定的综合应急预案、专项应急预案和现场处置方案。三级应急预案共同组成各地铁城市轨道交通工程建设突发事故和灾害应急预案体系，下属各建设公司和施工监理等参建单位的应急预案要与地铁集团的衔接，分别明确各级应急预案的启动条件。

综合应急预案是对城市轨道交通建设工程质量安全事故应对工作的总体安排。主要规定工作原则、组织机构、预案体系、事故分级、监测预警、应急处置、应急保障、培训、演练与评估等，是应对城市轨道交通建设工程各类质量安全事故的综合性文件。

专项应急预案是指针对某一类型或某几种类型城市轨道交通建设工程质量安全事故而预先制定的工作方案。主要规定应急响应责任人、风险防范和监测、信息报告、预警响应、应急处置、人员疏散组织和路线、可调用或可请求援助的应急资源情况以及实施步骤等，体现自救互救、信息报告和先期处置特点。

现场处置方案是指针对某一特定城市轨道交通建设工程事故现场处置工作而预先制定的方案。主要规定现场应急处置程序、技术措施及实施步骤。侧重于细化企业先期处置，明确并落实生产现场带班人员、班组长和调度人员的直接处置权和指挥权；严格遵守安全规程，科学组织有效施救，确保救援人员安全，并强化救援现场管理。现场处置方案是工程项目应急预案的技术支持性文件，如图 4.1—2 所示。

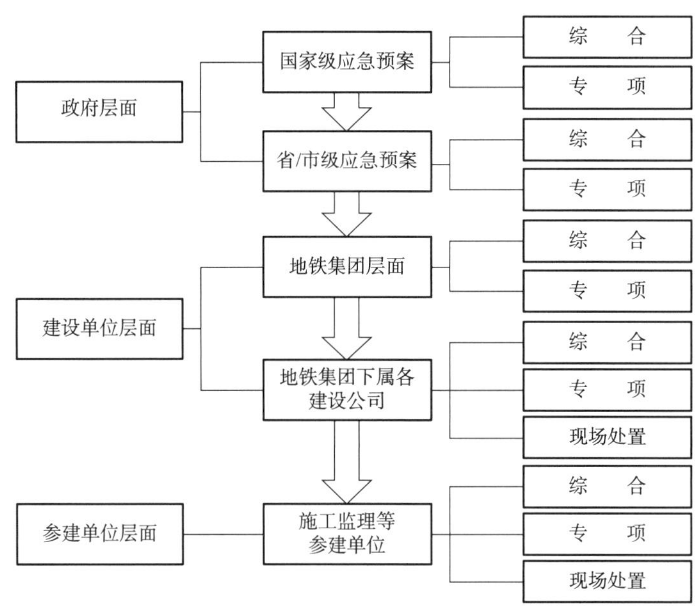

图 4.1—2　城市轨道交通建设应急预案体系

4.2　建设期突发事件分类及响应

4.2.1　轨道交通建设期突发事件分类分级

4.2.1.1　轨道交通建设期突发事件分类

轨道交通建设期突发事件一般依据《中华人民共和国突发事件应对法》和省市等有关突发事件分类要求，将突发事件分为自然灾害、事故灾难、公共卫生事件和社会安全事件四大类，自然灾害主要包括破坏性地震灾害，洪涝灾害，山体崩塌、滑坡、泥石流等地质灾害，暴风雪、低温冰冻、高温、雷电、大风等气象灾害。事故灾害主要包括基坑涌水涌砂、坍塌事故，盾构隧道涌水涌砂、坍塌事故，矿山法(隧道)涌水涌砂、坍塌事故，起重设备设施倾覆、高架施工事故，高处坠落、火灾、触电等人员伤亡事故，特大暴雨、大风等极端恶劣天气引发的灾害事故。公共卫生事件主要包括因传染病、群体性不明原因疾病、中毒等引起的严重影响公众身心健康和生命安全的突发公共卫生事件。社会安全事件主要包括拆迁群体性事件、群访事件、安全保卫事件、重大活动突发事件等。

除共性突发事件外，具体分类见表4.2—1。

表4.2—1 轨道交通建设期突发事件分类

类　型	判断标准
自然灾害类	1. 由于洪水、地震、恶劣天气、地质灾害、火灾等自然灾害影响轨道交通建设现场、项目开发质量和安全事件； 2. 由于洪水等自然灾害造成轨道交通建设或项目开发周边道路塌陷或房屋沉降等
事故灾难类	1. 发生人员伤亡的安全事故； 2. 轨道交通建设过程中发生的基坑塌陷、隧道坍塌、大幅度沉降等重大安全事故； 3. 项目开发过程中发生的房屋倒塌等重大安全事故
公共卫生类	1. 发生重大突发疫情； 2. 轨道交通建设现场毒物(药)品泄露，造成人员急性中毒； 3. 集体性食物中毒事件
社会安全类	1. 工程建设引发燃气、水、电、通信等管线(道)破损，影响周边居民正常生活的事件； 2. 工程建设可能导致道路交通中断或对交通引起较大影响的事故； 3. 突发的治安事件或恐怖活动等； 4. 参加人数多、涉及面广、影响较大的集体上访、游行、罢工、非法集会，或者只有少数人参加但影响极坏的突发性事件； 5. 正在发生的对轨道交通建设、土地综合开发造成重要影响的紧急情况，突发问题及群体性事件； 6. 破坏轨道交通建设工地、土地开发工地、征地拆迁现场等重点区域(场所)、重要时段和敏感节点的群体性事件； 7. 50人以上的集体上访，并有严重过激行为如破坏工地、妨碍轨道交通建设、围堵办公大楼等重要场所、滞留半小时以上的群体性事件； 8. 因轨道交通建设、土地储备、征地拆迁等原因有可能引发的对社会政治稳定造成不良影响的一些集会、游行和上访活动等

4.2.1.2 轨道交通建设期突发事件分级

按照社会危害程度、影响范围等因素，突发事件分级一般参考国家生产安全事故的分类，将自然灾害、事故灾难、分为特别重大、重大、较大和一般四级，见表4.2—2。

表4.2—2 轨道交通建设期突发事件分级

类　型	判断标准
特别重大事故	指造成30人及以上死亡，或者100人及以上重伤(包括急性工业中毒，下同)，或者造成1亿元及以上直接经济损失的事故
重大事故	指造成10～29人死亡，或者50～99人重伤，或者造成5 000万元及以上1亿元以下直接经济损失的事故
较大事故	指造成3～9人死亡，或者10～49人重伤，或者造成1 000万元及以上5 000万元以下直接经济损失的事故
一般事故	指造成1～2人死亡，或者造成3～9人重伤，或者造成1 000万元以下直接经济损失的事故

4.2.2 轨道交通建设期突发事件应急响应

为做好城市轨道交通建设期突发事件的处置工作，提高应对能力，确保应急组织指挥统一顺畅，处置及时妥善，最大程度地减少人员伤亡和财产损失，应急响应制定响应分级和相应的程序，并提供应急队伍、应急物资、应急技术等多方面的保障。

城市轨道交通建设期突发事件的响应分为总体应急响应和各参建企业内部应急响应两方面。从整个城市轨道交通应急管理体系的角度考虑，只有达到一定级别时，才需要省/市政府和国务院启动相应的应急响应；在突发事件没有达到相应级别时，只需要城市轨道交通各参建单位内部有序响应。按照轨道交通工程建设突发事件严重程度不同，应急处置内部流程一般分施工监理单位现场处置、所属单位（部门）应急处置和集团级应急处置三个层级进行处置。

4.2.2.1　城市轨道交通总体应急响应

从总体上来说，城市轨道交通突发事件的响应机构分为三个层级。

1. 国家级应急响应机构

国务院或国务院授权相应部委设立城市地铁事故灾难应急领导小组（以下简称“领导小组”）。领导小组下设办公室、联络组和专家组，具体负责全国地铁事故灾难应急工作。领导小组联络组由各成员单位指派的人员组成。领导小组专家组由地铁、公安、消防、安全生产、卫生防疫、防化等方面的专家组成。

2. 省级、市级地铁事故灾难应急机构

省级、市级地铁事故灾难应急机构应比照国家地铁事故灾难应急机构的组成、职责，结合本地实际情况确定。

3. 城市地铁企业事故灾难应急机构

城市地铁企业建立由企业主要负责人、分管安全生产的负责人、有关部门参加的地铁事故灾难应急机构。

（1）分级响应条件。不同的响应机构对应于不同的响应条件。根据突发事件总体应急预案，按照事故（事件）的可控性、严重程度和影响范围等因素，以及依据轨道交通建设期突发事件可能造成的危害程度、波及范围、影响力大小、人员伤亡及财产损失等情况，由高到低划分为四级：Ⅰ级（特别重大）、Ⅱ级（重大）、Ⅲ级（较大）、Ⅳ级（一般），依次用红色、橙色、黄色和蓝色表示，见表4.2—3。

表4.2—3　城市轨道交通总体应急分级及响应条件

响应分级	分级条件
Ⅰ级响应	1. 导致30人及以上死亡（含失踪），或者100人及以上重伤（中毒），或者直接经济损失1亿元及以上的； 2. 国务院领导认为需要国务院或住房和城乡建设部响应的
Ⅱ级响应	1. 导致10～29人死亡（含失踪），或者50～99人重伤（中毒）； 2. 直接经济损失5 000万元及以上、1亿元以下的； 3. 超出市人民政府应急处置能力的； 4. 省人民政府认为有必要响应的
Ⅲ级响应	1. 导致3～9人死亡（含失踪），或者10～49人重伤（中毒）； 2. 造成1 000万元及以上5 000万元以下直接经济损失； 3. 市人民政府认为有必要响应的
Ⅳ级响应	1. 导致1～2人死亡（含失踪），或危及3～9人生命安全，或者10～29人重伤（中毒）； 2. 造成1 000万元以下直接经济损失； 3. 隧道大面积积水需要市政、电力等部门协助抢险； 4. 施工场地内发生聚众闹事等突发事件，致使建设受阻及其他对建设秩序造成影响的复杂事态； 5. 其他严重影响到建设秩序的突发事件； 6. 地铁建设遭遇台风、火山、地震、山体崩塌和滑坡等重大自然灾害； 7. 地铁建设范围内出现传染病疫情，群体性不明原因疾病，以及其他严重影响公众健康和生命安全的卫生事件； 8. 发生与建设企业有关的群众集体到建设企业办公区及其他办公区上访（5人以上），或越级到省、市政府上访、游行示威和其他影响社会稳定的事件

（2）应急响应启动级别。根据城市轨道交通建设的应急管理机制，针对突发事件的类型、响应级别等建立明确的突发事件分级分类响应机制，对突发事件的接报和处置功能设计和业务流转均遵循相应的应急业务要求。具备Ⅳ级以上响应条件的属于统一接报和处置的事件。具体要求为：

当地铁建设过程中发生致使人民群众生命财产和周边环境受到严重威胁的事故、事件(据响应分级标准)。

①具备Ⅰ级响应级别条件。具备Ⅰ级响应级别条件的,适用《国家处置城市地铁事故灾难应急预案》。建设企业依据本单位预案,启动相关应急响应程序。需要国务院或省/市启动响应的,由国务院或省/市进行响应。

②具备Ⅱ级响应级别条件。具备Ⅱ级响应级别条件的,适用《转发国务院办公厅关于印发国家处置城市地铁事故灾害应急预案的函的通知》,建设企业依据本单位预案,启动相关应急响应程序。

③具备Ⅲ级响应级别条件。具备Ⅲ级响应级别条件时,适用建设企业级应急预案,建设企业依据相关预案,启动相关应急响应程序。

4.2.2.2 参建单位层级应急响应

除按规定上报国务院或省/市安全生产监督管理部门响应外,城市轨道交通企业内部也按照一定的响应级别进行响应。

1. 较大及以上等级

轨道交通工程建设现场发生死亡 3 人以上、重伤 10 人以上的较大及以上等级事故,事态发展已超出建设总部、控股公司的处置能力时,现场应急处置以地铁集团为主进行。具体处置程序如下:

(1)地铁集团启动轨道交通建设工程突发事故应急救援预案,成立应急指挥部,组织所属应急处置小组人员、集团应急抢险队伍及设备设施赶赴现场,了解现场情况并组织有关专家指导现场救援工作。

(2)当发生有人员伤亡事故时,地铁集团层级有关部门按照事故信息报告流程及时上报事故信息。

(3)按照专家咨询会建议,组织地铁集团下属各建设公司、事发标段施工监理单位开展抢险救援行动,做好现场人员疏散、交通保障、善后处置等各项工作。

(4)根据轨道交通工程建设应急救援力量分布,协调调动有关专家、队伍、装备、物资,保障事故救援需要。

(5)及时向公众及媒体发布事故及应急救援信息,掌握公众反映及舆论动态,回复有关质询。

(6)当事态超出地铁集团实际处置能力,现场无法得到有效控制时,根据地铁集团应急指挥部指挥长指令,由集团应急指挥部办公室对外向接口单位责任人报告申请启动市级应急预案,市级应急预案启动后,地铁集团及下属各建设公司、施工监理单位应急指挥部协助处置。

2. 一般事故

轨道交通工程建设发生死亡 1～2 人、重伤 3～9 人的一般事故或事件,或现场突发因涌水涌砂引发周边地面沉降、建筑物开裂等险情,事态发展已超出事发标段施工监理单位处置能力时,现场应急处置以地铁集团所属各建设公司应急处置为主进行。具体处置程序如下:

(1)当发生有人员死亡事故的,地铁集团下属各建设公司应组织施工监理单位按照事故信息内部报告流程及时上报事故信息。如引发较大舆情影响的,按照较大及以上等级事故集团层级应急处置流程进行处置。

(2)地铁集团分管生产领导到现场组织开展应急处置,地铁集团下属各建设公司主要负责人组织线路其他标段人员及物资、设备设施到现场救援,如有必要可按照流程调拨集团应急抢险队伍及设备设施赶赴现场。

(3)施工监理单位在前期应急处置基础上,按照集团下属各建设公司指令,落实应急抢险措施,按照管线保护协议通知相关管线单位进行管线监护和处置。

(4)地铁集团下属各建设公司负责组织维护事发标段区域治安秩序，做好现场交通保障、人员疏散等各项应急处置工作。

(5)地铁集团下属各建设公司应急指挥部随时跟踪事态进展，一旦事态有扩大的趋势或有可能超出自身的控制能力，地铁集团下属各建设公司负责人立即报告地铁集团。

3. 一般以下等级

轨道交通工程建设现场突发一般以下等级事故或事件，初步判定依靠施工监理单位自身力量能够控制且处理后不会对外界产生不良影响时，现场应急处置以施工监理单位为主。具体处置程序如下：

(1)施工监理单位现场管理人员第一时间开展人员抢救，组织其他人员疏散。

(2)施工监理单位现场管理人员将有关信息上报单位负责人，施工监理单位负责人根据各自应急预案，启动相应应急处置程序，组织本标段人员、设备设施按照抢险方案进行现场处置和救援工作。

(3)施工监理单位负责人按照事故信息内部报告流程及时限要求，立即报告地铁集团下属各建设公司现场负责人，集团下属各建设公司现场负责人立即报告本单位分管生产负责人，分管生产负责人到现场组织施工监理单位进行应急处置。

4.3 综合应急预案

综合应急预案是从总体上阐述处理事故的应急方针、政策，应急组织结构及相关应急职责，应急行动、措施和保障等基本要求和程序，是应对各类事故的综合性文件。对于风险种类多、可能发生较大事故类型的单位(部门)，应当组织编制本单位(部门)的综合应急预案，建设单位一般编制有公司级建设突发事件综合应急预案，包括本单位(部门)的应急组织机构及其职责、应急预案体系、事故风险描述、预警及信息报告、应急响应、保障措施、应急预案管理等内容。它是各单位为应对各类建设突发事件而制定的综合性工作方案，是应对建设突发事件的总体工作程序、措施和应急预案体系的总纲。

后文主要以佛山和太原两地为例，按照政府、建设单位、施工单位三个层级分别介绍其综合应急预案的主要内容。上述两地的应急预案内容在组织体系、应急响应、保障措施方面划分较为详细、包含内容较为全面、可行性较强，为其他城市提供详细可靠的应急保障措施方案参考。

4.3.1 政府层面

4.3.1.1 政府轨道交通建设综合应急预案

政府轨道交通建设综合应急预案内容一般包括八个部分：

(1)总则：包含编制目的、编制依据、适用范围、事故分级等内容。

(2)组织体系：包含领导机构、办事机构、现场处置机构、专家咨询机构等内容。

(3)预防预警：包含监测监控、事故预防、事故预警等内容。

(4)应急响应：包含先期处置、分级响应、信息报告、指挥协调、扩大应急、应急防护、新闻发布、应急结束等内容。

(5)后期处置：包含善后处置、总结评估等内容。

(6)应急保障：包含资金保障、应急队伍保障、物资装备保障、技术支持保障、医疗卫生保障等内容。

(7)监督管理:包含预案管理、责任与奖惩等内容。

(8)附则:包含预案实施时间等内容。

4.3.1.2 案例分析

1. 佛山市轨道交通局(政府主管部门)牵头编制了《佛山市城市轨道交通工程建设生产安全事故应急预案》,主要内容包括:

(1)总则:编制目的、编制依据、适用范围、工作原则、预案体系。

(2)组织体系:体系架构、市指挥部、成员单位职责、现场指挥部、专业救援组。

(3)运行机制:事故监控与信息报告、预警行动。

(4)应急响应:分级响应、指挥和协调、紧急处置措施、医疗卫生救援、应急人员的安全防护、周边群众的安全防护、信息发布、应急响应结束。

(5)后期处置:善后处置、保险理赔、事故调查、经验总结及工作改进。

(6)保障措施:应急队伍保障、救援装备保障、交通运输保障、应急通信保障、医疗救援保障、应急物资保障、应急经费保障、应急专家保障、其他工作保障。

(7)监督管理:预案演练、监督检查、宣教培训、应急队伍。

(8)预案管理:预案解释、预案修订、预案实施。

(9)附件①:事故分级标准;附件②:事故风险描述;附件③:现场应急救援指引。

2. 太原市住房和城乡建设委员会(政府主管部门)主持编制的《太原市城市轨道交通建设工程施工突发事件应急预案》,主要内容包含:

(1)总则:编制目的、编制依据、工作原则、分级标准、适用范围、预案体系。

(2)危险源辨识与风险分析:危险源辨识、风险分析。

(3)应急组织机构及职责:应急指挥部、应急指挥部办公室、应急工作组、现场应急指挥部。

(4)监控预警:危险源监控、预警级别、预警发布、预警响应、预警解除。

(5)应急处置:先期处置、信息报告、应急响应及预案启动、应急处置、应急处置的恢复与结束。

(6)善后处理。

(7)应急保障:队伍保障、资金保障、装备保障、医疗卫生保障、交通运输保障、治安保障、通信信息保障、技术保障、电力保障。

(8)培训与演练:培训工作、演练工作、应急演练评估。

(9)预案管理。

(10)附则:修订条件规定。

(11)附件:分级判断标准、应急预案体系、危险源辨识表、应急组织机构、应急指挥部成员名单、应急电话、专家库部分人员名单、预警级别判断标准、预警响应流程、应急响应流程。

该应急预案内容在附件部分补充了分级判断标准、危险源辨识表、应急指挥部成员名单、应急电话、专家库部分人员名单,预警级别判断标准等内容,做到有据可依,提高了整体应急预案的可行性。

4.3.2 建设单位层面

4.3.2.1 建设单位轨道交通建设综合应急预案

建设单位轨道交通建设综合应急预案内容一般包括十个部分:

(1)总则:包含编制目的、编制依据、适用范围、应急预案体系、应急工作原则等内容。

(2)事故风险描述:包含工程概况、危险源辨识与分析等内容。

(3)应急组织机构与职责:应急组织体系、应急指挥机构与职责等内容。

(4)预警与信息报告:预警、信息报告等内容。

(5)应急响应:响应分级、响应程序、处置措施、应急完毕等内容。

(6)信息公开相关内容。

(7)后期处置相关内容。

(8)保障措施:通信与信息保障、应急队伍保障、物资装备保障、其他保障等内容。

(9)应急预案管理:应急预案培训、应急预案演练、应急预案评估与修订、应急预案备案、应急预案实施等内容。

(10)附件。

4.3.2.2 案例分析

1. 佛山市地铁集团有限公司(建设单位)的《城市轨道交通工程项目建设期生产安全事故及突发事件综合应急预案》,主要包括:

(1)总则:编制目的、编制依据、适用范围、应急预案体系架构、应急预案发布程序、应急工作原则。

(2)风险描述。

(3)应急组织体系及相关机构职责:应急组织体系、相关机构(或单位)工作职责。

(4)预警预防机制:应急监控与预警行动、信息报告。

(5)应急响应:响应分级、响应程序、处置措施、应急结束。

(6)信息公开。

(7)后期处置。

(8)保障措施:通信与信息保障、应急队伍保障、应急物资装备保障、应急资金保障、其他保障。

(9)应急预案管理:应急预案培训、应急预案演练、应急预案实施与修订。

(10)附则。

(11)附件(调查用表):集团轨道交通工程建设应急指挥联系联络表、轨道交通建设各参建单位应急联络电话、相关外部应急联络电话、主要应急救援设备器材清单(指导表)、应急处置流程卡。

2. 太原轨道交通集团有限公司(建设单位)的《建设工程生产安全事故综合应急预案》,主要编制内容包括:

(1)总则:编制目的、编制依据、适用范围、应急管理体系。

(2)事故风险描述。

(3)应急组织机构与职责:应急组织体系、应急指挥部组成及职责、应急指挥部办公室及职责、应急专家组及职责、现场应急指挥部及职责、应急工作组组成和职责。

(4)预警及信息报告:预警、信息报告。

(5)应急响应:响应分级、响应程序、处置措施、应急结束。

(6)信息公开。

(7)后期处置:后期处置、应急评估、事故调查。

(8)保障措施:通信与信息保障、应急队伍保障、物资装备保障、其他保障。

(9)应急预案管理:应急预案培训、应急预案演练、应急预案修订、应急预案实施。

(10)附件:应急指挥部人员名单及联系方式、相关单位应急救援电话、紧急医疗救护单位联络表、事故快报、应急专家库人员名单、应急救援大队分组及联系方式、各施工站点主要人员应急救援联系名单、应急救援抢险设备清单、应急救援常备抢险物资清单,应急救援交通保障线路。

3. 太原轨道交通一号线建设运营有限公司的《轨道交通建设工程安全事故综合应急预案》，主要编制内容包括：

(1)总则：适用范围、响应分级。

(2)应急组织机构及职责：组织机构及职责、应急指挥部办公室及职责、现场指挥部及职责、应急工作组组成及职责。

(3)应急响应：信息报告、预警、响应启动、应急处置、应急支援、响应终止。

(4)后期处置：恢复生产、人员安置、保险理赔。

(5)应急保障：通信与信息保障、物资装备保障、能源保障、技术保障、经费保障、交通运输保障、治安保障、医疗保障、后勤保障。

(6)附则：制定与解释、应急预案实施。

(7)附件：公司概况、风险评估结果、预案体系与衔接、应急指挥部人员名单及联系方式、应急工作组工作方案、太原市相关单位应急救援电话、生产安全事故快报、各施工站点主要人员应急救援联系名单、太原市轨道交通工程应急救援队主要人员联系方式、各标段应急救援抢险设备清单、各标段应急救援抢险物资清单、太原市轨道交通建设工程应急专家库人员名单、应急救援交通保障线路、紧急医疗救护单位联络表、应急预案管理。

4.3.3 施工单位层面

4.3.3.1 施工单位轨道交通建设综合应急预案

工程施工突发事故综合应急预案内容为：

(1)总则：包括编制目的、编制依据、适用范围、工作原则、事故分级等方面的内容。

(2)组织指挥体系及职责：包括公司轨道工程施工突发事故应意指挥部、现场指挥部等职责介绍。

(3)预测预警：包括预警级别、预防措施、预警发布与解除、预警响应等方面的信息。

(4)应急响应：可大致分为基本响应、一般轨道工程施工突发事故的响应、较大及以上轨道工程施工突发事故的响应。

(5)后期处置相关内容。

(6)信息报告相关内容。

(7)保障措施相关内容。

(8)宣传教育和演练相关内容。

(9)预案的制定、修改和实施。

4.3.3.2 案例分析

佛山施工单位《城市轨道交通工程项目建设期生产安全事故及突发事件综合应急预案》内容为：

(1)总则：适用范围、响应分级。

(2)应急组织机构及职责：应急组织体系架构、应急指挥机构分工及职责。

(3)应急响应：信息报告、预警、响应启动、应急处置、应急支援、响应终止。

(4)后期处置：事故现场恢复、污染物处理、医疗救治、人员安置、应急救援工作总结评估、善后处理。

(5)应急保障：通信与信息保障、应急队伍保障、物资装备保障、其他保障。

(6)专项应急预案：基坑坍塌、大型机械设备倒塌、高大模板坍塌、盾构施工风险、防汛防旱防风等。

(7)现场处置方案:基坑坍塌、大型机械设备倒塌、高大模板坍塌、盾构施工、防汛防风防旱、建(构)筑物变形、矿山法隧道坍塌、触电、火灾、机械伤害、高处坠落、市政管线破坏、化学品泄漏、食物中毒、车辆伤害、物体打击等。

(8)附件:生产经营单位概况、风险评估结果、应急预案体系与衔接、应急物资装备的名录或清单、有关应急部门、机构或成员联系方式、规范格式文本、关键的路线、标识和图纸;

4.4 专项应急预案

对于某一种类的风险,各单位(部门)应当根据存在的重大危险源和可能发生的事故类型,制定相应的专项应急预案。专项应急预案是针对具体的事故类别、危险源和应急保障需求而制定的计划或方案,是综合应急预案的组成部分,应按照综合应急预案的程序和要求组织制定,并作为综合应急预案的附件。专项应急预案包括事故风险分析、应急指挥机构及职责、处置程序和措施等内容,应制定明确的救援程序和具体的应急救援措施。具体类别如下:

(1)自然灾害专项应急预案一般包括破坏性地震灾害专项应急预案,洪涝灾害专项应急预案,山体崩塌、滑坡、泥石流等地质灾害专项应急预案,暴风雪、低温冰冻、高温、雷电、大风等气象灾害专项应急预案。

(2)事故灾害专项应急预案一般包括基坑涌水涌砂、坍塌事故专项应急预案,盾构隧道涌水涌砂、坍塌事故专项应急预案,矿山法(隧道)涌水涌砂、坍塌事故专项应急预案,起重设备设施倾覆专项应急预案,高架桥梁坍塌事故专项应急预案,高处坠落专项应急预案,火灾专项应急预案,触电专项应急预案,特大暴雨、大风等极端恶劣天气引发的灾害事故等专项应急预案。

(3)公共卫生事件专项应急预案一般包括传染病专项应急预案、群体性不明原因疾病专项应急预案、中毒等专项应急预案。

(4)社会安全事件专项应急预案一般主要包括拆迁群体性事件专项应急预案、群访事件专项应急预案、安全保卫事件专项应急预案、重大活动突发事件专项应急预案等。

4.4.1 自然灾害专项应急预案

以《北京市住房和城乡建设防汛专项分指挥部防汛应急预案(2022年修订)》为例,其主要内容为:

第一部分为总则,明确专项预案编制指导思想、基本原则、工作目标、编制依据、适用范围。

第二部分为组织指挥体系及职责,明确北京市住房和城乡建设防汛专项分指挥部(以下简称市住建分指)组成及职责、市住建分指办公室及职责、市住建分指联络员及职责。

第三部分为预警与响应,包括预防行动、预警分级、预警响应、自主响应。其中在预警响应部分,实施分级响应,分为暴雨蓝色预警响应、暴雨黄色预警响应、暴雨橙色预警响应、暴雨红色预警响应四级响应。

第四部分为应急处置与救援,具体包括在建工程、城镇房屋防汛突发事件分级、分级响应、信息报告、处置措施、响应结束。

第五部分为信息发布,当防汛突发事件处置工作已基本完成,次生、衍生和事件危害基本消除时,负责指挥的单位可宣布应急结束,或逐步停止有关应急处置措施,有序撤离应急队伍和工作人员,并将情况及时通知参与事件处置的各相关单位。

第六部分为善后处置,分为在建工程防汛突发事件的善后处置工作与城镇房屋防汛突发事件的善后处置工作。

第七部分为事件调查与总结评估。

第八部分为应急保障。

第九部分为附则。

4.4.2 事故灾害专项应急预案

以《武汉建设工程突发险情专项应急预案》为例，其主要内容为：

第一部分为总则，明确专项预案编制目的、编制依据、应急预案体系、应急工作原则。

第二部分为应急组织机构及相应工作职责，加强对轨道交通工程突发事件应急救援工作的组织领导，成立轨道交通建设工程应急组织机构，总经理为应急指挥部指挥长，事发项目分管副总经理为应急指挥部副指挥长，其他领导为应急指挥部成员。公司应急指挥部下设应急指挥办公室，是应急指挥部的办事机构，负责指挥部应急处置的日常工作。根据职责分工，由各部门分别组成应急处置、后勤及综合协调、技术保障、事件调查四个组。

第三部分为应急响应分级，按照突发险情的性质、严重程度、可控性、影响范围等因素，根据国家生产安全事故分类分级，对工程建设现场险情应急响应分为两级。一级响应（报请集团公司处置，申请启动集团公司应急预案）：发生较大及以上等级事故或险情，导致人员伤亡，或对外部市政道路、重要管线以及外部环境影响较大，影响既有线运营和造成较大社会影响，总部启动一级应急响应。二级响应（股份公司处置）：发生一般等级事故或险情，损害在工地围挡范围内，对外部市政道路、重要管线以及外部环境影响较小，不影响既有线运营，不会造成较大的财产损失和较大社会影响，险情在一定程度上可控，股份公司启动二级应急响应。当险情发生在施工作业面，对场内其他设施及环境均未造成影响，经处理可快速有效控制，施工、监理单位可根据项目预案自行组织现场处置工作，股份公司无需启动应急响应。

第四部分为应急响应流程，具体包括信息上报、应急处置、应急响应的终止、后期处理及事故调查。

第五部分为应急物资及装备调配管理，应急物资配备标准包括必配物资（在进行一级阶地基坑、盾构和矿山法隧道开挖施工前，必须足额配备堵漏应急物资，存放于施工现场应急物资库或风险点附近）和其他物资（股份公司所属各项目根据施工工况和项目应急专项方案，足额配备用于本项目当前施工需要的其他应急物资）。明确了应急装备及物资调配及待命要求、应急装备及物资的列储要求、应急装备调配管理、调配流程及待命要求。

第六部分为应急管理日常工作，分别明确了应急管理体系建设和管理日常工作的抽查、检查、督促事项等。

第七部分为常见险情应急处置措施，主要包括基坑涌水涌砂，盾构隧道施工涌水涌砂，矿山法隧道涌水涌砂（泥），施工现场突发火灾事故、汛期、雨季、管线破坏等引起的内涝险情，施工现场管线破坏事故六种常见险情常规预防、抢险处理措施。

4.4.3 公共卫生事件专项应急预案

以《南通市交通运输局公共卫生事件专项应急预案》为例，其主要内容为：

第一部分为总则，明确专项预案编制目的、编制依据、适用范围、工作原则、事件分级。

第二部分为组织体系，明确应急组织体系，包括应急指挥部、应急指挥部办公室、应急工作组、专业技术机构，详细讲述各组织的主要职责。

第三部分为预防、预警与报告，包括预防、预警、报告三个程序所需要做的工作内容。

第四部分为应急响应，包含应急启动、响应措施、信息发布、响应终止四个部分。

第五部分为善后处置，包括恢复生产与后期评估两方面的应急内容。

第六部分为保障措施，分为应急队伍保障、应急资金保障、交通运输保障、救援人员防护、应急通信保障五个方面。

第七部分为监督管理，包含奖励、责任追究、抚恤和补贴。

第八部分为附则，涵盖名词术语、新闻发布内容、预案管理、预案解释、预案实施事件方面的信息。

4.4.4 社会安全事件专项应急预案

社会安全事件专项应急预案是为了建立统一指挥、功能齐全、反应灵敏、运转高效的应急体系，推进群体性事件应急处置工作的法制化、制度化建设，切实提高主动预防、及时化解、妥善处置群体性事件能力，降低事件造成的危害和影响，维护社会稳定而制定的，以某地区的突发性、群体性事件的应急处置预案为例，预案主要内容包括：

(1)适用范围，指出适用于全乡范围内发生因生产、经营、交通事故、非正常死亡等引发的危害公共安全、扰乱社会管理秩序的群体性事件应急处置工作。

(2)工作原则，统一领导、分级负责的原则；依法办事、妥善处置的原则；教育疏导、防止激化的原则；慎用警力、善用警力的原则；及时、果断处置的原则。

(3)组织指挥体系及职责。

(4)乡有关部门的职责。

(5)预防预警机制。

(6)应急响应，包括启动、现场处置、应急结束、善后处置四个方面。

(7)应急保障。

(8)附则，负责对在预防和处置工作中作出突出贡献的集体和个人，根据有关规定进行表彰。在预防和处置群体性事件中有违法违纪行为，造成严重后果的，依照有关规定给予相应的处理；构成犯罪的，依法追究刑事责任。

4.5 现场处置方案

对于危险性较大的关键工序、重要部位、重点岗位、应当制定施工现场应急处置方案，处置方案是针对具体的装置、场所或设施、岗位所制定的应急处置措施，现场处置方案应包括事故风险分析、应急工作职责、应急处置和注意事项等内容，现场处置方案应具体、简单、针对性强。现场处置方案应根据风险评估及危险性控制措施逐一编制，做到事故相关人员应知应会，熟练掌握，并通过应急演练，做到迅速反应、正确处置。建设单位一般根据专项应急预案涉及的突发事件场景分别编制现场处置方案。轨道交通各参建单位自行根据现场不同工序、工种编制现场处置方案，并自行负责修订、管理及实施，一般包括车站深基坑开挖、盾构涌水涌砂、车站防洪防汛、火灾、隧道涌水、盾构施工有害气体、起重吊装、基坑坍塌、临时用电、触电、防洪防涝、管线破裂、物体打击、机械伤害、高温中暑、食物中毒、地表塌陷等种类。

现场处置方案的重点为现场应急管理流程。现场应急管理流程一般包括危险源辨识与风险分析、预警、应急响应、后期处置、应急保障、监督管理等方面，如图 4.5—1 所示。

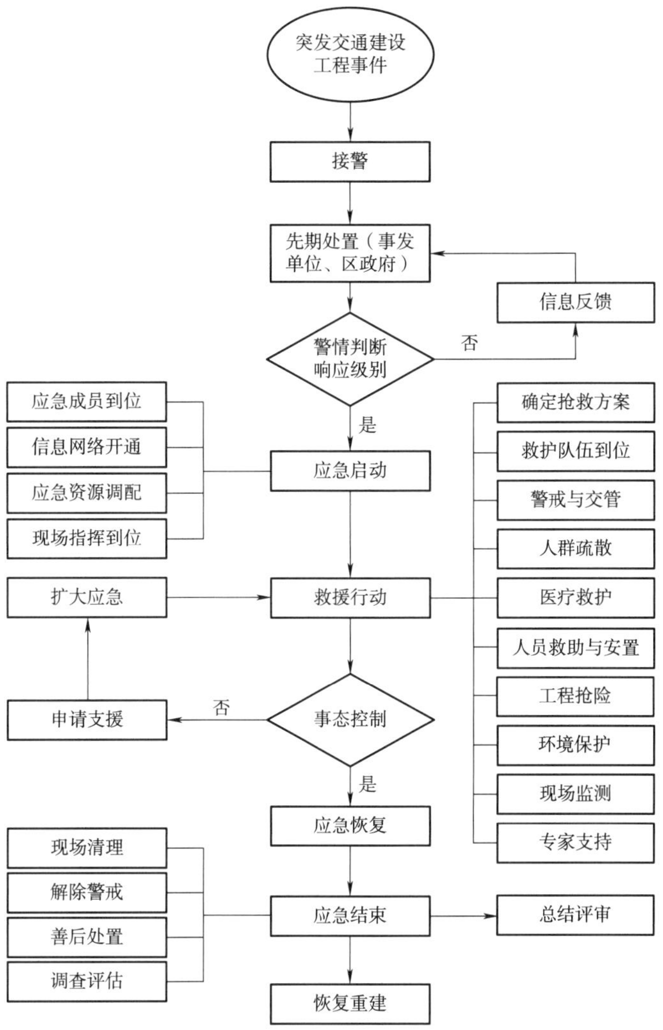

图 4.5—1　现场应急管理一般处置流程

4.5.1　徐州市轨道交通 1 号线一期工程 12 标段工程现场应急处置方案内容

徐州市轨道交通 1 号线一期工程 12 标段工程(施工单位)现场应急处置方案，主要编制内容包含：

(1)编制说明；

(2)应急策划：工程概况、适用范围、编制依据、应急事项的确定、应急预案工作流程、组织机构职责及分工；

(3)应急响应：应急预案启动、应急预案启动条件；

(4)应急救援：应急联络汇报、人员物资紧急疏散、危险区的隔离、现场监测、抢险救援及调度、现场救护与医院救治、现场保护、应急保障等；

(5)应急恢复：现场物证保护、现场取证、制定现场恢复专项方案、现场恢复、事故调查分析及后果评价、总结事故原因等；

(6)应急救援工作结束；

(7)预案管理与评审改进；

(8)应急救援路线图;

(9)附件:重大风险因素清单、事故快报表、应急响应流程图等。

4.5.2 天津地铁6号线机电系统设备安装施工1标段工程现场应急处置方案内容

天津地铁6号线机电系统设备安装施工1标段工程现场应急处置方案,主要编制内容包含:

(1)应急预案的方针与原则;

(2)应急策划:工程概况、适用范围、编制依据、应急事项的确定、应急预案工作流程、组织机构职责及分工;

(3)应急响应:应急预案启动、应急预案启动条件;

(4)应急救援:应急联络汇报、人员物资紧急疏散、危险区的隔离、现场监测、抢险救援及调度、现场救护与医院救治、现场保护、应急保障等;

(5)应急恢复:现场物证保护、现场取证、制定现场恢复专项方案、现场恢复、事故调查分析及后果评价、总结事故原因等;

(6)应急救援工作结束;

(7)预案管理与评审改进;

(8)应急路线图。

4.6 建设期应急预案的评价与评估现状

根据本次线上、线下方式调研收集的若干典型城市轨道交通建设应急安全管理的现状资料,目前我国城市轨道交通行业建立专项评审制度以及开展调专项审查与评价活动的状况可以概括如下:

(1)目前,我国在各级预案中规定有周期性地评估更新要求和内外部发生重大变化时的不定期评估更新要求,但尚未有针对城市轨道交通建设应急预案体系持续改善的行业统一的预案审查和评价管理办法。

比如,武汉地铁集团有限公司要求各级应急预案至少每3年修订1次,预案修订情况应有记录并归档。有下列情形之一的,应及时予以修订:依据的法律、法规、规章和标准发生变化的;隶属关系、经营方式等信息发生变化的;地域、环境、生产工艺和技术发生变化的;应急组织指挥体系或者职责调整的;应急预案演练及实战过程中发现问题的;应急预案管理部门要求修订的。地铁集团和所属股份公司、12号线项目公司分别制定了综合应急预案,规定每三年组织一次专家评审,评审完成后根据专家意见实施更新修订。武汉地铁集团有限公司的《武汉轨道交通建设工程突发事故应急预案》,自发布以来已经历了三次集中修订,每次集中修订后均报送武汉市应急管理局备案。部分参建单位根据《生产安全事故应急预案管理办法》等相关法律的要求,对应急预案每三年进行一次应急预案评估,并且当内外部关键因素发生变化时,进行及时修订并归档。

(2)应急演练作为检验、评价和提升应急管理能力的一个重要手段,通过开展应急演练,可实现评估应急准备状态,发现并及时修改应急预案、执行程序等相关工作的缺陷和不足。我国各个城市轨道交通建设企业均能够在专题培训的基础上,按制度规定制订相应的应急演练计划,并积极开展相应的应急预案演练工作,能够根据应急演练发现的问题对应急预案进行相应的评审与改进完善。各施工单位能定期组织实战应急演练、桌面推演及演练评估检验自身应急预案的可行性,并进一步完善应急预案。但从实际情况来看,基于演练后评估而改进完善相应预案的效果并不十分理想。

(3)依据事故调查处理的“四不放过”原则，在突发事件导致事故后，我国城市轨道建设企业除调查原因、厘清责任外，也会在事故整改过程中进一步开展相应的风险评估，研究完善相应的建设应急预案。但由于突发事件后评估缺少行业统一的评估标准和评估指南，企业间相互交流学习也不够，使得基于突发事件后评估而改进完善相应预案的效果不尽如人意。

4.7 主要问题与建议

综合以上现状分析，我国城市轨道交通单位在预案体系持续完善的管理审查和评价改进方面已有初步的探索，积累了一定的经验，形成了初步的制度规定。相较于行业未来的应急管理的规范管理要求，目前存在的主要问题和相应的改进建议如下：

(1)尚未有针对城市轨道交通建设应急预案体系持续改善的行业统一的预案审查和评价管理办法，缺少体系化、规范化的周期评审、变化评审、后评审制度与预案更新改进要求。

建议下一步总结我国参建单位在预案持续改善方面的经验，研究出台《城市轨道交通工程应急预案体系的审查和评审办法》和《城市轨道交通工程应急预案体系的持续改进指南》，促进应急预案体系的审查和评审更加规范，能够更有效地开展相应的评价活动，促进工程建设应急预案的持续改善。

(2)提高数字应急能力。2020 年 8 月 21 日，国务院国有资产监督管理委员会印发《关于加快推进国有企业数字化转型工作的通知》，就推动国有企业数字化转型作出全面部署。城市轨道交通企业应实现应急预案数字化、标准化，能够根据事件类型、性质自动匹配应急处置流程，自动推荐符合条件的应急预案。

5 城市轨道交通建设应急管理体制机制

城市轨道交通工程是一项庞大的系统性工程，多穿越城市中心区域，周边环境复杂，一旦发生突发事件，产生的直接后果、衍生后果对社会影响复杂、多样，有些突发事件抢险救援难度大、任务重，牵扯部门、单位、行业多，除涉及项目自身的建设、勘察、设计、施工、监理、监测单位和设备材料供应商外，还涉及住建、国土、应急、消防、交通、公安、卫生、民政、信访等政府部门，以及道路、燃气、电力、通信、供水、排水、医院、殡葬等单位，还涉及属地街道、社区及新闻媒体等，需要各方协同配合、统一指挥。

2018 年，中共中央印发了《深化党和国家机构改革方案》，提出“为防范化解重特大安全风险，健全公共安全体系，整合优化应急力量和资源，推动形成统一指挥、专常兼备、反应灵敏、上下联动、平战结合的中国特色应急管理体制……”。2021 年国务院印发《“十四五”国家应急体系规划》进一步明确“到 2025 年，应急管理体系和能力现代化建设取得重大进展，形成统一指挥、专常兼备、反应灵敏、上下联动的中国特色应急管理体制，建成统一领导、权责一致、权威高效的国家应急能力体系……”。现阶段，我国城市轨道交通建设应急管理体制，按照国家关于应急管理的总体要求，实行以政府为主导，施工单位为主体，其他相关单位、社会组织和公众共同参与，实现管理工作的有效开展。

5.1 政府层面城市轨道交通建设应急管理体制构成

应急管理体制是指为保障公共安全，有效预防和应对突发事件，避免、减少和减缓突发事件造成的危害，消除对社会产生的负面影响而建立起来的以政府为核心，其他社会组织和公众共同参与的有机体系。目前，我国城市轨道交通建设应急工作一般是在所在城市应急委的统一领导下，由市城市轨道交通建设专项应急指挥部或行业主管部门负责本市轨道交通建设突发事件的应对工作。

5.1.1 市级城市轨道交通建设专项应急指挥部

通常，市城市轨道交通建设专项应急指挥部由总指挥、副总指挥和成员单位组成。总指挥由市政府分管副市长担任，副总指挥分别由市政府分管副秘书长、市住房和城乡建设局局长、市地铁集团主要负责人担任，成员一般由市委宣传部、市总工会、市发展改革委、市公安局、市财政局、市人力资源社会保障局、市自然资源和规划局、市生态环境局、市住房和城乡建设局、市城市管理局、市交通运输局、市水务管理局、市卫生健康委、市应急局、市市场监管局、市人防办、市气象局、市通信管理局、事件发生地区(市)政府、市消防救援支队和水务、燃气、供电、通信、地铁建设等单位组成。

市城市轨道交通建设专项应急指挥部一般下设办公室作为常设办事机构，办公室一般设在市住房和城乡建设部门，负责市城市轨道交通建设专项应急指挥部的日常工作。主任由市住房和城乡建设局局长、市地铁集团主要负责人担任。

1. 市城市轨道交通建设专项应急指挥部主要职责

市城市轨道交通建设专项应急指挥部主要职责包括：

(1)贯彻落实突发事件应对相关法律法规，研究制定应对地铁工程建设突发事件的政策措施和指导意见。

(2)组织开展突发事件风险评估工作。

(3)统一领导、组织、协调城市轨道交通工程建设突发事件应急处置工作。

(4)负责发布应急救援指令、决定启动和终止市专项应急预案、组建现场指挥机构、适时调整应急响应级别。

(5)负责调集救援物资、设备和人员。

(6)负责市专项指挥部所属专业应急救援队伍的建设和管理。

(7)按有关规定做好信息报告、发布和舆情应对。

(8)依程序请求上级支援等。

2. 市城市轨道交通建设专项应急指挥部办公室主要职责

市城市轨道交通建设专项应急指挥部办公室主要职责包括：

(1)承担市城市轨道交通建设专项应急指挥部日常工作。

(2)负责督查、落实市城市轨道交通建设专项应急指挥部的决定。

(3)向市城市轨道交通工程建设专项应急指挥部提出发布、调整和解除预警信息的建议。

(4)联络、协调各应急救援单位，做好应急服务保障工作。

(5)收集、分析和汇总事件信息，及时向市城市轨道交通建设专项应急指挥部报告应急处置工作进展情况。

(6)负责监督、指导地铁建设单位的应急管理工作。

(7)负责城市轨道交通建设安全突发事件专项应急预案的编制、修订、演练与评估。

(8)完成市城市轨道交通建设专项应急指挥部交办的其他事项。

3. 市城市轨道交通建设专项应急指挥部成员单位组成及主要职责

以西安市为例，其城市轨道交通建设专项应急指挥成员单位组成及主要职责如下：

(1)市委宣传部：按照有关规定，负责组织、指导相关单位开展地铁工程建设突发事件的信息发布和新闻报道工作；组织、指导相关单位开展网络舆情监测工作，及时引导舆论。

(2)市发改委：负责协调地铁工程建设突发事件中涉及石油天然气管道(城镇燃气管道除外)或电力设施有关企业开展应急处置工作；负责组织重要物资的紧急调度。

(3)市公安局：负责事故现场周边道路的交通管制工作，保障救援道路的畅通；维护现场治安秩序，协助进行人员疏散，预防、制止和查处现场发生的违法犯罪行为；依法协助有关部门调查事件原因，按照管辖分工依法打击违法犯罪；负责组织伤员搜救和火灾扑救工作，转移或控制事故现场的危险物品及设备，必要时，在应急结束后对事故现场进行消洗。

(4)市财政局：负责地铁工程建设突发事件应急资金的拨付、监督检查。

(5)市国土局：负责组织、协调、指导和监督地铁建设沿线区域地质灾害防治工作；协助抢险救援和善后处理工作。

(6)市环保局：负责地铁工程建设突发事件引发环境污染的环境应急监测，提出环境污染消除建议，协助相关单位进行环境污染处置，监督事发时产生的危险废物的无害化处置工作。

(7)市建委：负责协调相关救援力量开展抢险救援工作；参与地铁工程建设突发事件原因分析、调查与处理工作。

(8)市政局：负责协助相关部门对地铁工程建设突发事件中供气、供热、雨污水管道等市政管线、设施的抢险救援工作。

(9)市交通局：负责制定相关紧急客货运输应急方案；协调组织车辆运送有关人员及物资设备等，保证现场应急救援工作的需要；协调通信运营企业在应急处置过程中提供必要的通信保障。

(10)市水务局:负责协调地铁工程建设突发事件中涉及自来水管网、市区排洪渠道有关产权单位开展应急处置工作。

(11)市商务局:负责协调地铁工程建设突发事件中商品、食品等相关生活必需品的调配工作。

(12)市卫计委:负责受伤人员的现场医疗救治、转运、院内救治和现场卫生防疫等工作;及时向市地铁建设应急指挥部报告伤员数量及医疗救治情况。

(13)市外侨办:负责协调因地铁工程建设突发事件造成涉外、涉侨、港澳人员人身伤害、经济损失的补偿和安抚工作。

(14)市安监局:负责组织指挥专业救援队伍对地铁工程建设突发事件中涉及的危险化学品泄漏事故进行处置;配合相关部门对地铁工程建设突发事件提出相应处置意见;负责组织或参与地铁工程建设突发事件原因分析、调查与处理工作。

(15)市应急办:负责综合协调市地铁建设应急指挥部各成员单位参加应急处置工作;负责传达市应急委指令,并将事件进展情况、指令落实情况等信息上报,协助市政府领导做好处置工作。

(16)市轨道办:负责地铁工程建设突发事件监测预警工作的监督管理;组织市地铁建设应急指挥部各成员单位参加应急处置工作;监督、指导地铁建设单位应急管理工作;组织、指导地铁建设单位开展应急处置工作;按照市政府有关规定做好事件善后工作。

(17)市地震局:负责提供震情信息,协助市地铁建设应急指挥部制定地震灾害防范对策,组织协调应急救援队开展紧急救援工作。

(18)市质监局:负责对因特种设备引起的事故的应急处置工作提供技术支持,按规定权限组织开展特种设备事故的调查处理工作。

(19)市气象局:负责提供气象信息服务,监测天气变化,及时提供抢险区域气象预报和灾害性天气的预警工作。

(20)国网西安供电公司:负责组织地铁工程建设突发事件中电力设施的抢险救援,为抢险救援提供必要的电力保障。

(21)西安××天然气有限公司:负责组织指挥专业救援队伍对地铁工程建设突发事件中涉及的天然气泄漏事故进行处置。

5.1.2 应急现场指挥部

现场指挥部是市级应急指挥的终端部门,负责具体指挥与救援工作,以青岛市为例。

1. 现场指挥部组建及主要职责

《生产安全事故应急条例》(国务院令第708号)第二十条规定“发生生产安全事故后,有关人民政府认为有必要的,可以设立由本级人民政府及其有关部门负责人、应急救援专家、应急救援队伍负责人、事故发生单位负责人等人员组成的应急救援现场指挥部,并指定现场指挥部总指挥。”

城市轨道交通建设工程发生突发事件后,地铁建设单位是地铁工程建设突发事件的第一责任主体,应迅速组织开展先期处置,在市轨道交通建设专项应急指挥现场总指挥到达后移交指挥权,按照市现场指挥部指令,积极配合,完成应急处置工作任务。

市城市轨道交通建设专项应急指挥部根据突发事件级别和实际启动市级专项预案,组建现场指挥部,统一指挥调度现场抢险救援工作。现场指挥部主要职责:指挥现场救援力量全力做好伤员救治、人员疏散转移和群众安置工作,维护现场治安和交通秩序;调动应急救援队伍,调集应急救援物资装备,组织开展应急处置工作,迅速控制、消除危险源,并对事件造成的危害进行监测和评估,确定事件性质和危害程度;随时向市地铁建设应急指挥部报告处置工作进展情况。

2. 现场指挥部工作组

根据突发事件处置的需要，现场指挥部可组建若干应急工作组，建立现场指挥部相关运行工作制度，分工协作，有序开展现场处置和救援工作。现场工作组可根据实际进行增减调整。应急工作组组长由市城市轨道交通建设专项应急指挥部总指挥指定，现场工作组组长由现场总指挥指定。

(1)综合协调组：由市住房和城乡建设局牵头，抽调有关部门工作人员组成。负责综合协调、督导检查、会议组织、会议纪要、信息简报、综合文字、资料收集归档、处置信息调度、汇总、上报、与上级工作组的协调联络等工作。

(2)应急处置组：由市地铁办牵头，市住房和城乡建设局、市生态环境局、市城市管理局、市水务管理局、市通信管理局、市交通运输局、市消防救援支队等部门及企业组成。负责组织企业应急救援队伍和轨道交通建设工程质量安全突发事件应急处置队伍进行应急处置，给水、排水、燃气、热力、通信、电力等管线产权单位做好配合，结合抢险实际，依托应急、消防、市政、交通等部门专业应急救援队伍，高效开展轨道交通建设工程质量安全突发事件应急处置工作。

聘请或召集地铁、公安、消防、安全生产、卫生防疫、建筑等方面专家组成地铁工程建设突发事件应急处置专家库，根据实际应急处置需要，抽调相应专家组成专家组。负责参加市指挥部办公室统一组织的活动及专题会议；对应急准备工作、应急处置工作方案、处置办法、恢复方案、事件影响评估等提供技术支持和保障，为领导决策提供依据；参与事故调查，提供专家意见。

(3)治安警戒组：由市公安局牵头，事发地区(市)政府、有关部门组成。主要承担现场警戒、交通疏导及治安秩序维护等工作。

(4)疏散安置组：由事发地区(市)政府牵头，市交通运输局、市地铁办、地铁集团、城市轨道交通施工单位等组成。负责事发区域人员疏散安置，生活必需品调拨保障及相关信访处置等工作。

(5)后勤保障组：由地铁集团牵头，事发地区(市)政府、市财政局及城市轨道交通建设工程参建单位组成。负责组织协调应急抢险后勤保障工作。

(6)医疗救护组：由市卫生健康委员会牵头。负责事故伤员的医疗救治工作。

(7)环境监测组：由市生态环境局牵头，市气象局、工程监测单位等组成。负责环境监测、气象监测，确定实时监控区域。

(8)新闻宣传组：由市委宣传部、市委网信办指导地铁集团、事发地区(市)政府做好城市轨道交通建设工程质量安全突发事件的新闻发布、新闻报道和舆情应对处置工作。

(9)事故调查组：按照有关规定成立市政府事故调查组，由市应急局、市公安局、市住房和城乡建设局、市总工会、市市场监管局、事发地区(市)政府等部门组成。主要负责事故原因分析、事故责任调查和评估等工作。

(10)善后处置组：由地铁集团牵头，事发地区(市)政府、事发企业、市人力资源社会保障局、市卫生健康委员会、市城市管理局、市生态环境局、市通信管理局、相关保险机构组成，负责做好事发地水电气管网等市政设施的排查修复，现场专业化清理处置、伤亡人员及家属的安抚、怃恤、理赔等工作。

5.2 企业层面城市轨道交通建设应急管理体制构成

近年来，我国城市轨道交通建设发展迅速，建设管理模式不断创新，包括传统模式、BT 模式、BOT 模式、TOD 模式等，不同模式就投融资、建设管理、安全责任划分等存在一定差别，但就突发事件应对处置来看，基于国家宏观应急管理体制要求，对于较大及以上突发事件，通常均由政府层面主导，对于一般突发事件一般均由所在城市轨道交通建设单位牵头指挥处置，《城市轨道交通建设工程质量安全事故应急预案管理办法》(建质〔2014〕34 号)规定,城市轨道交通工程建设单位应当编制本单位综合应急预案,施工单位应当编制所承担工程项目的综合应急预案,并按工程事故、影响周边环境事故类别编制工程项目应急预案,同时制定事故现场处置方案。

当前,各地基本建立了以建设单位为主导,施工、勘察、设计、监理、第三方单位共同参与的城市轨道交通工程建设应急管理体制。发生突发事件后,施工单位按照预案组织先期处置,各单位按照预案启动应急响应,由建设单位牵头组建现场指挥部,统一指挥、协调、调度现场抢险救援各项工作。在突发事件处置过程中,施工单位后方公司根据需要派出工作组参与。现场指挥部根据实际下设不同工作组,由建设单位、勘察、设计、施工、监理、第三方以及抢险救援队伍、社会力量等共同组成。如:

1. 重庆地铁

重庆地铁按照“统一领导、分级管理、科学统筹”处置突发事件应急工作的原则,成立轨道交通建设工程应急管理组织机构,包括集团应急领导小组、应急领导小组办公室、建设工程应急工作组、现场应急救援指挥部、外部相关单位应急组织、政府和社会支持救援组织,并根据事故性质和等级,适时调整组织机构和成员。重庆轨道交通建设工程应急管理组织机构如图 5.2—1 所示。

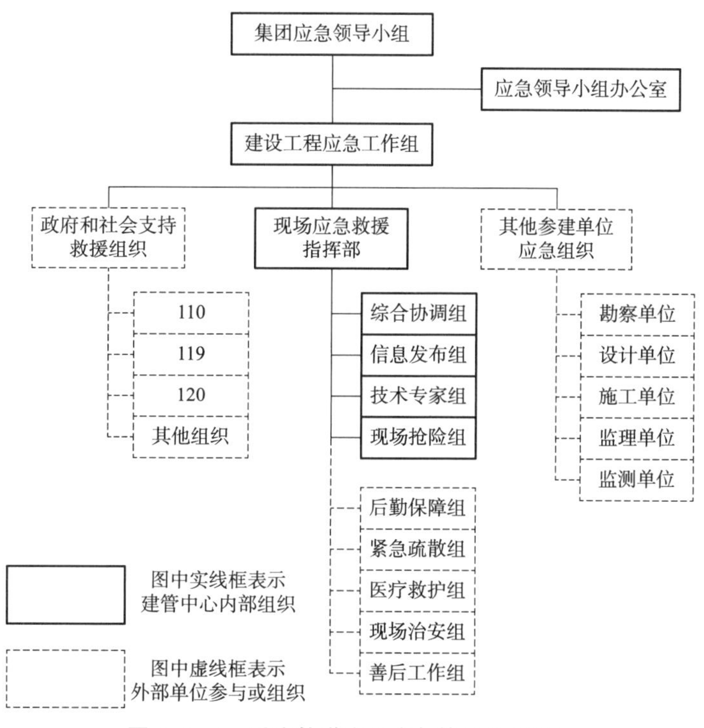

图 5.2—1 重庆轨道交通应急管理组织机构

建设工程应急工作组组长由建管中心主要负责人担任,副组长由建管中心分管负责人、项目公司主要负责人担任,成员由建管中心各部门主要负责人、项目公司分管负责人及各部门主要负责人、相关单位现场负责人组成。工作职责:负责建设工程突发事件的预判、预警信息发布、信息流转报送等工作;按照上级部门和集团应急领导小组指令,启动建设工程突发事件应急预案,并协调相关单位开展应急处置工作;组织、参与或指导突发事件的调查处理和善后恢复,审定应急处置的经验教训和改进措施。

建设工程应急工作组下设建设工程应急工作办公室,负责建设工程应急工作组的日常事务。

2. 成都地铁

建设公司应急组织由应急领导小组、应急中心、信息与舆情组、专家组、综合协调组、调查组及现场处置组组成。按"应急领导小组统一指挥，应急中心统筹调度，各专业小组各司其职"原则，组织开展应急工作。成都地铁应急管理组织机构如图 5.2—2 所示。

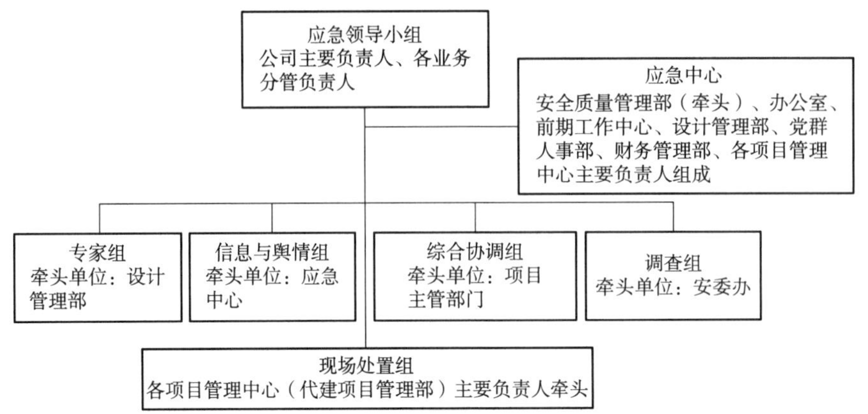

图 5.2—2　成都地铁应急管理组织机构

(1)应急领导小组职责。应急领导小组全面领导建设公司应急救援工作。

(2)应急中心。应急领导小组下设应急中心(应急中心是突发事件发生时自动组建；响应时，在建设公司应急值班室集中办公；响应结束，自动解散的临时应急组织)，应急中心主任由安全质量管理部部长兼任，副主任分别由办公室、前期工作中心、设计管理部、党群人事部、财务管理部相关负责人及各项目管理中心(代建项目部)副主任兼任。应急中心主要职责：贯彻落实应急领导小组要求；在应急领导小组下达应急响应指令前，组织先期应急处置工作；应急响应期间，督促各单位统筹执行应急领导小组指令，牵头应急信息流转、舆情管控工作，开展跨单位的应急抢险、应急物资人员调度、事故调查等工作；协助事发单位做好善后处理及恢复生产秩序工作；负责与集团公司突发事件应急指挥机构的衔接和协调，及时报请集团公司突发事件应急指挥机构请求外部力量增援。

3. 青岛地铁

青岛地铁成立地铁工程建设应急指挥部，总指挥由集团总经理担任，副指挥由集团纪委书记、工会主席、总工程师、副总经理、总经理助理和高级管理人员担任，成员由集团各部门负责人、各线路建设单位主要负责人或分管负责人组成。青岛地铁应急管理组织机构如图 5.2—3 所示。

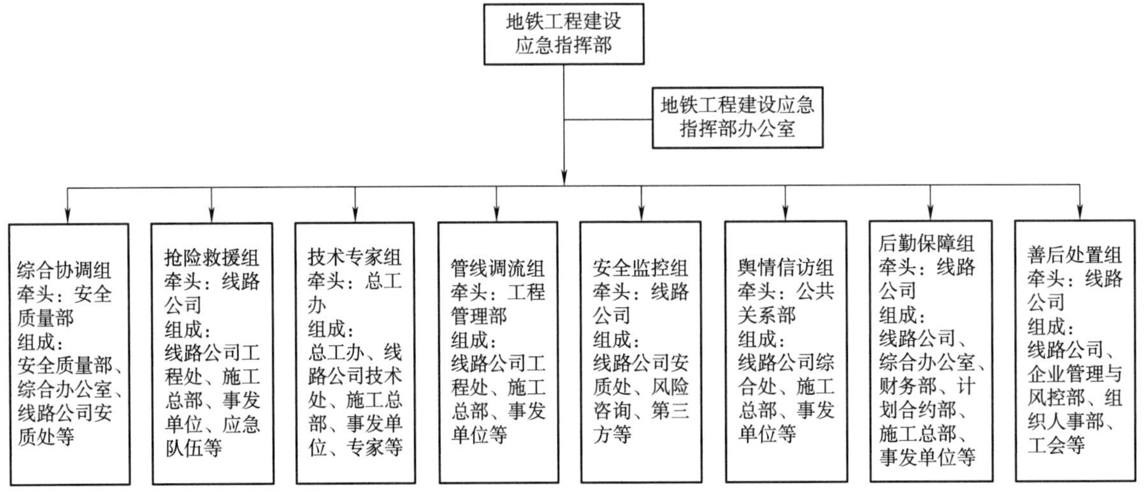

图 5.2—3　青岛地铁应急管理组织机构

(1)地铁工程建设指挥部主要职责。贯彻落实工程建设突发事件法律法规,研究制定集团应对地铁工程建设突发事件的重大决策和指导意见;指导编制、修订地铁工程建设突发事件应急预案;组织指挥集团工程建设突发事件应急处置;根据应急工作需要,协调与市政府、市住建局等有关部门、单位的关系;当突发事件超出地铁集团处置能力时,按规定请求上级有关部门、单位、专业救援机构支援,并根据需要提请市专项应急指挥部启动相应应急响应;负责地铁工程建设突发事件监测预警,组织专家会商研判,按规定做好信息报告、发布和应急响应工作;负责地铁工程建设应急救援队伍建设、应急物资储备管理、应急管理宣教培训等工作;根据地铁工程建设突发事件发展态势和处置需要,决定实施和终止预案;负责组建现场指挥部,制定现场处置方案;协调组织工程建设突发事件的舆情引导工作;分析总结年度应对工程建设突发事件工作,指导各线路建设单位做好地铁工程建设突发事件处置工作。

(2)地铁工程建设指挥部办公室。地铁工程建设指挥部下设办公室,设在集团安全质量部。主任由集团副总经理担任,副主任由集团安全质量部主要负责人担任,成员由集团安全质量部成员组成。主要职责:贯彻落实指挥部相关决定;组织、协调各成员单位按照预案和职责开展地铁工程建设突发事件应急处置工作;组织集团地铁工程建设突发事件应急预案的编制、修订、演练、评估与管理;组织建立地铁工程建设突发事件监测预警、信息收集制度,对信息进行接收、处理、核实与研判,按照规定做好突发事件信息报告工作;组织和督促各单位做好工程建设应急救援队伍建设、应急物资储备管理、应急管理宣教培训等工作;组织工程建设突发事件分析、总结;负责工程建设突发事件专家组的协调联络工作。

5.3 应急管理机制

城市轨道交通应急管理工作分为事前(预防与应急准备阶段)、事发(监测与预警阶段)、事中(应急处置与救援阶段)、事后(善后与恢复阶段)四个阶段。其中事前阶段可视为"平时"阶段,事发、事中和事后可视为"战时"阶段。由于企业在"平时"和"战时"应急工作职责和任务性质不同,且参与人员不尽相同,因此企业在"平时"和"战时"的应急组织形式有所不同,可分为应急管理常态性机构(平时组织机构)与应急管理非常态性机构("战时"组织机构)。应急管理主要工作如图 5.3—1 所示。

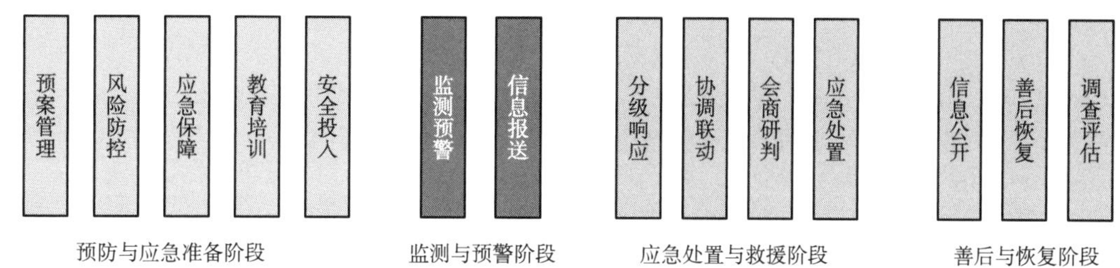

图 5.3—1 应急管理主要工作

应急管理机制以应急管理全过程为主线,涵盖事前、事发、事中和事后各个时间段,包括预防与应急准备、监测与预警、应急处置与救援、善后恢复与重建等多个环节,主要包括:

(1)预案管理机制:包括预案编制评审、发布备案、评估修订、培训演练等环节的管理。

(2)风险防控机制:包括收集与项目风险有关的信息、确定风险因素、撰写风险评估报告、风险处置四个程序。

(3)应急保障机制:包括应急队伍建设、应急救援队伍培训、应急组织及装备、应急救援物资储备、应急值班等。建立人、财、物等资源清单，明确资源的征用、调用、发放、跟踪等程序，规范管理应急资源在常态和非常态下的分类与分布、生产和储备、监控与储备预警、运输与配送等,实现对应急资源供给和需求的综合协调和与优化配置。

(4)教育培训机制:包括从业人员和劳务派遣人员的安全与应急培训。教育培训是提高应急管理人员素质的重要手段,也是做好各项应急管理基础性、常态性的管理工作。

(5)安全投入机制:包括安全资金投入、工伤保险、安全生产责任险。

(6)监测与预警机制:通过危险源监控、风险排查和重大风险隐患治理,尽早发现导致产生突发事件苗头的信息并及时预警;减少事件产生的概率及可能造成的损失。

(7)信息报送机制:按照信息先行的要求,规范信息传递方式,做好信息备份,实现互联互通和信息的及时交流。

(8)分级响应机制:根据突发事件的严重性、可控性、所需资源、影响范围等因素,启动相应的预案。

(9)协调联动机制:充分动员企业不同层级和社会救援力量,形成统一指挥、协调有序的应急管理机制。

(10)会商研判机制:通过信息搜集、专家咨询来制定与选择方案,实现科学果断、综合协调、经济高效的应急决策和处置。

(11)应急处置机制:包括事故或灾害的先期处置、指挥决策和扩大响应。

(12)信息公开机制:通过主动、及时、准确地向公众发布警告以及有关突发事件和应急管理方面的信息,宣传避免、减轻危害的常识,提高主动引导和把握舆论的能力,增强信息透明度,把握舆论主动权。

(13)善后恢复机制:积极稳妥地开展自救互救,做好善后处置工作,把损失降到最低,尽快恢复正常的生产、生活和工作秩序,实现常态管理与非常态管理的有机转换。

(14)调查评估机制:开展应急管理过程、灾后损失和需求等方面的评估,以查找、发现工作中的问题和薄弱环节,提出防范和改进措施,不断完善应急管理工作。

5.4 主要问题与建议

目前,部分城市的城市轨道交通建设应急管理仍以建设单位为主(地铁集团),市级层面尚未成立市级城市轨道交通建设突发事件应急指挥部来统筹协调、指挥和调度相关部门、单位参与城市轨道交通建设突发事件应急管理工作,一旦发生重大突发事件,容易造成总体指挥缺失、现场多头指挥等问题。城市轨道交通工程参建单位多、人员流动大,项目应急管理和抢险救援水平差距大,部分一线人员对现场复杂风险认识不足,自救互救、应急逃生知识技能欠缺。同时,社会舆论对于城市轨道交通工程突发事件关注度明显增加,各有关政府部门、单位之间信息渠道不够畅通,沟通协调不及时,往往真实信息跑不过网络舆情,给突发事件应急处置带来重大影响。

政府作为应急救援的主导,建议由市城市轨道交通建设主管部门牵头组织各相关部门、单位建立统一指挥、专常兼备、反应灵敏、上下联动的城市轨道交通建设突发事件应急管理体制,以整合各类行政应急资源,确保突发事件高速快速处置。进一步整合城市轨道交通工程专家资源,发挥其在突发事件的信息研判、决策咨询、专业救援、事故评估等方面的作用,提高防范应对风险的能力。建设单位应整合城市建设工程的应急救援装备、物资资源，有条件的城市应组建统一的应急救援队伍，形成专业救援力量。施工单位是安全生产的责任主体，应针对工程建设面临的安全风险，制定应急预案，加强风险防控和应急培训，提升突发事件的先期处置能力。各级应加强信息互通、联动，建立高效的突发事件信息协同联动机制，加强对舆情的监测、分析、管控，建立完善信息发布机制，及时对外发声，积极主动引导社会公众准确看待突发事件。

6 城市轨道交通建设应急管理的政策法规

6.1 法律、法规和规范性文件

经收集、整理和辨识，涉及城市轨道交通建设工程应急管理相关内容的法律、法规和规范性文件很多，其中有些为现行规定，有些则已经废止，但仍有参考价值，现罗列如下。

1. 法 律

(1)《中华人民共和国突发事件应对法》(中华人民共和国主席令第六十九号，2007 年 8 月 30 日第十届全国人民代表大会常务委员会第二十九次会议通过，自 2007 年 11 月 1 日施行)。

(2)《中华人民共和国安全生产法》(2002 年 6 月 29 日第九届全国人民代表大会常务委员会第二十八次会议通过，根据 2009 年 8 月 27 日第十一届全国人民代表大会常务委员会第十次会议《关于修改部分法律的决定》第一次修正，根据 2014 年 8 月 31 日第十二届全国人民代表大会常务委员会第十次会议《关于修改〈中华人民共和国安全生产法〉的决定》第二次修正，根据 2021 年 6 月 10 日第十三届全国人民代表大会常务委员会第二十九次会议《关于修改〈中华人民共和国安全生产法〉的决定》第三次修正)。

(3)《中华人民共和国消防法》(中华人民共和国第十三届全国人民代表大会常务委员会第二十八次会议于 2021 年 4 月 29 日第二次修正)。

(4)《中华人民共和国特种设备安全法》(2013 年 6 月 29 日第十二届全国人民代表大会常务委员会第三次会议通过，2013 年 6 月 29 日中华人民共和国主席令第 4 号公布，自 2014 年 1 月 1 日起施行)。

(5)《中华人民共和国防震减灾法》(1997 年 12 月 29 日第八届全国人民代表大会常务委员会第二十九次会议通过，1997 年 12 月 29 日中华人民共和国主席令第 94 号公布，2008 年 12 月 27 日第十一届全国人民代表大会常务委员会第六次会议修订，2008 年 12 月 27 日中华人民共和国主席令第 7 号公布，自 2009 年 5 月 1 日起施行)。

2. 行政法规

(1)《建设工程安全生产管理条例》(2003 年 11 月 12 日国务院第 28 次常务会议通过。2003 年 11 月 24 日中华人民共和国国务院令第 393 号公布，自 2004 年 2 月 1 日起施行)。

(2)《生产安全事故应急条例》(2018 年 12 月 5 日国务院第 33 次常务会议通过，2019 年 2 月 17 日中华人民共和国国务院令第 708 号公布，自 2019 年 4 月 1 日起施行)。

(3)《生产安全事故报告和调查处理条例》(2007 年 3 月 28 日国务院第 172 次常务会议通过，2007 年 4 月 9 日中华人民共和国国务院令第 493 号发布，自 2007 年 6 月 1 日起施行)。

(4)《地质灾害防治条例》(2003 年 11 月 19 日国务院第 29 次常务会议通过，2003 年 11 月 24 日中华人民共和国国务院令第 394 号公布，自 2004 年 3 月 1 日起施行)。

(5)《破坏性地震应急条例》(1995 年 2 月 11 日中华人民共和国国务院令第 172 号发布，根据 2011 年 1 月 8 日国务院令第 588 号公布的《国务院关于废止和修改部分行政法规的决定》修正)。

3. 规范性文件

(1)国务院发布的规范性文件

①《国务院关于全面加强应急管理工作的意见》。

②《国务院关于进一步加强企业安全生产工作的通知》。

③《国务院办公厅关于保障城市轨道交通安全运行的意见》。

④《国务院办公厅关于加强基层应急队伍建设的意见》。

⑤《国务院办公厅关于加强基层应急管理工作的意见》。

⑥《国务院办公厅关于认真贯彻实施突发事件应对法的通知》。

⑦《国务院办公厅关于加快应急产业发展的意见》。

⑧《国务院办公厅转发安全监管总局等部门关于加强企业应急管理工作意见的通知》。

⑨《国务院关于印发"十四五"国家应急体系规划的通知》。

⑩《国务院办公厅关于印发消防安全责任制实施办法的通知》。

⑪《国务院办公厅关于印发突发事件应急预案管理办法的通知》。

⑫《国务院办公厅关于印发应急管理科普宣教工作总体实施方案的通知》。

⑬《国务院办公厅关于印发〈省(区、市)人民政府突发公共事件总体应急预案框架指南〉的函》。

⑭《国务院办公厅关于印发国家自然灾害救助应急预案的通知》。

⑮《国务院办公厅关于印发〈国务院有关部门和单位制定和修订突发公共事件应急预案框架指南〉的函》。

⑯《国务院办公厅关于进一步加强安全生产工作坚决遏制重特大事故的通知》。

⑰《特别重大、重大突发公共事件分级标准(试行)》。

⑱《国家处置城市地铁事故灾难应急预案》(2006 年 1 月 13 日颁布实施)。

(2)国务院安委会发布的规范性文件

①《国务院安全生产委员会办公室关于印发〈国家安全生产应急救援联络员会议制度〉的通知》。

②《国务院安委会办公室关于贯彻落实国务院〈通知〉精神 进一步加强安全生产应急救援体系建设的实施意见》。

(3)住房和城乡建设部发布的规范性文件

①《住房城乡建设部关于印发城市轨道交通建设工程质量安全事故应急预案管理办法的通知》。

②《关于加强地铁建设和运营安全管理工作的紧急通知》。

(4)财政部等发布的规范性文件

①《财政部、国家安全监管总局关于印发〈企业安全生产费用提取和使用管理办法〉的通知》。

②《国家安全监管总局关于贯彻实施〈生产安全事故应急预案管理办法〉的通知》。

③《国家安全监管总局办公厅关于做好较大生产安全事故调查处理情况备案工作的通知》。

④《国家安全监管总局办公厅关于印发〈生产安全事故应急处置评估暂行办法〉的通知》。

⑤《国家安全监管总局关于加强科学施救提高生产安全事故灾难应急救援水平的指导意见》。

⑥《国家安全监管总局关于加强基层安全生产应急队伍建设的意见》。

⑦《国家安全监管总局办公厅关于加强安全生产应急管理执法检查工作的意见》。

⑧《国家安全监管总局关于进一步加强和改进生产安全事故信息报告和处置工作的通知》。

⑨《国家安全监管总局办公厅关于开展企业安全生产费用提取和使用情况调查的通知》。

⑩《财政部、安全监管总局关于修订印发〈安全生产预防及应急专项资金管理办法〉的通知》。

⑪《关于加强安全生产应急管理工作的意见》。

6.2 部门规章及地方性法规

涉及城市轨道交通建设工程应急管理的部门规章和地方性法规主要有：

6.2.1 住建部门规章

(1)《市政公用设施抗灾设防管理规定》(2008 年 10 月 16 日中华人民共和国住房和城乡建设部令第 1 号公布，根据 2015 年 1 月 22 日中华人民共和国住房和城乡建设部令第 23 号《住房和城乡建设部关于修改〈市政公用设施抗灾设防管理规定〉等部门规章的决定》修正)。

(2)《建筑施工企业主要负责人、项目负责人和专职安全生产管理人员安全生产管理规定》(2014 年 6 月 25 日中华人民共和国住房和城乡建设部令第 17 号发布，自 2014 年 9 月 1 日起施行)。

6.2.2 应急部门规章

(1)《生产安全事故应急预案管理办法》(2009 年 3 月 20 日，《生产安全事故应急预案管理办法》经国家安全生产监督管理总局局长办公会议审议通过，2009 年 4 月 1 日公布，自 2009 年 5 月 1 日起施行；2016 年 4 月 15 日，修订后的《生产安全事故应急预案管理办法》国家安全生产监督管理总局第 13 次局长办公会议审议通过，于 2016 年 6 月 3 日公布，自 2016 年 7 月 1 日起施行；2019 年 6 月 24 日，《应急管理部关于修改〈生产安全事故应急预案管理办法〉的决定》经应急管理部第 20 次部务会议审议通过，于 2019 年 7 月 11 日公布，自 2019 年 9 月 1 日起施行)。

(2)《安全生产培训管理办法》(2012 年 1 月 19 日，国家安全生产监督管理总局令第 44 号公布。根据 2013 年 8 月 29 日国家安全生产监督管理总局令第 63 号《国家安全监管总局关于修改〈生产经营单位安全培训规定〉等 11 件规章的决定》第一次修正。根据 2015 年 5 月 29 日国家安全生产监督管理总局令第 80 号《国家安全监管总局关于废止和修改劳动防护用品和安全培训等领域十部规章的决定》第二次修正)。

(3)《生产经营单位安全培训规定》(2006 年 1 月 17 日，国家安全生产监督管理总局令第 3 号公布。根据 2013 年 8 月 29 日国家安全生产监督管理总局令第 63 号《国家安全监管总局关于修改〈生产经营单位安全培训规定〉等 11 件规章的决定》第一次修正。根据 2015 年 5 月 29 日国家安全生产监督管理总局令第 80 号《国家安全监管总局关于废止和修改劳动防护用品和安全培训等领域十部规章的决定》第二次修正)。

(4)《生产安全事故信息报告和处置办法》(2009 年 6 月 16 日国家安全生产监督管理总局令第 21 号公布，自 2009 年 7 月 1 日起施行)。

6.2.3 地方政府条例

据中国轨道交通协会统计，截至 2022 年底，中国内地已开通轨道交通城市共有 55 个，各地方政府针对轨道交通建设安全和建设应急管理制定了不同的地方性法规和规定。部分城市关于轨道交通安全规定如下。

1. 北 京 市

《北京市安全生产条例》规定危险物品的生产、经营、储存单位以及矿山、金属冶炼、城市轨道交通运营、建筑施工单位应当建立应急救援队伍；生产经营规模较小的，可以不建立应急救援队伍，但应当指定兼职的应急救援人员。其他生产经营单位发生生产安全事故需要应急救援，可以委托前述单位的应急救援队伍提供应急救援服务。生产经营单位应当制定本单位生产安全事故应急救援预案，与市、区人民政府组织制定的生产安全事故应急救援预案相衔接，并定期组织演练。

2. 上 海 市

《上海市安全生产条例》规定生产经营单位应当制定生产安全事故应急救援预案，报负有安全生产监督管理职责的部门备案。矿山、金属冶炼、城市轨道交通运营、建筑施工和危险物品的生产、经营、储存、运输、装卸单位以及宾馆、商场、娱乐场所、风景区等人员密集场所的生产经营单位应当按照国家规定建立安全生产应急救援组织，组织综合应急救援演练或者专项应急救援演练。

《上海市轨道交通管理条例》规定市交通、建设行政管理部门应当会同公安等行政管理部门按照有关法律、法规以及本市突发事件总体应急预案的规定，组织编制本市轨道交通突发事件应急预案，报市人民政府批准后实施。轨道交通企业应当根据轨道交通突发事件应急预案，编制本企业的具体应急预案，并报市交通、建设行政管理部门备案。

3. 深 圳 市

《深圳市轨道交通项目建设管理规定》旨在促进城市轨道交通建设，规范轨道交通规划建设管理和审批，保障轨道交通建设顺利推进。规定轨道交通项目实施前，由建设单位组织参建单位对周边建筑和设施进行风险分析，对分析有影响的建筑和设施进行风险评估，并制定应急处置措施。

《深圳市城市轨道交通工程质量安全管理办法》规范了建设部门、建设单位和施工单位应当根据风险评估及分级，编制应急预案，储备应急救援物资，开展应急演练。

4. 天 津 市

《天津市安全生产条例》规定市和区人民政府应当建立健全安全生产应急救援体系和应急指挥机制，制定生产安全事故应急救援预案，确定应急救援队伍，建立应急物资储备库，组织、协调和督促本级人民政府有关部门与下级人民政府做好安全生产应急救援工作。生产经营单位应当制定本单位生产安全事故应急救援预案，并与所在区人民政府组织制定的生产安全事故应急救援预案相衔接，每年至少组织一次综合应急预案演练或者专项应急预案演练，每半年至少组织一次现场处置方案演练。生产经营单位应当建立应急救援队伍，配备相应的应急救援器材及装备，安排应急值守人员。规模较小的生产经营单位可以与邻近建有专业救援队伍的企业或者单位签订救援协议，或者联合建立应急救援队伍。

《天津市轨道交通管理规定》旨在加强本市轨道交通建设和管理，保障建设安全和建设秩序，维护轨道交通建设单位和乘客的合法权益。

5. 石家庄市

《石家庄市轨道交通管理条例》规定市人民政府应当组织有关行政主管部门和市轨道交通管理机构制定市轨道交通突发事件应急预案，建立应急处置联动机制。市轨道交通管理机构应当根据市轨道交通突发事件应急预案制定轨道交通建设、运营突发事件应急预案，其他有关行政主管部门应当根据各自职责，制定相应的应急预案，报市人民政府批准后实施。轨道交通经营单位应当制定本单位的轨道交通建设、运营突发事件应急处置方案，报市轨道交通管理机构备案，并定期组织应急演练。

6. 大 连 市

《大连市轨道交通条例》规定轨道交通建设管理机构、轨道交通运营行政主管部门应当会同有关部门制定本市轨道交通建设、运营突发事件应急预案。轨道交通建设、运营单位应当制定本单位的轨道交通建设、运营突发事件应急预案，分别报轨道交通建设管理机构、轨道交通运营行政主管部门备案，并定期组织演练。

7. 沈 阳 市

《沈阳市地铁建设与运营管理条例》规定市建设、交通主管部门应当会同其他有关主管部门及相关单位制定地铁建设、运营突发事件应急预案，报市人民政府批准后实施。市交通主管部门应当根据地铁运营突发事件应急预案，建立地铁交通与地面交通应急保障联动机制。地铁建设单位、运营单位应当制定地铁建设、运营突发事件应急处置方案，报有关主管部门备案，并定期组织演练。

8. 青 岛 市

《青岛市轨道交通条例》规定市城乡建设、交通运输行政主管部门应当分别制定轨道交通建设、轨道交通运营专项应急预案，健全完善应急联动处置机制，建立应急演练制度，定期组织应急演练；轨道交通施工单位、轨道交通经营单位应当分别制定突发事件应急和处置方案，并定期组织应急演练。

9. 郑 州 市

《郑州市轨道交通条例》规定市人民政府应当组织有关部门制定轨道交通突发事件综合应急预案，建立应急处置联动机制。市应急管理、城乡建设、交通运输行政主管部门和公安机关应当会同有关部门根据本市轨道交通突发事件综合应急预案，分别制定轨道交通建设、运营、反恐、治安、消防等突发事件应急预案，建立轨道交通应急保障联动机制。轨道交通经营单位应当制定本单位的轨道交通突发事件应急预案，报市城乡建设、交通运输行政主管部门备案。

10. 南 京 市

《南京市轨道交通条例》规定市住房和城乡建设、交通运输行政主管部门应当会同市有关部门及相关单位制定本市轨道交通建设、运营突发事件应急预案，报市人民政府批准后实施。市交通运输行政主管部门应当根据轨道交通运营突发事件应急预案，建立轨道交通与地面交通应急保障联动机制。轨道交通经营单位应当制定轨道交通建设、运营突发事件应急处置方案，报轨道交通行政主管部门备案，并定期组织演练。

6.3 标准规范

涉及城市轨道交通建设工程应急管理相关内容的标准规范如下，其中有的为现行，有的已经废止，供参考。

6.3.1 国家标准

(1)《安全色光通用规则》(GB/T 14778—2008)。

(2)《安全标志及其使用导则》(GB 2894—2008)。

(3)《消防安全标志设置要求》(GB 15630—1995)。

(4)《消防安全工程总则》(GB/T 31592—2015)。

(5)《爆破安全规程》(GB 6722—2014)。

(6)《重点场所防爆炸安全检查　第1部分：基础条件》(GB/T 37521.1—2019)。

(7)《重点场所防爆炸安全检查　第2部分：能力评估》(GB/T 37521.2—2019)。

(8)《重点场所防爆炸安全检查　第3部分：规程》(GB/T 37521.3—2019)。

(9)《爆炸物安全检查与处置　通用术语》(GB/T 37522—2019)。

(10)《机械安全　控制系统安全相关部件　第1部分:设计通则》(GB/T 16855.1—2018)。
(11)《机械安全　防火与消防》(GB/T 23819—2018)。
(12)《机械安全　人类工效学原则在风险评估与风险减小中的应用》(GB/T 36954—2018)。
(13)《公共安全　应急管理　突发事件响应要求》(GB/T 37228—2018)。
(14)《公共安全　应急管理　预警颜色指南》(GB/T 37230—2018)。
(15)《粉尘防爆安全规程》(GB 15577—2018)。
(16)《城市轨道交通技术规范》(GB 50490—2009)。
(17)《生产经营单位生产安全事故应急预案编制导则》(GB/T 29639—2020)。
(18)《安全防范系统供电技术要求》(GB/T 15408—2011)。

6.3.2　住建部门行业标准

(1)《建筑震后应急评估和修复技术规程》(JGJ/T 415—2017)。
(2)《建筑施工易发事故防治安全标准》(JGJ/T 429—2018)。

6.3.3　应急部门等行业标准

(1)《生产安全事故应急演练基本规范》(AQ/T 9007—2019)。
(2)《安全生产应急管理人员培训及考核规范》(AQ/T 9008—2012)。
(3)《生产安全事故应急演练评估规范》(AQ/T 9009—2015)。
(4)《安全生产责任保险事故预防技术服务规范》(AQ 9010—2019)。
(5)《生产经营单位生产安全事故应急预案评估指南》(AQ/T 9011—2019)。
(6)《安全评价通则》(AQ/T 8001—2007)。
(7)《安全预评价导则》(AQ/T 8002—2007)。
(8)《安全验收评价导则》(AQ/T 8003—2007)。
(9)《城市轨道交通安全预评价细则》(AQ/T 8004—2007)。
(10)《城市轨道交通安全验收评价细则》(AQ/T 8005—2007)。
(11)《消防应急照明灯具通用技术条件》(GA 54—1993)。
(12)《火警和应急救援分级》(GA/T 1340—2016)。
(13)《火灾调查职业危害安全防护规程》(GA/T 1464—2018)。
(14)《安全防范视频监控摄像机通用技术要求》(GA/T 1127—2013)。
(15)《安全防范工程程序与要求》(GA/T 75—1994)。
(16)《安全防范系统验收规则》(GA 308—2001)。
(17)《安全技术防范产品分类与代码》(GA/T 405—2002)。
(18)《消防职业安全与健康》(GA/T 620—2006)。
(19)《人员密集场所消防安全管理》(GA 654—2006)。
(20)《社会消防安全培训机构设置与评审》(GA/T 1300—2016)。
(21)《城市轨道交通安全防范要求》(GA/T 1467—2018)。
(22)《城市轨道交通消防安全管理》(GA/T 579—2005)。
(23)《应急期受灾人员集中安置点基本要求》(MZ/T 040—2013)。

6.3.4 团体标准

(1)《社会单位消防安全评估导则》(T/SHXFXH 004—2019,上海市消防协会)

(2)《城市轨道交通消防安全评估导则》(T/JFPA 0013—2023,江苏省消防协会)

(3)《城市轨道交通防洪涝专项论证报告编制规程》(T/ZS 0490—2023,浙江省产品与工程标准化协会)

6.4 国际公约

(1)《国际消防安全系统规则》。

(2)《工伤事故津贴建议书》

(3)《建筑业安全和卫生公约》

(4)《预防重大工业事故公约》

(5)《建筑安全和卫生建议书》

(6)《预防重大工业事故建议书》

6.5 政策法规分析

6.5.1 生产经营单位的主体责任

相关法律法规中关于安全管理主体责任的条款规定。

1.《中华人民共和国突发事件应对法》

第二十二条 所有单位应当建立健全安全管理制度,定期检查本单位各项安全防范措施的落实情况,及时消除事故隐患;掌握并及时处理本单位存在的可能引发社会安全事件的问题,防止矛盾激化和事态扩大;对本单位可能发生的突发事件和采取安全防范措施的情况,应当按照规定及时向所在地人民政府或者人民政府有关部门报告。

2.《中华人民共和国安全生产法》

第二十三条 生产经营单位应当具备的安全生产条件所必需的资金投入,由生产经营单位的决策机构、主要负责人或者个人经营的投资人予以保证,并对由于安全生产所必需的资金投入不足导致的后果承担责任。

有关生产经营单位应当按照规定提取和使用安全生产费用,专门用于改善安全生产条件。安全生产费用在成本中据实列支。安全生产费用提取、使用和监督管理的具体办法由国务院财政部门会同国务院应急管理部门征求国务院有关部门意见后制定。

第二十六条 生产经营单位的安全生产管理机构以及安全生产管理人员应当恪尽职守,依法履行职责。

生产经营单位作出涉及安全生产的经营决策,应当听取安全生产管理机构以及安全生产管理人员的意见。

生产经营单位不得因安全生产管理人员依法履行职责而降低其工资、福利等待遇或者解除与其订立的劳动合同。

危险物品的生产、储存单位以及矿山、金属冶炼单位的安全生产管理人员的任免,应当告知主管的负有安全生产监督管理职责的部门。

第二十八条　生产经营单位应当对从业人员进行安全生产教育和培训，保证从业人员具备必要的安全生产知识，熟悉有关的安全生产规章制度和安全操作规程，掌握本岗位的安全操作技能，了解事故应急处理措施，知悉自身在安全生产方面的权利和义务。未经安全生产教育和培训合格的从业人员，不得上岗作业。

生产经营单位使用被派遣劳动者的，应当将被派遣劳动者纳入本单位从业人员统一管理，对被派遣劳动者进行岗位安全操作规程和安全操作技能的教育和培训。劳务派遣单位应当对被派遣劳动者进行必要的安全生产教育和培训。

生产经营单位接收中等职业学校、高等学校学生实习的，应当对实习学生进行相应的安全生产教育和培训，提供必要的劳动防护用品。学校应当协助生产经营单位对实习学生进行安全生产教育和培训。

生产经营单位应当建立安全生产教育和培训档案，如实记录安全生产教育和培训的时间、内容、参加人员以及考核结果等情况。

第四十七条　生产经营单位应当安排用于配备劳动防护用品、进行安全生产培训的经费。

第五十条　生产经营单位发生生产安全事故时，单位的主要负责人应当立即组织抢救，并不得在事故调查处理期间擅离职守。

第五十二条　生产经营单位与从业人员订立的劳动合同，应当载明有关保障从业人员劳动安全、防止职业危害的事项，以及依法为从业人员办理工伤保险的事项。

生产经营单位不得以任何形式与从业人员订立协议，免除或者减轻其对从业人员因生产安全事故伤亡依法应承担的责任。

第八十一条　生产经营单位应当制定本单位生产安全事故应急救援预案，与所在地县级以上地方人民政府组织制定的生产安全事故应急救援预案相衔接，并定期组织演练。

3.《生产安全事故应急条例》

第五条　县级以上人民政府及其负有安全生产监督管理职责的部门和乡、镇人民政府以及街道办事处等地方人民政府派出机关，应当针对可能发生的生产安全事故的特点和危害，进行风险辨识和评估，制定相应的生产安全事故应急救援预案，并依法向社会公布。

生产经营单位应当针对本单位可能发生的生产安全事故的特点和危害，进行风险辨识和评估，制定相应的生产安全事故应急救援预案，并向本单位从业人员公布。

第十二条　生产经营单位应当及时将本单位应急救援队伍建立情况按照国家有关规定报送县级以上人民政府负有安全生产监督管理职责的部门，并依法向社会公布。

县级以上人民政府负有安全生产监督管理职责的部门应当定期将本行业、本领域的应急救援队伍建立情况报送本级人民政府，并依法向社会公布。

第十五条　生产经营单位应当对从业人员进行应急教育和培训，保证从业人员具备必要的应急知识，掌握风险防范技能和事故应急措施。

第十六条　国务院负有安全生产监督管理职责的部门应当按照国家有关规定建立生产安全事故应急救援信息系统，并采取有效措施，实现数据互联互通、信息共享。

生产经营单位可以通过生产安全事故应急救援信息系统办理生产安全事故应急救援预案备案手续，报送应急救援预案演练情况和应急救援队伍建设情况；但依法需要保密的除外。

第十七条　发生生产安全事故后，生产经营单位应当立即启动生产安全事故应急救援预案，采取下列一项或者多项应急救援措施，并按照国家有关规定报告事故情况：

(一)迅速控制危险源,组织抢救遇险人员;

(二)根据事故危害程度,组织现场人员撤离或者采取可能的应急措施后撤离;

(三)及时通知可能受到事故影响的单位和人员;

(四)采取必要措施,防止事故危害扩大和次生、衍生灾害发生;

(五)根据需要请求邻近的应急救援队伍参加救援,并向参加救援的应急救援队伍提供相关技术资料、信息和处置方法;

(六)维护事故现场秩序,保护事故现场和相关证据;

(七)法律、法规规定的其他应急救援措施。

4. 地方性政策法规以《北京市生产经营单位安全生产主体责任规定》为例

第三十条　生产经营单位应当履行下列生产安全事故应急救援的责任:

(一)制定生产安全事故应急救援预案,并与所在地的区政府组织制定的生产安全事故应急救援预案相衔接;

(二)每年至少组织一次应急救援演练;

(三)配备必要的应急救援人员;

(四)发生生产安全事故后,迅速采取有效措施,组织抢救,防止事故扩大,减少人员伤亡和财产损失。

小型或者微型企业等规模较小的生产经营单位,可以不制定生产安全事故应急救援预案,但应当编制现场处置方案,指定兼职的应急救援人员,并可以与邻近的应急救援队伍签订应急救援协议。

5. 研究结论

生产经营单位是生产经营活动的主体,也是安全生产工作责任的直接承担主体。生产经营单位安全生产主体责任,即生产经营单位依照法律法规规定,应当履行的安全生产法定职责和义务。相关工作如下:

(1)依法建立安全生产管理机构。(2)建立健全安全生产责任制和各项管理制度。(3)持续具备法律、法规、规章、国家标准和行业标准规定的安全生产条件。(4)确保资金投入满足安全生产条件需要。(5)依法组织从业人员参加安全生产教育和培训。(6)如实告知从业人员作业场所和工作岗位存在的危险、危害因素防范措施和事故应急措施,教育职工自觉承担安全生产义务。(7)为从业人员提供符合国家标准或行业标准的劳动防护用品,并监督教育从业人员按照规定佩戴使用。(8)对重大危险源实施有效的检测、监控。(9)预防和减少作业场所职业危害。(10)安全设施、设备(包括特种设备)符合安全管理的有关要求,按规定定期进行检测检验。(11)依法制定生产安全事故应急救援预案,落实操作岗位应急措施。(12)及时发现、治理和消除本单位安全事故隐患。(13)积极采取先进的安全生产技术、设备和工艺,提高安全生产科技保障水平;确保所使用的工艺装备及相关劳动工具符合安全生产要求。(14)保证新建、改建、扩建工程项目依法实施安全设施"三同时"。(15)统一协调管理承包、承租单位安全生产工作。(16)依法参加工伤保险,为从业人员缴纳保险费。(17)按要求上报生产安全事故,做好事故抢险救援,妥善处理对事故伤亡人员依法赔偿等事故善后工作。(18)法律、法规规定的其他安全生产责任。

6.5.1.1　建设单位的应急责任

相关法律法规中关于建设单位应急责任的内容规定如下:

1.《中华人民共和国消防法》

第九条　建设工程的消防设计、施工必须符合国家工程建设消防技术标准。建设、设计、施工、工程监理等单位依法对建设工程的消防设计、施工质量负责。

2.《建设工程安全生产管理条例》

第八条　建设单位在编制工程概算时，应当确定建设工程安全作业环境及安全施工措施所需费用。

第九条　建设单位不得明示或者暗示施工单位购买、租赁、使用不符合安全施工要求的安全防护用具、机械设备、施工机具及配件、消防设施和器材。

第十一条　建设单位应当将拆除工程发包给具有相应资质等级的施工单位。

建设单位应当在拆除工程施工15日前，将下列资料报送建设工程所在地的县级以上地方人民政府建设行政主管部门或者其他有关部门备案：

（一）施工单位资质等级证明；

（二）拟拆除建筑物、构筑物及可能危及毗邻建筑的说明；

（三）拆除施工组织方案；

（四）堆放、清除废弃物的措施。

实施爆破作业的，应当遵守国家有关民用爆炸物品管理的规定。

3.《建设工程消防监督管理规定》

第八条　建设单位不得要求设计、施工、工程监理等有关单位和人员违反消防法规和国家工程建设消防技术标准，降低建设工程消防设计、施工质量，并承担下列消防设计、施工的质量责任：

（一）依法申请建设工程消防设计审核、消防验收，依法办理消防设计和竣工验收消防备案手续并接受抽查；建设工程内设置的公众聚集场所未经消防安全检查或者经检查不符合消防安全要求的，不得投入使用、营业；

（二）实行工程监理的建设工程，应当将消防施工质量一并委托监理；

（三）选用具有国家规定资质等级的消防设计、施工单位；

（四）选用合格的消防产品和满足防火性能要求的建筑构件、建筑材料及装修材料；

（五）依法应当经消防设计审核、消防验收的建设工程，未经审核或者审核不合格的，不得组织施工；未经验收或者验收不合格的，不得交付使用。

4. 地方性法规条例以《北京市消防条例》为例

第十二条　单位应当履行下列消防安全职责：

（一）落实消防安全责任制，制定本单位的消防安全制度、消防安全操作规程，制定灭火和应急疏散预案并组织演练；

（二）按照国家标准、行业标准配置消防设施、器材，设置消防安全标志，并定期组织检验、维修，确保完好有效；

（三）按照检测规范对建筑消防设施每年至少进行一次全面检测，确保完好有效，不具备检测条件的应当委托具备相应资质的检测机构进行检测，检测记录应当完整准确，存档备查；

（四）保障疏散通道、安全出口、消防车通道畅通，保证防火防烟分区、防火间距符合消防技术标准；

（五）组织防火检查，对发现的火灾隐患采取消防安全防范措施，及时消除火灾隐患；

（六）组织进行有针对性的消防演练，对消防设备操作控制人员、专职和兼职防火人员等重点岗位的人员进行专项培训；

（七）按照消防技术标准和管理规定，对电器设备、燃气用具及其线路、管路进行检测、维护和管理；

（八）按照国家标准设置消防控制室，消防控制室的值班人员应当遵守国家和本市消防控制室操作规程，不得擅离职守；

（九）法律、法规规定的其他消防安全职责。

单位的主要负责人是本单位的消防安全责任人，对本单位的消防安全工作全面负责。

第十三条　消防安全重点单位除应当遵守本条例第十二条规定外，还应当履行下列消防安全职责：

（一）确定消防安全管理人，组织实施本单位的消防安全管理工作；

（二）建立消防档案，确定消防安全重点部位，设置防火标志，实行严格管理；

（三）实行每日防火巡查，并建立巡查记录；

（四）对职工进行岗前消防安全培训，每年至少组织一次消防安全培训，每半年至少组织一次有针对性的消防演练；

（五）按照电气防火技术标准和管理规定定期对电气防火安全进行检测，检测记录应当完整准确，存档备查。

5. 研究结论

《中华人民共和国消防法》《中华人民共和国安全生产法》《建设工程安全生产管理条例》等针对建设单位的应急责任，从四个方面做出了严格的规定。

(1)必须保证必要的安全投入。这是对《中华人民共和国安全生产法》规定的具体落实。要保证建设施工安全，必须要有相应的资金投入。安全投入不足的直接结果，必然是降低工程造价，不具备安全生产条件，甚至导致建设施工事故的发生。安全作业环境和施工措施所需费用应当符合《建设施工安全检查标准》的要求，建设单位应当据此承担的安全施工措施费用，不得随意降低费用标准。

(2)不得明示或者暗示施工单位购买不符合安全要求的设备、设施、器材和用具。《中华人民共和国安全生产法》规定，国家对严重危及生产安全的工艺、设备实行淘汰制度。生产经营单位不得使用国家明令淘汰、禁止使用的危及生产安全的工艺、设备。实践中，建设单位干预施工单位，违反国家规定使用不符合要求的安全防护用具、机械设备、施工机具及配件、消防设施和器材，是导致生产安全事故的重要原因之一。为了确保工程质量和施工安全，施工单位应当严格按照勘察设计文件、施工工艺和施工规范的要求选用符合国家质量标准、卫生标准和环保标准的安全防护用具、机械设备、施工机具及配件、消防设施和器材。

(3)消防设施施工质量和安全责任。根据《中华人民共和国消防法》的规定，建设工程的消防设计、施工必须符合国家工程建设消防技术标准。建设、设计、施工、工程监理等单位依法对建设工程的消防设计、施工质量负责。

依据《建设工程消防监督管理规定》，建设单位不得要求设计、施工、工程监理等有关单位和人员违反消防法规和国家工程建设消防技术标准，降低建设工程消防设计、施工质量，并承担下列消防设计、施工的质量责任：①依法申请建设工程消防设计审核、消防验收，依法办理消防设计和竣工验收消防备案手续并接受抽查；建设工程内设置的公众聚集场所未经消防安全检查或者经检查不符合消防安全要求的，不得投入使用、营业：②实行工程监理的建设工程，应当将消防施工质量一并委托监理；③选用具有国家规定资质等级的消防设计、施工单位；④选用合格的消防产品和满足防火性能要求的建筑构件建筑材料及装修材料；⑤依法应当经消防设计审核、消防验收的建设工程，未经审核或者审核不合格的，不得组织施工；未经验收或者验收不合格的，不得交付使用。

(4)消防安全职责。根据《中华人民共和国消防法》的规定，施工单位应当履行下列消防安全职责：

①落实消防安全责任制，制定本单位的消防安全制度、消防安全操作规程，制定灭火和应急疏散预案并组织演练；

②按照国家标准、行业标准配置消防设施、器材，设置消防安全标志，并定期组织检验、维修，确保完好有效；

③按照检测规范对建筑消防设施每年至少进行一次全面检测，确保完好有效，不具备检测条件的应当委托具备相应资质的检测机构进行检测，检测记录应当完整准确，存档备查；

④保障疏散通道、安全出口、消防车通道畅通，保证防火防烟分区、防火间距符合消防技术标准；

⑤组织防火检查，对发现的火灾隐患采取消防安全防范措施，及时消除火灾隐患；

⑥组织进行有针对性的消防演练，对消防设备操作控制人员、专职和兼职防火人员等重点岗位的人员进行专项培训；

⑦按照消防技术标准和管理规定，对电器设备、燃气用具及其线路、管路进行检测、维护和管理；

⑧按照国家标准设置消防控制室，消防控制室的值班人员应当遵守国家和本市消防控制室操作规程，不得擅离职守；

⑨法律、法规规定的其他消防安全职责。

6.5.1.2　施工单位的应急责任

相关法律法规中关于施工单位应急责任的规定。

1.《建设工程安全生产管理条例》

第二十一条　施工单位主要负责人依法对本单位的安全生产工作全面负责。施工单位应当建立健全安全生产责任制度和安全生产教育培训制度，制定安全生产规章制度和操作规程，保证本单位安全生产条件所需资金的投入，对所承担的建设工程进行定期和专项安全检查，并做好安全检查记录。

施工单位的项目负责人应当由取得相应执业资格的人员担任，对建设工程项目的安全施工负责，落实安全生产责任制度、安全生产规章制度和操作规程，确保安全生产费用的有效使用，并根据工程的特点组织制定安全施工措施，消除安全事故隐患，及时、如实报告生产安全事故。

第二十二条　施工单位对列入建设工程概算的安全作业环境及安全施工措施所需费用，应当用于施工安全防护用具及设施的采购和更新、安全施工措施的落实、安全生产条件的改善，不得挪作他用。

第二十三条　施工单位应当设立安全生产管理机构，配备专职安全生产管理人员。

专职安全生产管理人员负责对安全生产进行现场监督检查。发现安全事故隐患，应当及时向项目负责人和安全生产管理机构报告；对违章指挥、违章操作的，应当立即制止。

专职安全生产管理人员的配备办法由国务院建设行政主管部门会同国务院其他有关部门制定。

第二十四条　建设工程实行施工总承包的，由总承包单位对施工现场的安全生产负总责。

总承包单位应当自行完成建设工程主体结构的施工。

总承包单位依法将建设工程分包给其他单位的，分包合同中应当明确各自的安全生产方面的权利、义务。总承包单位和分包单位对分包工程的安全生产承担连带责任。

分包单位应当服从总承包单位的安全生产管理，分包单位不服从管理导致生产安全事故的，由分包单位承担主要责任。

第二十七条　建设工程施工前，施工单位负责项目管理的技术人员应当对有关安全施工的技术要求向施工作业班组、作业人员作出详细说明，并由双方签字确认。

第二十八条　施工单位应当在施工现场入口处、施工起重机械、临时用电设施、脚手架、出入通道口、楼梯口、电梯井口、孔洞口、桥梁口、隧道口、基坑边沿、爆破物及有害危险气体和液体存放处等危险部位，设置明显的安全警示标志。安全警示标志必须符合国家标准。

施工单位应当根据不同施工阶段和周围环境及季节、气候的变化，在施工现场采取相应的安全施工措施。施工现场暂时停止施工的，施工单位应当做好现场防护，所需费用由责任方承担，或者按照合同约定执行。

第二十九条　施工单位应当将施工现场的办公、生活区与作业区分开设置，并保持安全距离；办公、生活区的选址应当符合安全性要求。职工的膳食、饮水、休息场所等应当符合卫生标准。施工单位不得在尚未竣工的建筑物内设置员工集体宿舍。

施工现场临时搭建的建筑物应当符合安全使用要求。施工现场使用的装配式活动房屋应当具有产品合格证。

第三十条　施工单位对因建设工程施工可能造成损害的毗邻建筑物、构筑物和地下管线等，应当采取专项防护措施。

施工单位应当遵守有关环境保护法律、法规的规定，在施工现场采取措施，防止或者减少粉尘、废气、废水、固体废物、噪声、振动和施工照明对人和环境的危害和污染。

在城市市区内的建设工程，施工单位应当对施工现场实行封闭围挡。

第三十一条　施工单位应当在施工现场建立消防安全责任制度，确定消防安全责任人，制定用火、用电、使用易燃易爆材料等各项消防安全管理制度和操作规程，设置消防通道、消防水源，配备消防设施和灭火器材，并在施工现场入口处设置明显标志。

第三十二条　施工单位应当向作业人员提供安全防护用具和安全防护服装，并书面告知危险岗位的操作规程和违章操作的危害。

作业人员有权对施工现场的作业条件、作业程序和作业方式中存在的安全问题提出批评、检举和控告，有权拒绝违章指挥和强令冒险作业。

在施工中发生危及人身安全的紧急情况时，作业人员有权立即停止作业或者在采取必要的应急措施后撤离危险区域。

第三十三条　作业人员应当遵守安全施工的强制性标准、规章制度和操作规程，正确使用安全防护用具、机械设备等。

第三十四条　施工单位采购、租赁的安全防护用具、机械设备、施工机具及配件，应当具有生产(制造)许可证、产品合格证，并在进入施工现场前进行查验。

施工现场的安全防护用具、机械设备、施工机具及配件必须由专人管理，定期进行检查、维修和保养，建立相应的资料档案，并按照国家有关规定及时报废。

第三十五条　施工单位在使用施工起重机械和整体提升脚手架、模板等自升式架设设施前，应当组织有关单位进行验收，也可以委托具有相应资质的检验检测机构进行验收；使用承租的机械设备和施工机具及配件的，由施工总承包单位、分包单位、出租单位和安装单位共同进行验收。验收合格的方可使用。

《特种设备安全监察条例》规定的施工起重机械，在验收前应当经有相应资质的检验检测机构监督检验合格。

施工单位应当自施工起重机械和整体提升脚手架、模板等自升式架设设施验收合格之日起 30 日内，向建设行政主管部门或者其他有关部门登记。登记标志应当置于或者附着于该设备的显著位置。

第三十六条　施工单位的主要负责人、项目负责人、专职安全生产管理人员应当经建设行政主管部门或者其他有关部门考核合格后方可任职。

施工单位应当对管理人员和作业人员每年至少进行一次安全生产教育培训，其教育培训情况记入个人工作档案。安全生产教育培训考核不合格的人员，不得上岗。

2.《建设工程消防监督管理规定》

第十条　施工单位应当承担下列消防施工的质量和安全责任：

（一）按照国家工程建设消防技术标准和经消防设计审核合格或者备案的消防设计文件组织施工，不得擅自改变消防设计进行施工，降低消防施工质量；

（二）查验消防产品和具有防火性能要求的建筑构件、建筑材料及装修材料的质量，使用合格产品，保证消防施工质量；

（三）建立施工现场消防安全责任制度，确定消防安全负责人。加强对施工人员的消防教育培训，落实动火、用电、易燃可燃材料等消防管理制度和操作规程。保证在建工程竣工验收前消防通道、消防水源、消防设施和器材、消防安全标志等完好有效。

3. 地方性的法规条例，以《北京市消防条例》为例

第十二条　单位应当履行下列消防安全职责：

（一）落实消防安全责任制，制定本单位的消防安全制度、消防安全操作规程，制定灭火和应急疏散预案并组织演练；

（二）按照国家标准、行业标准配置消防设施、器材，设置消防安全标志，并定期组织检验、维修，确保完好有效；

（三）按照检测规范对建筑消防设施每年至少进行一次全面检测，确保完好有效，不具备检测条件的应当委托具备相应资质的检测机构进行检测，检测记录应当完整准确，存档备查；

（四）保障疏散通道、安全出口、消防车通道畅通，保证防火防烟分区、防火间距符合消防技术标准；

（五）组织防火检查，对发现的火灾隐患采取消防安全防范措施，及时消除火灾隐患；

（六）组织进行有针对性的消防演练，对消防设备操作控制人员、专职和兼职防火人员等重点岗位的人员进行专项培训；

（七）按照消防技术标准和管理规定，对电器设备、燃气用具及其线路、管路进行检测、维护和管理；

（八）按照国家标准设置消防控制室，消防控制室的值班人员应当遵守国家和本市消防控制室操作规程，不得擅离职守；

（九）法律、法规规定的其他消防安全职责。

单位的主要负责人是本单位的消防安全责任人，对本单位的消防安全工作全面负责。

第十三条　消防安全重点单位除应当遵守本条例第十二条规定外，还应当履行下列消防安全职责：

（一）确定消防安全管理人，组织实施本单位的消防安全管理工作；

（二）建立消防档案，确定消防安全重点部位，设置防火标志，实行严格管理；

（三）实行每日防火巡查，并建立巡查记录；

（四）对职工进行岗前消防安全培训，每年至少组织一次消防安全培训，每半年至少组织一次有

针对性的消防演练；

(五)按照电气防火技术标准和管理规定定期对电气防火安全进行检测，检测记录应当完整准确，存档备查。

4. 研究结论

施工单位是工程建设活动中的重要主体之一，在施工安全中居于核心地位，是绝大部分生产安全事故的直接责任方。《建设工程安全生产管理条例》对施工单位主要负责人、项目负责人、安全管理人员和作业人员的应急责任作出了明确的规定。

(1)主要负责人的应急责任。主要负责人的应急责任为《中华人民共和国安全生产法》有关生产经营单位主要负责人责任的规定，以及《建设工程安全生产管理条例》第二十一条第一款规定："施工单位主要负责人依法对本单位的安全生产工作全面负责。施工单位应当建立，健全安全生产责任制和安全教育培训制度，制定安全生产规章制度和操作规程，保证本单位安全生产条件所需资金的投入，对所承担的建设工程进行定期和专项安全检查，并做好安全检查记录。"

(2)项目负责人的应急责任。施工单位的项目负责人对建设工程项目施工安全负全面责任，是项目安全生产的第一责任人。为了加强对项目负责人管理，明确其应急救援你职责，《建设工程安全生产管理条例》第二十一条第二款规定："施工单位的项目负责人……确保安全生产费用的有效使用，并根据工程的特点组织制定安全施工措施，消除安全事故隐患，及时、如实报告生产安全事故。"

(3)保证必要的安全费用。《建设工程安全生产管理条例》第二十二条规定："施工单位对列入建设工程概算的安全作业环境及安全施工措施所需费用，应当用于施工安全防护用具及设施的采购和更新、安全施工措施的落实、安全生产条件的改善，不得挪作他用。"

(4)安全管理机构和安全管理人员的配置。《中华人民共和国安全生产法》第二十四条规定："矿山、金属冶炼、建筑施工、运输单位和危险物品的生产、经营、储存、装卸单位，应当设置安会生产管理机构或者配备专职安全生产管理人员。"《建设工程安全生产管理条例》第二十三条规定："施工单位应当设立安全生产管理机构，配备专职安全生产产管理人员。专职安全生产管理人员负责对安全生产进行现场监督检查。发现安全事故隐患，应当及时向项目负责人和安全生产管理机构报告，对于违章指挥，违章操作的，应当立即制止。专职安全生产管理人员的配备办法由国务院建设行政主管部门会同国务院其他有关部门制定"。

(5)总承包单位与分包单位的应急管理。《建设工程安全生产管理条例》第二十四条规定："建筑工程实行总承包的，由总承包单位对施工现场的安全生产负总责。总承包单位应当自行完成建设工程主体结构的施工。总承包单位依法将建设工程分包给其他单位的，分包合同中应当明确各自的安全生产方面的权利、义务。总承包单位和分包单位对分包工程的安全生产承担连带责任。分包单位应当服从总承包单位的安全生产管理，分包单位不服从管理导致生产安全事故的，由分包单位承担主要责任。"

(6)施工现场的安全及应急管理。《建设工程安全生产管理条例》从第二十七条至第三十五条详细对施工现场的安全及应急管理作了规定。施工单位应当在施工现场入口处、施工起重机械、临时用电设施、脚手架、出入通道口、楼梯口、电梯井口、孔洞口、桥梁口、隧道口、基坑边沿、爆破物及有害危险气体和液体存放处等危险部位，设置明显的安全警示标志。安全警示标志必须符合国家标准。施工单位应当根据不同施工阶段和周围环境及季节、气候的变化，在施工现场采取相应的安全施工措施。施工现场暂时停止施工的，施工单位应当做好现场防护，所需费用由责任方承担，或者按照合同约定执行。

施工单位对因建设工程施工可能造成损害的毗邻建筑物、构筑物和地下管线等，应当采取专项防护措施。施工单位应当遵守有关环境保护法律、法规的规定，在施工现场采取措施，防止或者减少粉尘、废气、废水，固体废物、噪声、振动和施工照明对人和环境的危害和污染。在城市市区内的建设工程，施工单位应当对施工现场实行封闭围挡。

施工单位应当在施工现场建立消防安全责任制度，确定消防安全责任人，制定用火、用电、使用易燃易爆材料等各项消防安全管理制度和操作规程，设置消防通道、消防水源，配备消防设施和灭火器材，并在施工现场入口处设置明显标志。

施工单位应当向作业人员提供安全防护用具和安全防护服装，并书面告知危险岗位的操作规程和违章操作的危害。作业人员有权对施工现场的作业条件、作业程序和作业方式中存在的安全问题提出批评、检举和控告，有权拒绝违章指挥和强令冒险作业。在施工中发生危及人身安全的紧急情况时，作业人员有权立即停止作业或者在采取必要的应急措施后撤离危险区域。

(7)主要负责人等相关人员的安全培训。《建设工程安全生产管理条例》第三十六条规定："施工单位的主要负责人、项目负责人、专职安全生产管理人员应当经建设行政主管部门或者其他有关部门考核合格后方可任职。施工单位应当对管理人员和作业人员每年至少进行一次安全生产教育培训，其教育培训情况记入个人工作档案。安全生产教育培训考核不合格的人员，不得上岗。"

(8)消防设施施工质量和安全责任。根据《中华人民共和国消防法》的规定，建设工程的消防设计、施工必须符合国家工程建设消防技术标准。建设、设计、施工、工程监理等单位依法对建设工程的消防设计、施工质量负责。

依据《建设工程消防监督管理规定》，施工单位应当承担下列消防施工的质量和安全责任：

①按照国家工程建设消防技术标准和经消防设计审核合格或者备案的消防设计文件组织施上不得擅自改变消防设计进行施工，降低消防施工质量；

②查验消防产品和具有防火性能要求的建筑构件、建筑材料及装修材料的质量，使用合格产品。保证消防施工质量；

③建立施工现场消防安全责任制度，确定消防安全负责人。加强对施工现场的消防教育培训，落实动火、用电、易燃可燃材料等消防管理制度和操作规视，保证在建工程验收前的消防通道、消防水源、消防设施和器材、消防安全标志等完好有效。

(9)消防安全职责。根据《中华人民共和国消防法》《北京市消防条例》的规定，施工单位应当履行下列消防安全职责：

①落实消防安全责任制，制定本单位的消防安全制度、消防安全操作规程，制定灭火和应急疏散预案并组织演练；

②按照国家标准、行业标准配置消防设施、器材，设置消防安全标志，并定期组织检验、维修，确保完好有效；

③按照检测规范对建筑消防设施每年至少进行一次全面检测，确保完好有效，不具备检测条件的应当委托具备相应资质的检测机构进行检测，检测记录应当完整准确，存档备查；

④保障疏散通道、安全出口、消防车通道畅通，保证防火防烟分区、防火间距符合消防技术标准；

⑤组织防火检查，对发现的火灾隐患采取消防安全防范措施，及时消除火灾隐患；

⑥组织进行有针对性的消防演练，对消防设备操作控制人员、专职和兼职防火人员等重点岗位的人员进行专项培训；

⑦按照消防技术标准和管理规定，对电器设备、燃气用具及其线路、管路进行检测、维护和管理；

⑧按照国家标准设置消防控制室，消防控制室的值班人员应当遵守国家和本市消防控制室操作规程，不得擅离职守；

⑨确定消防安全管理人，组织实施本单位的消防安全管理工作；

⑩建立消防档案，确定消防安全重点部位，设置防火标志，实行严格管理；

⑪实行每日防火巡查，并建立巡查记录；

⑫对职工进行岗前消防安全培训，每年至少组织一次消防安全培训，每半年至少组织一次有针对性的消防演练；

⑬按照电气防火技术标准和管理规定定期对电气防火安全进行检测，检测记录应当完整准确，存档备查；

⑭法律、法规规定的其他消防安全职责。

6.5.2 主要负责人的职责

1.《中华人民共和国安全生产法》中关于主要负责人职责的规定

第二十一条　生产经营单位的主要负责人对本单位安全生产工作负有下列职责：

（一）建立健全并落实本单位全员安全生产责任制，加强安全生产标准化建设；

（二）组织制定并实施本单位安全生产规章制度和操作规程；

（三）组织制定并实施本单位安全生产教育和培训计划；

（四）保证本单位安全生产投入的有效实施；

（五）组织建立并落实安全风险分级管控和隐患排查治理双重预防工作机制，督促、检查本单位的安全生产工作，及时消除生产安全事故隐患；

（六）组织制定并实施本单位的生产安全事故应急救援预案；

（七）及时、如实报告生产安全事故。

第八十三条　生产经营单位发生生产安全事故后，事故现场有关人员应当立即报告本单位负责人。

单位负责人接到事故报告后，应当迅速采取有效措施，组织抢救，防止事故扩大，减少人员伤亡和财产损失，并按照国家有关规定立即如实报告当地负有安全生产监督管理职责的部门，不得隐瞒不报、谎报或者迟报，不得故意破坏事故现场、毁灭有关证据。

2.《生产安全事故应急条例》中关于主要负责人职责的规定

第四条　生产经营单位应当加强生产安全事故应急工作，建立、健全生产安全事故应急工作责任制，其主要负责人对本单位的生产安全事故应急工作全面负责。

3. 研究结论

（1）生产经营单位主要负责人对本单位的生产安全事故应急工作全面负责。生产经营单位是本单位生产安全事故应急工作的责任主体，主要负责人全面负责，强调管安全生产工作，必须管应急工作。这里的全面负责主要是八方面内容：

①建立、健全生产安全事故应急工作责任制。这里讲的应急工作责任制是指全员应急工作责任制。只有明确应急责任，分工负责，才能形成比较完整有效的应急管理体系。应急工作责任制包括生产经营单位主要负责人、分管负责人，职能管理机构负责人及工作人员，班组长及岗位工人的应急工作责任制等。

应急工作责任制编制的依据规定见《中华人民共和国突发事件应对法》《中华人民共和国安全生产法》《生产安全事故应急条例》《建设工程安全生产管理条例》《生产安全事故报告和调查处理条

例》《工伤保险条例》等。

②组织制定本单位安全生产规章制度和操作规程。安全生产规章制度是党和国家安全生产方针、政策、法律、法规在生产经营单位的具体化，是生产经营单位搞好安全生产，保证其正常运转的重要措施。党和国家关于安全生产的方针、政策、法律、法规及政府部门有关安全生产的规定，只有通过各项安全生产规章制度的施行才能真正落实到实处，落实到基层，落实到每个职工。操作规程是生产经营单位针对某一具体工艺、工种、岗位所制定的具体规章制度，形式种类很多。生产经营单位只有建立、健全各项安全生产规章制度和操作规程，才能建立和规范安全管理程序，有效地搞好安全生产。制定安全生产规章制度和操作规程是安全生产的基础工作，包括各类设备设施管理、人员管理、现场管理等制度和操作规程。

③组织制订并实施本单位教育和培训计划。生产经营单位是安全生产责任主体，如何落实这个责任主体，从业人员是最关键的。从业人员的安全素质如何，直接关系到生产经营单位的生产安全。只有紧紧依靠广大从业人员做实做细安全生产工作，切实增强所有岗位、全体从业人员的安全意识，牢固树立“人人抓安全、安全为人人”的思想意识，才能根本上促进安全生产形势的稳定好转。从事故教训中可以看出，多数的事故都是由于从业人员没有经过严格的安全生产教育和培训，缺乏足够的安全生产意识和必要的安全生产知识和操作技能，由此导致违章冒险作业而引发事故。因此，加强从业人员的安全生产教育和培训，提高从业人员的安全素质至关重要，作为生产经营单位主要负责人：一是要组织制订安全生产教育和培训计划。计划要包括本单位所有从业人员，并保证相应的教育和培训资金。二是切实保证计划的有效实施。教育和培训要由专门机构及专门人员负责，本单位设有专门安全教育和培训部门的，由安全教育和培训部门负责；没有专门机构的，也要指定安全生产管理机构或者专人负责。需要经国家培训合格方可上岗作业的人员，应当按照规定安排相应人员参加培训，其他从业人员也要按照相应的安全生产教育和培训，保证教育和培训合格。

④保证本单位安全生产投入的有效实施。要保证生产经营的连续进行，就要不断地进行资金投入。同样道理，要保证生产经营单位达到规定的安全生产条件，实现安全生产，就要进行安全生产的投入。安全生产投入是保障生产经营单位安全生产的重要基础。生产经营单位的主要负责人有责任保证安全生产投入的有效实施，从三个层面予以保证：一是保证安全生产工作所必要的投入。生产经营单位主要负责人要根据本单位的安全生产状况，组织制定本单位安全生产投入的长远规则和年度计划，并设立专门的账户或者科目，专款专用。不得根据生产经营的需要，随意挪用安全生产投入资金。二是保证安全生产投入切实用到实处。安全生产投入必须用于安全生产目的，符合国家规定的有关投入的目录范围，如安全培训、安全设备更新等。不得以安全生产投入的名义用于其他生产经营活动。维持正常生产经营活动所需的资金，不得从安全生产投入资金中列支。三是保证安全投入收到实际效果。要定期召开会议，听取安全生产投入资金的使用情况。安全技术措施工程、安全设备更新等安全投入项目完成后，主要负责人要组织进行验收，检查安全生产投入资金的使用情况，保证安全生产投入资金的有效使用。

⑤督促、检查本单位的安全生产工作，及时消除生产安全事故隐患。事故隐患是造成事故的根源，一切事故的发生都来自于隐患。及时消除事故隐患，是保障安全生产的前提，事故隐患种类多、范围广，包括物的不安全状态、人的不安全行为、管理上的缺陷等。作为生产经营单位的主要负责人对安全生产有不可推卸的责任，需要及时消除事故隐患。因此，主要负责人要做到：一是经常召开有关安全生产的会议。听取各职能部门或者组织安全生产工作的汇报，了解安全生产状况，研究分析安全生产存在的问题。对反映的安全问题或者存在的事故隐患，认真组织研究，制定切实可行的安全措施，并督促有关部门限期解决。二是经常组织各种形式的安全检查。对检查中发现的安

全问题或者事故隐患，指定专人负责，立即处理解决；难以处理的，组织有关职能部门研究。采取有效措施，限期整改，并在人力、财物上予以保证。及时消除事故隐患。三是加强事故防范、事故隐患整改和安全措施落实情况的监督检查。发现问题及时解决，把事故消灭在萌芽状态。

⑥组织制定并实施本单位的生产安全事故应急救援预案。发生事故后，及时开展有效的救援，最大限度地减少事故伤亡和财产损失。《中华人民共和国突发事件应对法》《中华人民共和国安全生产法》等多部法律中都强调了应急救援预案的作用：一旦事故发生，生产经营单位能够立即按照事故应急救援预案中确定的救援方案开展工作，避免事故救援的盲目性。事故往往有突发性，一旦发生，正常的工作秩序被打乱，人们的思想出现慌乱，往往会出现领导或者临时成立的抢救组制定不出有效的抢救措施、事先物质准备不充分、抢救人员不到位等其他种种问题。由于这些原因，往往延误了抢救的最佳时机，导致事故扩大，很多事故已经证明了这一点。因此，制定和实施事故应急救援预案，对一个单位来说，非常重要，必不可少。作为生产经营单位的主要负责人要根据本单位安全生产的状况，组织有关部门、专家和专业技术人员认真研究本单位可能出现的生产安全事故，制定出符合实际、操作性强的生产安全事故应急救援预案。事故应急救援预案要定期进行演练，根据情况组织修订，保证预案的针对性和可操作性。一旦事故发生，要按照事故应急救援预案中确定的救援方案，立即开展各项工作。

⑦及时、如实报告生产安全事故。及时如实报告生产安全事故是所有从业人员，特别是生产经营单位主要负责人应尽的职责，其主要目的就是尽快开展抢救，减少人员伤亡和财产损失。生产经营单位发生事故，现场人员应当立即报告生产经营单位有关负责人，有关负责人应当立即向生产经营单位主要负责人报告。主要负责人接到事故报告后，应当迅速采取有效措施，组织抢救，防止事故扩大，减少人员伤亡和财产损失，同时按照国家有关法律法规的规定及时、如实地报告有关人民政府及其安全生产监督管理部门和有关部门。不得隐瞒不报、谎报或者拖延不报，不得故意破坏事故现场、毁灭有关证据。构成犯罪的，将追究刑事责任。所谓“及时”，是指发生生产安会事故后，生产经营单位主要负责人必须按照有关规定，以最快捷的速度，在最短的时间内向人民政府有关部门报告，不得故意拖延或迟报。因故意拖延或者不报而耽误生产安全事故救援的，要承担相应法律责任。所谓“如实”，是指发生生产安全事故后，事故报告的内容必须真实、准确；暂时难以准确确定事故情况的，应当尽快核实后补报或者续报，如果故意不报或者隐瞒事故的人员伤亡和财产损失或者报告虚假情况的，要追究发生生产安全事故的主要负责人的法律责任。

⑧发生生产安全事故后积极抢救。单位负责人接到事故报告后，应当迅速采取有效措施，组织抢救，防止事故扩大，减少人员伤亡和财产损失，不得故意破坏事故现场，毁灭有关证据。

6.5.3 应急管理机构及人员的职责

1.《中华人民共和国安全生产法》中关于应急管理机构及人员职责的规定

第二十五条　生产经营单位的安全生产管理机构以及安全生产管理人员履行下列职责：

(一)组织或者参与拟订本单位安全生产规章制度、操作规程和生产安全事故应急救援预案；

(二)组织或者参与本单位安全生产教育和培训，如实记录安全生产教育和培训情况；

(三)组织开展危险源辨识和评估，督促落实本单位重大危险源的安全管理措施；

(四)组织或者参与本单位应急救援演练；

(五)检查本单位的安全生产状况，及时排查生产安全事故隐患，提出改进安全生产管理的建议；

(六)制止和纠正违章指挥、强令冒险作业、违反操作规程的行为；

（七）督促落实本单位安全生产整改措施。

生产经营单位可以设置专职安全生产分管负责人，协助本单位主要负责人履行安全生产管理责任。

2. 研究结论

为保证生产经营单位安全生产管理机构以及安全生产管理人员切实负起应急救援责任，更好发挥作用，《中华人民共和国安全生产法》从四个方面作出了规定：

一是组织或者参与拟订本单位生产安全事故应急救援预案。根据《中华人民共和国安全生产法》的规定，制定本单位安全生产规章制度、操作规程和生产安全事故应急救援预案是主要负责人的职责，安全生产管理机构以及安全生产管理人员受主要负责人的委托，组织有关单位进行起草或者参与主要负责人组织的起草制定工作；

二是组织或者参与本单位安全生产教育和培训，记录安全生产教育和培训情况。根据《中华人民共和国安全生产法》的规定，制定本单位并实施安全生产教育和培训工作是主要负责人的职责，安全生产管理机构以及安全生产管理人员主要负责协助主要负责人抓好落实、组织或者参与计划起草、做好安全生产教育和培训情况的记录工作，以备检查；

三是组织或者参与本单位应急救援演练。受主要负责人的委托，组织本单位应急预案演练，或者参与相应工作；

四是及时排查生产安全事故隐患。检查本单位的安全生产状况，提出改进安全生产管理的建议。

6.5.4　应急管理制度建设要求

根据应急管理工作事前、事发、事中和事后四个阶段制定相应的应急管理制度。

(1)事前阶段(预防与应急准备阶段)。隐患排查制度、应急值班制度、应急预案管理制度、应急预案演练制度、应急教育和培训制度、应急资金管理制度、应急物质管理制度。

(2)事发阶段(监测与预警阶段)。监测监控制度、预警发布制度、信息报告制度。

(3)事中阶段(应急处置与救援阶段)。应急分级响应制度、先期处置制度、应急救援指挥制度、应急救援协调联动制度。

(4)事后阶段(善后与恢复阶段)。事故调查和处理制度、信息公开制度、应急处置评估制度等。

6.5.5　安全投入

6.5.5.1　安全资金投入

1.《中华人民共和国安全生产法》中关于安全资金投入的规定

第二十三条　生产经营单位应当具备的安全生产条件所必需的资金投入，由生产经营单位的决策机构、主要负责人或者个人经营的投资人予以保证，并对由于安全生产所必需的资金投入不足导致的后果承担责任。

有关生产经营单位应当按照规定提取和使用安全生产费用，专门用于改善安全生产条件。安全生产费用在成本中据实列支。安全生产费用提取、使用和监督管理的具体办法由国务院财政部门会同国务院应急管理征求国务院有关部门意见后制定。

2.《企业安全生产费用提取和使用管理办法》(财资〔2022〕136 号)中关于安全资金投入的规定

第十七条　建设工程施工企业以建筑安装工程造价为依据，于月末按工程进度计算提取企业安全生产费用。提取标准如下：

(一)矿山工程3.5%;

(二)铁路工程、房屋建筑工程、城市轨道交通工程3%;

(三)水利水电工程、电力工程2.5%;

(四)冶炼工程、机电安装工程、化工石油工程、通信工程2%;

(五)市政公用工程、港口与航道工程、公路工程1.5%。

建设工程施工企业编制投标报价应当包含并单列企业安全生产费用,竞标时不得删减。国家对基本建设投资概算另有规定的,从其规定。

本办法实施前建设工程项目已经完成招投标并签订合同的,企业安全生产费用按照原规定提取标准执行。

第十九条　建设工程施工企业安全生产费用应当用于以下支出:

(一)完善、改造和维护安全防护设施设备支出(不含“三同时”要求初期投入的安全设施),包括施工现场临时用电系统、洞口或临边防护、高处作业或交叉作业防护、临时安全防护、支护及防治边坡滑坡、工程有害气体监测和通风、保障安全的机械设备、防火、防爆、防触电、防尘、防毒、防雷、防台风、防地质灾害等设施设备支出;

(二)应急救援技术装备、设施配置及维护保养支出,事故逃生和紧急避难设施设备的配置和应急救援队伍建设、应急预案制修订与应急演练支出;

(三)开展施工现场重大危险源检测、评估、监控支出,安全风险分级管控和事故隐患排查整改支出,工程项目安全生产信息化建设、运维和网络安全支出;

(四)安全生产检查、评估评价(不含新建、改建、扩建项目安全评价)、咨询和标准化建设支出;

(五)配备和更新现场作业人员安全防护用品支出;

(六)安全生产宣传、教育、培训和从业人员发现并报告事故隐患的奖励支出;

(七)安全生产适用的新技术、新标准、新工艺、新装备的推广应用支出;

(八)安全设施及特种设备检测检验、检定校准支出;

(九)安全生产责任保险支出;

(十)与安全生产直接相关的其他支出。

3. 研究结论

安全投入是指生产经营单位为了保证生产经营活动的安全进行所必需的资金投入。

为了从根本上解决安全投入无保障的问题,《中华人民共和国安全生产法》将安全投入列为保障安全生产的必要条件之一,从下列三个方面作出了规定:

(1)安全投入的标准。由于各行各业生产经营单位的安全生产条件千差万别,其安全投入的标准也不尽相同,为了使安全投入的标准更符合实际,更具有操作性。《中华人民共和国安全生产法》从两个方面作出规定:

①普遍性规定。根据第二十三条规定,生产经营单位应当具备安全生产条件所必需的资金投入。这是对生产经营单位必须进行安全投入以及安全投入的标准作出原则性规定。也就是说,法定的安全投入标准,以具备法定安全生产条件必需的资金投入为准,具体应以安全生产法律、行政法规、国家标准或者行业标准规定生产经营单位应当具备的安全生产条件为基础进行计算。具备法定安全生产条件所需要的安全资金数额,就是生产经营单位应当投入资金的具体标准。

②特殊性规定。针对有关高危生产经营单位,安全生产法对安全投入的标准作出明确规定。《中华人民共和国安全生产法》第二十三条规定:“有关生产经营单位应当按照规定提取和使用安全生产费用,专门用于改善安全生产条件。安全生产费用在成本中据实列支。安全生产费用提取、使

用和监督管理的具体办法由国务院财政部门会同国务院应急管理部门征求国务院有关部门意见后制定。”《国务院关于进一步加强安全生产工作的决定》（国发〔2004〕2 号）要求生产经营单位建立企业提取安全费用制度。同时明确了企业安全费用的提取要根据地区和行业的特点，分别确定提取标准，由企业自行提取，专户储存，专项用于安全生产。随着形势的变化，财政部和应急管理部对原办法进行了整合、修改、补充和完善，2022 年 11 月 21 日出台了《企业安全生产费用提取和使用管理办法》（财资〔2022〕136 号）。明确规定了在中华人民共和国境内直接从事煤炭生产、非煤矿山开采、建设工程施工，危险品生产与储存、交通运输，烟花爆竹生产、冶金、机械制造、武器装备研制生产与试验（含民用航空及核燃料）的企业以及其他经济组织的安全生产费用的提取标准和使用范围。目前，上述高危生产经营单位的安全生产费用提取按照上述规定执行，不得低于规定，但可以根据本单位的实际情况高于规定，以满足法定安全生产条件的资金所需。

（2）安全投入的决策和保障。有了符合安全生产条件所需资金投入的标准，还要通过决策予以保障。为了解决谁投入的问题，按照《中华人民共和国公司法》成立的公司制生产经营单位，由其决策机构董事会决定安全投入的资金。非公司制生产经营单位，由其主要负责人决定安全投入资金；个人投资并由他人管理的生产经营单位，由其投资人即股东决定安全投入的资金。同时，根据《中华人民共和国安全生产法》第二十三条规定，如果投入的资金不能保障生产经营单位符合法定安全生产条件，由相关责任人承担因资金投入不足而导致各种后果的法律责任。

（3）安全投入不足的法律责任。进行必要的安全生产资金投入，是生产经营单位的法定义务。由于安全生产所需资金不足导致的后果主要是实施安全生产违法行为或者发生生产安全事故的，安全投入的决策责任主体将要承担相应的法律责任。根据《中华人民共和国安全生产法》第九十三条规定，生产经营单位的决策机构、主要负责人、个人经营的投资人不依照本法规定保证安全生产所必需的资金投入，致使生产经营单位不具备安全生产条件的，责令限期改正，提供必需的资金；逾期未改正的，责令生产经营单位停产停业整顿。有前款违法行为，导致发生生产安全事故的，对生产经营单位的主要负责人给予撤职处分，对个人经营的投资人处二万元以上二十万元以下的罚款；构成犯罪的，依照刑法有关规定追究刑事责任。

6.5.5.2 工伤保险

1.《中华人民共和国安全生产法》中关于工伤保险的规定

第五十一条　生产经营单位必须依法参加工伤保险，为从业人员缴纳保险费。

国家鼓励生产经营单位投保安全生产责任保险；属于国家规定的高危行业、领域的生产经营单位，应当投保安全生产责任保险。具体范围和实施办法由国务院应急管理部门会同国务院财政部门、国务院保险监督管理机构和相关行业主管部门制定。

第五十二条　生产经营单位与从业人员订立的劳动合同，应当载明有关保障从业人员劳动安全、防止职业危害的事项，以及依法为从业人员办理工伤保险的事项。

生产经营单位不得以任何形式与从业人员订立协议，免除或者减轻其对从业人员因生产安全事故伤亡依法应承担的责任。

2.《工伤保险条例》中的规定

第二条　中华人民共和国境内的企业、事业单位、社会团体、民办非企业单位、基金会、律师事务所、会计师事务所等组织和有雇工的个体工商户（以下称用人单位）应当依照本条例规定参加工伤保险，为本单位全部职工或者雇工（以下称职工）缴纳工伤保险费。

中华人民共和国境内的企业、事业单位、社会团体、民办非企业单位、基金会、律师事务所、会计师事务所等组织的职工和个体工商户的雇工，均有依照本条例的规定享受工伤保险待遇的权利。

第十条　用人单位应当按时缴纳工伤保险费。职工个人不缴纳工伤保险费。

用人单位缴纳工伤保险费的数额为本单位职工工资总额乘以单位缴费费率之积。

对难以按照工资总额缴纳工伤保险费的行业，其缴纳工伤保险费的具体方式，由国务院社会保险行政部门规定。

3. 研究结论

生产经营单位应当依法为从业人员办理工伤保险并缴纳保险费。工伤保险是社会保障制度的重要组成部分，它是一种最低的社会保障，主要是对受到事故损害的从业人员以最基本的经济补偿，包括治疗、康复等。工伤保险的目的，一方面是保障因事故受到损害的从业人员得到基本的经济补偿，另一方面可以降低生产经营单位的风险。社会保险法对工伤保险也作出了明确规定，2010年，国务院重新修订公布了《工伤保险条例》，国务院人力资源和劳动保障部门也制定了配套的规章。生产经营单位必须按照规定参加工伤保险。

为了保障从业人员的工伤保险权利，《中华人民共和国安全生产法》第五十二条明确规定："生产经营单位与从业人员订立的劳动合同，应当载明有关保障从业人员劳动安全、防止职业危害的事项，以及依法为从业人员办理工伤保险的事项。生产经营单位不得以任何形式与从业人员订立协议，免除或者减轻其对从业人员因生产安全事故伤亡依法应承担的责任。"

根据新修订的《工伤保险条例》的规定，中华人民共和国境内的企业、事业单位、社会团体、民办非企业单位、基金会、律师事务所、会计师事务所等组织和用人单位应当依照本条例规定参加工伤保险，为本单位全部职工或者雇工缴纳工伤保险费。中华人民共和国境内的企业、事业单位、社会团体、民办非企业单位、基金会、律师事务所、会计师事务所等组织的职工和个体工商户的雇工，均有依照本条例的规定享受工伤保险待遇的权利。职工发生事故伤害或者按照职业病防治法规定被诊断、鉴定为职业病，所在单位应当自事故伤害发生之日或者被诊断、鉴定为职业病之日起 30 日内，向统筹地区社会保险行政部门提出工伤认定申请。遇有特殊情况，经报社会保险行政部门同意，申请时限可以适当延长。用人单位未按前款规定提出工伤认定申请的，工伤职工或者其近亲属、工会组织在事故伤害发生之日或者被诊断、鉴定为职业病之日起 1 年内，可以直接向用人单位所在地统筹地区社会保险行政部门提出工伤认定申请。

依照《工伤保险条例》第十条规定，用人单位应当按时缴纳工伤保险费。职工个人不缴纳工伤保险费。用人单位缴纳工伤保险费的数额为本单位职工工资总额乘以单位缴费费率之积。对难以按照工资总额缴纳工伤保险费的行业，其缴纳工伤保险费的具体方式，由国务院社会保险行政部门规定。

6.5.5.3　安全生产责任险

《中华人民共和国安全生产法》第五十一条规定："生产经营单位必须依法参加工伤保险，为从业人员缴纳保险费。

工伤保险是从业人员的基本社会保障。国家鼓励生产经营单位投保安全生产责任保险。因此，工伤保险的费率和经济补偿水平比较低。一旦发生事故，如果伤及从业人员，可以由工伤保险予以解决，如果伤及从业人员以及第三人，工伤保险就无法解决，只有由单位赔偿，如果抢救和应急处理费用巨大，单位也难以承担。另外，随着经济社会的快速发展，人的生命价值赔偿标准越来越高，仅仅依靠工伤补偿难以达到，由单位另外予以补偿。因此，针对工伤保险存在的不足，急需商业保险予以补充。

国家鼓励生产经营单位投保安全生产责任保险的具体办法由国务院应急管理部门会同国务院保险监督管理机构制定。安全生产责任险是一种商业保险，是鼓励性质，不是强制保险，其主要作用是解决因事故造成第三人伤亡的补偿、事故应急救援费用、恢复生产经营活动费用以及工伤保险的不足，以减少生产经营单位的安全风险。

实践中，有些中小企业安全风险很大，从业人员大多是农民工，季节性强，流动性大，企业难以与从业人员签订劳动合同，一旦发生生产安全事故，往往是厂毁人亡，造成群死群伤（可能造成企业以外人员的伤亡），政府承担应急救援，伤亡人员难以得到救治和应有补偿。针对这种情况，我国部分地区尝试推进安全生产责任保险。安全生产责任保险中商业保险的一种，主要帮助企业进行事故预防、风险控制和辅助管理，一旦发生生产安全事故，负责第三人赔付、应急救援等。《国务院关于进一步加强企业安全生产工作的通知》《国务院关于坚持科学发展安全发展促进安全生产形势持续稳定好转的意见》都对高危行业企业推进安全生产责任保险作出规定。

6.5.6 教育培训

6.5.6.1 从业人员与应急培训

1.《中华人民共和国安全生产法》中关于从业人员与应急培训的规定

第二十八条　生产经营单位应当对从业人员进行安全生产教育和培训，保证从业人员具备必要的安全生产知识，熟悉有关的安全生产规章制度和安全操作规程，掌握本岗位的安全操作技能，了解事故应急处理措施，知悉自身在安全生产方面的权利和义务。未经安全生产教育和培训合格的从业人员，不得上岗作业。

生产经营单位使用被派遣劳动者的，应当将被派遣劳动者纳入本单位从业人员统一管理，对被派遣劳动者进行岗位安全操作规程和安全操作技能的教育和培训。劳务派遣单位应当对被派遣劳动者进行必要的安全生产教育和培训。

生产经营单位接收中等职业学校、高等学校学生实习的，应当对实习学生进行相应的安全生产教育和培训，提供必要的劳动防护用品。学校应当协助生产经营单位对实习学生进行安全生产教育和培训。

生产经营单位应当建立安全生产教育和培训档案，如实记录安全生产教育和培训的时间、内容、参加人员以及考核结果等情况。

2.《生产安全事故应急条例》中关于从业人员与应急培训的规定

第十五条　生产经营单位应当对从业人员进行应急教育和培训，保证从业人员具备必要的应急知识，掌握风险防范技能和事故应急措施。

3.《生产经营单位安全培训规定》中关于从业人员与应急培训的规定

第四条　生产经营单位应当进行安全培训的从业人员包括主要负责人、安全生产管理人员、特种作业人员和其他从业人员。

生产经营单位使用被派遣劳动者的，应当将被派遣劳动者纳入本单位从业人员统一管理，对被派遣劳动者进行岗位安全操作规程和安全操作技能的教育和培训。劳务派遣单位应当对被派遣劳动者进行必要的安全生产教育和培训。

生产经营单位接收中等职业学校、高等学校学生实习的，应当对实习学生进行相应的安全生产教育和培训，提供必要的劳动防护用品。学校应当协助生产经营单位对实习学生进行安全生产教育和培训。

生产经营单位从业人员应当接受安全培训，熟悉有关安全生产规章制度和安全操作规程，具备必要的安全生产知识，掌握本岗位的安全操作技能，了解事故应急处理措施，知悉自身在安全生产方面的权利和义务。

未经安全培训合格的从业人员，不得上岗作业。

4. 研究结论

从业人员的安全素质如何，直接关系到生产经营单位的安全生产水平。大量事故是由于从业人员没有经过严格的安全生产教育和培训，缺乏足够的安全生产意识，缺乏必要的安全生产知识和操作技能，缺乏必要的应急措施，由此导致违章指挥，违章冒险作业，违反劳动纪律而引发事故。因此，必须提高从业人员的安全素质，加强并强制进行安全生产与应急教育。为此，《中华人民共和国安全生产法》将从业人员进行全员教育和培训设定为生产经营单位的一项法定义务，从两个方面进行规定：

(1)明确了安全生产教育和培训的要求。根据《中华人民共和国安全生产法》第二十八条的规定，关于安全教育和培训要达到下列要求：

①学习必要的安全生产知识。一是学习有关安全生产法律、法规，了解和掌握有关法律规定，依法从事生产经营作业。二是学习有关生产经营作业过程中的安全知识。生产经营是非常复杂的系统工程，涉及生产、运输、储存、经营等诸多环节，其中任何一个环节出现问题，都可能发生生产安全事故。三是学习有关事故应急救援和撤离的知识。当从业人员的生命受到威胁的紧急情况时，必须具备紧急处置知识和自救知识，以便停止作业，紧急撤离到安全地点，防止人身伤害。

②了解事故应急处理措施。发生事故后，在第一时间开展现场必要的抢救和处置，是减少人员伤亡和财产损失的有效手段。通过教育和培训，让从业人员知道、了解本单位、本岗位可能发生事故的相应应急处理措施，掌握必要的应急处理能力，达到实现自我保护，减少人员伤亡的目的。

为了提高从业人员的应急能力，《生产安全事故应急条例》规定："生产经营单位应当对从业人员进行应急教育和培训，保证从业人员具备必要的应急知识，掌握风险防范技能和事故应急措施。"生产经营单位必须按照规定加强对业人员的应急教育和培训，切实提高从业人员的应急能力；违反规定的，将予以处罚。

③知悉自身在安全生产方面的权利和义务。从业人员是生产经营活动的主体，也是安全生产的保护对象。作为保护对象的从业人员有权知道安全生产方面的权利，包括作业场所不安全因素、应急措施等知情权，享受工伤保险和伤亡求偿权，安全管理的批评检控，拒绝违章指挥和强令冒险作业，紧急情况下的停止作业和紧急撤离等权利。作为活动主体的从业人员必须知道安全生产方面的义务，包括遵章守规、服从管理，正确佩戴和使用劳动防护用品，接受安全培训，掌握安全生产技能，发现事故隐患和事故及时报告等义务。通过安全教育和培训，让从业人员熟知相应的权利和义务，以便能够正确行使权利、履行义务，促进生产经营单位的安全生产工作。

(2)建立健全安全生产教育和培训的档案管理制度。根据《中华人民共和国安全生产法》第二十八条的规定，生产经营单位应当建立安全生产教育和培训档案，如实记录安全生产教育和培训的时间、内容、参加人员以及考核结果等情况。

建立完善的安全生产教育和培训档案，是保证安全生产教育和培训质量的基础。安全生产教育和培训档案，不仅是从业人员安全生产教育和培训的记录轨迹，也是生产安全事故发生后，追究相关人员的重要依据。生产经营单位应当指定专人负责本单位的安全生产教育和培训档案。档案的内容应当详细记录每位从业人员参加安全生产教育培训的时间、内容、考核结果以及复训情况等，包括按照规定参加政府组织的安全培训的主要负责人、安全生产管理人员和特种作业人员的情况。档案应当按照有关法律法规的要求进行保存，不得擅自修改、伪造。档案除电子文档形式保存外，原则上还应当有纸质形式。

实践中，生产经营单位往往忽视对从业人员的应急能力的提高，导致发生事故后，从业人员不知、不会逃生，不具备基本的应急知识。为了提高从业人员的应急能力，《生产安全事故应急条例》第十五条规定："生产经营单位应当对从业人员进行应急教育和培训，保证从业人员具备必要的应急知识，掌握风险防范技能和事故应急措施。"生产经营单位必须按照规定加强对业人员的应急教育和培训，切实提高从业人员的应急能力；违反规定的，将予以处罚。

6.5.6.2 派遣人员与安全生产培训

1.《中华人民共和国安全生产法》关于派遣人员安全生产培训的规定

第二十八条　生产经营单位应当对从业人员进行安全生产教育和培训，保证从业人员具备必要的安全生产知识，熟悉有关的安全生产规章制度和安全操作规程，掌握本岗位的安全操作技能，了解事故应急处理措施，知悉自身在安全生产方面的权利和义务。未经安全生产教育和培训合格的从业人员，不得上岗作业。

生产经营单位使用被派遣劳动者的，应当将被派遣劳动者纳入本单位从业人员统一管理，对被派遣劳动者进行岗位安全操作规程和安全操作技能的教育和培训。劳务派遣单位应当对被派遣劳动者进行必要的安全生产教育和培训。

生产经营单位接收中等职业学校、高等学校学生实习的，应当对实习学生进行相应的安全生产教育和培训，提供必要的劳动防护用品。学校应当协助生产经营单位对实习学生进行安全生产教育和培训。

生产经营单位应当建立安全生产教育和培训档案，如实记录安全生产教育和培训的时间、内容、参加人员以及考核结果等情况。

2.《生产经营单位安全培训规定》关于派遣人员安全生产培训的规定

第四条　生产经营单位应当进行安全培训的从业人员包括主要负责人、安全生产管理人员、特种作业人员和其他从业人员。

生产经营单位使用被派遣劳动者的，应当将被派遣劳动者纳入本单位从业人员统一管理，对被派遣劳动者进行岗位安全操作规程和安全操作技能的教育和培训。劳务派遣单位应当对被派遣劳动者进行必要的安全生产教育和培训。

生产经营单位接收中等职业学校、高等学校学生实习的，应当对实习学生进行相应的安全生产教育和培训，提供必要的劳动防护用品。学校应当协助生产经营单位对实习学生进行安全生产教育和培训。

生产经营单位从业人员应当接受安全培训，熟悉有关安全生产规章制度和安全操作规程，具备必要的安全生产知识，掌握本岗位的安全操作技能，了解事故应急处理措施，知悉自身在安全生产方面的权利和义务。

未经安全培训合格的从业人员，不得上岗作业。

3. 研究结论

根据《中华人民共和国劳动合同法》的规定，被派遣劳动者不是生产经营单位的从业人员，但又被生产经营单位所使用。从某种意义讲，被派遣劳动者是所从事的生产经营单位的劳动者，被派遣劳动者的安全素质和操作技能的高低直接影响生产经营单位的安全生产工作。实践中，许多生产经营单位为了降低劳动力成本，规避责任，大量使用被派遣劳动者，又不负责相应的安全生产教育和培训，致使被派遣劳动者不了解、不熟悉所从事生产经营活动的安全生产规章制度、操作规程和标准，违章指挥、违章作业、最终导致生产安全事故发生。

针对这种情况，《安全生产法》《生产经营单位安全培训规定》从两个方面对被派遣者的安全生产教育和培训作出了规定：

一是生产经营单位应当将被派遣劳动者纳入本单位从业人员统一管理，对被派遣劳动者进行岗位安全操作规程和安全操作技能的教育和培训。这里讲的统一管理，是指生产经营单位将被派遣者与本单位的从业人员一样对待和管理，统一纳入安全生产教育和培训计划。生产经营单位应当打破被派遣劳动者与本单位从业人员的区别，严格按照岗位特点、人员结构、新员工或者调换工种人员等情况，统一组织安全生产教育和培训，包括对被派遣劳动者进行岗位安全操作规程和安全操作技能的教育和培训，保证相同岗位，相同人员（被派遣劳动者和从业人员）达到同等的水平。

生产经营单位建立的安全生产教育和培训档案，应当包括被派遣劳动者的安全生产教育和培训的时间、内容以及考核结果等情况。

二是劳务派遣单位作为被派遣劳动者的管理单位，应当组织本单位有关人员或者聘请本单位以外的有关人员对被派遣劳动者进行必要的安全生产教育和培训。

6.5.7 监测预警

1.《中华人民共和国突发事件应对法》关于监测预警的规定

第三十八条　县级以上人民政府及其有关部门、专业机构应当通过多种途径收集突发事件信息。

县级人民政府应当在居民委员会、村民委员会和有关单位建立专职或者兼职信息报告员制度。

获悉突发事件信息的公民、法人或者其他组织，应当立即向所在地人民政府、有关主管部门或者指定的专业机构报告。

第三十九条　地方各级人民政府应当按照国家有关规定向上级人民政府报送突发事件信息。县级以上人民政府有关主管部门应当向本级人民政府相关部门通报突发事件信息。专业机构、监测网点和信息报告员应当及时向所在地人民政府及其有关主管部门报告突发事件信息。

有关单位和人员报送、报告突发事件信息，应当做到及时、客观、真实，不得迟报、谎报、瞒报、漏报。

2.《中央企业应急管理暂行办法》关于监测预警的规定

第十五条　中央企业应当加强风险监测，建立突发事件预警机制，针对可能发生的各类突发事件，及时采取措施，防范各类突发事件的发生，减少突发事件造成的危害。

3. 地方性条例以《北京市消防条例》关于监测预警的规定为例

第四十条　市和区、县人民政府应当组织建设消防安全监控系统，完善火灾防范和预警机制。

全国重点文物保护单位、市级文物保护单位，高层公共建筑，人防工程，人员密集场所，生产、储存、经营易燃易爆危险品的场所和按照建筑设计防火规范应当安装自动消防设施的其他建筑，应当按照消防安全标准建设实时监控设施，并按照规定向公安机关消防机构报送信息。

市和区、县公安机关消防机构负责单位消防实时监控设施建设、使用、维护的日常监督工作，并依托消防安全监控系统做好消防安全监测和相关信息的汇集、储存、分析、传输工作。

4. 研究结论

《中华人民共和国突发事件应对法》《中央企业应急管理暂行办法》等法律法规对生产经营单位的监测预警作了相关规定，主要包括以下三个方面：

(1)建立专职或者兼职信息报告员制度。及时获取突发事件信息，并在第一时间向所在地人民政府、有关主管部门或者指定的专业机构报告。

(2)加强风险监测，建立突发事件预警机制。针对可能发生的各类突发事件，及时采取措施，防范各类突发事件的发生，减少突发事件造成的危害。

（3）建设实时监控设施。全国重点文物保护单位、市级文物保护单位，高层公共建筑，人防工程，人员密集场所，生产、储存、经营易燃易爆危险品的场所和按照建筑设计防火规范应当安装自动消防设施的其他建筑，应当按照消防安全标准建设实时监控设施，并按照规定向公安机关消防机构报送信息。

6.5.8 应急保障

6.5.8.1 应急救援队伍建设

1.《生产安全事故应急条例》关于应急队伍建设的规定

第九条　县级以上人民政府应当加强对生产安全事故应急救援队伍建设的统一规划、组织和指导。

县级以上人民政府负有安全生产监督管理职责的部门根据生产安全事故应急工作的实际需要，在重点行业、领域单独建立或者依托有条件的生产经营单位、社会组织共同建立应急救援队伍。

国家鼓励和支持生产经营单位和其他社会力量建立提供社会化应急救援服务的应急救援队伍。

第十条　易燃易爆物品、危险化学品等危险物品的生产、经营、储存、运输单位，矿山、金属冶炼、城市轨道交通运营、建筑施工单位，以及宾馆、商场、娱乐场所、旅游景区等人员密集场所经营单位，应当建立应急救援队伍；其中，小型企业或者微型企业等规模较小的生产经营单位，可以不建立应急救援队伍，但应当指定兼职的应急救援人员，并且可以与邻近的应急救援队伍签订应急救援协议。

工业园区、开发区等产业聚集区域内的生产经营单位，可以联合建立应急救援队伍。

第十二条　生产经营单位应当及时将本单位应急救援队伍建立情况按照国家有关规定报送县级以上人民政府负有安全生产监督管理职责的部门，并依法向社会公布。

县级以上人民政府负有安全生产监督管理职责的部门应当定期将本行业、本领域的应急救援队伍建立情况报送本级人民政府，并依法向社会公布。

2.《国家安全监管总局关于加强基层安全生产应急队伍建设的意见》（安监总应急〔2010〕13号）关于应急救援队伍建设的相关规定

强化兼职安全生产应急队伍建设。未明确要求建立专职安全生产应急队伍的生产经营单位，要建立兼职应急队伍或明确专兼职应急救援人员，并与邻近专职安全生产应急队伍签订应急救援协议。

3. 研究结论

（1）施工单位应当建立应急救援队伍。《生产安全事故应急条例》明确规定，建筑施工单位应当建立应急救援队伍，其中，小型企业或者微型企业等规模较小的建筑施工企业，可以不建立应急救援队伍，但应当指定兼职的应急救援人员，并且可以与邻近的应急救援队伍签订应急救援协议。

（2）施工单位应当及时将本单位应急救援队伍建立情况报送县级以上人民政府负有安全生产监督管理职责的部门。应急救援队伍的统筹管理，是调动各方面应急救援力量，提高整体应急救援能力的重要手段。为此，《生产安全事故应急条例》规定，生产经营单位建立的应急救援队伍要向政府部门报告，明确生产经营单位应当及时将本单位应急救援队伍建立情况按照国家有关规定报送县级以上人民政府负有安全生产监督管理职责的部门，并依法向社会公布。

（3）建设单位应建立兼职应急队伍或明确专兼职应急救援人员。《国家安全监管总局关于加强基层安全生产应急队伍建设的意见》（安监总应急〔2010〕13号）明确规定："未明确要求建立专职安全生产应急队伍的生产经营单位，要建立兼职应急队伍或明确专兼职应急救援人员，并与邻近专职安全生产应急队伍签订应急救援协议”。

平时，兼职应急队伍应发挥信息员作用，发现事故隐患及时报告，协助做好预警信息传递、灾情收集上报和评估等工作，参与有关单位组织的隐患排查治理。出险时，兼职应急队伍应充分发挥就近和熟悉情况的优势，在相关应急指挥机构组织下开展先期处置，组织群众自救互救，参与抢险救灾、人员转移安置、维护社会秩序，为专业应急队伍提供现场信息，引导专业应急队伍开展救援工作，并配合专业应急队伍做好各项保障，协助有关方面做好善后处置、物资发放等工作。

6.5.8.2 应急救援人员培训及训练

1.《生产安全事故应急条例》中关于应急救援人员培训及训练的规定

第十一条 应急救援队伍的应急救援人员应当具备必要的专业知识、技能、身体素质和心理素质。

应急救援队伍建立单位或者兼职应急救援人员所在单位应当按照国家有关规定对应急救援人员进行培训；应急救援人员经培训合格后，方可参加应急救援工作。

应急救援队伍应当配备必要的应急救援装备和物资，并定期组织训练。

2. 研究结论

应急救援人员从事的工作特殊，需要面对火灾、水害、尘毒等各种类型风险，专业性极强，必须具有较高的素质和技能。为此，《生产安全事故应急条例》从三个方面作出规定：

(1)应急救援人员应当具备必要的专业知识、技能、身体素质和心理素质。

(2)应急救援人员必须培训合格。应急救援队伍建立单位或者兼职应急救援人员所在单位应当按照国家有关规定对应急救援人员进行培训；应急救援人员经培训合格后，方可参加应急救援工作。

(3)应急救援队伍应当配备必要的应急救援装备和物资，并定期组织训练。

6.5.8.3 应急救援组织

1.《中华人民共和国安全生产法》中关于应急救援组织的规定

第八十二条 危险物品的生产、经营、储存单位以及矿山、金属冶炼、城市轨道交通运营、建筑施工单位应当建立应急救援组织；生产经营规模较小的，可以不建立应急救援组织，但应当指定兼职的应急救援人员。

危险物品的生产、经营、储存、运输单位以及矿山、金属冶炼、城市轨道交通运营、建筑施工单位应当配备必要的应急救援器材、设备和物资，并进行经常性维护、保养，保证正常运转。

2. 研究结论

(1)施工单位应当建立应急救援组织。应急救援组织是单位内部专门从事应急救援工作的独立机构。规模较小的，可以不建立应急救援组织，但应当指定兼职的应急救援人员。兼职的应急救援人员应该具有与专业应急救援人员相同的素质，在发生生产安全事故时能够有效担当起应急救援任务。兼职应急救援人员在平时参加生产经营活动，但也应当安排适当的应急救援培训和演练，并在发生生产安全事故时保证能够立即投入到应急救援工作中来。

(2)应急救援组织必须进行培训和必要的演练。为了保证应急救援组织能够适应救援工作需要，应急救援组织应当对应急救援人员进行培训和必要的演练，使其了解本行业安全生产方针、政策、有关法律、法规以及安全救护规程；熟悉应急救援组织的任务和职责，掌握救援行动的方法、技能和注意事项；熟悉本单位安全生产情况；掌握应急救援器材、设备的性能、使用方法、常见故障处理和维护保养的要求。

(3)施工单位必须配备必要的应急救援器材、设备和物资，并进行经常性维护、保养，保证正常运转，以便应急使用。应急救援器材、设备的配备和维护、保养是进行事故应急救援不可缺少的工具和手段。这些器材、设备必须在平时就予以维护、保养，否则，发生事故时就很难有效地进行救援。

6.5.8.4 应急救援物资储备

1.《生产安全事故应急条例》中关于应急救援物资储备的规定

第十三条　县级以上地方人民政府应当根据本行政区域内可能发生的生产安全事故的特点和危害，储备必要的应急救援装备和物资，并及时更新和补充。

易燃易爆物品、危险化学品等危险物品的生产、经营、储存、运输单位，矿山、金属冶炼、城市轨道交通运营、建筑施工单位，以及宾馆、商场、娱乐场所、旅游景区等人员密集场所经营单位，应当根据本单位可能发生的生产安全事故的特点和危害，配备必要的灭火、排水、通风以及危险物品稀释、掩埋、收集等应急救援器材、设备和物资，并进行经常性维护、保养，保证正常运转。

2. 研究结论

建筑施工单位配备必要的应急救援器材、设备和物资。为了保障应急工作的需要，强化生产安全事故应急物资储备，建筑施工单位应当根据本单位可能发生的生产安全事故的特点和危害，配备必要的灭火、排水、通风以及危险物品稀释、掩埋、收集等应急救援器材、设备和物资，并进行经常性维护、保养，保证正常运转。

6.5.8.5 应急值守

1.《生产安全事故应急条例》中关于应急值守的规定

第十四条　下列单位应当建立应急值班制度，配备应急值班人员：

(一)县级以上人民政府及其负有安全生产监督管理职责的部门；

(二)危险物品的生产、经营、储存、运输单位以及矿山、金属冶炼、城市轨道交通运营、建筑施工单位；

(三)应急救援队伍。

规模较大、危险性较高的易燃易爆物品、危险化学品等危险物品的生产、经营、储存、运输单位应当成立应急处置技术组，实行24小时应急值班。

2. 研究结论

(1)施工单位和应急救援队伍应当建立应急值班制度。为了保证应急工作的开展，及时联络相关人员和应急救援队伍，以及应急救援的技术支撑，《生产安全事故应急条例》明确施工单位和应急救援队伍必须建立应急值班制度。

(2)建设单位应当建立应急值班制度。目前我国的法律法规中还没有关于建设单位应急值班制度的规定，但通过对轨道交通建设管理有限公司应急体系的研究，认为建设单位也应当建立应急值班制度，理由如下：

①有助于建设单位实现第一时间应急响应。事故发生后，第一时间做出积极响应、采取有效措施是防止事故扩大、降低事故损失的关键一环。建立应急值班制度是保障建设单位实现第一时间应急响应的基础。

②实现突发事件应急响应和快速处置的综合调度需要。为充分发挥建设单位“信息汇总和综合协调”的作用，应急值班制度可以确保在事故发生时“信息及时报告、指令及时下达”，是建设单位有效应对和处置生产安全事故的重要保障，同时也是进一步促进施工单位在事故应急处置过程中实现早发现、早报告、早控制、早解决的重要措施。

6.5.9 信息报送

1.《生产安全事故报告和调查处理条例》中关于信息报送的规定

第九条　事故发生后，事故现场有关人员应当立即向本单位负责人报告；单位负责人接到报告后，应当于1小时内向事故发生地县级以上人民政府安全生产监督管理部门和负有安全生产监督管理职责的有关部门报告。

情况紧急时，事故现场有关人员可以直接向事故发生地县级以上人民政府安全生产监督管理部门和负有安全生产监督管理职责的有关部门报告。

第十二条　报告事故应当包括下列内容：

（一）事故发生单位概况；

（二）事故发生的时间、地点以及事故现场情况；

（三）事故的简要经过；

（四）事故已经造成或者可能造成的伤亡人数（包括下落不明的人数）和初步估计的直接经济损失；

（五）已经采取的措施；

（六）其他应当报告的情况。

第十三条　事故报告后出现新情况的，应当及时补报。

自事故发生之日起30日内，事故造成的伤亡人数发生变化的，应当及时补报。道路交通事故、火灾事故自发生之日起7日内，事故造成的伤亡人数发生变化的，应当及时补报。

2.《生产安全事故罚款处罚规定》中关于事故迟报漏报等的规定

第五条　《生产安全事故报告和调查处理条例》所称的迟报、漏报、谎报和瞒报，依照下列情形认定：

（一）报告事故的时间超过规定时限的，属于迟报；

（二）因过失对应当上报的事故或者事故发生的时间、地点、类别、伤亡人数、直接经济损失等内容遗漏未报的，属于漏报；

（三）故意不如实报告事故发生的时间、地点、初步原因、性质、伤亡人数和涉险人数、直接经济损失等有关内容的，属于谎报；

（四）隐瞒已经发生的事故，超过规定时限未向应急管理部门、矿山安全监察机构和有关部门报告，经查证属实的，属于瞒报。

3. 研究结论

（1）报告程序与时限。根据《生产安全事故报告和调查处理条例》的规定，发生生产安全事故后，现场有关人员应当立即向本单位负责人（包括主要负责人或者有关负责人）报告。单位负责人接到报告后，应当在1小时内立即报告事故发生地县级以上人民政府安全生产监督管理部门和负有安全生产监督管理职责的有关部门。应当注意的是，这是同时报告相关部门的关系，即对于有关人民政府设有负责监管事故发生单位的行业主管部门或者专项监管部门的，事故发生单位除了向安全生产监督管理部门报告外，还要向负有安全生产监督管理职责的有关部门报告。

情况紧急时，事故现场有关人员可以直接向事故发生地县级以上人民政府安全生产监督管理部门和负有安全生产监督管理职责的有关部门报告。

（2）报告内容。根据《生产安全事故报告和调查处理条例》第十二条规定，报告事故应当包括下列内容：事故发生单位概况；事故发生的时间、地点以及事故现场情况；事故的简要经过；事故已经造成或者可能造成的伤亡人数（包括下落不明的人数）和初步估计的直接经济损失；已经采取的措施；其他应当报告的情况。

（3）事故补报、续报。根据《生产安全事故报告和调查处理条例》的规定，发生生产安全事故后，事故发生单位应当在1小时内报告安全生产监督管理部门和负有安全生产监督管理职责的有关部门。事故报告后出现新情况的，应当及时补报。自事故发生之日起30日内，事故造成的伤亡人数发生变化的，应当及时补报。道路交通事故、火灾事故自发生之日起7日内，事故造成的伤亡人数发生变化的，应当及时补报。

(4)关于生产安全事故迟报、漏报、谎报、瞒报的规定。《生产安全事故罚款处罚规定》对事故报告的时限及报告内容作出了明确规定。报告事故的时间超过规定时限的，属于迟报；因过失对应当上报的事故或者事故发生的时间、地点、类别、伤亡人数、直接经济损失等内容遗漏未报的，属于漏报；故意不如实报告事故发生的时间、地点、初步原因、性质、伤亡人数、直接经济损失等有关内容的，属于谎报；隐瞒已经发生的事故，超过规定时限未向安全生产监督管理部门和负有安全生产监督管理职责的有关部门报告，经查证属实的，属于瞒报。

6.5.10　应急处置

6.5.10.1　先期处置

1.《生产安全事故应急条例》中关于先期处置的规定

第十七条　发生生产安全事故后，生产经营单位应当立即启动生产安全事故应急救援预案，采取下列一项或者多项应急救援措施，并按照国家有关规定报告事故情况：

(一)迅速控制危险源，组织抢救遇险人员；

(二)根据事故危害程度，组织现场人员撤离或者采取可能的应急措施后撤离；

(三)及时通知可能受到事故影响的单位和人员；

(四)采取必要措施，防止事故危害扩大和次生、衍生灾害发生；

(五)根据需要请求邻近的应急救援队伍参加救援，并向参加救援的应急救援队伍提供相关技术资料、信息和处置方法；

(六)维护事故现场秩序，保护事故现场和相关证据；

(七)法律、法规规定的其他应急救援措施。

2.《非煤矿山外包工程安全管理暂行办法》(国家安全生产监督管理总局第62号令)中关于先期处置的规定

第十六条　发包单位在接到外包工程事故报告后，应当立即启动相关事故应急预案，或者采取有效措施，组织抢救，防止事故扩大，并依照《生产安全事故报告和调查处理条例》的规定，立即如实地向事故发生地县级以上人民政府安全生产监督管理部门和负有安全生产监督管理职责的有关部门报告。

外包工程发生事故的，其事故数据纳入发包单位的统计范围。

发包单位和承包单位应当根据事故调查报告及其批复承担相应的事故责任。

3.研究结论

(1)施工单位。发生事故后，施工单位是第一时间救援力量，必须进行先期处置，避免事态扩大。为此，《生产安全事故应急条例》规定，发生生产安全事故后，生产经营单位应当立即启动生产安全事故应急救援预案，采取下列一项或者多项应急救援措施，并按照国家有关规定报告事故情况。应急救援措施包括：

①迅速控制危险源，组织抢救遇险人员；

②根据事故危害程度，组织现场人员撤离或者采取可能的应急措施后撤离；

③及时通知可能受到事故影响的单位和人员；

④采取必要措施，防止事故危害扩大和次生、衍生灾害发生；

⑤根据需要请求邻近的应急救援队伍参加救援，并向参加救援的应急救援队伍提供相关技术资料、信息和处置方法；

⑥维护事故现场秩序，保护事故现场和相关证据；

⑦法律、法规规定的其他应急救援措施。

(2)建设单位。建设单位在接到施工单位事故报告后，应当立即启动相关事故应急预案，或者采取有效措施，组织抢救，防止事故扩大，并依照《生产安全事故报告和调查处理条例》的规定，立即如实地向事故发生地县级以上人民政府安全生产监督管理部门和负有安全生产监督管理职责的有关部门报告。

6.5.10.2 指挥决策

指挥决策分为战略、战役和战术三个层面。战略层面的指挥决策由企业的应急总指挥承担，战役和战术层面的指挥决策由现场指挥部指挥长承担。按照“统一指挥、专业处置”的要求，启动应急响应，调集应急资源，指挥协调各联动部门、应急工作组和应急队伍开展救援行动，尽最大努力救援受伤人员。有效处置和控制事态扩大或升级。同时，按规定向各方上报突发事件。

6.5.10.3 应急扩大及响应

当突发事件难以有效控制或发生特殊灾害事故，尤其是出现干扰地方治安环境或发生特殊灾害态势时，应立即转入扩大应急状态。如果突发事件的事态进一步扩大，预计凭现有应急资源和人力难以实施有效处置，应以现场指挥部的名义，请求应急总指挥部、社会专业救援队伍，地方政府协同相关单位、部门参与处置工作。

6.5.11 善后恢复

6.5.11.1 应急处置评估

1.《生产安全事故应急条例》中关于应急处置评估的规定

第二十七条　按照国家有关规定成立的生产安全事故调查组应当对应急救援工作进行评估，并在事故调查报告中作出评估结论。

2.《生产安全事故应急处置评估暂行办法》(安监总厅应急〔2014〕95 号)中关于应急处置评估的规定

第六条　事故调查组应当单独设立应急处置评估组，专职负责对事故单位和事发地人民政府的应急处置工作进行评估。

事故调查组应急处置评估组组长一般由安全生产应急管理机构人员担任，有关单位人员参加，并根据需要聘请相关专家参与评估工作。

第七条　应急处置评估组根据工作需要，可以采取下列措施：

(一)听取事故单位和事发地人民政府事故应急处置现场指挥部(以下简称现场指挥部)事故及应急处置情况说明；

(二)现场勘查；

(三)查阅相关文字、音像资料和数据信息；

(四)询问有关人员；

(五)组织专家论证，必要时可以委托相关机构进行技术鉴定。

第九条　应急处置评估组对事故单位的评估，应当包括以下内容：

(一)应急响应情况，包括事故基本情况、信息报送情况等；

(二)先期处置情况，包括自救情况、控制危险源情况、防范次生灾害发生情况；

(三)应急管理规章制度的建立和执行情况；

(四)风险评估和应急资源调查情况；

(五)应急预案的编制、培训、演练、执行情况；

(六)应急救援队伍、人员、装备、物资储备、资金保障等方面的落实情况。

3. 研究结论

(1)评估人员。事故调查组应当单独设立应急处置评估组，专职负责对事故单位的应急处置工作进行评估。应急处置评估组组长一般由安全生产应急管理机构人员担任，有关单位人员参加，并根据需要聘请相关专家参与评估工作。

(2)评估内容。①应急响应情况，包括事故基本情况、信息报送情况等；②先期处置情况，包括自救情况、控制危险源情况、防范次生灾害发生情况；③应急管理规章制度的建立和执行情况；④风险评估和应急资源调查情况；⑤应急预案的编制、培训、演练、执行情况；⑥应急救援队伍、人员、装备、物资储备、资金保障等方面的落实情况。

(3)评估方法。①听取事故单位和事发地人民政府事故应急处置现场指挥部(以下简称现场指挥部)事故及应急处置情况说明；②现场勘察；③查阅相关文字、音像资料和数据信息；④询问有关人员；⑤组织专家论证，必要时可以委托相关机构进行技术鉴定。

6.5.11.2 应急救援费用

1.《生产安全事故应急条例》中的应急救援费用的规定

第十九条　应急救援队伍接到有关人民政府及其部门的救援命令或者签有应急救援协议的生产经营单位的救援请求后，应当立即参加生产安全事故应急救援。

应急救援队伍根据救援命令参加生产安全事故应急救援所耗费用，由事故责任单位承担；事故责任单位无力承担的，由有关人民政府协调解决。

2. 研究结论

事故救援费用由事故责任单位承担。为了落实生产经营单位的主体责任，明确有关方责任，《生产安全事故应急条例》第十九条规定：“应急救援队伍根据救援命令参加生产安全事故应急救援所耗费用，由事故责任单位承担；事故责任单位无力承担的，由有关人民政府协调解决。”

6.6 主要问题与建议

通过对应急管理领域的法规规范梳理可知，我国在城市轨道交通应急管理领域的规定相对较少，除了部分部门规章和地方性法规，大部分都是引用生产经营领域的应急要求，同时可借鉴的团体标准不健全，影响城市轨道交通应急管理工作顺利开展。

鉴于城市轨道交通工程建设的特殊性和复杂性，加之地下工程具有隐蔽性大、施工技术复杂、作业环境恶劣、施工周期长、不可预见风险因素多等特点，都集中表现为建设施工的高风险性。此外，对地下工程安全风险认识不客观，风险管理不科学，风险管理投入不到位等主观原因，城市轨道交通地下工程建设中，事故频发，形势非常严峻。借助于国务院出台的“十四五”国家应急体系规划的契机，行业内应当尽快组织制定城市轨道交通领域专门化的应急管理标准规范，既是对国家政策标准的落实，也是行业健康发展的需要。

第三部分 >>>>>>>

技术装备篇

7　城市轨道交通建设安全风险评估技术

风险是不利事件或事故发生的概率(频率)及其损失的组合，安全风险管理则是对风险的管理过程，主要包括风险界定、风险辨识、风险估计、风险评价和风险控制，主要目标是利用较低的成本把项目的风险控制在可接受的范围内。

城市轨道交通建设安全风险管理的范围主要包括以下几个方面：

(1)对工程自身可能造成经济损失以及意外损坏的风险；

(2)因工程的工期延长或提前而需承担的风险；

(3)工程建设相关人员的安全和健康的风险，包括个人伤害和死亡；

(4)第三方的财产损失风险，主要针对邻近既有各类建(构)筑物，尤其是历史保护性建筑物、地表和地下基础设施的施工风险；

(5)第三方的人员安全和健康等风险；

(6)周围区域环境风险，包括对土地、水资源、动植物的破坏，以及对空气的污染、电磁辐射、噪声及振动等。

(7)社会影响，包括政治影响和社会治安、社会秩序影响等。

安全风险管理最早始于20世纪30年代。20世纪80年代中期，风险管理技术引入我国。中国自20世纪末陆续开展对地下工程安全风险及相关学科的研究，相关政府部门对地下工程的风险管理愈加重视。2003年，建设部(现住房和城乡建设部)等九部委联合印发了相关文件，对做好地铁规划、设计、施工、运营的安全工作提出了具体要求。2007年建设部编发了《地铁及地下工程建设风险管理指南》，2010年印发了《城市轨道交通工程安全质量管理暂行办法》(建质〔2010〕5号)，2011年颁布了《城市轨道交通地下工程建设风险管理规范》(GB 50652—2011，以下简称《风险管理规范》)。作为我国首部工程风险管理规范，《风险管理规范》颁布实施标志着我国城市轨道交通地下工程建设风险管理进入一个崭新的阶段。

7.1　安全风险分类分级

7.1.1　国家标准规定

7.1.1.1　安全风险分类

城市轨道交通工程建设风险可按不同的分类方法进行分类，包括：

(1)按照风险因素或诱发风险因素可分为：自然风险和人为风险。

(2)按照项目建设阶段可分为：规划阶段风险、可行性研究风险、勘察与设计风险、招标投标风险、施工风险等。

(3)按照风险管理层次关系与技术影响因素可分为：总体风险，包括社会、政治和金融影响、合同纠纷、企业破产和体制问题、第三方干扰、员工冲突、自然灾害(台风、暴雨或雷击等)等；具体风险，包括工程地质勘察有误或失真，设计失误或漏项，执行的规范、标准或设计规定存在问题，工程施工方案有误，施工设备故障，人员决策或操作失误，施工质量不能满足标准要求，施工工期延误等。

根据现行《风险管理规范》，我国对于城市轨道交通建设安全风险根据风险损失进行分类，包括：人员伤亡、环境破坏、经济损失、工期延误和社会影响（政治影响和治安影响等）。其中，人员伤亡风险和环境影响风险是风险管理的重点，具体包括：

（1）人员伤亡风险。包括工程建设直接参与人员及场地周边第三方人员发生的伤害、死亡及职业健康危害等。

（2）环境影响风险。包括：施工对邻近既有各类建（构）筑物、道路、管线或其他设施等的破坏；工程建设活动对周边区域的土地与水资源的破坏、对动（植）物的伤害；施工发生的空气污染、电磁辐射、光干扰、噪声及振动等；周边环境改变或第三方活动对本工程造成的破坏。

7.1.1.2 安全风险发生可能性与损失的分级

（1）按照风险发生的概率或频率，风险发生的可能性等级划分为五级，见表7.1—1。

表7.1—1 风险发生可能性等级标准

等级	1	2	3	4	5
可能性	频繁的	可能的	偶尔的	罕见的	不可能的
概率或频率值	>0.1	>0.01，≤0.1	>0.001，≤0.01	>0.000 1，≤0.001	≤0.000 1

（2）按照损失的严重程度，风险损失等级划分为五级，见表7.1—2。

表7.1—2 风险损失等级标准

等级	A	B	C	D	E
严重程度	灾难性的	非常严重的	严重的	需考虑的	可忽略的

（3）按照风险可能导致的人员伤亡类型与数量，工程建设人员和第三方伤亡等级划分为五级，见表7.1—3。

表7.1—3 工程建设人员和第三方伤亡等级标准

等级	A	B	C	D	E
建设人员	死亡（含失踪）10人及以上	死亡（含失踪）3人～9人，或重伤10人及以上	死亡（含失踪）1人～2人，或重伤2人～9人	重伤1人，或轻伤2人～10人	轻伤1人
第三方	死亡（含失踪）1人及以上	重伤2人～9人	重伤1人	轻伤2人～10人	轻伤1人

（4）城市轨道交通工程建设对周边区域环境影响等级划分为五级，见表7.1—4。

表7.1—4 环境影响等级标准

等级	A	B	C	D	E
影响范围及程度	涉及范围非常大，周边生态环境发生严重污染或破坏	涉及范围很大，周边生态环境发生较重污染或破坏	涉及范围大，区域内生态环境发生污染或破坏	涉及范围较小，邻近区生态环境发生轻度污染或破坏	涉及范围很小，施工区生态环境发生少量污染或破坏

（5）按照建设风险引起的直接经济损失费，将经济损失等级划分为五级，见表7.1—5。

表7.1—5 工程本身和第三方直接经济损失等级标准

等级	A	B	C	D	E
工程本身	1 000万元及以上	500万元（含）～1 000万元	100万元（含）～500万元	50万元（含）～100万元	50万元以下

续上表

等级	A	B	C	D	E
第三方	200 万元及以上	100 万元(含)～200 万元	50 万元(含)～100 万元	10 万元(含)～50 万元	10 万元以下

(6)针对不同工程类型、规模和工期,根据关键工期延误量,短期工程(建设工期不超过 2 年)及长期工程(建设工期 2 年以上)工期延误等级划分为五级,见表 7.1—6。

表 7.1—6　工期延误等级标准

等级	A	B	C	D	E
长期工程	延误大于等于 9 个月	延误 6 个月(含)～9 个月	延误 3 个月(含)～6 个月	延误 1 个月～3 个月	延误少于 1 个月
短期工程	延误大于等于 90 天	延误 60 天(含)～90 天	延误 30 天(含)～60 天	延误 10 天(含)～30 天	延误少于 10 天

(7)按照建设风险影响严重程度和转移安置人员数量,将社会影响等级划分为五级,见表 7.1—7。

表 7.1—7　社会影响等级标准

等级	A	B	C	D	E
影响程度	恶劣的,或需紧急转移安置 1 000 人及以上	严重的,或需紧急转移安置 500 人(含)～1 000 人	较严重的,或需紧急转移安置 100 人(含)～500 人	需考虑的,或需紧急转移安置 50 人(含)～100 人	可忽略的,或需紧急转移安置小于 50 人

7.1.1.3　安全风险分级

(1)根据风险发生的可能性和风险损失,工程建设风险等级分为四级,见表 7.1—8。

表 7.1—8　风险等级标准

可能性等级	损失等级				
	灾难性的	非常严重的	严重的	需考虑的	可忽略的
频繁的	Ⅰ级	Ⅰ级	Ⅰ级	Ⅱ级	Ⅲ级
可能的	Ⅰ级	Ⅰ级	Ⅱ级	Ⅲ级	Ⅲ级
偶尔的	Ⅰ级	Ⅱ级	Ⅲ级	Ⅲ级	Ⅳ级
罕见的	Ⅱ级	Ⅲ级	Ⅲ级	Ⅳ级	Ⅳ级
不可能的	Ⅲ级	Ⅲ级	Ⅳ级	Ⅳ级	Ⅳ级

(2)针对不同等级风险,应采用不同的风险处置原则和控制方案,各等级风险的接受准则见表 7.1—9。

表 7.1—9　风险接受准则

等级	接受准则	处置对策	控制方案	应对部门
Ⅰ级	不可接受	必须采取风险控制措施降低风险,至少应将风险降低至可接受或不愿接受的水平	应制定风险预警与应急处置方案,或进行方案修正或调整等	政府主管部门、工程建设各方
Ⅱ级	不愿接受	应实施风险管理降低风险,且风险降低的所需成本不应高于风险发生后的损失	应实施风险防范与监测,制定风险处置措施	
Ⅲ级	可接受	宜实施风险管理,可采取风险处理措施	宜加强日常管理和监测	工程建设各方
Ⅳ级	可忽略	可实施风险管理	可开展日常审视检查	

7.1.2 各地市做法

7.1.2.1 佛山地铁

佛山地铁工程施工阶段安全风险等级由高到低分为Ⅰ级、Ⅱ级、Ⅲ级、Ⅳ级四个等级，佛山市地铁集团有限公司结合工程施工条件、工程地质与水文地质条件、工程周边环境条件、施工管理具体情况，从安全风险等级清单中筛选出需要纳入建设单位管理的Ⅰ、Ⅱ级安全风险进行重点监督管控，建设单位每年底梳理发布下一年在建项目重大风险项目管理清单，并逐月梳理发布次月建设项目Ⅰ、Ⅱ级重点管控风险项目项目清单，建设单位各部门、各参建单位按照清单有针对性开展重大风险项目管控工作。建设单位对安全风险分级清单的筛选工作并不免除监理单位、施工单位及其他相关参建单位对安全风险全面的、系统的管控责任。

7.1.2.2 郑州地铁

郑州地铁依据突发事件可能触发的相应级别，将预警分为蓝色（Ⅳ级）、黄色（Ⅲ级）、橙色（Ⅱ级）、红色（Ⅰ级）四个级别。根据不同安全风险类别，制定了工程建设安全生产事故风险评估结果。主要类别有：明挖法施工、矿山法施工、盾构法施工、高架段施工、轨行区及机电安装施工、密闭空间施工、周边环境风险、自然环境风险等。根据风险发生的可能等级和风险产生的后果及损失综合确定风险等级。建设单位实行安全风险分级管控和隐患排查治理双重预防工作机制，坚持关口前移。在设计文件中注明设计工程安全质量的重点部位和环节，并提出保证工程安全质量的设计处理措施。施工准备期要求施工单位伸入识别地质风险和工程周边环境风险，结合设计文件，针对施工关键部位、重点、难点，形成风险识别清单，报监理单位审查确认后，报地铁公司相关部门备案。同时每年至少组织一次应急管理培训，应急培训的时间、地点、内容、师资、参加人员和考核结果等情况纳入公司安全生产教育和培训档案。每年至少组织一次工程建设突发事件应急预案演练。演练结束后，相关部门对预演效果进行评估，总结演练情况，分析存在问题并提出修订意见。

7.1.2.3 杭州地铁

杭州地铁根据风险管理相关规范，并结合杭州地铁工程建设实际，将工程建设安全风险分为Ⅰ、Ⅱ、Ⅲ、Ⅳ级，分别为风险等级最高、较高、一般、较低。风险类别分为自身风险和周边环境风险。建设单位成立安全生产委员会，负责建立健全安全风险分级管控和隐患排查治理双重预防机制，并由安委会办公室牵头制定安全风险分级管控及隐患排查治理管理制度。杭州地铁相关部门根据职责定期开展隐患排查，对排查出的隐患落实整改责任人、措施、资金、时限和事故应急预案，跟踪监督隐患的整改闭环。

7.1.2.4 南昌地铁

南昌地铁依据相关法规及文件，制定了《危大工程管理办法》，根据工程范围中周边环境、水文地质和工程地质等列出不同风险等级，并结合《风险管理规范》，将风险等级分为重大风险（Ⅳ级）、较大风险（Ⅲ级）、一般风险（Ⅱ级）、低风险（Ⅰ级）四个级别。为便于有效开展施工阶段的安全风险技术管理工作，将工程建设的施工阶段细分为施工准备期和施工过程。具体包括勘察、可行性研究、初步设计、施工图设计等阶段，各阶段应有针对性地开展安全风险管理工作，并采取有效的预防和控制措施。施工过程中当施工单位收到建设单位转发的重大风险提示告知单后，施工单位落实重大风险规避措施和安全专项施工方案等措施来规避重大风险，建立动态风险管理台账，并于每月25日前将重大风险管控工作落实情况以纸质版的形式上报项目管理分公司，项目管理分公司将不定期组织相关单位对落实情况进行逐一督查。

7.1.2.5 厦门地铁

厦门地铁根据工程建设阶段、对象、重要性程度及风险管理目标等划分风险等级标准,从高到低依次分为一级、二级、三级和四级,针对不同等级风险,采用不同的风险处置原则和控制对策。分阶段原则主要包括规划与可行性研究阶段、勘察与设计阶段、招投标与合同签订阶段、施工阶段、工后阶段。分对象原则根据不同参建单位,不同工点的场地条件、水文地质条件、结构类型、施工方法与技术、环境条件进行风险分级。将风险类别划分为自然灾害风险、事故灾难风险、公共卫生风险及社会安全风险。其中事故灾难风险又细分为建设类、地铁及场站运营类、外部作业或外部突发事件危害地铁和快速站场安全、其他等。

7.1.2.6 徐州地铁

徐州地铁结合风险管理规范,将风险等级从高到低分为Ⅰ、Ⅱ、Ⅲ、Ⅳ级。由于徐州市城市轨道交通沿线分布有岩溶、地层断裂等不良地质,不确定性因素较多,周围环境复杂,各种建(构)筑物和地下管线多,施工工法多样,因此施工难度和风险较大。针对风险管理规范中的风险等级分类标准,徐州地铁其他相关类似城市轨道交通工程建设经验,展开工程类比,进行相应的修正。并结合徐州市城市轨道交通工程的自身特色,修正因素的考虑应结合地质、环境及工法自身的特点。对于工程自身风险及环境影响风险分级均进行了修正。如对于明挖工法,结合水文地质和工程地质条件复杂程度,还需考虑是否存在岩溶地层或岩溶地层与结构之间的不利位置关系,是否存在降水引起周边地层的沉降,并引起对周边环境的影响。

7.2 安全风险管控的内容和流程

城市轨道交通程建设风险管理需贯穿于工程建设全过程,结合我国城市轨道交通工程的建设实际情况,根据工程建设内容与过程,一般可划分为五个阶段,包括:规划阶段、可行性研究(工可)阶段、勘察与设计阶段、招标投标与合同签订阶段和施工阶段。工程建设风险管理在具体实施中,考虑到工程建设期内不同阶段内容,各阶段可能存在相互交叉或者同期建设等情况,风险管理也应适应工程建设需要,结合工程建设阶段和具体要求来开展。以下结合勘察与设计阶段、招标投标与合同签订阶段和施工阶段,介绍安全风险管控内容及流程。

7.2.1 勘察与设计阶段风险管控内容及流程

城市轨道交通工程勘察与设计阶段的风险管理,应遵循“分阶段、分对象、分等级”的基本原则,控制工程建设风险至可接受水平。本阶段风险管理主要内容包括:工程勘察风险管理、总体设计风险管理、初步设计风险管理和施工图设计风险管理。

1. 工程勘察风险管理

工程勘察各阶段工作,应注意调查潜在的不良水文地质和工程地质条件,调查不良地质作用及地质灾害。其主要风险因素包括:

(1)勘察方案不全面,包括勘察孔位布置与数量、钻探与原位测试技术、室内土工试验方法、试验数据分析等。

(2)地下障碍物、构筑物及地下管线调查不清。

(3)不良工程地质与水文地质及周边环境影响未探明。

(4)工程勘察与环境调查报告有误。

(5)勘察设施故障及人员操作不当或失控等。

2. 总体设计风险管理

总体设计风险管理，应对全线总体技术标准、技术要求、工程规模、项目功能、线路敷设方式、配线、重难点车站及区间的施工方法、各系统专业的总体设计方案（如：选择代表性工点，机电系统专业，提出典型方案布置）等进行风险评估。其主要风险因素包括：

(1)自然灾害。

(2)不良地质条件和工程周边环境条件。

(3)地下工程交叉相互影响。

(4)邻近重要的古建筑、国家和城市标志性建筑等。

(5)车辆、机电设备及系统选型与配置。

(6)工程设计缺陷或失误。

除此之外，总体设计风险管理，因根据工程类型、施工难易程度和临近区域影响特征，评估地下工程自身的风险等级。根据周边环境设施重要性和临近影响距离关系，评估周边环境影响的风险等级。针对重大风险开展专题试验研究和风险分析，编制风险处置措施与应急技术处置方案。

3. 初步设计风险管理

初步设计方案风险分析中的重点是对设计参数及计算模型的风险分析，同时结合工程重大风险因素，分析结构设计形式的合理性和经济性风险，并对工程设计方案的变更风险进行规定，其主要风险因素包括：

(1)自然灾害。

(2)不良工程地质及水文地质条件。

(3)地层物理、力学参数的取值，工程荷载与计算模型，工况选取不当或失误。

(4)车辆及机电设备系统配置不当。

(5)设计方案变更不确定性。

初步设计风险管理应划分风险分析单元，编制工程建设风险清单，对全线的风险进行分级评估。编制Ⅰ级工程自身的风险控制专项措施。对Ⅰ级环境影响的风险通过理论和试验研究，评估其影响程度和范围。还应编制Ⅱ级及以上环境影响的风险应急处置方案。

4. 施工图设计风险管理

施工图设计中的主要风险因素包括：

(1)自然灾害。

(2)不良工程地质与水文地质及不明地下障碍物等。

(3)工程结构变形、沉降和位移。

(4)工程施工偏差。

(5)结构形式与施工方法不适应。

(6)车辆、机电设备及系统选型与配置不当。

(7)工程运营功能调整。

(8)现场施工场地及周边环境条件限制。

施工图设计风险管理，可结合现场调查资料，按照风险因素和风险的层状或树状结构关系进行列表分析，主要包括：

(1)对环境风险因素进行现场调查、检测和评估。

(2)编制工程建设风险和风险等级清单。

(3)对重大(Ⅰ、Ⅱ级)安全风险开展专项设计，形成重大风险设计文件。

(4)地下结构自身的风险控制措施。

(5)其他施工影响分析。

对于周边重要环境影响区域，应明确现场监控量测要求，提出工程环境影响的风险预警控制体系，编制施工注意事项说明及事故应对处置方案。

7.2.2 招标、投标与合同签订风险管控内容及流程

1. 招标单位需明确工程的风险管理目标，依据招标工程的规模、特点、性质和自身管理能力等，合理确定招标范围、招标方式、发包方式和投标时间限制，制定科学合理的工程标底和评标方法。招标文件中有关风险管理的要点包括：

(1)对投标单位工程建设风险管理要求，包括风险管理机构组织与人员配备等。

(2)工程建设风险等级标准及风险点。

(3)针对重大风险，对投标单位实施工程建设风险管理的要求。

(4)投标单位在其他类似工程中的风险管理的相关经验等说明。

(5)投标文件中有关工程建设风险管理内容及评估方法。

(6)合同执行过程中的风险管理费用的调整原则。

(7)执行工程建设风险管理的有关工程技术标准和规范。

(8)要求投标单位提供可靠的经济担保与工程保险等文件。

2. 投标单位根据招标文件、对招标文件中的各项条款进行详细研究，对施工现场及周围环境、工程地质、水文地质条件进行详细调查。投标文件中有关风险管理的要点包括：

(1)工程建设风险管理的制度体系与人员组织。

(2)风险分析与风险等级评估及风险处置措施等。

(3)新辨识或增加的工程建设风险点。

(4)工程建设风险管理实施进度计划。

(5)与建设各方的相互协调与沟通联系工作。

(6)对其他建设各方的风险管理的要求及责任界定。

(7)重大风险的处置措施及应急预案。

(8)类似工程的风险管理经验。

3. 合同签订风险管理

合同文件中，中标单位应单独列出工程建设风险管理费用，包括施工安全措施费用等，且应承诺风险管理费用专款专用。签订合同中，有关风险管理的要点包括：

(1)合同条款的完整性和准确性风险分析。

(2)以合同为依据，对新辨识的重大建设风险应说明是否需再次风险评估。

(3)合同款项支付及延期支付的风险分析。

(4)建设工期提前或延误风险分析。

(5)重要设备的采购与供货风险分析。

(6)工程材料、构(配)件和设备不符合工程规格、质量及安全要求。

对于未辨识的工程建设风险，合同中应明确与其相关的风险管理责任，具体实施或执行方案可通过双方商定，并应在合同条款中补充说明。

7.2.3 施工阶段风险管控内容及流程

城市轨道交通工程施工风险管理是工程建设风险管理过程中的核心，也是工程建设风险能否得到有效控制的关键阶段。随着工程施工进展，工程建设风险不断动态变化，各项风险的发生概率极其损失也将发生改变。而且工程建设易受外部天气和环境等条件的干扰，现场风险情况瞬息万变，因此工程建设过程中建设各方必须实施动态风险管理。动态风险管理主要体现在风险信息的收取、分析与决策过程的动态，对风险的预报、预警与控制实施的动态。

目前我国主要轨道交通工程建设城市已开展了施工动态风险管理工作，一般由建设单位组织，以前期各阶段完成的风险管理文件为基础，结合工程建设进度和周边条件，动态地对现场和未来工程建设潜在风险进行分析和评估，同时通过现场施工风险记录资料，利用现场监测信息化手段，依据施工参数，环境监测反馈等信息对施工工程建设风险开展跟踪与反馈。上述措施的实施与开展，一方面保证了风险管理的连续性和有效性，同时为工程进展中发生的新情况，新问题提供了预报、预警，为调整、优化、完善设计与施工方案，及时处置、控制风险提供了保证。

施工阶段风险管理主要内容包括：施工准备期风险管理，施工期风险管理，车辆及机电系统安装与调试风险管理和试运行和竣工验收风险管理。

1. 施工准备期风险管理

施工准备期的风险管理，主要是在对项目进行结构分解分析后，根据项目施工组织方案以及周边的环境条件，参考勘察与设计阶段编制的风险记录文件，对辨识的风险进行逐项核实和分析，并编制现场风险事件核查表。主要工作内容如下：

(1)征地、拆迁、管线切改、交通疏解及场地准备等风险分析。

(2)场地地质条件风险分析。

(3)邻近建(构)筑物(包括建筑物、管线、道路、既有轨道交通等)的影响风险分析。

(4)工程建设工期及进度安排风险分析。

(5)工程施工组织设计及技术方案可行性风险分析。

(6)施工监测布置及监测预警标准风险分析。

(7)现场风险管理制度及组织的建立。

(8)现场施工安全防范措施及抢险物资储备。

设计方应配合开展施工图设计风险交底，应根据现场施工反馈信息，对施工图设计风险进行动态管理。

施工准备期的风险管理过程中，政府监督部门、建设单位、承包单位(施工及安装单位)、设计单位、监理单位、第三方监测单位和临近社区等单位应加强风险管理工作的相互沟通与交流，编制建设各方风险联络处置方案。

2. 施工期风险管理

城市轨道交通工程施工中应注意在特殊及复杂条件下的风险，施工期风险管理主要风险因素如下：

(1)邻近或穿越既有或保护性建(构)筑物、军事区、地下管线设施区等。地下管线中的大口径管线(热力、电力、水管和通信等)，穿越保护性建(构)筑物、军事区或重要设施是地下工程的重要风险点，一般宜采取事前调查、申报审核、合理施工保护等措施降低风险。

(2)穿地下障碍物段施工。地下障碍物将直接影响正常的施工，通常情况应将地下障碍物预先清除，对于特殊情况下需在施工中直接切削穿越的，应制定有效的风险控制措施。

(3)浅覆土层施工。浅覆土层是指隧道覆土小于施工隧道直径的工况浅覆土层,施工易造成开挖面失稳和隧道上浮等风险,并加剧土体的扰动和损失量,导致发生塌陷等事故。

(4)小曲率区段施工。小曲率区段是指隧道曲线半径小于施工隧道直径50倍的工况。小曲率区段对隧道轴线的控制存在一定风险,应加强对盾构机姿态的控制,合理选择管片型号,并提高管片的拼装质量。

(5)大坡度地段施工。大坡度段是指隧道轴线大于30‰的工况。大坡度段施工易造成盾构机姿态控制和隧道内水平运输的困难,应合理地控制盾构机姿态和选取水平运输机具。

(6)小净距隧道施工。小净距隧道是指两隧道间距小于隧道直径60%的邻近施工。在施工时应严格控制参数,加强监测,并对两隧道之间区域实施地基加固措施。

(7)穿越江河段施工。穿越江河段是指所建隧道处在江河下的工况。穿越江河段施工时,易形成开挖面与江河贯通以及隧道渗漏的风险。通常可通过提高开挖面稳定性、改善隧道抗位移抗变形能力以及加强隧道防喷涌、防渗漏的风险控制措施。

特殊地质条件或复杂地段施工。主要工作内容如下:

(1)施工中的风险辨识和评估。根据工程条件、施工方法以及设备,按照工程施工进度和工序,对工程建设风险进行二次风险评估和整理,对工程的重大风险进行梳理和分析,确定工程建设风险等级,并对重大风险提出规避措施和事故预案,完成施工风险评估报告。

(2)编制现场施工风险评估报告。施工风险评估报告应以正式文件发送给工程建设各方,经各方交流后形成现场风险管理实施文件记录。

(3)施工对邻近建(构)筑物影响风险分析。地下工程的施工都可能会对邻近的各类建(构)筑物产生一定的影响。风险分析的目的是通过建立工程施工引起地层变形与邻近建(构)筑物损坏的费用损失之间的关系,完成施工影响风险分析的经济损失评估。

(4)施工风险动态跟踪管理。

(5)施工风险预警预报。

(6)施工风险通告。

(7)现场重大事故上报及处置。

(8)施工期建设风险管理需建设各方共同参与,与施工单位一起完成施工风险管理实施。

3. 车辆及机电系统安装与调试风险管理

城市轨道交通车辆及机电设备安装与调试阶段是风险易发阶段,由于系统处于组装和调试期,各设备与系统之间存在一定的衔接与协调,同时各系统安装中也需要进行必要的防护和保护。风险管理中主要风险因素包括:

(1)设备系统的检验或测试不全面。

(2)现场检验或调试问题。

(3)系统联调及并网运营故障。

(4)不同期建设线路或多条线路联合调试协调。

(5)试运行和竣工验收风险管理。

试运行和竣工验收风险管理应进行系统试运行联合调试风险分析,应对轨道、供电、接触网、信号、通信、车辆、屏蔽门及调度指挥等各系统进行专项风险评估,编写风险记录文件。同时还应结合现场资料和风险管理经验,采用风险检查表法,针对建设方面和运营方面分别进行风险评估。

4. 试运行和竣工验收风险管理

试运行及竣工验收阶段，风险管理应进行系统试运行联合调试风险分析，在各分项系统完成系统安装与调试并确保各项技术指标合格的基础上进行联合调试。还应结合现场资料和风险管理经验，采用风险检查表法，针对建设和运营方面分别进行风险评估，包括：

(1)建设方面风险分析

①土建系统风险分析，包括：车站、区间、车辆基地和综合维修基地、轨道系统、预留线等。

②机电设备风险分析，包括：供电系统、信号系统、通信系统、通风空调系统、给水排水和消防系统、防灾报警系统(FAS)、设备监控系统(BAS)、自动售检票系统(AFC)、车站屏蔽门、安全门、自动扶梯及电梯、防淹门系统等。

③车辆系统风险分析。

④系统联调及试运行风险分析。

(2)运营方面风险分析

①组织机构和人员配置及要求风险分析。

②行车组织和客运组织风险分析。

③线路运营备品备件风险分析。

④相关技术资料配备风险分析。

⑤资产接管风险分析。

⑥试运营规章制度风险分析。

⑦应急预案与演练。

试运行中针对轨道、供电、接触网、信号、通信、车辆、屏蔽门及调度指挥等系统需进行综合模拟运行，各相关系统的安全性、可靠性和适用性指标都要求达到运营线路的标准。另外，还需要对客运服务设施和通风空调、FAS、BAS 及 AFC 等系统进行综合动态模拟运行。当联合调试的季节符合冷源运行条件时，空调系统要求带负荷综合效能运行。相关城市轨道交通设施应做到配合协调、联动迅速，功能达到设计规范要求。

7.3 安全风险评估方法

与一般性建设项目相比，城市轨道交通项目受水文地质条件、社会环境、施工技术的可靠度、经济发展程度等方面因素的影响较大，进行全面系统的风险评价的难度也就更大。因此，对重大危险源的关键部分应进行重点分析和评价，找出潜在的缺陷、失误等因素和要预防的重点。并且根据危险源分级标准，对重大危险源的危险程度进行分级，以便于采取有效的管理和监控措施。在评估时需要先划分评估单元，根据评估对象的复杂程度选择具体的一种或多种评价方法，对事故发生的可能性和严重程度进行定性或定量的评价，在此基础上进行危险分级。目前常用的风险评估分析方法较多，这些方法的原理和特点各不相同，在应用中有着各自的优缺点和适用范围，大致可以分为三类：定性分析法、定量分析法和定性定量综合分析法。

1. 定性分析法

定性风险分析法是主要依靠分析人员的洞察力和分析能力，借助经验、知识、专家意见以及逻辑判断能力对风险进行分析与判断的一类方法，如调查与专家打分法(包括头脑风暴法、德尔菲法、外推法等)。该种方法一般由分析人员或专家根据所获取的信息，对研究对象直接打分或作出直观判断,然后经过总结、归纳,最后得出分析结论。使用这类方法,要求分析人员具有较高的专业知识和丰富的实践经验,并且具有在不完整的数据资料中洞察事物本质的能力。

该种方法的优点是不必建立精确的数学模型和计算方法,简单、易懂、节约时间与资源;另外,它不受统计数据的限制,可以通过人的智慧和经验,避免和减少因统计数据不足或不精确而产生的片面性和局限性,适应性较强,应用范围较为广泛。

缺点是在准确度和数据处理上具有难度,风险概率与后果无法量化;分析结果易受分析人员的主观因素影响,带有个人偏见与片面性,并因缺乏数字依据而说服力不强。

2. 定量分析方法

定量风险分析法是一种以试验数据或统计数据为依据,通过建立数学模型,运用数学计算或数值分析方法对风险进行量化分析的方法,如蒙特卡罗法、敏感性分析法等。

该种方法的优点是完全以客观、定量的数据为依据,通过科学的计算来实现,消除了主观因素的影响,结果较为严密和准确,具有较强的科学性和可靠性。这种方法在核工业、航空工业和石化工业应用较为广泛。随着社会的发展,人们对风险分析的准确性提出了更高的要求,同时,科学技术的进步与计算机的应用为定量分析提供了有效的工具,这些因素促进了定量分析技术的发展,其应用领域正不断扩大,该方法代表了风险分析技术的主要发展方向。

其缺点是分析过程较为复杂,有些内容难以量化求解,占用或耗费时间与资源较多;同时,其分析结果往往取决于原始数据的完整性、数学模型的精确性和分析方法的合理性。

3. 定性定量综合分析法

一般来说风险分析问题都比较复杂,涉及的影响因素众多,这些因素有些可量化,有些很难或不可能量化,因此就出现了定性与定量相结合的综合分析方法。该种方法是采用定性分析与定量分析相结合的方式,对风险进行综合分析,是一种综合性的风险分析方法。该方法兼有定性分析法与定量分析法两者兼具的共同特点,力求弥补两者各自的不足,以达到风险分析的目的。如风险矩阵分析法、层次分析法、故障树分析法、事件树分析法、CMI 模型、作业条件危险评价法(LEC 法)等。

以下分别以专家调查法、风险矩阵法及 LEC 法为例,介绍城市轨道交通建设安全风险评估流程。

7.3.1 专家调查法

专家调查法包括德尔菲法和头脑风暴法两种方法,主要是依靠专家的知识和经验,对研究的问题作出判断和评估。

德尔菲法采用匿名函询的方法,反复征集专家的意见,进行统计归纳,最终形成稳定统一的结果。该方法采用匿名的方式能够有效地避免因权威作用或相互干扰而影响专家的自我判断。该方法采用函询和反复征集的方式,评价过程较长,在工程上尤其是工期较为紧迫的工程上有一定的弊端。

头脑风暴法又称智爆法,该方法通过组织该领域或相关领域的专家,以会议的形式,发挥集体的智慧,对评价目标作出判断。头脑风暴法分为直接法和质疑法两种,直接头脑风暴法是按照常规的思路由因到果进行分析,而质疑法是对直接法讨论出的结果,进行进一步的辩论,逐一质疑,分析其可靠性,从而得到最终理想的结果。头脑风暴法这种会议的形式,每一个专家的意见都能够刺激其他专家产生新的想法,所以相对于德尔菲法,同样数目的专家,产生的提案要提高很多。而且,该方法对类似工程缺少的项目,能够深入地分析其潜在的风险源。

专家调查法实施步骤如下：

(1)组织专家。组织建设单位、设计单位、监理单位施工单位和具有类似项目经验的风险专家共同组成风险识别小组。

(2)整理工程相关资料。包括勘察报告、水文地质材料、设计及施工图纸等。依据施工安全事故的统计数据，制作风险源识别表。

(3)向风险小组分发项目资料及风险源识别表，根据识别单元进行讨论，将讨论结果填到识别表上，在存在的风险源处打“√”

(4)整理识别结果，对存在的风险源进行汇总，形成风险源清单表。

7.3.2　风险矩阵法

根据风险的定义，风险由风险事件发生的概率和风险事件发生引起的后果组成，风险矩阵将风险发生概率和风险发生后果置于一个矩阵中，横坐标表示风险发生后果，纵坐标表示风险发生概率，两者不同组合得到不同的风险等级。根据《风险管理规范》，将风险发生后果的严重度分为五个等级：灾难性、非常严重、严重、需考虑、可忽略，把风险发生概率也分为五个等级：频繁发生、可能发生、偶尔发生、罕见发生、不可能发生。五个级别组合即可得到五行五列的矩阵。

7.3.3　LEC 法

LEC 法，即作业条件危险性评价法，是基于所评价的环境与某些作为参考环境的对比为基础的一种评价方法。该方法认为影响作业条件危险性的主要因素有下列三个：发生事故或危险事件的可能性(L)、人员或设备、材料暴露于危险环境中的频繁程度(E)、事故或危险事件发生可能产生的后果(C)。采取半定量计值方法，给三种因素的不同等级分别确定不同的分值，再以三个分值的乘积 D 来评价作业条件危险性的大小。LEC 法的计算公式为：

$$D=L\times E\times C \tag{7.3—1}$$

式中　D——最终得到的风险值；

L——事故发生的可能性；

E——人员或设备、材料暴露于危险环境中的频繁程度；

C——事故或危险事件发生可能产生的后果。

LEC 法的基本步骤为：以类比作业条件为基础，熟悉类比作业条件的人员组成专家组。由专家组成员按规定标准给 L、E、C 分别打分，取三组分值的平均值作为 L、E、C 的计算分值，用计算的危险性分值(D)来评价作业条件的危险等级。

事故发生的可能性(L)定性表达了事故发生概率。必然发生的事故的概率为 1，规定的分值为 10；绝对不发生的事故的概率为 0，而施工过程中不存在绝对不发生的事故的情况，故规定实际上不可能发生的事故的情况对应的分值为 0.1，以此为基础规定其他情况相对应的分值见表 7.3—1 的几档。评价人员根据危险源的状况，选择相应的可能性类别，从而得到相应的分数值。

表 7.3—1　事故发生的可能性(L)

分数值	事故发生的可能性(L)
10	完全可能性预测
6	相当可能
3	可能，但不经常

续上表

分数值	事故发生的可能性(*L*)
1	可能性小,完全意外
0.5	可以设想,很不可能
0.2	极不可能
0.1	实际不可能

人员或设备、材料暴露于危险环境中的次数越多,受到伤害的可能性越大,相应的危险性也越大。规定人员或设备、材料连续出现在危险环境的情况定为10,而非常罕见地出现在危险环境中定为0.5,介于两者之间的各种情况规定若干个中间值,见表7.3—2。

表7.3—2 暴露于危险环境的频繁程度(*E*)

分数值	暴露于危险环境的频繁程度(*E*)
10	连续暴露
6	每天工作时间暴露
3	每周一次暴露或偶然暴露
2	每月一次暴露
1	每年几次暴露
0.5	非常罕见暴露

事故造成人员伤亡的范围变化很大,所以规定分数值为1～100。把需要治疗的轻微伤害的分数规定为1,把造成多人死亡的分数规定为100,其他情况的数值在1～100之间,见表7.3—3。

表7.3—3 发生事故可能造成的后果(*C*)

分数值	发生事故可能造成的后果(*C*)
100	重大事故以上,死亡10人及以上,或重伤50人及以上
40	较大事故,死亡3至9人,或重伤10至49人
15	一般事故,死亡1至2人,重伤6至9人
7	一般事故,重伤2人至5人
3	重伤1人
1	轻伤

根据公式可计算出危险源的危险性分值D,数值越大,表示危险源的风险程度越高,对应风险等级也越高。表7.3—4对危险性分值进行了等级划分,然后根据某一危险源的危险性分值落在哪一档,来确定该危险源的风险等级,从而评价出重大危险、危险源因素,制定合理的控制措施,防止事故发生。

表7.3—4 风险等级划分表

危险性分值	风险程度	风险等级
≤20	稍有危险,可以接受	Ⅳ
21～70	一般危险,需要注意	Ⅲ
71～160	显著危险,需要整改	Ⅱ
161～319	高度危险,要立即改善	Ⅰ
≥320	极其危险,不能继续工作	

7.4 主要问题与建议

7.4.1 存在的主要问题

1. 安全风险演化机理、灾变模型与风险评估方法需深入研究

城市轨道交通工程施工中的人、机、料、环境、时空、管理等因素耦合影响决定了安全的状态，各个不安全因素之间具有关联性和链发性，其事故产生机理与阻断对策具有多米诺骨牌效应。目前大多仅限于采用单一事故作用下的评估和响应机制，相关多源事故链的成因机理与物理演化方面的理论研究相对较少，无法对多场、多因素、多体相互作用下事故产生的宏细观机理、演化过程、关联特性、动态特性等进行客观全面的反映。风险评估方法主要以风险学的基本方法定性分析为主，很难体现事故链机理对安全风险的定量影响，缺乏真正意义上的理论风险评价方法。以上方面均需深入研究。

2. 安全风险评估视角单一，全面性不足

轨道交通项目规模大，风险高、环境条件复杂、建设周期长、参建主体多，依靠单一主体角度开展的安全风险评估工作难以覆盖全面。例如，从设计单位角度，主要考虑工程地质水文地质条件、周边环境、工艺工法、设计理论和计算模型等，很难考虑施工单位技术管理水平的差异、施工作业风险和时空效应的影响；从施工单位的角度，可以对施工标段的风险进行全面的评价，但往往忽略自身的局限性或从规避监管的角度大事化小，小事化了，所以其评价也很难客观；从建设单位角度，管理幅度太大，管理资源有限，往往也存在考虑不到位的问题。

3. 安全风险评估主观性偏重，定量评估难度大

现行《风险管理规范》在实际应用用实操性不强，主要表现在风险发生的概率和损失重度的定量指标难以确定，主观性太强，不同的风险评估人员得出的结果离散性太大，且针对千变万化的风险类别很难在同一可类比尺度上归一化处理。

4. 施工过程动态安全风险监控和预警的时效性和精准度有待提高

城市轨道交通施工包含 30 余个工种，工种间常常存在交叉作业的情形，施工中的人员、设备、物资等在管理上多数比较简单或粗放，难以有效掌控和保证全要素的安全状态。另外，工程结构和周边环境的监控量测工作，目前主要以人工监测为主，对于安全状态的评估和信息反馈基本做到“不定期”或“定期”预报的程度，在监控的时效性和预警的精准度方面显著不足。因此，需要利用信息技术和智能设备自动采集施工人员、机械设备、工程结构、地质和环境等状态信息，实时、精准地完成风险识别和预警。

7.4.2 建　　议

(1)加快灾变机制及评价方法研究，推动安全风险管理的理论进步。我国城市轨道交通建设体量巨大，在建设过程中也积累了大量的安全风险事故经验，应结合城市地质与工程环境特点揭示风险事故的孕育、演化、传导及衍生灾害的形成机理，提出科学的安全风险评价方法及指标体系，形成对系统灾变的有效预测，提高安全风险管理的水平。

(2)建议制订分区分段分类分条目的安全风险评估导则或规范性文件，结合具体问题制定相对量化的评估参考标准，推动安全风险评估标准化，各参建单位结合自身职责和管理重点提炼转化自身的安全风险评估成果，制订安全风险分级分类管理细则，提升安全风险评估成果的全面性。

(3)优化改良灾害控制技术,实现安全风险的可靠控制。引进网络化、智能化设备及技术并推广服务于城市轨道交通工程建设,深度采集人、机、物、环、管等多方面的资源及信息,联动 GIS 模型、BIM 技术、物联网数据,建立基于多源异构信息的安全风险自动侦测、智能分析和动态风险控制技术的协同控制平台,形成安全风险信息全息模型,实现安全风险的可靠控制。

8 城市轨道交通建设安全风险控制技术

工程设计行业处于整个建筑产业链的上游，贯穿着项目建设实施的全过程，支撑着整个项目的投资、建设、运营，具有一定的引领作用。设计单位作为城市轨道交通建设项目的重要参与者，应当在建设工程设计中综合考虑建设前期风险评估结果，确保建筑设计方案和结构设计方案的合理性，提出相应的设计技术处理方案，配合建设单位制定和实施的应急预案，并就相关风险处置技术方案由设计交底向施工单位作出详细说明，及时解决施工中出现的设计问题。设计单位对于风险的预判、分析、防控是非常必要的，有助于项目建设工作的顺利开展，保障质量。目前，根据相关安全风险设计规范要求，设计单位在施工前均已完成对工程建设安全风险进行风险识别，给出向风险保护措施，并建立相应的风险分级清单台账。

城市轨道交通工程规模宏大、建设周期长、地域性强、不确定因素多且存在大量的工程风险。由此可见，风险事件的体现并不是独立存在，而是在建设工程整个周期中逐步显现、发展。在城市复杂的轨道交通建设网络中，设计面临的困难越来越多，设计需要关注的工程风险点贯穿于规划设计阶段、可行性研究阶段、初步设计阶段、施工图设计阶段、施工阶段、后评估阶段等工程建设前期及建设期全过程。

8.1 线站位选择风险控制技术

对于新修建的城市轨道交通工程，由于前期时间紧、任务重，为确保城市轨道交通建设又好又快的推进，需要对规划设计前期的工作内容有清晰的把握。城市轨道交通规划设计前期工作内容主要包括：线网规划、建设规划、可行性研究。

线网规划是城市轨道交通规划设计工作开展的第一步，是城市总体规划的专项规划，也是城市综合交通规划的重要组成部分。建设规划在城市轨道交通规划设计中审批级别最高、涉及部门最多，是城市轨道交通规划设计的开端和遵循的基本原则纲领工程可行性研究(以下简称“工可”)，是城市轨道交通规划设计前期阶段唯一一次对单线线路进行全方位的深化研究。工可不仅从工程技术角度来论证工程的可行性，还对工程线路与城市总体规划、城市综合交通规划、城市轨道交通线网规划的关系进行分析，对工程线路功能定位等内容进行研究，为工程技术方案奠定一个合理和稳定的基础。

在开展项目时，部分设计通常把注意力放在工程的施工阶段，忽略了规划、可研等决策阶段风险控制，造成工程建设风险，甚至成为项目顺利开展的绊脚石。在城市轨道交通规划、可研阶段，我们通常会面临线路选择不当、站点选址不当等安全风险隐患，对风险因素自辨自控是项目顺利实施的前提。

8.1.1 线路选择不当风险

城市轨道交通线路设计是从城市交通状况根本出发，根据城市地铁建设要求“按需设置、经济合理、技术可实现性、协调开展”作为根本原则。

线路选择主要考虑的因素有：客流量、区域经济发展、周边建（构）筑物限制和地质条件制约及线路技术参数。在选线过程中，需要综合考虑这些因素，以确保线路的安全、高效、环保和经济可行。简言之，线路设计得当可以为工程建设避免很多不必要的风险，必须充分重视。

1. 平面线形设计

直线、缓和曲线和圆曲线是城市轨道交通线路平面设计应用最多的基本线形。平面设计应在满足功能要求的前提下，充分考虑地形地貌、工程地质、水文地质、文物区域、既有的和规划的地下管网、道路、河流的关系。

2. 纵断面线形设计

线路纵断面设计必须保证纵坡具有一定的平顺性，确保在一定速度内车辆行驶的安全性，不能出现大起伏，尽可能不选用极限纵坡值。城市轨道交通线路纵断面设计要充分考虑地下桩基础、管网、河流、地铁车辆性能、运营特点和施工方法等因素。高架线的线路纵断面设计应充分注意环境保护和景观效果。

线路设计主要注意以下几点：

（1）重视基础资料收集和分析。主要包含线路沿线地块规划、道路现状红线及规划红线、管线（尤其是等级高、埋深深、带水带压、电力隧道等大型市政管线）、河湖、铁路、文物及其他控制性建（构）筑物。

（2）深入现场，实地勘察。通过对线路周边现场勘察，掌握实地资料，多方案综合比较，积极与规划协调设置。

（3）加强与规划、市政等政府职能部门及建设方联系。主动与外部联系和协调，取得其指导、帮助和支持，尽量取得其书面意见、稳定线路平面、纵断面。

（4）加强轨道交通设计各专业间的配合与协调。线路设计加强与其他专业（包含行车、车辆、土建等专业）配合，根据提供资料优化线路设计。

8.1.2 站点选址不当风险

站点选址是线路规划完成之后，车站设计之前的一个重要环节。站点选址对线路规划能进一步补充和更正，也为下阶段车站设计提供基础条件。轨道交通站点选址主要考虑因素为客流量以及其他因素，例如车站间距、车站规模等，除此之外还要考虑当地的建筑和水文地质情况。所以，车站一般设置在比较繁华、人口密度较大的区段，但这些区段高楼林立、地下管线众多、交通繁忙，这样便存在矛盾，也存在一定的工程风险。

1. 客流预测

客流预测是轨道交通线路站点选址的重要因素，对客流预测的理性分析至关重要。但是，对城市轨道交通规模的决策完全依赖客流预测这一做法似乎仍有不足。因此，建议客流预测以国内同类型城市形态、人口总量和功能定位作为参考来综合分析，可能更接近实际情况。

2. 站点考虑远期线路预留

国内的轨道交通有些缺乏周密考虑，在换乘节点上存在缺陷。例如某地铁车站没有考虑为后建的地铁线预留条件，致使后面地铁线路实施困难。除此之外，缺乏规划统筹考虑的地铁线还有可能面临废弃等不可挽回的工程损失，甚至造成工程风险。

3. 站点与周边一体化设计

轨道交通站城一体化设计是交通体系中较为重要的环节，以轨道交通为主干，交通带动周边经济协调发展是实现轨道交通功能的现状及趋势。轨道交通站点周边环境设计需要与城市整体规划和用地结构相协调，满足周边居民的需求，改善城市环境。站点的周边利用设计应当遵循以人为本的原则，同时也需符合政策和市场的需求，达到最佳利用效果。

城市轨道交通建设具有点多、线长、面广、地质条件复杂等特点，规划及在建线路一般穿越城市繁华主城区，对地层沉降敏感且严苛。由于地质条件复杂，使轨道交通一体化设计存在较大的施工安全风险。

8.2 结构设计风险控制技术

城市轨道交通工程结构设计是工程建设的一个重要组成部分，可以说结构设计是工程建设的基础，对于前期风险控制、工期控制、投资控制等各个方面产生重要影响，并且直接影响到工程施工的效果。

8.2.1 水文地质风险控制技术

水文地质是工程前期勘察工作的重要组成部分，也是设计方案和施工方案提供基础参数的关键环节。地下水文环境会对城市轨道交通工程施工的稳定性和安全性造成重要影响。地下水文地质具有不确定性、离散性及很高的变异性，这些复杂因素的存在给地铁工程建设带来巨大的风险，也蕴含了导致安全事故的根本因素。地下水的有效防控是安全风险管控的要点。

1. 地下水类型及赋存条件

在水文地质勘察过程中，应查明地下水类型、水质、流速、流向、埋藏条件、补给来源、历年最高水位等，了解地下水动态特征和周期变化规律，并为后期工程设计提供水文地质参数。其中，地下水类型及赋存条件的掌握，可为后期设计和施工降水提供依据，减少因地下水处理不当造成的城市轨道交通建设安全风险。

2. 含水层分布及富水性

在水文地质勘察过程中，应查明上层滞水的分布及其补给来源，对多层含水层应查明各含水层的层位分布及各层水位。针对承压含水层，应测量承压水头，查明施工开挖时可能产生突发性涌水及坍塌的含水透镜体的分布。由于含水层分布及富水性规律的组合类型和影响条件多样，其受控因素多、控制机理复杂，造成含水层分布及富水性分析的不确定性，为后期工程建设带来隐患。

3. 涌水量预测

为防止地下水涌水导致基坑失稳而引发施工安全事故，需对地下水涌水量进行科学预测。此外，对涌水量进行合理预测，也是后期制定施工降水方案的基础。

8.2.2 工程地质风险控制技术

城市轨道交通工程一般线路较长，所跨地域广、途径区域地质状况变化较大，再加上地下水的作用，致使地质勘察存在一定风险。

1. 地质勘察的不确定性

城市地铁线路较长，穿越主要城区，会造成施工沿线岩土类型的频繁变化。前期的地质勘察工作只能从宏观上把握工程地质情况，地质勘察的不确定性将导致设计结果的不确定性，会对后期施工安全风险产生较大影响。

2. 不良地质分布

工程施工过程中，可能会遇到湿陷性黄土、软土、松软围岩、膨胀岩土、断层等特殊性岩土和不良地质条件，会对和施工安全造成较大影响。此外，还应考虑对施工不利的饱和砂层、卵石漂石层、有害气体、地裂缝等对工程施工的危害程度和影响，并制定防治措施。因此，在前期地质勘察过程中，应对不良地质条件进行地质风险评价，提供其对施工工法的适应性分析及设计处理方案的建议。

3. 软土层厚度

在城市轨道交通施工中，土层特性是造成事故的内在原因。土层地质条件较差，会导致支护结构受到土压力差别非常大，而土压力是造成支护结构发生位移和变形的最直接原因。目前，很多现场事故均发生在软土地区，主要是软土层被动土压力较小，造成支护结构变形和位移较大。

8.2.3 周边环境风险控制技术

城市轨道交通工程通常设置于城市中心地区，这些区段往往高楼林立、地下管线众多、交通繁忙，复杂的周边环境是造成施工安全事故频发的主要原因之一。周边环境因素主要归纳为：周边建（构）筑物、市政管线、市政道路及大型障碍物等。

1. 邻近、穿越周边建（构）筑物

在城市轨道交通施工中，由于对地层的扰动，必然会对周边的建（构）筑物产生一定程度的影响，主要表现在施工引起的建（构）筑物倾斜、开裂甚至坍塌。为了确保地铁施工期间周边建（构）筑物与轨道交通的使用安全，必须对周边环境现状进行调查和评估，主要包括建（构）筑物与地铁之间的空间位置关系、建筑物或构筑物安全性评估、城市轨道交通施工对邻近地层和建（构）筑物的影响与预测、对周边建（构）筑物进行巡查和监测、制定突发情况的应急预案等。

2. 周边市政管线分布

随着城市的发展，城市轨道交通周边地下管线分布日趋复杂。施工前，调查所有在建设范围内的地下管线，着重查明影响区内管线的平面分布、数量、埋深、管径、材质及使用现状等。根据管线分布，优化工程设计和施工方案设计，通过避开管线密集区域，减少因地下管线渗漏、断裂而造成的施工安全事故。

3. 市政道路

城市轨道交通在人流量大，交通繁忙的环境下建设，在这种客观环境条件下，决定了地铁施工的高风险性，一旦发生事故，后果非常严重。

4. 大型障碍物

地下工程的大型障碍物一般包括地下室、建筑物桩基、大面积建筑垃圾等。如果大型障碍物的勘测不准，没有事先采取必要的规避措施，会给施工带来很大的难度，影响施工安全和工期。

8.2.4 结构及工法设计缺陷控制技术

工程设计缺陷主要是指设计中采用的力学模型、参数及分析判断方法与实际存在一定的差异，导致结构设计不合理，过于浪费或者影响工程质量，甚至导致重大事故风险。设计方案影响因素主要有以下几个方面：

1. 设计参数取值不当风险

土体的参数取值不当主要体现在对土层认识不足或工程勘测提供的指标不明确，使设计对土的指标取值过高，或者忽略了地下水的作用，特别是含水层的水压力问题，导致支护结构的安全度不够，在土方开挖时出现支护结构的破坏。

结构参数取值不当主要体现在结构的材料选取和尺寸设计，造成设计方案有所差异。

2. 设计荷载取值不当风险

支护设计中，土压力、水压力的计算是支护结构设计计算的前提，但必须注意到实际的土压力在施工期间并不是一成不变的，土压力随周边环境条件的变化而变化，如雨季、地下管道漏水等会引起土压力、水压力变化，地面堆载、堆料、临时建筑物会引起土、水压力变化而诱发事故。

3. 设计模型选取不当风险

支护及盾构衬砌设计一般应遵照某种成熟的计算模型进行反复验算方能保证安全，并不是完全从理论上精确地推导出来的，当采用模型不符合时，将造成工程事故。此外，不同的设计者采用不同的软件，在相同参数下的计算结果可能相差2～3倍。这些都给设计工作带来了风险。

4. 施工工法选取不当风险

城市轨道交通车站施工工法选择受到车站规模、水文地质条件、工程地质条件、周边环境条件等多方面因素影响，选择的方案不仅要满足地铁车站自身安全施工的需要，而且还要避免对周边环境造成安全隐患。根据车站型式的不同，采用的施工工法也有所差异，常用的施工方法有明挖法、盖挖法、暗挖法和盾构法等。

5. 围护结构设计

城市轨道交通车站一般建在建筑物较密集、人口稠密的地区，由于场地的局限性，没有足够的放坡空间，造成车站围护结构的设计与施工问题变得非常紧迫和突出。围护结构设计是指在开发地下空间过程中，为了抵御不利的外部环境而设置的临时性或永久性结构。围护结构设计包括围护结构设计计算方法及参数选取、围护结构的选型、围护结构深度、围护结构具体设计参数等因素。车站工程中，选择不同的围护结构支护方式，会导致一些具体安全风险的不同，如采用地下连续墙，就有可能发生槽壁坍塌的风险，而锚杆支护则会产生预应力张拉和灌浆不佳带来的风险。

6. 支撑体系设计

支撑体系是指在基坑开挖过程中，为了抵抗围护结构向内变形或向外变形而设置的临时性结构。从车站施工安全事故统计来看，支撑体系破坏是造成安全事故的主要原因之一。目前常用的支称体系有钢支撑、钢筋混凝土支撑、钢管混凝土支撑、型钢柱、预应力锚杆(索)等多种方式。在支撑体系设计中，竖向支撑系统和水平支撑系统的设计，应满足施工阶段的承载力和刚度要求。此外，支撑体系中的节点构造应符合结构预期的工作状态，保证构件之间的连接简单、传力可靠。

7. 地下水控制风险

城市轨道交通设计不应显著改变所在区域的地下水状态，避免引起周边沉降、水体污染、水体景观破坏等风险，地下水控制措施不当包括降排水参数不合理、地下水分层控制不当、回灌措施不合理等。

8.3 施工工法设计风险控制技术

施工工法风险来源一般有很多方面，有人为因素，也有自然因素。人为因素大多体现在频繁的设计变更导致图纸不交圈，图纸质量下降，或是图纸审核不严谨，图纸审核期间未发现较为严重的错误。自然因素大多体现在突发的地质灾害导致设计变更，建设周期加长，施工难度加大。施工图设计阶段的风险管理策略主要包含以下几个方面：

1. 预防质量风险

城市轨道交通工程是一项以人为本的工程项目，要减轻设计施工图质量风险就必须对相关设计人员进行严格的岗前培训及持续性的督导。培训内容主要包括国家法律、法规、设计规范、设计标准、风险知识、操作规程等。教育的目的是让设计人员具备面临各种风险合理规避及处理的能力，并且让设计人员认识到设计过程的疏忽行为可能导致严重的后果。

2. 遵循制度化设计程序

施工图设计过程中，若规律化设计程序被破坏，也会对项目及工程带来不可挽回的损失。因此要求设计单位执行标准的施工图设计程序，避免设计程序缺失带来巨大的图纸质量隐患。

3. 合理规避质量风险

若遇到的城市轨道项目体量庞大，或者项目过于复杂，超出设计单位的技术水平时，因风险的潜在威胁发生可能性过大时，可以请求技术支持甚至主动放弃项目，这也是规避风险的一种行之有效的方法。

4. 预留一定的风险事件应对时间

当遇到的城市轨道交通项目复杂且庞大时，因不确定因素过多，给项目增加许多的未知风险，因此可根据项目生产的总体安排，给重点关注的节点提出比正常设计周期较长的设计周期，以确保风险事件出现有足够的时间识别及应对。

5. 明确施工图审核要点

设计单位应根据以往的经验，编制常见的图纸校核要点，并向全体设计人员普及。例如：消防规范审查、各专业强条审查、规划条件审查及主要设计要点审查等。因国家级行业规范对设计要点都有明确的规定，地方政府也出台了符合本省要求的地方标准，所以图纸校核要点有较为全面的理论支撑。通过设计者日常学习及设计院层面的宣贯，也可掌握校核要点。

8.3.1 止水设计

止水设计通常用于基坑开挖深度不大且承压水头不高的情况，隔断坑内外的水力联系。较为常见的止水帷幕形成方法有深层水泥搅拌桩法和高压喷射注浆原理法，也可直接采用地下连续墙作为止水屏障。施工措施的主要目的是阻断基坑内外地下水的连通及补给，并且提高墙后土体的整体稳定性，减小地层的渗透系数，保证基坑结构及周边环境的安全。

竖向止水帷幕设置应穿过透水层进入不渗水或弱透水层，真正起到隔水封闭的作用。

当坑底存在承压水时，竖向止水帷幕应切断承压水层，也可在坑底设置水平向的止水帷幕，即可阻止地下水绕墙向坑内渗流，又防止承压水向上作用使基坑底面发生突涌破坏。一般也在承压水层中设置减压井以降低承压水头。当承压水头高、水量大时，也可以设置水平向止水帷幕，并配合设置一定量的减压井，这样比较经济。

8.3.2 降水设计

工程降水是基坑工程的一个难点。基坑工程中由于降水不当造成的基坑失稳的事故时有发生。基坑降水有：轻型井点、喷射井点、电渗井点、管井井点、深井井点等方法。各种方法的降水深度不同，适用土层也各不相同。在设计降水方案前，除应查明工程地质情况外，还应着重查明开挖范围内及邻近场地地下水特征，包括含水层分布规律、地下水的水位、流量、流速、渗透系数及补给来源和排泄方向等水文地质资料。风险规避主要有以下几点：

(1)基坑内降水或基坑开挖引起的基坑外水位下降不能过快。

(2)应在降水井与受保护建筑物和地下管线之间设置回灌井或回灌砂井、砂沟，即采用井点降水与回灌相结合的技术，防止土的流失。

(3)基坑降水时，邻近基坑的建筑物及各类地下管线应设置沉降监测点，定时观测其沉降，掌握沉降量及变化趋势。

(4)应根据具体的基坑实际情况，适当调整井点管的埋置深度。一般情况下，井点管的埋置深度应使基坑内降水曲面在基坑底下 0.5～1.0 m 处。

(5)降水井布设方式宜根据场地水文地质、工程地质条件，基坑围护结构形式，是否设隔水帷幕及帷幕深度，基坑平面尺寸及槽深，邻近建筑物的安全要求等确定。

(6)停止降水时间宜根据工程实际要求及地下结构施工情况确定。

8.3.3 工法设计

国内城市地铁施工较为成熟的方法有明挖法、盖挖法和浅埋暗挖法等，各有优缺点。施工方法的选取应结合结构所在地段的工程地质及水文地质条件、城市规划要求、周围既有建筑物、道路交通状况、场地条件、结构埋深、结构型式、工期和土建造价等多种因素综合比较后确定。目前地铁车站工程开挖方法主要有明挖顺作法、逆作法、盖挖顺作法和暗挖法等。施工方案比较见表 8.3—1 和表 8.3—2。

表 8.3—1 车站施工方案比较表

项　目	明挖法	盖挖法	暗挖法
对地面交通影响	大，需中断交通	较大，需短期占用部分道路	对交通无影响
对地下管线影响	大，管线改移多	部分管线需要改移	不需改移管线
施工技术	成熟	成熟	较成熟
施工难度	小	较小	大
工程质量	好	较好	一般
防水质量	好	较好	一般
地面沉降	小	小	稍大
扰民程度	大	较大	小
施工工期	短	较短	长
土建造价	低	较高	高

表 8.3—2 区间施工方案比较表

项　目	明挖法	盾构法	矿山法
对地面交通影响	大，需中断交通	对交通无影响	对交通无影响
对地下管线影响	大，管线改移多	不需改移管线	不需改移管线
施工技术	成熟	成熟	成熟
施工难度	小	较小	大
工程质量	施工环境好，质量易保证	施工环境好，质量易保证	施工环境一般，质量能保证
防水质量	较好	好	一般
地面沉降	小	小	稍大
扰民程度	大	小	小
施工工期	短，但工期不可控	短，工期可控	较长，工期可控
土建造价	较低	较高	高
工法灵活性	好	基本不可变更	好
机械设备	要求不高	盾构机属于大型机械，工期安排需要考虑设备采购	要求不高
综合评价	埋深浅，环境、交通时允许常采用	线路允许时尽可能采用	地质条件好时、可降水地区、辅助线常采用

大量工程实践表明，开挖方法的选择对确保地铁施工安全至关重要，不同的开挖方法所引起的施工安全风险差别很大。因此，在地铁开挖方案的选择过程中，设计者需对地层条件有足够的认识，并有丰富的设计经验和施工经验。

1. 明挖施工方法及围护结构

(1)明挖结构施工方法，应根据车站范围内的工程地质和水文地质勘探资料、周围环境及交通等情况进行技术、经济综合比较后选择。

(2)明挖深基坑施工方法，可按使用条件进行选择。

(3)明、盖挖法施工的地下围护结构的选择，根据工程地质和水文地质条件、周围环境、建构筑物、基坑深度、施工条件等情况，可选用地下连续结构设计，应严格按照国家或各地区有关规范、规程的规定和当地既有工程经验进行支护结构方案的技术经济比选后确定。

(4)明挖顺作法施工支护结构的支撑系统，可采用钢管支撑、型钢支撑、混凝土支撑或以锚杆(索)代替支撑。

2. 暗挖施工方法

(1)暗挖法施工车站覆土厚度应根据工程地质及水文地质条件、周边环境状况、车站结构类型及尺寸、线路条件等因素确定，以选定合理的覆跨比。

(2)暗挖断面衬砌类型及尺寸，可根据工程地质及水文地质条件、远期预测客流量、埋置深度、周边环境状况、施工条件等因素，通过工程类比和理论分析法确定。

(3)结构计算模式应反映施工阶段和运营阶段结构的实际工作条件，并反映结构与周围地层的相互作用。

(4)车站结构型式应根据工程地质及水文地质条件、车站功能、远期预测客流量、周围环境状况、施工安全性、工程造价等因素，并参考国内外已建成矿山法车站工程实例，经综合技术经济比较确定。

常用的暗挖施工方法如下：

(1)台阶法：适用于车站位于整体性较好的岩石地层或开挖断面较小时。

(2)CD 法、CRD 法、双侧壁导坑法适用于单拱式车站。

(3)中洞法、侧洞法、洞柱法、洞桩法、一次扣拱法：适用于三拱立柱式车站。

3. 盾构法施工

(1)城市地铁盾构区间常用的盾构类型有三种：泥水加压盾构、土压平衡盾构和复合式盾构。

(2)盾构衬砌限界及净空尺寸的确定主要取决于地铁限界(包括车辆限界、设备限界、建筑限界)，同时还要考虑合理的施工误差、测量误差、不均匀沉降等因素。

(3)管片衬砌环采用板式结构，其厚度应根据隧道的埋深情况、地下水位情况、隧道直径大小、受力使用情况以及施工期间的荷载作用等因素确定，宜控制在 $0.05D \sim 0.06D$。

(4)管片的连接方式有三种：螺栓连接、无螺栓连接、销钉连接。国内基本上均采用螺栓连接，螺栓连接主要包括直螺栓连接、弯螺栓连接和斜螺栓连接。

(5)近年来随盾构法隧道应用范围的日益扩大，盾构掘进技术和管片拼装质量的不断改进和提高，盾构隧道管片衬砌环宽有逐渐加宽的趋势。而且从结构防水、加快施工进度、节省造价上看，管片加宽也是有利的。

4. 高架车站

(1)高架车站、区间应根据功能、环境、景观、经济等诸多因素进行综合比较，分段或不分段考虑选择结构型式。

(2)桥梁跨径的选择、墩位的布置,应满足市区景观、地面交通、经济性、施工运输、吊装等多项要求。

(3)轨道交通与公路交通结构或房屋建筑合建时,轨道交通与公路交通结构或房建结构的相互影响应考虑并应满足两者之不利情况。对于其共同构件,按不同系列规范设计后,经比较取安全值。

(4)桥梁基础应根据沿线地质情况、桥型条件、环境施工条件,分段分工点进行技术经济比较后选择。

(5)高架结构在市区内,应最大限度减少振动和噪声,特殊地段必要时设置声屏障。

8.3.4 结构设计

地铁车站包含大量的细部结构,总体来看其结构组成较为复杂,施工期间应考虑的因素较多。对此结构设计时应严格执行高标准,保证结构设计方案的可实施性,以免在后续施工或运营过程中出现问题。结构设计中要遵循以下设计原则:

(1)地下铁道的结构设计在"安全可靠、经久耐用、技术先进、经济合理、施工方便、确保质量"的基本前提下,应以"结构为功能服务"为原则,满足施工工艺、行车运营、城市规划、环境保护、防水、防腐、防震、人防、防迷流、防腐蚀及杂散电流防护的有关要求。

(2)城结构设计应根据沿线不同地段的工程水文地质条件及城市总体规划要求,结合周围地面建筑物和构筑物、管线及道路交通状况,通过对技术、经济、环保及使用功能等方面的综合比较,选择合理的施工方法和结构型式及地下水处理、防治措施,结构构件应力求简单、施工简便,同时要尽量缩短施工工期。

(3)结构设计应减少施工中和建成后对环境造成的不利影响,考虑城市规划引起周围环境改变对结构的作用。对分期建设的地铁结构,应根据轨道交通线网规划,合理确定节点形式;对于近期工程应预留节点,远期工程要考虑远期实施条件,必要时预留一定的实施条件(通过技术经济分析),以减少远期工程实施时的难度以及对既有工程的不利影响。

(4)对分期建设的地铁线路,应根据轨道交通线网规划,按照近、远期线路不同要求,确定合理的节点形式,对于近期工程应预留节点,远期工程要考虑远期实施条件,必要时预留一定的实施条件(通过技术经济分析),以减少远期工程实施时的难度以及对既有工程的不利影响。

(5)结构设计中应控制因降水、基坑开挖和地下结构施工中引起的地层变形量。应对由于地层变形可能引起的周围建(构)筑物、地下管线、既有地铁结构及市政设施等产生的危害加以预测,并提出安全可靠、经济合理、技术先进、施工方便的工程保护措施,防止地层过量的变形对周围建(构)筑物、地下管线、既有地铁结构及市政设施等造成危害。地层变形允许数值应根据实际情况,参照规范及类似工程的实践经验确定,重要建(构)物、既有地铁结构及市政设施等的变形控制值应进行评估后确定。

(6)地下结构应结合施工方法、结构形式、断面大小、地质及水文地质、环境条件等因素,合理确定结构的埋置深度和相邻结构的距离,选择合理的施工方法和施工顺序,采取适当的安全技术措施。盾构法和矿山法施工的区间平行隧道之间距离较近时,要考虑施工期间的相互影响。

(7)结构设计应采取有效措施,满足地铁设计规范规定的耐久性要求。应保证结构在施工及使用阶段具有按规范、规程及标准等规定的强度、刚度和稳定性,并满足抗倾覆、滑移、漂浮、渗流、疲劳、变形、抗裂的验算条件。

(8)结构设计应根据地质情况、施工方法、结构或构件类型、使用条件及荷载特性等,选用与其特点相同(相近)的结构设计规范和设计方法，计算模型尽量符合结构的实际受力情况。地下结构按以概率理论为基础的极限状态法设计，进行稳定性检算时，采用总安全系数法。

(9)结构设计应根据有关规范进行抗震设计，并采取相应的抗震构造措施，以提高结构的整体抗震能力；当结构位于液化土层时，应考虑地震及车辆产生的振动可能对地层产生的不利影响，并根据结构和地层情况采取相应的技术措施。

(10)结构防水应满足国家颁发的有关地下工程防水技术规范的规定。地下工程防水应遵循"以防为主、刚柔结合、多道设防、因地制宜、综合治理"的原则，采取与其相适应的防水措施。应根据气候条件、工程地质和水文地质状况、结构特点、施工方法、使用要求等因素确定合适的防水材料，以保证结构的安全、耐久性和使用要求。

8.3.5 重要节点设计

1. 暗挖隧道地层注浆预加固设计

由于暗挖穿越的地质情况不同，造成结构自稳能力较差，初期支护强度的增长速度不能满足施工期间结构的稳定性要求，通常采用地层预加固的措施。目前，暗挖注浆设计存在以下几个问题：

(1)注浆目的不明确。注浆目的无外乎加固地层及止水，不同的注浆目的在注浆设计上必须体现出差异，目前对全断面超前深孔注浆和隧道拱部的超前注浆应用概念混乱。

(2)注浆浆液选择不合理。注浆浆液主要有普通水泥浆液、超细水泥浆液、水泥水玻璃浆液以及改性水玻璃浆液，不同的浆液成本差别悬殊，使用条件也不尽相同。

(3)重复注浆。部分暗挖隧道工程在设计采用了全断面注浆后，又采用小导管竹浆。

2. 深埋车站消防设计关键内容

根据深埋车站在消防方面的特点，除了需要满足现有的地铁设计相关规范要求以外，应针对深埋车站的特殊性，提出额外的人员疏散、设施设备、消防救援等要求，从而保障深埋车站的人员安全。

8.3.6 危大工程设计

依据《危险性较大的分部分项工程安全管理规定》(住房和城乡建设部 2018 年第 37 号)，暗挖工程、起重吊装及起重机械安装拆卸工程和脚手架工程为危大工程，施工阶段应根据现场实际及施工组织筹划，根据《住房城乡建设部办公厅关于实施〈危险性较大的分部分项工程安全管理规定〉有关问题的通知》等文件内容，进一步核实本工程所涉及危大工程及超过一定规模的危大工程清单，并严格按照《住房城乡建设部办公厅关于实施〈危险性较大的分部分项工程安全管理规定〉有关问题的通知》的要求，在编制施工组织设计的基础上，针对危大工程，以分部、分项工程为单元，依据有关工程建设标准、规范和规程，单独编制安全技术措施文件。

施工单位应当在危大工程施工前组织工程技术人员制定专项施工方案，对于超过一定规模的危大工程或施工特殊节点，应当组织召开专家论证会对专项施工方案进行论证，并经论证同意且严格执行专家意见后方可实施。危险性较大的分部分项工程如下所示。

1. 危险性较大的分部分项工程

(1)基坑工程

开挖深度超过 3 m(含 3 m)的基坑(槽)的土方开挖、支护、降水工程。

(2)模板工程及支撑体系

混凝土模板支撑工程：搭设高度 5 m 及以上，或搭设跨度 10 m 及以上，或施工总荷载(荷载效应基本组合的设计值，以下简称设计值)10 kN/m² 及以上，或集中线荷载(设计值)15 kN/m 及以上，或高度大于支撑水平投影宽度且相对独立无联系构件的混凝土模板支撑工程。

(3)起重吊装及起重机械安装拆卸工程

①采用非常规起重设备、方法，且单件起吊重量在 10 kN 及以上的起重吊装工程。

②起重机械安装和拆卸工程。

(4)暗挖工程

采用矿山法、盾构法、顶管法或箱涵顶进法施工的隧道、洞室工程。

2. 超过一定规模的危险性较大的分部分项工程

(1)深基坑工程

开挖深度超过 5 m(含 5 m)的基坑(槽)的土方开挖、支护、降水工程。

(2)模板工程及支撑体系

混凝土模板支撑工程:搭设高度 8 m 及以上，或搭设跨度 18 m 及以上，或施工总荷载(设计值) 15 kN/㎡及以上，或集中线荷载(设计值)20 kN/m 及以上。

(3)暗挖工程

采用矿山法、盾构法、顶管法或顶进箱涵法施工的隧道、洞室工程。

对危险性较大的分部分项工程的施工要求：

(1)施工单位应当在危大工程施工前组织工程技术人员制定专项施工方案。专项施工方案应当由施工单位技术负责人审核签字、加盖单位公章，并由总监理工程师审查签字、加盖执业印章后方可实施。

(2)对于超过一定规模的危大工程，施工单位应当组织召开专家论证会对专项施工方案进行论证。专家论证会后，应当形成论证报告，对专项施工方案提出通过、修改后通过或不通过的一致意见。专家对论证报告负责并签字确认。对于专项施工方案经论证不通过的，施工单位修改后应当重新组织专家论证。

(3)施工单位应当在施工现场显著位置公告危大工程名称，施工时间和具体责任人员，并在危险区域设置安全警示标志。

(4)专项施工方案实施前，制定人员或者项目技术负责人应当向施工现场管理人员进行方案交底。

(5)施工单位应当严格按照专项施工方案组织施工，不得擅自修改专项施工方案。如因规划调整，设计变更等原因确需调整的，修改后的专项施工方案应重新审核和论证。

(6)施工单位应安排专职管理人员对专项施工方案实施情况进行现场监督，对未按照专项施工方案施工的，应当要求立即整改。对危大工程进行施工监测和安全巡视，发现危及人身安全的紧急情况，应当立即组织作业人员撤离高危险区。

(7)监理单位应当结合危大工程专项施工方案编制监理实施细则，并对危大工程施工实施专项巡视检查。

(8)监理单位发现施工单位未按照专项施工方案施工的，应当要求其进行整改;情节严重的，应当要求其暂停施工，并及时报告建设单位。

(9)对于按照规定需要进行第三方监测的危大工程，建设单位应当委托具有相应勘察资质的单位进行监测。监测单位应当按照监测方案开展监测，及时向建设单位报送监测成果，并对监测成果负责;发现异常时，及时向建设、设计、施工、监理单位报告，建设单位应当立即组织相关单位采取处置措施。

(10)对于需要验收的危大工程，施工单位、监理单位应当组织相关人员进行验收。验收合格的,经施工单位项目技术负责人及总监理工程师签字确认后,方可进行下一道工序。

(11)危大工程应急抢险结束后,建设单位应当组织勘察、设计、施工、监理等单位制定工程恢复方案,并对应急抢险工作进行后评估。

8.3.7 监控量测设计

地下工程按信息化设计,现场监控量测是监视围岩稳定、判断隧道支护衬砌设计是否合理安全、施工方法是否正确的重要手段,通过监控量测,达到以下目的:

(1)将监测数据与预测值相比较,判断前一步施工工艺和支护参数是否符合预期要求,以确定和调整下一步施工,确保施工安全和地表建筑物、地下管线的安全。

(2)将现场测量的数据、信息及时反馈,以修改和完善设计,使设计达到优质安全、经济合理。

(3)将现场测量的数据与理论预测值比较,用反分析法进行分析计算,使设计更符合实际,以便指导今后的工程建设。

其他需要地层加固设计的部位包括盾构进出洞区域、联络通道周边地层、马头门上方地层、重要建筑筑物地基或其他变形影响敏感的较弱地层等。在设计过程中应结合具体情况提出针对性的措施方案。

8.3.8 加固设计

当地铁车站工程施工场地内存在软弱的土层时,为了增强基坑支护体系的稳定性、控制周边围护结构的变形、防止基坑开挖过程中出现突涌和踢脚破坏等风险事故,在开挖之前通过改善土体的物理力学性能,增强基底土层的强度,防止风险发生。地铁车站工程通过土体加固提高被动区土体抗力、减小基坑支护结构的变形,从而增强基坑的稳定性。

8.3.9 综合防灾减灾设计

城市中综合防灾设计不仅包含城市轨道交通,还包括综合管廊、地下商业和地下环路。城市防灾规划包括防洪规划、城市防火(消防)规划、城市减轻灾害规划和城市防空规划的专项规划,相关的防灾专项设计分散在设计的各个专业内容中。因此,防灾减灾应在设计中得到深入的实施。

1. 开展防灾专项设计

在城市轨道交通设计阶段,建议对防灾的内容形成专项设计篇章和防灾减灾安全设计指导原则,指导、统筹建筑的防灾设计实践。

城市轨道交通的防灾设计应该是综合考虑的,确保全天候、无障碍的疏散和救灾主通道,特别是在施工阶段,并非仅在使用阶段的轨道交通设施需要配置避难空间和承灾空间。

2. 建立防灾风险评价体系

对城市轨道交通的安全因素进行分类,建立设计防灾的最大风险评价体系,把握所有灾害类型及隐患程度。注重灾前预防,提升抵御城市轨道交通设计中各类灾害的综合防范能力。聚焦重点领域和薄弱环节,评估设施的脆弱性,完善设计全阶段的防灾。

8.4 主要问题及建议

城市轨道交通建设工程建设期风险识别应根据工程建设期的主要风险事件和风险因素,考虑自然环境、工程地质和水文地质、工程自身特点、周边环境以及工程管理等方面，建立适合的风险清单，并根据施工进度动态调整分析，各阶段风险识别与分析应前后衔接，后阶段风险识别应在前阶段风险识别的基础上进行。同时应强化对轨道交通建设工程施工中突发的各类环境事故的应急和抢险管理，以便及时采取有效控制和实施抢险，防止环境事故蔓延，最大限度降低社会负面影响和经济损失。

1. 安全设计交底

为了让参建各方了解工程设计的主导思想、设计依据、主要项目等级、施工难点和特别注意事项等，设计方应进行设计文件交底。通过安全设计交底，尽量将设计方案中导致施工安全风险的问题提前发现，从而达到减少建设期安全事故发生的目的。

2. 动态设计与信息化施工

动态设计，是指将设计划分为两个阶段:预设计和修正设计。信息化施工，是指施工单位遵循工程设计各项要求制定工程施工和监测的具体方案并予以实施，以现场巡查和监测结果为依据，对施工方案和相关工艺进行及时调整和科学优化，并根据信息反馈对设计进行科学修正和合理变更。

动态设计与信息化施工二者具有相辅相成的紧密关系，其具体流程如下:对工程进行预设计→对工程开展施工检验→对工程地质进行判别→获取工程监测信息→开展修正设计→开展施工检验。

3. 监控量测预警应急处理

监控量测是在工程开挖及地下工程施工过程中，对基坑岩土性状、支护结构变形和周围环境条件的变化进行各种观察及分析工作。监控测量通过对地表位移、拱顶下沉、周边环境等进行实时监控，根据施工信息反馈和监控量测成果，及时对施工方案调整，实行动态监测、动态施工。因此，监控量测方案是信息化施工和安全监控的重要依据。

4. 加强设计后评估工作

城市轨道交通全过程中，往往对项目后评估重视不够。项目后评估不充分，容易造成对已建项目的成功与否没有科学理论的数据，以及缺少轨道交通运营期间风险预测，失去提高工程质量和风险控制的大好机会。

后评估使工程建设尽可能达到立项时预期的目标，因此，为了做好工程后评估，我们要使后评估评价指标具有实用性，目的就是为了及时规避项目运营期间的风险，并且积累一些经验。

根据以上对城市轨道交通后评价内容的分析，建立如下设计评价指标体系，见表 8.4—1。

表 8.4—1 城市轨道交通项目后综合评价指标体系

	分　类	一级指标	二级指标
城市轨道交通后评估指标体系	过程评价	前期工作评价	项目决策
			融资方案
			勘察设计
		建设实施评价	施工质量
			投资控制
			施工进度和工期
		运营管理评价	运营管理机构
			运营效果

续上表

	分　类	一级指标	二级指标
城市轨道交通后评估指标体系	影响评价	环境影响评价	噪声与振动
			空气质量
			城市景观
		社会影响评价	群众满意度
			促进社会和谐
			影响城市发展
	可持续性评价	内部因素评价	规模因素
			技术因素
		外部因素评价	社会环境因素
			资金因素

9　城市轨道交通建设安全监测技术与装备

随着中国经济的持续、健康发展，城市综合规模迅速扩大，城市化进程不断加快，城市轨道交通对缓解城市道路交通压力的作用日益突出，各地积极开展了城市轨道交通建设。城市轨道交通工程建设具有地质和环境条件复杂、工程技术复杂、控制标准严格、施工安全风险大等特点，工程建设过程中必须加强工程自身和周边环境的安全监测工作，以保证工程建设顺利开展。

9.1　城市轨道交通安全监测概述

9.1.1　城市轨道交通安全监测概念

城市轨道交通工程监测是采用仪器量测、现场巡查或远程视频监控等手段和方法，长期、连续地采集和收集反映工程施工以及周边环境对象的安全状态、变化特征及发展趋势的信息，并进行分析、反馈的活动。

9.1.2　城市轨道交通安全监测目的

城市轨道交通工程建设期均涉及岩土工程，在岩土工程中，由于工程地质及水文地质条件、荷载条件、材料性质、地下建(构)筑物的受力状态和力学机理、施工条件以及外界其他因素的复杂性，岩土工程很难用一种或多种理论去精确描述，也很难单纯从理论上预测工程中可能遇到的各种问题，而且理论预测值不能全面准确反映工程的各种变化。所以，在以理论分析为指导的基础上结合数值模拟，有计划地进行现场监测是十分必要的。

监测工作是对工程施工质量及其安全性用数值解释表达的一种定量方法和有效手段，是对工程设计经验安全系数的动态诠释，是保证工程顺利完成的必要条件。针对被测对象，在适当的位置和时间采用先进的仪器进行监测，可取得良好的效果，工程师根据监测数据及时调整各项施工参数，可使施工处于最佳状态。可见，监测工作在实施“信息化”施工方面起到日益重要、不可或缺与替代的作用。

城市轨道交通工程大多为浅埋隧道与深大基坑，属于高风险工程。受工程地质、水文地质条件和周边环境的影响，不确定性因素较多，控制难度较大，施工过程极易发生坍塌、涌水涌砂、大变形等。尤其是线路穿行于城市交通要道和人口密集区工程沿线的建(构)筑物、市政桥梁、地下管线密集区，一些地段还要穿越既有轨道交通线路、古建筑等重要设施，工程建设中有可能对这些建筑(设施)正常使用或周边环境安全产生影响，一旦发生工程事故，经济损失和社会影响相对较大。因此在轨道交通工程建设中实施监测是十分必要的，及时准确地掌握工程本体、周围岩土体以及周边环境的沉降、位移、倾斜及力学特性等信息变化，及时有效地采取措施，是控制安全风险、确保工程及其周边环境安全的重要措施，也是政府及建设单位依法强化工程安全质量管理工作、界定有关责任的有效手段。由此可见通过监测工作，既可以掌握工程自身的变形是否安全可控，也可以掌握周边环境的变形是否安全可控。

通过监测工作,达到以下几方面目的。

(1)施工的眼睛:信息化施工。在轨道交通建设期间对基坑、隧道工程及其影响范围内的周边环境、被保护对象以及其他设施等进行变形监测,以便及时全面、动态地反映工程本体、周围岩土体及周边环境的变形情况,是城市轨道交通工程实施信息化施工的主要手段,也是判断基坑、隧道和周边环境安全的主要依据。通过监测成果的信息反馈,掌握工程本体、周围岩土体及周边环境的实时动态变化,优化施工工艺,改进施工方法,提高经济效益和社会效益。

(2)设计反馈:优化设计参数。通过工程监测可以了解工程本体、周围岩土体及周边环境的实际变形和应力分布,用于验证设计与实际符合程度,通过工程监测掌握工程本体结构的受力和变形情况,及时修正设计参数、优化设计、提高设计质量,并为类似工程的设计积累经验。

(3)安全保障:确保工程结构及环境安全。通过对周边地表、建(构)筑物、地下管线监测数据的分析,及时采取调整施工参数、优化施工工序等一系列相关措施,确保周边环境的安全稳定,不但有利于工程建设的顺利推进,而且保持了社会稳定与和谐。特别是地铁工程建设,关系国计民生,更是重中之重。地铁工程施工的安全顺利,将给地铁建设带来良好的经济效益与社会效益。工程事故的发生有一个从量变到质变的过程,通过工程监测能及时发现事故隐患,并及时采取合理、可行的技术措施,能有效减轻事故影响或彻底消除事故隐患,为地铁建设工程安全风险控制起到“保驾护航”的作用。

9.1.3 城市轨道交通安全监测内容

城市轨道交通工程应在施工阶段对支护结构、主体结构、周围岩土体及周边环境进行监测。监测方案应明确监测的对象、范围、项目、频率、设备、预报警值、信息提交方式、日常监测巡视的内容与方式等;监测方案中,监测内容及控制值需满足设计和相关规范的要求。工程监测对象的选择应满足工程支护结构安全和周边环境保护要求的条件下,根据不同的施工方法,常规监测内容如下。

(1)明(盖)挖法监测内容(表9.1—1)

表9.1—1 明挖法和盖挖法基坑支护结构和周围岩土体监测项目

序　号	监测项目	工程监测等级		
		一级	二级	三级
1	支护桩(墙)、边坡顶部水平位移	√	√	√
2	支护桩(墙)、边坡顶部竖向位移	√	√	√
3	支护桩(墙)体水平位移	√	√	○
4	支护桩(墙)结构应力	○	○	○
5	立柱结构竖向位移	√	√	○
6	立柱结构水平位移	√	○	○
7	立柱结构应力	○	○	○
8	支撑轴力	√	√	√
9	顶板应力	○	○	○
10	锚杆拉力	√	√	√
11	土钉拉力	○	○	○

续上表

序　号	监测项目	工程监测等级		
		一级	二级	三级
12	地表沉降	√	√	√
13	竖井井壁支护结构净空收敛	√	√	√
14	土体深层水平位移	○	○	○
15	土体分层竖向位移	○	○	○
16	坑底隆起(回弹)	○	○	○
17	支护桩(墙)侧向土压力	○	○	○
18	地下水位	√	√	√
19	孔隙水压力	○	○	○

注:√为应测项目,○为选测项目。

(2)盾构法监测内容(表9.1—2)

表9.1—2　盾构法隧道管片结构和周围岩土体监测项目

序　号	监测项目	工程监测等级		
		一级	二级	三级
1	管片结构竖向位移	√	√	√
2	管片结构水平位移	√	○	○
3	管片结构净空收敛	√	√	√
4	管片结构应力	○	○	○
5	管片连接螺栓应力	○	○	○
6	地表沉降	√	√	√
7	土体深层水平位移	○	○	○
8	土体分层竖向位移	○	○	○
9	管片围岩压力	○	○	○
10	孔隙水压力	○	○	○

注:√为应测项目,○为选测项目。

(3)矿山法监测内容(表9.1—3)

表9.1—3　矿山法隧道支护结构和周围岩土体监测项目

序　号	监测项目	工程监测等级		
		一级	二级	三级
1	初期支护结构拱顶沉降	√	√	√
2	初期支护结构底板竖向位移	√	○	○
3	初期支护结构净空收敛	√	√	√
4	隧道拱脚竖向位移	○	○	○
5	中柱结构竖向位移	√	√	○
6	中柱结构倾斜	○	○	○

续上表

序　号	监测项目	工程监测等级		
		一级	二级	三级
7	中柱结构应力	○	○	○
8	初期支护结构、二次衬砌应力	○	○	○
9	地表沉降	√	√	√
10	土体深层水平位移	○	○	○
11	土体分层竖向位移	○	○	○
12	围岩压力	○	○	○
13	地下水位	√	√	√

注：√为应测项目，○为选测项目。

(4)高架区间监测内容(表9.1—4)

表9.1—4　高架线路工程监测项目

序　号	监测项目	工程监测等级		
		一级	二级	三级
1	墩台沉降	√	√	√
2	梁体挠度	√	○	○
3	梁体应力	√	○	○
4	影响区内地表沉降	√	○	○
5	影响区内建(构)筑物沉降	√	○	○
6	地下水位	○	○	○
7	地下管线变形	○	○	○
8	现浇梁临时支架沉降	○	○	○

注：√为应测项目，○为选测项目。

(5)路基段监测内容(表9.1—5)

表9.1—5　地面线路工程监测项目

序　号	监测项目	备　注
1	路基底层的沉降	√
2	路基表层的沉降	√
3	路基水平位移	○
4	涵洞沉降	√
5	路基冻胀	○

注：√为应测项目，○为选测项目。

(6)房建工程监测内容(表 9.1—6)

表 9.1—6 房建工程监测项目

序号	监测项目	工程监测等级		
		一级	二级	三级
1	房建工程沉降	√	√	√
2	房建工程水平位移	√	○	○
3	房建工程主体倾斜	√	○	○

注:√为应测项目,○为选测项目。

(7)周边环境监测内容(表 9.1—7)

表 9.1—7 周边环境监测项目

监测对象	监测项目	工程影响分区	
		主要影响区	次要影响区
建(构)筑物	竖向位移	√	√
	水平位移	○	○
	倾斜	○	○
	裂缝	√	○
地下管线	竖向位移	√	○
	水平位移	○	○
	差异沉降	√	○
高速公路与城市道路	路面路基竖向位移	√	○
	挡墙竖向位移	√	○
	挡墙倾斜	√	○
桥梁	墩台竖向位移	√	√
	墩台差异沉降	√	√
	墩柱倾斜	√	√
	梁板应力	○	○
	裂缝	√	○
既有城市轨道交通	隧道结构竖向位移	√	√
	隧道结构水平位移	√	○
	隧道结构净空收敛	○	○
	隧道结构变形缝差异沉降	√	√
	轨道结构(道床)竖向位移	√	√
	轨道静态几何形位(轨距、轨向、高低、水平)	√	√
	隧道、轨道结构裂缝	√	○
既有铁路(包括城市轨道交通地面线)	路基竖向位移	√	√
	轨道静态几何形位(轨距、轨向、高低、水平)	√	√

注:√为应测项目,○为选测项目。

9.1.4 城市轨道交通安全应急监测

1. 应急监测内容

随着城市轨道交通事业的蓬勃发展,对于城市地下空间的探索已经迈入一个全新的阶段,在此背景下，出现了各种超深基坑、大断面隧道以及超近的地下结构，随之而来的则是地下空间开挖带来的应急突发情况，如掌子面突水、支护结构变形过大及周边建、构筑物沉降超限等问题，表 9.1—8 中列举了城市轨道交通建设过程中支护结构、主体结构、周围岩土体及周边环境可能出现的突发状况。

表 9.1—8　城市轨道交通建设过程中可能存在的应急突发状况

序　号	施工工法/建(构)筑物	应急突发情况
1	明(盖)挖法	基坑渗水、支撑轴力超限、立柱桩上浮、支撑出现裂缝、围护结构变形过大等
2	盾 构 法	管片渗漏、裂缝、盾构喷涌、地面塌陷等
3	矿 山 法	掌子面渗水、初支变形过大、地面塌陷等
4	高架区间	墩台沉降、梁体挠度过大等
5	路 基 段	路基地层及表层沉降过大等
6	房建工程	房建工程沉降过大或发生倾斜等
7	周边环境	地下管线、既有铁路结构等位移超限

当出现上述应急突发情况时，现场应着重针对突发情况所涉及的支护结构、主体结构、周围岩土体及周边环境进行加强监测，另外，对可能受到波及影响的部位进行监测，以便更为清晰全面地掌握破坏部位的发展状态，达到能够明确应急方案的目的。因此，应急突发情况下的监测内容应结合不同工法下的常规监测内容进行确定，现场技术人员可在充分考虑应急突发情况类型、围岩级别等因素的情况下提高工程监测等级，并将相关选测项目调整为必测项目。在应急突发情况处理完成并稳定一段时间之后，可恢复工程监测等级并撤销对选测项目的监测。

2. 应急监测方法

一般来说，应急监测存在无稳定基准、监测时间较短、监测部位局部停工等基本特点。通过制定有效的应急监测方案，实时、快速地采集监测数据，计算地铁隧道的变形量，及时反馈给轨道安全管理部门，可为管理部门制定抢修方案以及决定地铁是否继续运行等重大决策提供指导性建议。

应急监测有别于常规的变形监测，其监测方案的制定须考虑更多问题。应急监测要求在第一时间获取变形信息，即具有紧迫性，这直接导致了无法按常规方式布设监测控制网，即应急监测无稳定基准，但结果必须具备可靠的精度，即准确性。要达到上述应急监测的“三性”，须论证在特殊监测方法下特定监测设备的监测精度问题。

地铁隧道施工出现险情时，业主、设计、施工、监理各方均希望快速获取隧道结构特征点的变形情况，此时可将拱顶沉降及净空收敛作为重点监测项目。在特大断面隧道施工条件下，对于上述监测项目显然难以用传统的水准测量及收敛计进行观测，大量工程实践证明“三角高程＋非接触式解析法”是一种较理想的监测方法。为满足应急监测紧迫性、准确性的要求，应急监测时可采取“近似强制对中”的设站方式。所谓“近似强制对中”即考虑到险情出现后施工区局部停工以及应急监测持续时间较短的现实情况，在安全、稳定的位置固定脚架近似代替观测墩进行设站。该设站方式可减小对中误差、仪高量取误差并可减少每期观测时间。

3. 应急监测基准网的建立

在地铁隧道建设中，施工险情时常发生，此时的应急监测成果可为险情诱因判断及排险方案制定提供基础数据保障。由于应急监测时间紧迫、无稳定基准以及要求监测成果具有较高精度，此时通过选用合理的监测设备并确定合理的基准网决定了监测精度。变形监测控制网应包括基准点、工作基点以及监测点，然而为获得稳定的监测控制网，其布设及观测需花费大量的时间。在应急监测时并没有足够的时间来建立稳定的基准网，故建立相对网是一种较为现实的解决方案。

9.1.5 城市轨道交通安全监测频率

城市轨道交通安全监测的频率应根据施工方法、施工进度、监测对象、监测项目、地质条件等情况和特点，并结合当地工程经验进行确定。监测频率应使监测信息及时、系统地反映施工工况及监测对象的动态变化，并宜采取定时监测。根据不同的施工方法，常规情况下监测频率要求如下。

1. 明(盖)挖法监测频率

明(盖)挖法监测频率的确定需要考虑基坑设计深度、基坑开挖深度、监测数据变化等情况，结合监测对象和监测项目的特点、地质条件等综合确定，要求监测频率满足监测信息，能够及时、准确、系统地反映监测对象变化规律以及各监测项目或对象之间的内在联系，根据施工开挖状况与基坑设计深度等关系，采取定时监测。对于设计深度较深的基坑，其支护体系设计刚度较大，在基坑开挖较浅时监测频率可比设计深度较浅的基坑频率低。明(盖)挖法基坑工程施作过程中支护结构、周围岩土体和周边环境的监测频率的一般要求见表 9.1—9。

表 9.1—9 明(盖)挖法基坑工程监测频率表

施工进程		基坑设计深度(m)				
		≤5	>5,≤10	>10,≤15	>15,≤20	>20
基坑开挖深度(m)	≤5	1 次/d	1 次/2 d	1 次/3 d	1 次/3 d	1 次/3 d
	>5,≤10	—	1 次/d	1 次/2 d	1 次/2 d	1 次/2 d
	>10,≤15	—	—	1 次/d	1 次/d	1 次/2 d
	>15,≤20	—	—	—	(1 次～2 次)/d	(1 次～2 次)/d
	>20	—	—	—	—	2 次/d

2. 盾构法监测频率

盾构法施工引起周围岩土体的变形规律主要包括先期隆起或沉降、盾构到达时沉降、盾构通过时沉降、盾尾空敞沉降和长期延续沉降，沿隧道走向主要影响范围根据实际工程经验在 5～8 倍洞径之间，施工监测频率的确定根据其影响范围与变形规律，考虑盾构设备特点、施工进度、盾构控制参数、监测数据变化等情况，结合监测对象和监测项目的特点、地质条件等综合确定，要求监测频率满足监测信息，能够及时、准确、系统地反映监测对象变化规律以及各监测项目或对象之间的内在联系，根据施工进度采取定时监测，并根据监测数据的变化情况进行调整，见表 9.1—10。

表 9.1—10 盾构法隧道工程监测频率表

监测部位	监测对象	开挖面与监测点或监测断面的距离	监测频率
开挖面前方	周围岩土体和周边环境	$5D<L\leqslant 8D$	1 次/(3～5)d
		$3D<L\leqslant 5D$	1 次/2 d
		$L\leqslant 3D$	1 次/d
开挖面后方	管片结构、周围岩土体和周边环境	$L\leqslant 3D$	(1～2)次/d
		$3D<L\leqslant 8D$	1 次/(1～2)d
		$L>8D$	1 次/(3～7)d
		监测数据趋于稳定	1 次/(15～30)d

注：1. D 为盾构法隧道开挖直径(m)；L 为开挖面与监测断面的水平距离(m)。

2. 管片结构位移、净空收敛宜在衬砌环脱出盾尾且能通视时进行监测。

3. 监测数据趋于稳定后，监测频率宜为 1 次/(15～30 d)。

3. 矿山法监测频率

矿山法隧道工程监测频率的确定与暗挖结构的工法形式、施工工况、工程所处的地质条件、周边环境条件，以及监测对象和监测项目的自身特点等密切相关。施工开挖部位前5倍洞径与后2倍洞径范围受岩土体开挖扰动及岩土体加固等扰动较明显，在此范围内需保证足够的监测频率，见表9.1—11。

表9.1—11　矿山法隧道工程监测频率表

监测部位	监测对象	开挖面与监测点或监测断面的距离	监测频率
开挖面前方	周围岩土体和周边环境	$2B<L\leqslant 5B$	1次/2 d
		$1B<L\leqslant 2B$	1次/d
开挖面后方	初期支护结构、周围岩土体和周边环境	$L\leqslant 1B$	(1～2)次/d
		$1B<L\leqslant 2B$	1次/d
		$2B<L\leqslant 5B$	1次/2 d
		$L>5B$	1次/(3～7)d
		监测数据趋于稳定	1次/(15～30)d

注：1. B为矿山法隧道或导洞开挖宽度(m)，L为开挖面与监测点或监测断面的水平距离(m)。

2. 当拆除临时支撑时应增大监测频率。

3. 监测数据趋于稳定后，监测频率宜为1次/(15～30 d)。

监测频率的选择不仅影响监测工作的准确性，同时也关乎监测工作量，在实际工程中需要根据实际情况平衡好两者之间的关系，对于复杂监测内容，尤其当现场施工过程中发生应急突发情况时(见表9.1—8)，现场技术人员应基于表9.1—9、表9.1—10、表9.1—11中的常规监测频率，在充分考虑围岩级别、变形速率等因素的前提下，对监测频率做出适当调整，可选择对监测频率进行加密处理。

9.2　监测设备

9.2.1　常规几何水准测量设备

几何水准测量手段可取得各类监测对象监测点的绝对或相对高程值，可应用于城市轨道交通工程明(盖)挖法、盾构法、矿山法施工的支护结构竖向变形与周边地表竖向变形，周边环境对象如既有轨道交通设施、建(构)筑物、桥梁、管线、道路等的结构竖向变形监测，以水准仪为例。

水准仪的作用是提供一条水平视线，按精度水准仪可分为DS05、DS1、DS3、DS10等几个等级。DS05即每千米水准测量的全中误差为±0.5 mm，DS1即每千米水准测量的全中误差为±1.0 mm。

水准仪由照准部和基座两部分组成，其中基座用于支撑照准部，上有三个脚螺旋，其作用是整平仪器；照准部由望远镜、水准器和控制螺旋等组成，能绕水准仪的竖轴在水平面内做全圆转动。

电子数字水准仪将编码的水准尺影像进行处理，由传感器从望远镜中获得在刻有二进制条码的专用水准尺上的测量信号，由微处理器自动计算水准尺上的读数及仪器到水准尺的水平距离，所测数据可显示，也可存储在PCMCIA(Personal Computer Memory Card International Association，简称PC卡或存储卡)卡上。

9.2.2 常规几何平面测量设备

几何平面测量手段可取得各类监测对象监测点的绝对或相对平面坐标值，可应用于各类监测对象的水平变形监测，如工程支护结构、既有轨道交通设施、建(构)筑物、桥梁、管线等的结构水平变形监测。

用于几何平面测量的仪器有经纬仪、测距仪与全站仪等。近年来全站仪已在工程应用中普及。全站仪是一种集光、机、电为一体的高技术测量仪器，是集水平角、垂直角、距离(斜距、平距)测量功能于一体的测绘仪器系统。因其一次安置仪器就可完成测站与已知点、待测点角度距离关系的全部测量工作，故称之为全站仪。

全站仪的发展经历了从组合式即光电测距仪与光学经纬仪组合，或光电测距仪与电子经纬仪组合，到整体式即将光电测距仪的光轴和经纬仪的视准轴组合为同轴的整体式全站仪等几个阶段。

电子全站仪由电源部分、测角系统、测距系统、数据处理部分、通信接口、显示屏、键盘等组成。同电子经纬仪、光学经纬仪相比，全站仪增加了许多特殊部件，因而使得全站仪具有比其他测角、测距仪器更多的功能，使用也更方便。全站仪具有角度测量、距离(斜距、平距、高差)测量、三维坐标测量、导线测量、交会定点测量和放样测量等多种用途。内置专用软件后，功能还可进一步拓展。全站仪的数据通信是指全站仪与电子计算机之间进行的双向数据交换，它们之间的数据通信方式主要有两种：一种是利用全站仪配置的 PCMCIA 卡进行数字通信，特点是通用性强，各种电子产品间均可互换使用；另一种是利用全站仪的通信接口，通过电缆进行数据传输。全站仪具有丰富的机载程序并开放了用户自编程序平台。

随着硬件功能与软件功能的进一步发展，智能型电子全站仪发展为测量机器人，具备了以下功能：

(1)倾斜角补偿功能：设有双轴倾斜传感器，可测定仪器纵轴在视准轴方向和横轴方向的倾角；对于垂直角的指标差，可自行消除。

(2)视准差改正功能：在高精度测角中，可计算出视准差并自动对方向监测值进行改正。

(3)自动识别、照准、跟踪目标功能。

(4)数据存储和调出(输入/输出)功能：可记录(存储)和调出仪器参数数据，测量数据、测站数据、坐标数据和特征码等。

(5)可在机载软件或通过联机、远程无线计算机系统控制下采用有线或无线方式传输数据，能够实现自动记录与计算，数据分析处理自动化，自动生成数据库，实现测量工作的自动化。

9.2.3 监测新设备

1. 一体化隧道断面收敛仪

一体化隧道断面收敛仪是自动化监测设备，它将多组激光测距模块与采集通信系统集成在一个设备机体中(图 9.2—1)。激光测距模块可根据断面监测需要，以一定的角度排布并固定在设备机体上，测量轴线汇聚于一点，作为测点的参考原点。将该收敛仪通过螺栓或紧固件安装在隧道顶部(图 9.2—2)，激光测距模块通过设备机体上的透镜射出调制激光，利用反射相位差测量参考原点与隧道内壁反射点之间的距离。在获得全部激光测距模块的测量数据后，由采集通信系统汇总数据，并通过 ZigBee、LAN、GPRS 等多种通信模式将监测数据传输至远程上位机。

上述设计的一体化隧道断面收敛仪相比传统的断面收敛监测方式具有以下优点：

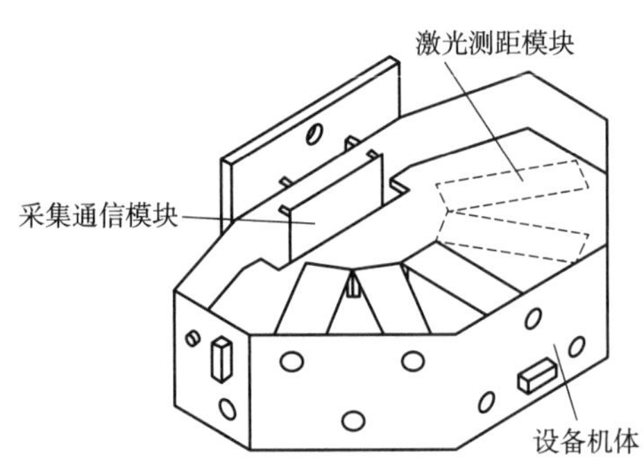

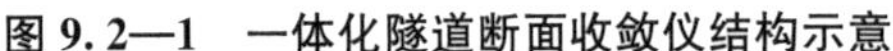

图 9.2—1　一体化隧道断面收敛仪结构示意

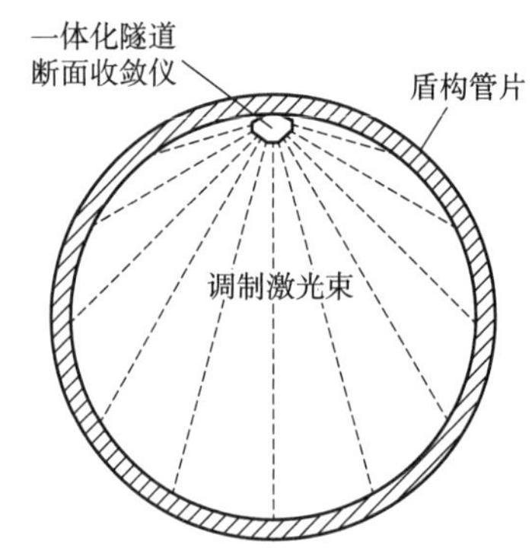

图 9.2—2　一体化隧道断面收敛仪测量原理

(1)延续了激光式测距仪在距离测量中的优点，性价比高、精度高、稳定性高，且无需在隧道内另行布置棱镜或靶标；

(2)包含多个激光测距模块，可以实现多个测点的同步测量，通过采集通信模块，实现断面收敛的自动化测量与数据传输，避免了人工现场操作；

(3)激光测距模块可以根据实际需求灵活布置，适用于各种形状的隧道，通用性强；

(4)一体化隧道断面收敛仪体积小、质量清、安装快捷，适用于施工期隧道断面的长期监测。

2. 3D 激光扫描技术

基于 3D 激光扫描测量技术的隧道断面测量系统有三个模块：

(1)参数收集模块。通过 3D 激光扫描仪和全站仪互相配合进行测量监测，得到立体测量数据，构筑从点测量到线测量再到表面测量的三维模式，能迅速构建隧道工程项目的 3D 立体模型。

(2)前端处理模块。对采集到的点云数据进行清理优化，实现超欠挖、平整度、平直度、圆度、截面、变形、方量、中心线偏差等关键指标的分析计算。对点云数据进行处理，形成立体工程模拟图像，利用点云数据的颜色、反射强度等信息对隧道渗水、裂缝进行分析，实现隧道质量的可视化管理，促进隧道工程质量的有效管理。

(3)系统研究板块。系统研究端是项目断面测量系统的核心。借助对点云参数的处理，与隧道 BIM 模型开展相关比较，研究断面步距对开挖的影响、第一次支护和二次衬砌的超欠挖、平整度验算、断面分析、变形验算、体积验算、真圆度验算、实现中心线偏差验算等功能。根据超欠挖数据分析、平整度数据分析、体积数据对比、变形数据等信息，科学研究各区间内的施工过程参数和成型质量参数，形成综合评价指标。该评价指标既能判断已完工程的质量，又能为后续施工提出改进措施，防止出现超挖、欠挖的情况。基于 3D 激光扫描测量技术的隧道断面监测管理系统内容如图 9.2—3 所示。

3. 测量机器人三维变形测量设备

测量机器人技术成熟，可通过控制程序，进行远程实时监测，获得较高精度的三维坐标，应用于既有轨道交通结构、既有建筑物变形等监测工作。

徕卡公司推出的 TCA 系列全站仪，是采用马达驱动和软件控制的 TPS(Total station Positioning System)系统，它是智能型全站仪结合激光、通信及 CCD 技术，集自动目标识别、自动照准、自动测角、自动测距、自动跟踪目标、遥控、自动记录数据于一体的测量系统。TCA 系列智能全站仪又称“测量机器人”，它以其独特的智能化、自动化性能应用于既有轨道交通变形监测中，可轻松获取变形观测数据，及时进行监测预报。采用该仪器组建的城市轨道交通自动变形监测系统由系统硬件和系统软件两部分构成。

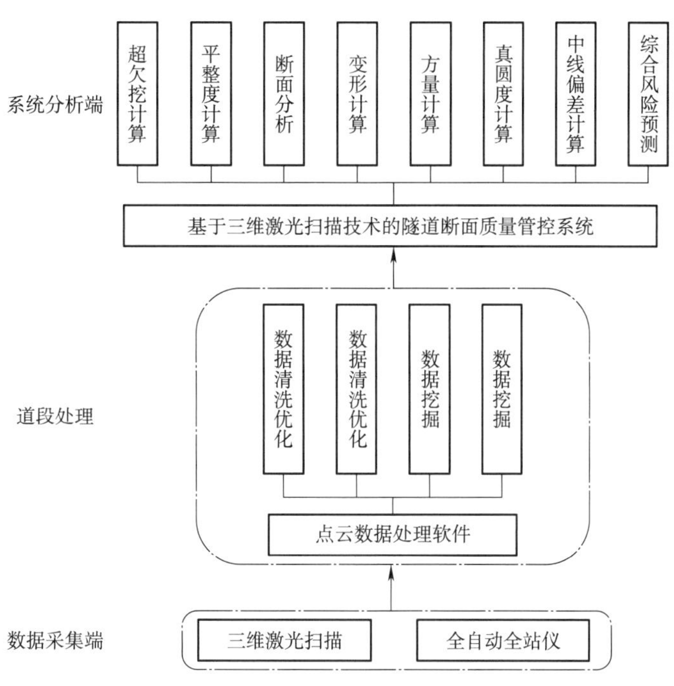

图 9.2—3 基于 3D 扫描测量技术的隧道断面监测管理体系

(1)系统的硬件构成。变形监测系统由监测站、控制计算机房、基准点、变形点和自动化全站仪五部分组成。

①监测站:根据现场条件,选择自动变形监测系统监测站。该站需建观测墩,安置测量机器人。为了仪器防护、保温,并保证有较好的通视条件,最好专门设计、建造观测房。

②控制计算机房:一般选设在办公区附近,有较好的供电等条件。机房内的计算机通过通信电缆或数据电台和监测站全站仪相联。在控制机房能实时了解监测站全站仪的运行情况。另外,通过埋设于机房与监测站的专用电缆给全站仪供电并通信。

③基准点:在变形区以外,需建至少 3 个稳定的基准点。

④变形点:根据实际需要,在变形体上选择若干变形监测点,每个监测点上安置有对准监测站的单棱镜。

⑤自动化全站仪:徕卡 TCA 全站仪由马达驱动,在望远镜中安有同轴自动目标识别装置 ATR (Automatic Target Recognition),能自动瞄准普通棱镜进行测量。可采用电子气泡精确整平仪器,并采用图形和数字形式显示垂直轴的纵、横向倾斜量,只需将仪器整平至"10"即可,具有纵、横轴自动补偿器,提高了仪器整平精度。数据可用通信电缆或数据电台与计算机连接,由计算机存储同时由计算机在线控制全站仪。

(2)系统的软件构成。配套测量机器人自动变形监测系统用于控制测量机器人进行自动变形监测以及对监测所采集的数据进行管理与处理的软件。该系统将自动测量、实时显示测量成果、实时显示变形趋势等功能合为一体。

9.2.4 仪器测试方法设备

针对应力、应变、振动、土压、深层水平位移、分层沉降、地下水位等测项,一般是采用布设传感器测读或使用仪器测试。

1. 测 斜 仪

测斜仪适用于桩体水平位移监测、土体深层水平位移监测项目。

(1)作业原理。测斜仪是一种能有效且精确地测量深层水平位移的工程监测仪器。应用其监测土体、临时或永久性地下结构(如桩、连续墙、沉井等)的深层水平位移。测斜仪有固定式和活动式两种。固定式是将测头固定埋设在结构物内部的固定点上;活动式即先埋设带导槽的测斜管,间隔一定时间将测头放入管内沿导槽滑动测定斜度变化,计算水平位移。

(2)分类及特点。活动式测斜仪按测头传感器不同,可细分为滑动电阻式、电阻应变片式、钢弦式及伺服加速度计式 4 种。目前,使用较多的是电阻应变片式和伺服加速度计式测斜仪,电阻应变片式测斜仪的优点是产品价格便宜,缺点是量程有限,耐用时间不长;伺服加速度计式测斜仪的优点是精度高、量程大和可靠性好等,缺点是抗震性能较差,测头受到冲击或受到横向振动时,传感器容易损坏。

(3)测斜仪的组成。测斜仪由以下四大部分组成:

①探头:装有重力式测斜传感器。

②测读仪:测读仪是二次仪表,需和测头配套使用,其测量范围、精度和灵敏度,根据工程需要而定。

③电缆:连接探头和测读仪的电缆具有向探头供给电源和给测读仪传递监测信号的作用,同时也能收放探头和测量探头所在测点与孔口距离。

④测斜管:一般由塑料管或铝合金管制成。常用直径为 50～75 mm,长度每节 2～4 m。管口接头有固定式和伸缩式两种,测斜管内有两对相互垂直的纵向导槽。测量时,测头导轮在导槽内可上下自由滑动。

2. 轴力计与锚索测力计

(1)轴力计。轴力计又称振弦式反力计,是一种振弦式载重传感器,具有分辨力高、抗干扰性能强,对集中载荷反应灵敏、测值可靠和稳定性好等优点,能长期测量基础对上部结构的反力,支撑的轴力及静压桩试验时的载荷,并可同步测量埋设点的温度。

①轴力计埋设与安装

a. 安装架圆形钢筒上设有开槽的一端面与支撑的牛腿(活络头)上的钢板电焊焊接牢固,电焊时必须使钢支撑中心轴线与安装中心点对齐。

b. 待冷却后,把轴力计推入焊好的安装架圆形钢筒内并用圆形钢筒上的 4 个 M10 螺钉把轴力计牢固地固定在安装架内,保证支撑吊装时轴力计不会滑落下来。

c. 测量一下轴力计的初频是否与出厂时的初频相符合,然后把轴力计的电缆妥善地绑在安装架的两翅膀内侧,保证钢支撑在吊装过程中不损伤电缆。

d. 钢支撑吊装到位后,即安装架的另一端(空缺的那一端)与支护墙体上的钢板对上,轴力计与墙体钢板间最好再增加一块 250 mm×250 mm×25 mm 的钢板,防止钢支撑受力后轴力计陷入墙体内,造成测值不准等情况发生。

e. 在施加钢支撑预应力前,把轴力计的电缆引至方便正常测量位置,进行轴力计初始频率的测量,并记录。

施加钢支撑预应力达设计标准后，即可开始正常测量。

②变化量的确定:一般情况下,本次支撑轴力测量与上次同点号的支撑轴力的变化量,与同点号初始支撑轴力值之差为本次变化量。并填写成果汇总表及绘制支撑轴力变化曲线图。

(2)锚索测力计

①仪器组成。振弦式锚索测力计(锚索计)由弹性圆筒、密封壳体、信号传输电缆、振弦及电磁线圈等组成。

②工作原理。当被测载荷作用在锚索测力计上,将引起弹性圆筒的变形并传递给振弦,转变成振弦应力的变化,从而改变振弦的振动频率。电磁线圈激振钢弦并测量其振动频率,频率信号经电缆传输至振弦式读数仪上,即可测读出频率值,从而计算出作用在锚索测力计的载荷值。为了减少不均匀和偏心受力影响,锚索测力计设计时在弹性圆筒周边内平均安装了三套振弦系统,测量时只要接上振弦读数仪就可直接读数三根振弦的频率平均值。

③锚索计安装与使用。根据结构设计要求,锚索计安装在张拉端或锚固端,安装时钢绞线或锚索从锚索计中心穿过,测力计处于钢垫座和工作锚之间。

安装过程中应随时对锚索计进行监测,并从中间锚索开始向周围锚索逐步加载以免锚索计的偏心受力或过载。

④测量。振弦式锚索测力计(锚索计)的测量用振弦频率读数仪完成。测量方法按相应读数仪的使用要求操作,测量完成后,记录传感器的频率值(或频率模数值)、温度值、仪器编号、设计编号和测量时间。

3. 钢 筋 计

钢筋计又称钢筋应力计,用以测量钢筋混凝土内的钢筋应力。钢筋计可以与两端钢筋主筋相焊接,直接埋入混凝土中,可以测得钢筋一段长度的平均应变,从而确定钢筋受到的应力。

(1)钢筋计的安装。钢筋计焊接在钢筋笼主筋上(图 9.2—4),当作主筋的一段,焊接面积不应少于钢筋的有效面积。在焊接钢筋计时,为避免热传导使钢筋计零漂增加,需要采取冷却措施(图 9.2—5),用湿毛巾或流水冷却是常采用的有效方法。

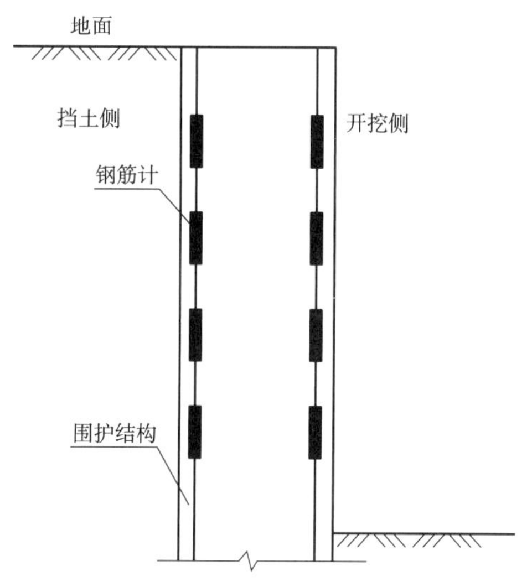

图 9.2—4 钢筋计安装示意图

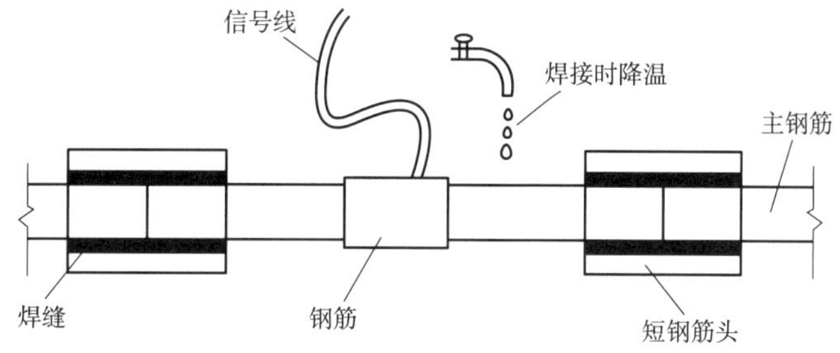

图 9.2—5 钢筋计焊接冷却示意图

在开挖侧与挡土侧的主筋对应位置都安装钢筋计,钢筋计布置的间距一般为 2 000~4 000 mm,视结构的重要性和监测需求而定。

(2)钢筋计的原理。钢筋计有振弦式和电阻应变式两种,接收仪分别为频率仪和电阻应变仪。

振弦式钢筋计的工作原理是:当钢筋计受轴力时,引起弹性钢弦的张拉拢变化,改变钢弦的振动频率,通过频率仪测得钢弦的频率变化即可测出钢筋所受作用力的大小,换算而得混凝土结构所受的力。

电阻应变式钢筋计的工作原理是：利用钢筋受力后产生的变形，粘贴在钢筋上的电阻片产生变形，从而测出应变值，得出钢筋所受作用力的大小。

(3)钢筋计的用途如下：①可用于测量支护结构沿深度方向的应力，换算为弯矩。②基坑支撑结构的轴力、平面弯矩。③结构底板所受弯矩。

钢筋计主要用来测量支护结构的弯矩，结构一侧受拉，一侧受压，相应的钢筋计一只受拉，另一只受压。测得钢筋计钢弦频率，然后由频率换算成钢筋应力值再核算成整个混凝土结构所受的弯矩。

4. 应 变 计

建筑物及岩土体内部应力应变观测的目的是了解其应力的实际分布，求得拉应力、压应力和剪应力的位置、大小和方向，核算是否超越材料强度的允许范围，以便估量结构强度的安全程度。但是观测应力是个十分复杂的技术难题，迄今还没有研制出能直接观测拉、压应力的实用而有效的仪器。因此，长期以来，应力应变的观测，主要还是利用应变计观测应变，再通过力学计算，求得应力分布。

从某种意义上说，应变计是混凝土应力应变观测的重要手段。常用的应变计有埋入式应变计、无应力式应变计和表面应变计。从工作原理分，有差动电阻式、钢弦式、差动电感式、差动电容式和电阻应变片式等。国内多采用差动电阻式应变计。配合埋设无应力式应变计，进行混凝土应力应变观测。差动电阻式应变计经国内近 40 年长期使用，是一种性能可靠的仪器。近年来也使用钢弦式应变计，它与其他型式的应变计相比，长期稳定性较好，分辨率高，且不受传输电缆长度的影响。

(1)差动电阻式应变计

①用途：应变计埋设混凝土内或表面观测其应变，也可用来测量浆砌块石、建筑物或基岩内的应变。通过改装，还可用于测量钢板应力。差阻式应变计可以同时兼测埋设点的温度。

②结构形式：差动电阻式应变计，主要由电阻传感器部件、外壳和引出电缆三部分组成，如图 9.2—6 所示。

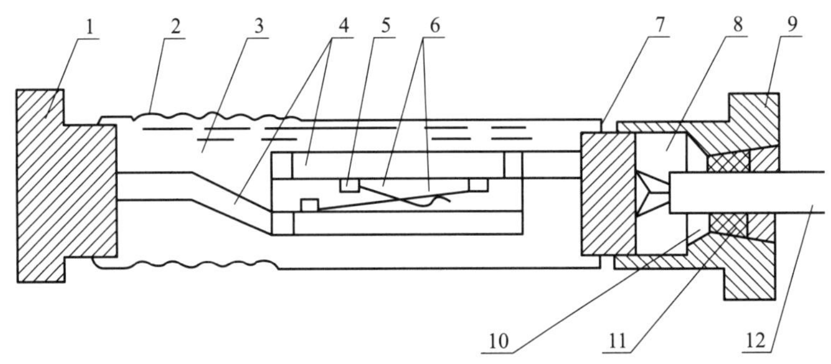

1—上接座；2—波纹管；3—中性油室；4—方铁杆；5—高频瓷子；6—电阻钢丝；
7—接线座；8—密封室；9—接线套筒；10—橡皮圈；11—压圈；12—引出电缆

图 9.2—6　差动电阻式应变计结构示意图

(2)钢弦式应变计

①用途。直接埋入混凝土内的钢弦式应变计，通常用于测量基础、桩、桥、坝、隧道衬砌等混凝土的应变值。

②结构形式。钢弦式应变计主要由端头、应变管、钢弦、电磁激励线圈和引出导线等组成。低弹模混凝土使用的应变计的应变管多采用波纹管(图 9.2—7)。高弹模混凝土用的应变计则采用薄壁钢管作为应变管。

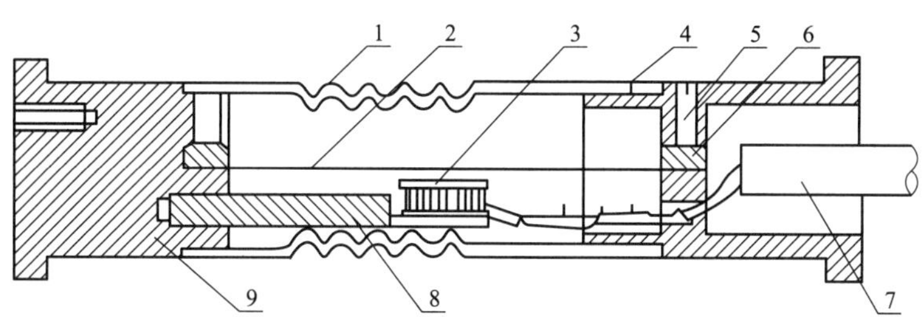

1—波纹管;2—钢弦;3—电磁激励线圈;4—端头 1;5—止头螺丝;6—紧销;7—导线;8—线圈架;9—端头

图 9.2—7 波纹管应变传感器

③工作原理。埋入式应变计被固定在混凝土结构物中,通过两端的端头与混凝土紧密嵌固,中间受力的应变管用布缠绕,与混凝土隔开,当混凝土产生应变时,则由端头带动应变管产生变形,使钢弦内应力发生变化,用频率测定仪测钢弦受力变形后的频率值,即可求得混凝土应变值。

(3)表面应变计

①用途。表面应变计主要用于混凝土、钢筋混凝土及钢结构的桥、墩、桩、隧道及坝的表面应变的测量。国外多采用钢弦式传感器,而国内一般用电阻应变片式传感器,直接粘贴在结构物表面设计规定位置,经防水防潮处理后,进行量测。

②结构形式。以下介绍表面安装型钢弦应变计和点焊型钢弦应变计。

a. VSM-400 型钢弦应变计(图 9.2—8),在两块钢块之间张拉一根钢弦,把钢块焊接在待测的钢表面,当表面产生变形时,将改变钢块相对位置,钢弦的张力也发生相应变化,用电磁线圈激发钢弦振动并测出共振频率,即求得表面应变大小。

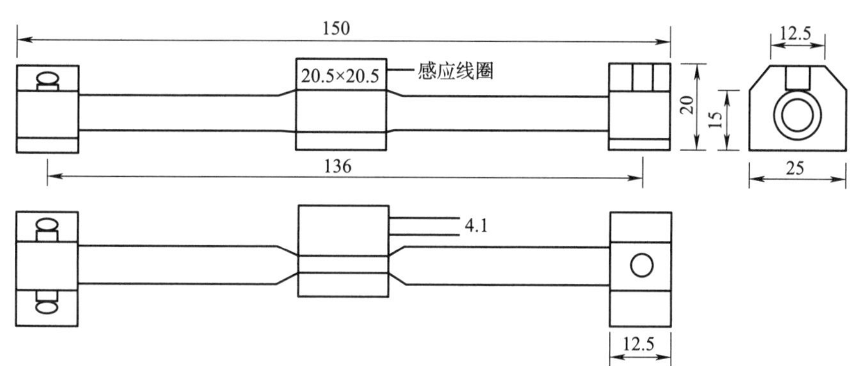

图 9.2—8 安装型钢弦应变计(单位:mm)

b. 点焊型钢弦应变计。把预先受一定应力的钢弦点焊在一块薄钢片上[图 9.2—9(a)]或两块钢片上[图 9.2—9(b)],钢片用点焊或环氧方法固定在被测钢件或混凝土表面。将覆盖式感应线圈盒放在钢弦上通电使线圈盒内电磁线圈激振钢弦,测出弦的振动频率,由读数仪把频率变化转换为应变变化并显示出来。

5. 土压力计

(1)用途。土压力观测是土力学理论和实验研究的一个重要方面,是工程测试的重要内容。在特定条件下,通过测定土体支撑结构物的变形来换算土压力,而一般则采用土压力计来直接测定。土压力计按埋设方法分为埋入式和边界式两种。埋入式土压力计是埋入土体中,测量土中应力分布,也称土中压力计或介质式土压力计。边界式土压力计是安装在刚性结构物表面,受压面面向土体,测量接触压力。这种土压力计也称界面式或接触式土压力计。

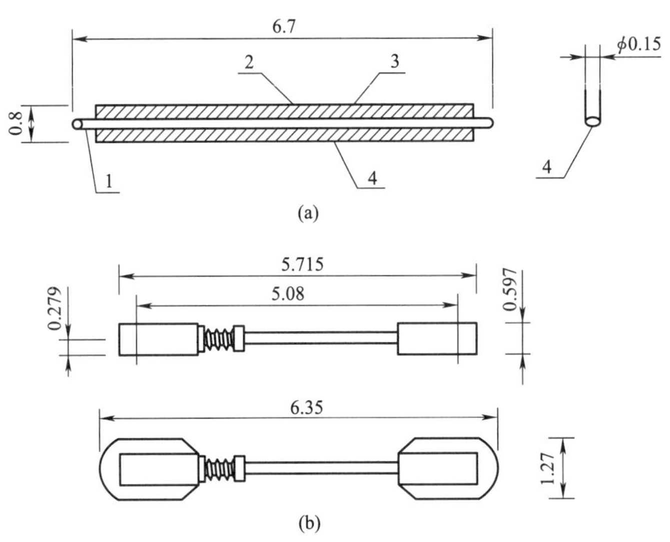

1—应变计；2—焊接片；3—焊点；4—土压力计

图 9.2—9　点焊型钢弦应变计（单位：cm）

单只土压力计一般只能测出与其表面垂直的正压力，3～4 只土压力计成组埋设，相互间成一定角度，即可用应力状态理论求得观测点上的大、小主应力和最大剪应力。

(2)结构形式。土压力计有立式、卧式和分离式三种结构形式，均应满足以下要求：

①压力计直径(D)与其工作面中心挠度(δ)之比：$D/\delta>2\ 000$。

②压力计直径(D)与其厚度(H)之比：$D/H>10\sim20$(边界式土压力计可不受此限)。

③压力计刚度要大，其等效模量大于土的模量 5～10 倍。

④压力计工作面受力产生的过程应尽量接近于实际过程，且只对受力方向的力反应灵敏，而不受侧向压力的影响。

为了满足上述要求，埋入式土压力计均设计成分离式结构(图 9.2—10)。主要由压力盒、压力传感器、油腔、承压膜、连接管和屏蔽电缆等组成。

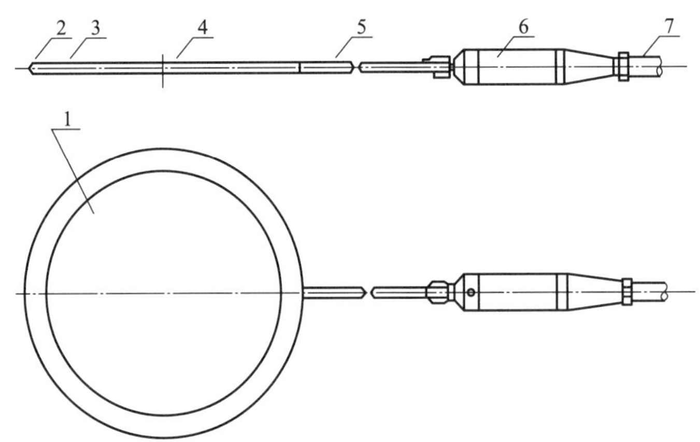

1—膜盒；2—橡皮边；3—承压膜；4—油腔；5—连接管；6—传感器；7—屏蔽电缆

图 9.2—10　钢弦式土压力计（埋入式）

竖式与卧式土压力计均设有连接管。以钢弦式土压力计为例，竖式土压力计[图 9.2—11(a)]的钢弦垂直于受压板的中心，一端固定在受压板上，另一端则固定在与受压板连成一体的刚性构架上。因此,当传感器受力后使钢弦松弛,频率降低。卧式土压力计[图 9.2—11(b)]的钢弦则平行于受压板,钢弦固定支架垂直于受压板。因此,受压板受力后使钢弦拉紧,频率增高。

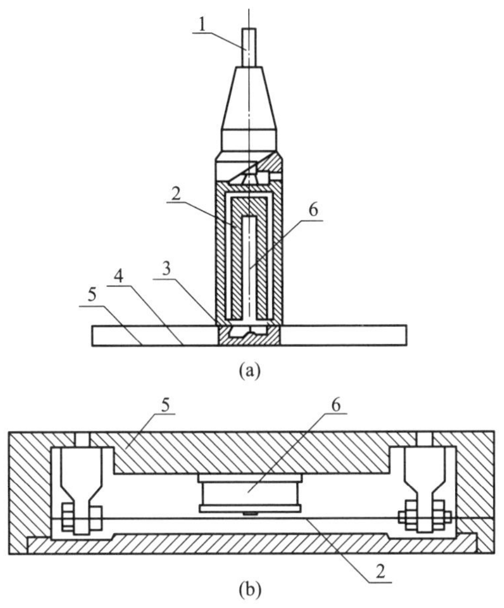

1—屏蔽电缆;2—钢弦;3—土压力盒;4—油腔;5—承压膜;6—磁芯

图 9.2—11 钢弦式土压力计(边界式)

(3)工作原理。以分离式土压力计为例,当土压力作用于压力盒承压膜(一次膜)上,承压膜产生微小挠性变形,使油腔内液体受压产生液体压力,通过接管传到压力传感器的受压膜(二次膜)上,或使钢弦式传感器的自振频率发生变化,或使差动电阻式传感器的电阻比和电阻值发生变化,对电阻应变片式传感器而言,则使四个桥臂的电阻发生变化。通过测读仪表,测出相应的变化值,经换算即可求得所测土压力值。

6. 分层沉降仪

(1)用途。适用于土体的分层沉降量的观测,以及路堤、地基处理中的堆载试验。基坑开挖或回填作业中引起的隆起和沉降的测量。

(2)结构形式。仪器由测头、三脚架、钢卷尺和沉降管组成(图 9.2—12)。

(3)工作原理。埋入土体的沉降管要按设计需要隔一定距离设置一铁环,当土体发生沉降时该环也同步沉降,利用电磁探头测出沉降后铁环的位置,与初始位置相减,即可算出测点的沉降量。

电磁式沉降仪测头的工作原理如图 9.2—13 所示,在振荡线圈未接近铁环时,振荡器产生振荡后,经放大整流,施加于触发器上、使触发器无输出,执行器不工作。当振荡器接近铁环时,由于铁环中产生涡流损耗,大量吸收了振荡电路的磁场能量,从而使振荡器振荡减弱,直至停止振荡。此时放大器无输出,触发器翻转,执行器(继电器)动作,晶体音响器便发出声音。在声响刚发出的一瞬间,确定铁环位置,并立即在钢卷尺读出铁环所在深度。

(4)测读方法

①三脚架支在测孔上方,放平稳。测头挂在钢卷尺端部,用螺钉销紧。

②测头慢慢放入管中,同时电缆跟进。

③接通滚筒面板上的电源开关。

④测头下降到铁环中间时,音响立即发出声音找准发声的确切位置。让钢卷尺与脚架中的基准尺对齐,即读出该环所在深度。

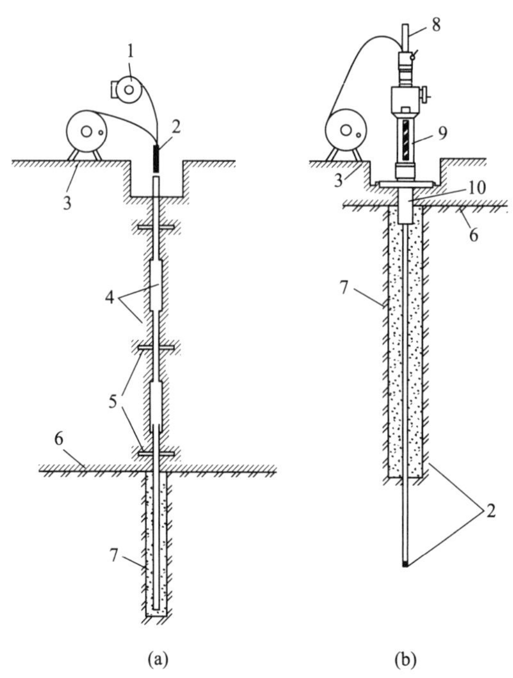

1—测尺；2—测头；3—回填土；4—伸缩式接管；5—铁环；6—天然土；
7—灌浆；8—测杆；9—显读测尺；10—基准环

图 9.2—12　电磁式沉降仪

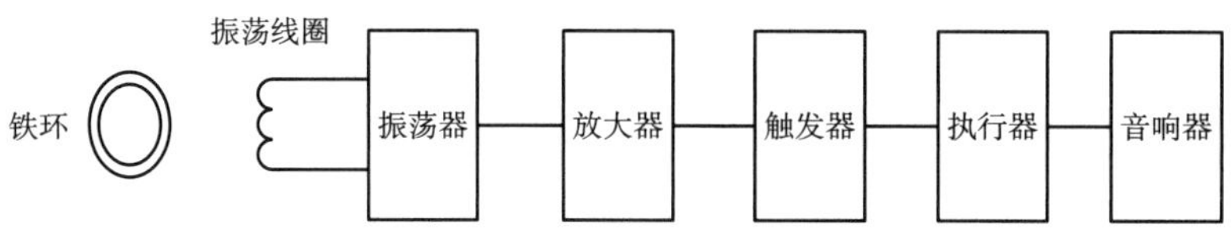

图 9.2—13　电磁沉降仪原理框图

⑤每次观测时用水准仪测出孔口高程，测得铁环深度，即可换算出高程，观测点沉降量等于测点初始高程减去观测时测点高程。

7. 水 位 计

钢尺水位计通常用于测量井、钻孔及水位管中的水位，特别适合于土建工程中地下水位的观测。本仪器可在施工期间使用，也可用于工程长期监测。

(1)原理结构。水位变化量的测读由以下两大部分组成：地下材料埋入部分，由水位管和底盖组成；地面接收仪器为钢尺水位计，由测头、钢尺电缆、接收系统和绕线盘等组成。

①测头部分：不锈钢制成，内部安装了水阻接触点，当触点接触到水面时，便会接通接收系统，当触点离开水面时，就会关闭接收系统。

②钢尺电缆部分：钢尺和导线采用塑胶工艺合二为一，既防止了钢尺锈蚀，又简化了操作过程，测读更加方便、准确。

③接收系统部分：由音响器、指示灯和峰值指示器组成。音响器发出连续不断的蜂鸣声响，指示灯点亮，峰值指示为电压表指示。

(2)使用方法。测量时，让绕线盘自由转动后，按下电源按钮，把测头放入水位管内，手拿钢尺电缆，让测头缓慢向下移动，当测头的接触点接触到水面时，接收系统的音响器会发出连续不断的蜂鸣声。此时读出钢尺电缆在管口处的深度尺寸，即为地下水位离管口的距离。(若在噪声比较大的环境中测量，蜂鸣器听不见时，可观测指示灯和电压表。)

在测读时必须注意以下两点：

①当测头的触点接触到水面时，音响器会发出声音，指示灯亮，电压表指针转动。此时应缓慢地放钢尺电缆，以便仔细寻找到发声或指示瞬间的确切位置后读出该点距孔口的深度尺寸。

②读数的准确性，取决于及时判断蜂鸣器或指示的起始位置，测量的精度与操作者的熟练程度有关。

8. 孔隙水压力计

(1)差动电阻式孔隙水压力计(图 9.2—14)

①用途。用以测量岩土体内的渗透水压力，也可以检测埋设位置的介质温度。配备动态测试仪表后，也可用以测量水流的脉动压力或动态水位。

②结构形式。某厂生产的差动电阻式孔隙水压力计如图 9.2—14(a)所示，由前盖、透水石、弹性感应板、密封壳体、传感部件和引出电缆等组成，传感部件为差动电阻式感应组件。

③工作原理。渗透水流通过孔隙压力计的进水口经透水石作用于感应板，使其变形并推动传感器，引起传感组件上两组铁丝电阻变化，测出电阻比值和电阻值，就可计算出埋设点的渗透压力和介质温度。

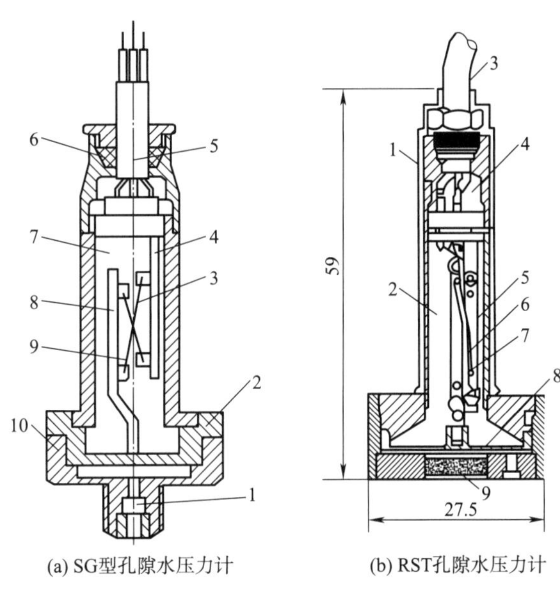

(a) SG型孔隙水压力计　　(b) RST孔隙水压力计

(a)1—透水石；2—感应板；3、9—电阻铁丝；4、8—方铁杆；5—引出电线；6—止水橡皮圈；7—变压器油；10—前盖

(b)1—泡沫橡胶；2—油；3—电缆引线；4—止水材料；5—应变单元；6—弹性弦；7—陶瓷线轴；8—内部薄膜；9—多孔不锈钢

图 9.2—14　差动电阻式孔隙水压力计测头结构示意图(单位：mm)

(2)钢弦式孔隙水压力计

①用途。钢弦式孔隙水压力计因为传输信号频率，不受电缆电阻、接头电阻及接地漏电等因素影响，允许长电缆数据传输，而且灵敏度高，能在恶劣条件下长期稳定工作，因此，广泛用于监测土坝、混凝土建筑物、岩基、钻孔(井)、基础、管道及压力容器内孔隙水压力、水位或液体压力。

②结构形式。钢弦式孔隙水压力仪由透水板(体)、承压膜、钢弦、支架、线圈、壳体和传输电缆等构成(图 9.2—15)。其中图 9.2—15(a)所示为钻孔埋入式，图 9.2—15(b)所示为填方埋入式。

③工作原理。钢弦式孔隙水压力计将一根振动钢弦与一灵敏受压膜片相连，当孔隙水压力经

透水石传递至仪器内腔作用到承压膜上，承压膜连带钢弦一同变形。测定钢弦自振频率的变化，即可把液体压力转化为等同的频率信号测量出来。

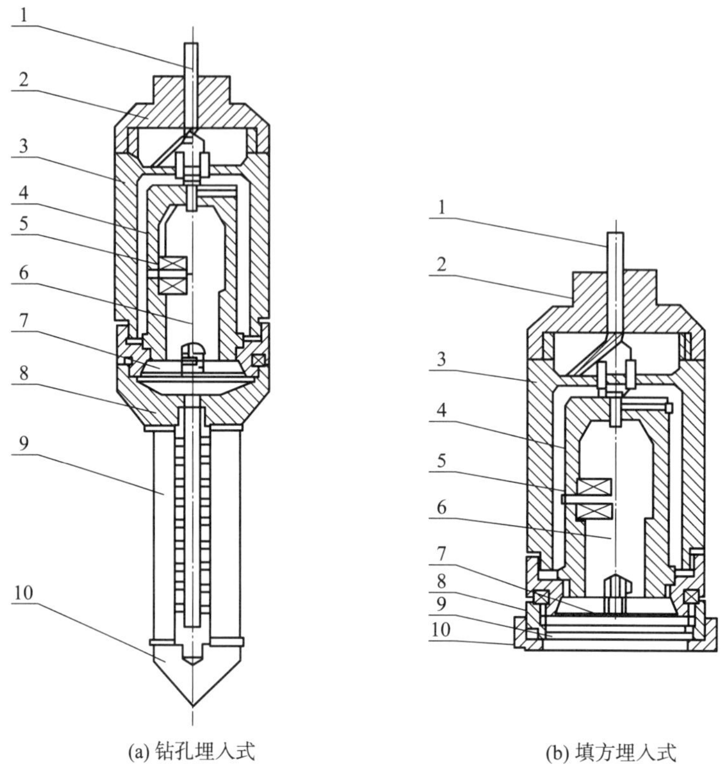

(a) 钻孔埋入式　　(b) 填方埋入式

1—屏蔽电缆；2—盖帽；3—盖体；4—支架；5—线圈；6—钢弦；7—承压膜；8—底盖；9—透水体；10—锥头

图 9.2—15　钢弦式孔隙水压力仪测头结构示意图

9. 倾角计

(1)主要用途。倾角计又叫点式倾斜仪，是一种监测结构物和岩土的水平倾斜或垂直倾斜(转动)的快速便捷的观测仪器。倾角计可以是便携式，也可以固定在结构物表面，使倾角计的底板随结构一起运动；这是一种经济、可靠、测读精确、安装和操作都很简单的仪器。

(2)结构形式。倾角计由传感器、倾斜板和读数仪三部分组成：①便携式倾角计的传感器是采用两只闭环、力平衡式伺服加速度计，互成 90°放置在直径 152 mm、高 89 mm 的铝外壳内。传感器安装在坚固的框架中，其外形尺寸为 152 mm×89 mm×178 mm。安装架的底面和侧面均经过机械加工，以便与倾斜板能精密地定位。其底面与水平安装倾斜板相配，侧面与垂直安装倾斜板相配。②倾斜板可以用特殊配方烧结的陶瓷板，也可用铸造青铜板，两者都具有良好的尺寸稳定性和抗气候性。倾斜板固定在被监测物表面，同时作测量基准面。因此，表面有 4 只径向间距为 102 mm 的传感器定位销。青铜板还配有 4 个安装螺栓的孔，并附有保护盖和地脚螺栓。陶瓷板外形尺寸为 ϕ42 mm×31 mm。青铜板为 ϕ140 mm×24 mm。③读数仪可用数字式指示仪，也可用数字式数据记录仪。前者操作简单，直接指示倾角，量程大，对水平倾角可到±30°，垂直倾角可达±53°。指示仪由充电电池供电。

(3)工作原理

力平衡式伺服倾角仪的主要部件包括非接触位移传感器、力矩马达、误差和放大电路、反馈电路和悬臂质量块。悬臂质量块与力矩马达的电枢连接在一起。非接触位移传感器用于检测质量块的位移和方向。当整个传感器发生倾斜时，悬臂质量块便离开原来的平衡位置，非接触位移传感器检测出该变化后，将位置信号送入误差和放大电路，一方面传感器输出与倾角成一定比例的模拟信号；另一方面，该信号经反馈电路送入力矩马达的线圈，此时，力矩马达会产生一个与悬臂质量块运动方向相反、大小相等的力矩，使悬臂质量块回到原来的平衡位置。这样经过一定的时间后，悬臂质量块就停留在一个新的平衡位置上，这时，传感器输出的信号才是真正有效的信号。该输出信号一般为直流电压信号，也可内置 V/A 转换，输出 4～20 mA 信号。但无论是输出电压或者电流信号，都与用度来表示的角度值成正弦关系。也就是说，要直接以度、分、秒为计量单位来表示角度值是多少，必须将传感器输出的电压或电流信号进行反正弦运算。

10. 静力水准仪

采用液体静力水准测量法可监测变形对象的竖向位移，常用于轨道交通既有结构、重要建（构）筑物、桥梁等的竖向位移监测，可将其软硬件及传输系统组建远程自动化监测系统。

静力水准仪作业原理如图 9.2—16 所示，监测仪器由主体容器、连通管、电容传感器等部分组成。当仪器主体安装部位发生高程变化时，主体容体产生液面变化，引起装有中间极的浮子与固定在容器顶的一组电容极板间的中间极相对位置发生变化，通过测量装置测出电容比的变化即可计算得测点的相对沉降。

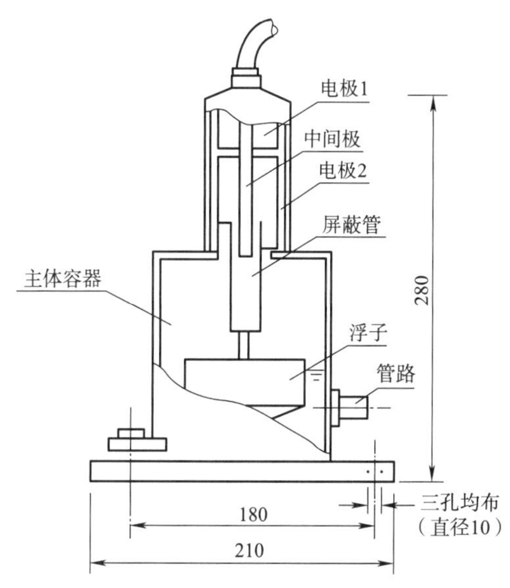

图 9.2—16 静力水准的构造图(单位：mm)

9.2.5 监测仪器元件选型

由于地铁工程通常修建于复杂的岩土体内，岩土力学又是一门新的科学，存在半经验半理论的性质。因此，在时间和空间上对岩土工程的安全状态作出准确判断非常困难，有关岩土工程安全问题的解决，更多是依靠测试和观测，因此，人们越来越多地把工程安全情况的判断，寄希望于工程建设过程中和竣工后的原位监测。通过监测保证工程的施工、运营安全；同时，又通过监测验证设计、优化设计和提高设计水平。岩土工程的失稳破坏，都有从渐变到突变的发展过程，微小的变化一般单凭人们的直觉是难以发现的，必须依靠设置精密的监测仪器进行周密监测。

为了做到这一点，首先要做出符合实际的监测设计，然而，准确地做出一项监测布置和选择工程监测的仪器类型是很困难的，特别是对工程安全有控制作用的仪器更为困难。因为仪器的选择要考虑整个工程的地质条件、工程结构特点和工程技术性质。

1. 仪器选型应遵循的原则

仪器选型应按照以下一般原则进行：

(1)根据确定的监测项目选择相应的仪器，仪器数量宜少而精。

(2)监测仪器的精度和量程应满足具体工程的要求，此要求应根据计算值或模型试验值等进行预测的最大和最小值确定仪器的精度和量程。

(3)仪器应准确可靠，坚固耐用，能在潮湿甚至涌水、爆破振动和粉尘等恶劣环境下工作。

(4)仪器轻便，布置简单，埋设安装快捷，操作读数方便，对施工干扰少。

(5)现场使用的仪器设备必须成熟、可靠，数量满足监测工作要求；使用的仪器需具有有效的检定合格证书，仪器使用必须在有效期内。

(6)现场监测仪器设备安装完毕，应对仪器设备进行测试、率定和校正，并记录其观测系统的各个仪器设备在工作状态下的初始设置。所有监测仪器、设备应定期进行检校和维护，以保证其处于良好的工作状态。

2. 监测仪器的选择

常用监测仪器及元件见表 9.2—1～表 9.2—4。

表 9.2—1 明(盖)挖法常用监测元件与仪器表

序 号	监测对象	监测项目	主要监测元件与仪器
1	支护桩墙	桩(墙)、边坡顶部水平位移	全 站 仪
1	支护桩墙	桩(墙)顶竖向位移	水 准 仪
1	支护桩墙	桩(墙)体水平位移	测 斜 仪
1	支护桩墙	桩(墙)结构应力	钢筋应力计、频率仪
2	立 柱	立柱结构竖向位移	水准仪、全站仪
2	立 柱	立柱结构倾斜	全 站 仪
2	立 柱	立柱结构应力	钢筋应力计或应变计、频率仪或应变仪
3	支撑、锚杆、锚索、土钉	支撑轴力	钢筋应力计或应变计、频率仪或应变仪
3	支撑、锚杆、锚索、土钉	锚杆、锚索拉力	轴力计、频率仪
3	支撑、锚杆、锚索、土钉	土钉拉力	钢筋应力计或应变计、频率仪或应变仪
4	盖挖顶板结构	顶板应力	钢筋应力计或应变计、频率仪或应变仪
5	竖井井壁支护结构	净空收敛	钢尺收敛计
6	基坑内外岩土体	地表沉降	水 准 仪
6	基坑内外岩土体	土体深层水平位移	测 斜 仪
6	基坑内外岩土体	土体分层竖向位移	分层沉降仪
6	基坑内外岩土体	坑底隆起(回弹)	水 准 仪
6	基坑内外岩土体	支护墙侧向土压力	土压力盒、频率仪
7	基坑内外岩土体	水位	钢尺或钢尺水位计和水位探测仪
7	基坑内外岩土体	孔隙水压力	孔隙水压力计、频率仪

表 9.2—2 矿山法常用监测元件与仪器表

序 号	监测对象	监测项目	主要监测元件与仪器
1	支护结构	拱顶(部)下沉	水 准 仪
1	支护结构	净空收敛	收敛计、全站仪
1	支护结构	围岩压力及支护间接触应力	土压力盒、频率接收仪
1	支护结构	钢筋格栅钢架应力	钢筋计、测力计、频率接收仪
1	支护结构	初期支护、二次衬砌内应力	应变计、频率接收仪
1	支护结构	钢管柱内力	应力计、表面应变计、频率接收仪
2	隧道周边岩土体	地表沉降	水 准 仪
2	隧道周边岩土体	土体分层沉降及水平位移	分层沉降仪、测斜仪、多点位移计(洞内观测)
2	隧道周边岩土体	地下水位	电测水位计、PVC 塑料管

表 9.2—3 盾构法常用监测元件与仪器表

序 号	监测对象	监测项目	主要监测元件与仪器
1	管片结构	管片结构竖向位移	水 准 仪
		管片结构水平位移	全 站 仪
		管片结构净空收敛	收敛计、全站仪、断面扫描仪
		管片结构应力	钢筋应力计、频率仪、压力盒
		管片连接螺栓应力	应 变 片
2	隧道周边岩土体	地表沉降	水 准 仪
		土体深层沉降和深层位移监测	分层沉降仪、水准仪、测斜仪、多点位移计
		孔隙水压力	孔隙水压力计、频率仪
		管片衬砌和地层的接触应力	土压力盒、频率读数仪

表 9.2—4 周边环境常用监测元件与仪器表

序 号	监测对象	监测项目	主要监测元件与仪器
1	建(构)筑物	竖向位移	水 准 仪
		水平位移	全站仪、经纬仪
		倾 斜	倾斜仪、全站仪、经纬仪
		裂 缝	裂缝计、游标卡尺、千分卡尺
2	桥 梁	墩台竖向位移	全站仪、经纬仪
		墩台差异沉降	水 准 仪
		墩柱倾斜	倾斜仪、全站仪、经纬仪
		梁板应力	应 力 计
		裂 缝	裂缝计、游标卡尺、千分卡尺
3	地下管线	竖向位移	水 准 仪
		水平位移	测斜仪、多点位移计
		差异沉降	水 准 仪
4	高速公路及城市道路	路面路基竖向位移	水准仪、全站仪
		挡墙竖向位移	水准仪、全站仪
		挡墙倾斜	测斜仪、全站仪、经纬仪
5	既有轨道交通	隧道结构竖向位移	水准仪、静力水准仪
		隧道结构水平位移	全站仪、经纬仪、测量机器人
		隧道结构净空收敛	全站仪、收敛计
		隧道结构变形缝差异沉降	水准仪、静力水准仪
		轨道结构(道床)竖向位移	水准仪、静力水准仪
		轨道静态几何形位(轨距、轨向、高低、水平)	轨 距 尺
		隧道、轨道结构裂缝	裂缝计、游标卡尺、千分卡尺

9.3 监测预警及其管控

国家相关法律法规和规范性文件等对突发性事件的应对做出了具体的规定，对城市轨道交通工程施工异常情况的预警预报及响应也有相关的要求。城市轨道交通工程应当根据工程特点、监测项目的控制值、当地施工经验、工程管理及应急能力，制定工程监测预警管理制度，其中包括监测预警等级、分级标准及不同预警等级的警情报送对象、时间、方式、流程及分别采取的相对措施等。工程监测异常情况的预警，可根据事故发生的紧急程度、发展势态和可能造成的危害程度由低到高进行分级管理。

因此，《城市轨道交通工程监测技术规范》(GB 50911—2013)规定城市轨道交通工程监测应根据监测预警等级和预警标准建立预警管理制度，预警管理制度应包括不同预警等级的警情报送对象、时间、方式和流程等。

城市轨道交通工程监测预警管理体系主要包括组织机构与职责(各个管理主体组成管理主体的责任和义务等)、预警分类与分级、预警标准、预警发布、预警响应以及消警等内容。

根据监测方法的不同，工程监测一般分为人工监测和自动化监测两种。自动化监测可以克服人工监测的缺点，能够在轨道交通建设高风险地段或不便布设人工监测点的地段进行远程实时监测，自动化监测正逐步得到推广。

1. 常规监测预警信息管理

各城市轨道交通建设城市都有系统的监测预警管理办法，一般工程监测发现异常现象或测点变化异常时，施工监测单位、监理单位、第三方监测单位将警情上报建设管理单位，同时报送设计单位。由建设管理单位组织专家、参建各方等进行专家会议，商讨解决办法。建设管理单位将处理措施下达给施工单位，由专家评定后决定是否消除警戒。此外，重大预警也应上报政府管理部门裁定。

常规监测预警信息管理时效性较差，层层上报、下达处理措施需要较长的时间且过程较为烦琐，不利于安全隐患的及时解决。

2. 应急管理工作中的监测预警信息管理

当施工现场发生应急突发情况时，首要任务是以最快的速度，尽可能全面系统地得到突发情况所涉及的支护结构、主体结构、周围岩土体及周边环境的受力、变形等数据，而常规监测预警信息管理存在时效性差、过程烦琐的问题，因此，列举以下关于应急突发情况下的监测预警信息管理系统。

(1)深基坑智能监控系统。深基坑智能监控软件是一套针对深基坑的智能监测系统的应用软件。该软件是采用云计算，通过云端对大数据进行分析，解决传统的人工监测手段存在的信息化和智能化程度低等问题，更好地防范风险，保障基坑安全。系统软件包含三部分，分别是运行在云服务器上的服务器端软件、运行在个人电脑上的客户端软件及安装文件、运行在安卓手机客户端软件。软件的组成如图 9.3—1 所示。

深基坑智能监测系统软件特点：①项目信息全景展示。软件通过照片、项目介绍和 GIS 地图方式使用户对项目和施工单位情况有全面的了解。②多种方式查询监测数据。软件可以通过数据表、曲线图、时程、断面多种形式查询监测历史数据，方便用户进行对比和分析。③数据超限时自动预警。软件完全按照深基坑监测规范制定预警规则，发生数据超限时第一时间以推送消息的形式发送给相关用户，并且在软件显著位置上显示预警情况，不错过任何一个风险点。④在线提交和查看监测报表。软件能够实现监测报表在线提交，用户可通过电脑和手机在线预览、下载或通过 社交软件分享。⑤在线查看 CAD 图纸。通过软件可以在电脑和手机上随时随地查看图纸，方便施工。⑥人工监测数据的提交和管理。支持将人工监测数据提交到系统和智能监测数据一同进行查询和预警，使监测项目的实施更加灵活。

(2)远程监控信息系统。为提高安全风险管控的工作效率，提高监测数据、工程进度与现场施工等信息的传递速度，实现安全管理的信息化、网络化和标准化，提高安全保障能力，作为建设单位

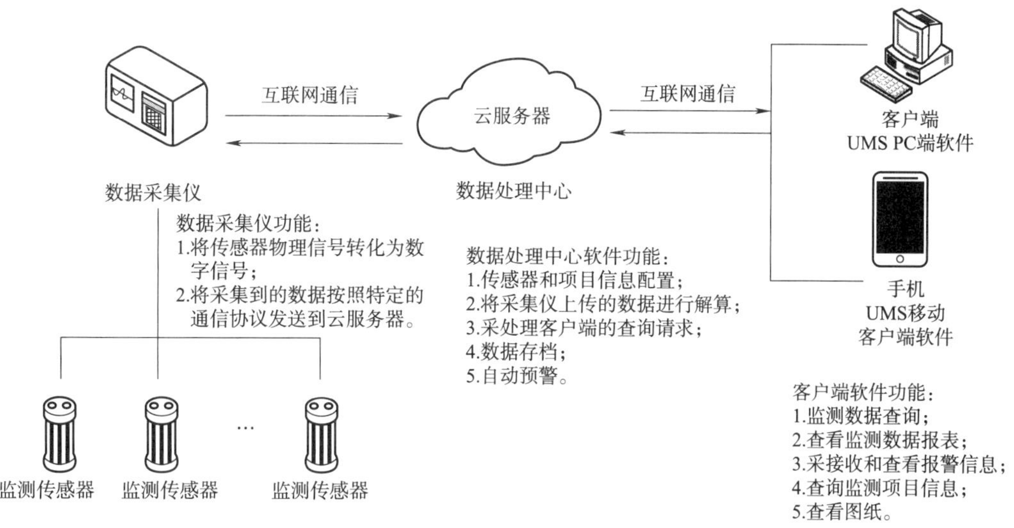

图 9.3—1　系统软件组成图

督促工程其他参建方加强安全风险管理的重要工具，北京、上海和广州等国内轨道交通建设城市组织研发并应用了远程监控信息系统，为建设管理方与其他各参建方搭建一个协同处置工程安全隐患、突发事件的工作平台，有利于确保轨道交通工程建设的安全顺利推进。

远程监控信息系统主要采用了现代化的信息传输、网络化、短信平台等技术，可实现风险源(工程)及相关基础资料文档化管理、监测数据及时分析与预警通报、现场风险巡视情况的及时报送与查阅、重大风险预报、预警及处理情况跟踪监控、配套视频监控与会商管理等功能。

(3)盾构实时监控系统。近年来，随着盾构施工工法在城市轨道交通工程建设中的不断应用，盾构实时监控系统也应运而生，北京、上海和广州等轨道交通建设一线城市均不同程度的采用盾构实时监控系统对盾构法施工全过程进行实时监控，但对盾构施工中对周边环境影响情况未纳入监控范围。

盾构实时监控系统是运用现代传感技术、计算机技术与现代网络通信技术，对盾构/TBM 施工全过程进行远程实时监控，通过分析盾构/TBM 施工参数，查找施工中出现的各种问题，实现风险预告、风险提醒，为管理者掌控区间整体风险分布状况、明确管控重点服务。

(4)网络视频监控系统。北京、上海、南京、宁波等多个城市已经或拟采用网络视频监控及视频电话会议系统，视频监控系统形象图。

以北京市为例，北京市轨道交通建设建立了三级视频监控系统：包括在公司层(安全监控中心)设立视频总控中心；在项目管理层(风险监测部)设立视频分控中心；在工点实施层(监控室)设立工点控制中心。

各级配备专职监控人员，在超过 5 m 的明挖基坑、暗挖作业面等危险性较大的施工现场，所有施工掌子面安装具有可变焦、转向功能的摄像系统，设置有图案记录和摄像头转向控制功能进行实时监控。为事故发生原因分析或施工现场存在的安全隐患分析提供了宝贵的资料。

远程监控信息系统、盾构实时监控系统、网络视频监控系统等自动化监测手段使得监测预警的报送向实时化方向发展。常规文件预警报送程序进行的同时，快速的自动化预警通道使得工程建设过程中出现的警情可以及时上报，便于领导和专家研究对策，进行警情处理。

9.4 监测信息化发展

城市轨道交通监测技术日新月异，发展方向趋向监测的自动化、智能化（AI），包括数据采集与无线传输、近景摄影测量、光纤光栅、三维激光扫描、InSAR 等技术，最终实现监测工作的自动化、网格化、可视化和智能化。

1. 监测信息大数据管理平台

建立监测信息数据管理平台，与三维 GIS、BIM 系统融合，实现 PC 客户端、移动客户端成果及数据获取，通过监测大数据，智能分析系统实现成果报告格式标准化自动生成、自动预警发布、自动处置及信息化管理等功能。通过对数据信息化、智能化管理，在线历史数据查询，实时数据查询对比，超限数据及时报警等功能确保了现场监测数据的真实性和数据分析的及时性，提高在线监测的信息化管理水平，最终实现工程质量和安全实时在线监控。

2. 监测数据自动采集系统

通过对先进监测设备、计算机、互联网、物联网的技术进行整合，实现城市轨道交通常规监测项目的自动化监测，建立基于物联网的基坑全要素自动监测系统、视频采集智能化分析系统、无线传输系统。主要具有以下功能：(1)实时无线获得连接在采集终端上的传感器数据；(2)实时显示各采集终端的在线状态和数据采集状态；(3)超限后实时声光报警提示；(4)可脱机自动运行，自行判断是否超限报警；(5)内置大容量可充电锂电池，现场断电后数据不会丢失。

目前，在城市轨道交通安全监测领域运用的自动化监测系统主要有智能型全站仪（测量机器人）系统、静力水准系统、光纤传感系统、测距仪系统、电水平尺系统等。自动化监测系统能够在无人值守的情况下完成变形监测，取代人工测量，同时还能提供可视化的动态变形信息，做到信息化施工，避免工程事故的发生。在监测设备方面，智能型全站仪逐步成为首选的自动化监测传感器，其具有高精度、高稳定性和成果丰富等优势，能够实时高效地实现三维变形监测，在城市轨道交通变形监测中发挥越来越重要的作用。

鉴于人工监测时间滞后、效率低，目前自动化监测技术主要应用于时效要求高、工作量大的高风险工程中。通过运用自动化监测系统，对城市轨道交通结构进行实时全方位的变形监控，向外部工程建设方及地铁管理方提供可靠的实时动态监测数据，如竖向位移、水平位移、隧道收敛、垂直度（倾斜）、裂缝变形等监测成果，为保证地铁的结构和营运安全提供数据支持。随着城市的深入开发建设，地铁沿线高风险工程分布越来越密集，自动化监测已成为工程安全风险控制的重要手段。

3. InSAR 监测技术

星载 InSAR（合成孔径雷达干涉）测量技术作为一种新型对地观测技术，具有全天候、大范围、高精度等特点。空间影像雷达使用的微波信号很少受气象条件及是否有太阳照射影响，可以全天候获取全球表面信息，非常适用于地表监测工作，地表监测是 InSAR 技术应用最为成熟的领域之一。

InSAR 监测技术适用于城市轨道交通工程沿线的地面沉降监测、建（构）筑物沉降监测等，可从空间上完整表现轨道交通工程沿线地面沉降的分布特征，从时间上揭示轨道交通工程施工和运营各阶段沿线地面沉降的变化特征，计算出沉降幅度（速率和累积沉降量）、沉降影响范围和最大沉降量等参数。

4. 数字化近景摄影监测技术

随着数字技术与图像处理技术的不断发展，以数字化近景摄影测量为代表的非接触测量方法在轨道交通安全监测领域受到了广泛的重视。其基本原理是利用高精度的数字化成像设备,通过相关的图像处理技术,由 2D 数字化影像恢复 3D 坐标,通过对比不同时刻成像的 3D 坐标变化情况而得出结构的变形情况,从而达到对变形进行监测的目的。使用近景摄影测量技术进行安全监测具有以下优点:(1)能快速地获得结构变形和移动的瞬间整体信息;(2)摄影是一种遥感方法,可实现非接触测量结构的三维状态;(3)可以提供整体大面积的变形测量结果。

近些年来,国内外的专家学者就该测量方法在工程建设领域开展了大量的研究工作。该方法曾先后应用到大坝的位移观测、水电站消能"水舌"形状的测量等工程中,其中比较有代表性的成果为日本 Miura Satoru 等人应用摄影测量方法进行的隧道收敛测量技术,在直径 7 m 的地铁隧道内,观测点的三维坐标精度已经达到了全站仪的水平,标示着数字化摄影测量可以用于隧道的变形监测。

综合国内目前关于近景摄影测量应用于隧道安全监测的研究现状,该方法还没有达到成熟化的阶段。其主要原因是:(1)通常的近景摄影测量解析方法对地物方控制点的分布和数量有较高的要求,这在某些现场条件下难以得到满足,因此测量精度不易保证;(2)为了获得高精度的测量数据,需要使用专门的仪器设备和专业测量分析人员,不利于现场的推广普及和使用;(3)常规的摄影测量解算公式形式复杂,在摄站构形不理想的情况下,往往难以求解,不能满足隧道变形摄影测量的需要。尽管如此,随着数字技术和摄影测量仪器设备的不断发展,该方法将成为未来地下空间开发中变形测量的发展方向之一。

5. 三维激光扫描监测技术

三维激光扫描技术又被称为实景复制技术,作为 20 世纪 90 年代中期开始出现的一项高新技术,是测绘领域继 GPS 技术之后的又一次技术革命。通过高速激光扫描测量的方法,大面积、高分辨率地快速获取物体表面各个点的三维坐标、反射率、灰度信息,由这些大量、密集的点信息可快速重构目标物体的真三维数字模型,为后续内业处理、数据分析等工作提供准确依据,再现客观事物真实的形态特性。它具有高效、不接触性、高密度、高精度等特点,很好地解决了目前空间信息技术发展在实时性与准确性方面遇到的瓶颈。

该技术突破了传统的单点测量方法,具有高效率、高精度的独特优势。三维激光扫描技术能够提供扫描物体表面的三维点云数据,因此可以用于获取高精度高分辨率的数字模型,主要通过高速激光扫描测量的方法,大面积、高分辨率地快速获取被测对象表面的三维坐标数据,大量的空间点位信息,是快速建立物体的三维影像模型的一种全新的技术手段。

目前三维激光扫描测量技术在地铁隧道变形监测与病害检测领域的应用发展快速,主要用于建设期地铁隧道的施工超欠挖、调线调坡、断面变形、侵界检测等,以及运营期间地铁的隧道变形和隧道病害检测等。通过扫描获取隧道表面海量点云的三维坐标、反射率等信息,对这些点云数据进行处理后,可以获得被扫描隧道空间的三维模型,并可对隧道模型表面各个点、线、面的图形数据进行更加具体细致地分析,从而判断隧道表面是否有渗漏水、形变等病害现象,可快速生成不同里程隧道断面图和变化分析图,从而实现三维激光扫描技术在地铁隧道变形监测中的应用。

6. 钢支撑轴力伺服技术

钢支撑轴力伺服系统可为基坑支护提供安全保障。适用于对基坑变形严格控制的工程项目。钢支撑轴力自动伺服系统是以机械、轴力测试传感器、千斤顶液压传动为基础,融合计算机信息化及自动化监控系统、无线通信传输等高新技术手段,对支撑轴力不间断测试、调整的综合性系统。钢支撑轴力伺服系统可 24 小时不间断实时监测支撑体系受力状态。当支撑轴力低于设计值时,系统自动补偿。当支撑轴力超出设计值时,系统报警并可根据指令自动卸载。系统通过调节基坑支撑体系的轴力来实现保障基坑安全、控制基坑变形的目的。

第一代钢支撑轴力伺服系统采用集中式泵站供油方式，其设备笨重、液压管线布置复杂，若个别部位油路损坏会造成整个轴力伺服系统发生故障，因此，系统可靠性能较低。

第二代钢支撑轴力伺服系统采用分布式泵站供油方式，缩短了液压管路长度，安装布设较为方便，且个别油路损坏不会影响到其他油路。但中央控制室与控制站为有线连接，存在传输线路故障导致系统损坏的风险。

钢支撑轴力是由基坑围护结构外侧土压力引起的，由于土压力变化的影响因素复杂，难以准确掌握，且围护结构的变形与轴力之间往往不存在特定的数值关系。目前钢支撑轴力伺服系统已发展出能以位移的变化趋势及变化速率为测控目标对支撑轴力进行调整，能有效地控制基坑变形，大大提高了深基坑开挖的安全性。

7. 三轴地震监测技术

在城市轨道交通工程施工时，往往会引起震动，对地下隧道和地铁系统造成不良影响。在隧道建设中使用的某些工艺和设备，比如爆破或隧道挖掘，会引起地表的震动，对已完工的隧道或地铁系统带来破坏。

三轴地震检波器的监控系统记录振动和空气过压水平。记录的数据可以立即查看，因此可以在问题发生之前调整地铁施工的活动。可以在设置的预配置级别上触发警告和警报，并且这些级别可能因每个作业活动的不同而异。三轴地震检波器的监控系统可以通过电子邮件或其他形式报告任何警告或警报。发生危险时，可自动触发警报器和指示灯。可以在计算机、笔记本电脑、平板电脑或智能手机上查看这些通知，并且可以保留数据的历史记录，以便于档案查询。三轴地震检波器监测单元与各种传感器相结合。监控系统可以快速安装和轻松配置，配套的电缆长度最长可达 1 000 m，因此可以在地铁施工项目之外安装和配置监控单元。

8. 全球定位系统

由于全球定位系统测量技术不受时间、位置等条件制约，且具有高精度、方便携带等诸多特点，在地铁工程监测中得到广泛应用。在实际应用中，全球定位系统设备可在隧道口、竖井等地点设置监测点，两个相邻的控制点需同时满足两个方向的视线，其他控制点需具有方向的通视性，部分监测点需与水平点重合。在全球定位系统测量数据的检验上，可通过电磁波测距实现对邻近点的测量。

9.5 主要问题与建议

(1)建设单位相关管理办法偏少，监督管理不够。从目前各地实际情况来看，凡是轨道交通工程监测工作较为出色的在建城市，建设单位对监测的技术要求和管理方面都制定了一系列管理办法或规定，工作过程中的监督管理也比较到位。但大多建设单位对监测工作缺少相关制度要求，在监测方案的编制及审查、监测点的埋设及验收、现场监测实施及巡查、信息反馈的形式及内容、监测预警及响应等方面缺少相关的技术要求和管理规定，工作过程中缺乏及时有效的管理与沟通，使监测工作质量或多或少都存在些问题。

(2)信息化程度不够完善。现阶段信息化主要用于既有线的自动化监测和采用电子水准仪全站仪监测的项目如沉降、位移、收敛等，但对于支撑轴力、桩体倾斜、爆破振速、地下水位监测等监测项目的仪器设备与信息化量测平台对接存在普及度不高，多数依旧采用人工录入原始数据到平台，工作效率比较低。在后续的监测中还需整合各种监测仪器设备的通信接口，使之能够更为便捷地统一接入信息化平台，提高监测信息化水平。

(3)相关培训学习较少，技术力量相对薄弱。随着城市轨道交通工程建设发展，从事监测工作的技术人员、作业人员及管理人员越来越多，总体来讲，目前的技术力量和管理水平与建设发展规模匹配度不高，不能很好满足工程需要。一方面有监测经验的勘测单位随着承担监测任务量的不断增大，技术力量不断被摊薄，另一方面监测经验相对缺乏的单位也不断进入轨道交通工程监测市场，再者是随着轨道交通新建线路的增多，建设单位及建设主管部门对监测工作的管理难免存在不足，这些都需要加强相关的学习与培训，提高监测技术水平和管理水平。另外，对现场作业人员也应开展城市轨道交通工程监测方面的知识与技能培训，并颁发相应的上岗证书。

(4)城市轨道交通建设周期长、监测工作量大、费用高，建设单位为减低成本往往减少在监测方面的投入，导致监测单位在监测人员、技术、仪器设备和元件上投入不足，在新技术和新设备的采用上也不够积极，这些都不同程度影响到监测工作的整体质量。

(5)建议各级政府主管部门进一步制定并出台城市轨道交通工程监测方面的地方标准或行业规范，从而进一步指导、规范我国城市轨道交通工程监测工作。各地轨道交通建设单位应建立或进一步完善城市轨道交通工程监测管理体系文件，明确各方职责、工作内容及相关技术要求，加强管理、沟通和协调。加强监测相关的学习及培训，加强对监测技术人员、现场作业人员及相关管理人员的培训。从国家到地方到各参建单位应因地制宜地选择或编制培训教材，分区、分批、分层次地对参建单位的监测人员、建设单位及主管部门的管理人员进行培训，提高监测技术水平和管理水平，保证监测工作质量，满足工程建设及发展的需要。

10　城市轨道交通建设应急救援技术与装备

10.1　探测、检测技术与装备

10.1.1　探测技术与装备

1. 探测技术

(1)瞬变电磁法:为了规避施工风险和预防施工过程中可能出现的地质灾害,采用瞬变电磁法对隧道线路周围的含水断裂位置及岩溶发育情况进行勘察,为实施应急救援提供本区域地质情况,使应急救援难度降低。瞬变电磁法的原理是利用地下电性差异,岩石孔隙、裂隙总是含水的,并且随着岩石的湿度或饱和度的增加,电阻率急剧下降。一般来说,含水断裂、破碎带岩溶及地下暗河的电阻率远小于完整岩石的电阻率,其原因在于水分有不同的矿化度。这是运用瞬变电磁法评价灰岩层赋水(泥)性和查找。

(2)雷达探测:探地雷达是利用超高频电磁波探测地下介质分布的一种地球物理勘探仪器。电磁波在地下介质传播过程中遇到存在电性差异的地下目标体,如空洞、水体等分界面时,电磁波便发生反射,返回到地面并由接收天线所接收,对接收到的电磁波进行信号处理和分析,根据信号波形、强度、双程走时等参数来推断地下目标体的空间位置、结构、电性及几何形态,从而达到对地下隐蔽目标物的探测。

(3)钻探:将该环境下岩芯或者土体取出来做分析研究可以了解该区域地质情况以及地下物质分布,从而得到地底下的实际情况,为应急救援提供更加真实的地质信息。在实施时须坚持以下原则:一是要详细查明沿线工程地质及水文地质条件,特别是地质复杂地段、特殊岩土地段或有特殊施工要求区段,应进行重点勘察,详细查明不良地质条件及特殊性岩土的分布特征。二是要对车站出入口、通风道、水源井、车辆段等应进行单独详细勘察。三是要依据工程地质和水文地质条件,结合设计及施工方法的要求,以数理统计的方法分层、分段综合各项指标。四是要查明水文地质条件,进一步查明地下水及含水层的性质并做出评价,需降水施工时应分段提出降水方法及有关计算参数。同时各车站、区间及每个地貌单元应进行水文地质试验,分站段提供沿线地下水类型、补给来源、流速、流向、渗透系数、水位、水质,以及历年最高水位枯水位等水文地质资料。五是要分析沿线建筑物、地下构筑物及管线在地铁施工干扰下的定性,并提出防护措施。采空区对地铁工程的不利影响主要表现在采空区垮塌引起地面塌陷和开裂,以及采空区上部岩体产生破坏和变形引起地铁隧道下沉和断裂。

(4)红外探测法:在复杂地质条件下,特别是岩溶发育地区,相对掘进隧道的隐伏水体或含水构造,除了出现在掘进前方之外,还可能出现在顶板上方、底板下方、两边墙外部。针对复杂水文地质特点,红外探测仪可实现全空间全方位探测。其具体地质预报内容如下:

①通过超前探测可预报掘进前方 30 m 范围内有无含水断层和溶洞。

②通过对顶板上方探测,可确定隧道上方 30 m 范围有无含水层或含水构造。

③通过对底板下方探测,可了解下方有无含水构造,以预防滞后突水。

④分别向两边墙外部探测,了解 30 m 范围内有无含水体或者含水断层,以预防含水断层在前方与隧道相交造成大突水。根据红外探测法的特点,使其在隧道坍塌、涌水等应急救援中提供极大的助力。

(5)高密度电法:高密度电法是一种电阻率测量方法,是将电极排列在地面上,通过电极之间注入电流并测量电位差来确定地下岩土体在不同深度的电阻率分布情况。这种方法适用于各种地质环境,能够获得连续的、非侵入性的地下电阻率分布,具有高效、高分辨率、高精度等特点。传统的地质勘探方法需要进行大量的钻探和取样工作,时间和成本都非常昂贵。而高密度电法可以快速得到地下岩土体的电阻率分布情况,进而推断地下岩土结构情况和地质分布,有效降低了钻探取样的次数和难度,减少了勘探成本,同时也能够使得地质分析更加全面和准确。适用于各种地质环境,包括沉积岩、火山岩、辉绿岩、变质岩、破碎岩和地下水等岩土体。可广泛应用于岩溶、金属与非金属矿产资源勘察、地下水位探测及水资源勘察。

2. 探测装备

(1)瞬变电磁仪。瞬变电磁仪(图 10.1—1)可三分量同时观测,有 30 个观测道,关断时间短、信息量大,信噪比高,观测装置灵活,勘探深度大,稳定性高、工作温度宽。主要应用在如下领域:

①在地面探测含水层,断层含水性,煤层结构和陷落柱;

②在井下探测采区内部和外围以及掘进头前方的储水结构;

③探测良导性矿体埋深和产状,探测蕴矿构造;

④探测老窑及其含水性;

⑤工程勘探和环境勘探。

图 10.1—1 电磁仪

(2)地质雷达(图 10.1—2)适用场景包括:工程质量检测,高速公路工程质量检测,地质隐患探测,地下隐蔽物、设施探测,水下(淡水)探测,生命探测。

(3)汽车钻可将该环境下岩芯或者土体取出来做分析研究,可以了解该区域地质情况以及地下物质分布,从而得到地底下的实际情况。组成:汽车起重机底盘、分动箱、主传动系统、变速器、双提升装置、渣浆泵、转盘、钻塔、钢丝绳进给机构等安装在起重机底盘上。汽车钻(图 10.1—3)广泛应用于城市建设、地质勘探、政府加载工程和国家市政工程、煤炭钢铁石油等矿业工程。

图 10.1—2 地质雷达

图 10.1—3 汽车钻

(4)隧道红外探水仪和红外探测仪。红外探水仪是 TGS360Pro 超前预报测试系统的辅助产品之一，用于短距离超前预报富水区域的复测，超前探水指在某些地区，不能确保是否有水害威胁时，在采掘工作之前必须进行探水，进一步探明水文情况，确切掌握水源的位置和距离。这是预防突然涌水的重要措施。红外探测仪可实现拱顶、隧底、边墙、掌子面全空间全方位探测，其预报内容：掘进前方、上方、下方、两边 30 m 范围内有无含水断层和溶洞。探水仪和红外探测仪如图 10.1—4 和图 10.1—5 所示。

(5)高密度电法仪。DUK-3 高密度电法仪(图 10.1—6)以 DZD-6B 多功能直流电法仪为测控主机，配以 60 道或 120 道多路电极转换器以及大线电缆、电极等相关附件构成高密度电法测量系统。也可通过选配分布式高密度电缆、电极，实现分布式二维及激电测量。

①一机多能：仪器具有长导线激电仪、二维高密度电阻率仪、二维高密度激电仪和中功率短导线发射机四种功能。

②操作方便：该仪器采用全数字化自动测量，可对自然电位、漂移及电极极化进行自动补偿。仪器采用大屏幕液晶汉字显示，在高密度测量模式时可直接显示 14 种以上的布线工作模式；在 DZD-6B 单机模式时可直接显示九种电极排列方式；同时在工作时可实时显示曲线等。

③超大存储：在高密度模式时，仪器可对 120 000 点的测量数据进行存储；在 DZD-6B 单机模式时，可对 4 800 个测点的数据进行存储，每个测点 22 个数，设有 RS-232 串行接口，通过相应的软件可直接将存储的数据传入计算机内，进行各种方法的数字化解释。

图 10.1—4 HS-310S 隧道红外探水仪

图 10.1—5 红外探测仪

图 10.1—6 DUK-3 高密度电法仪

10.1.2 检测技术与装备

10.1.2.1 检测技术

(1)气体检测。根据化学性质,可以将隧道中有毒有害气体分为可燃性气体和有害气体两大类。

其中可燃性气体主要成分是甲烷(瓦斯)和一些挥发性有机化合物(VOCS),主要危害就是气体燃烧引起爆炸,危及财产与生命安全。根据隧道有害气体的实际情况,有毒有害气体监测场把甲烷(CH_4)、一氧化碳(CO)、二氧化碳(CO_2)、硫化氢(H_2S)作为主要监测对象,而把一些含量低、浓度小的有害气体作为辅助监控对象。将传感器阵列与智能算法相结合,组成智能气体监测系统,对环境中的气体进行识别和浓度监测,从而检测出有毒有害气体,及时监测、提前预警隧道内的气体环境,消除隧道作业安全隐患,为隧道作业安全提供保障。

(2)注浆效果检测

①分析法:分析注浆记录,查看每个孔的注浆压力、注浆量是否达到设计要求。注浆过程中漏浆、跑浆是否严重,从而以浆液注入量估算浆液扩散半径,分析是否与设计相符。

②检查孔法:用地质钻机按设计孔位角度钻检查孔,提取岩芯进行鉴定。

③声波检测法:用声波探测仪测量注浆前后岩体声速、振幅及衰减系数等来判断注浆效果。注浆效果如未达到设计要求时,应补充钻孔再注浆。

10.1.2.2 检测装备

(1)气体检测仪。多气体检测仪(图 10.1—7)安装在隧道内部即可监测隧道内有毒有害气体,支持自定义气体选择与组合,可一台设备同时监测多种气体,方便易放置。24 小时连续在线监测隧道气体数据,采用 2.5 英寸高清彩屏实时显示和超标声光报警器,监测数据同时可在管理电脑和洞口 LED 大屏上实时显示,同时联动隧道口网络声光报警器同步报警,如若气体数据值超限,系统会自动推送告警信息,防范因隧道有害气体浓度过高,导致安全隐患。

图 10.1—7 多气体检测仪

(2)声波检测仪。声波检测仪可进行强度检测、内部缺陷、表面裂缝深度、宽度检测;岩体、混凝土非金属材料声学参数、力学性能的测试等。超声回弹综合法集测强、测缺、测深、测宽四大功能集于一体。

直读超声波在混凝土中的传播声时,此超声波由专用高性能换能器发射的高压脉冲产生;通过高能脉冲器和高精度接收器以及高效换能器,仪器在厚的和高衰减的材料测试中有着完美的表现;紧凑坚固的设计使得仪器可以满足现场和实验室使用;带背光的LCD显示屏,使得仪器可以在黑暗光线下正常使用;主机采用X-TranTM接头,避免仪器由于连接错误而造成损坏;坚固的铝质仪器外壳和电池电量状态显示。某声波检测仪如图10.1—8所示。

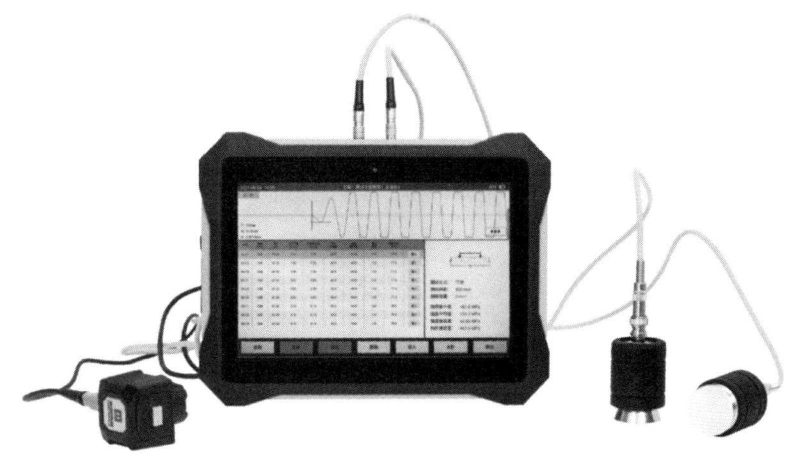

图10.1—8 声波检测仪

10.2 坍塌类救援技术与装备

坍塌事故指物体在外力或重力作用下,超过自身的强度极限或因结构稳定性破坏而造成伤害、伤亡的事故。坍塌类安全事故的应急救援技术与装备可分为坍塌搜救现场作业评估、坍塌搜救现场安全防护技术与装备坍塌事故现场破拆技术与装备、坍塌事故现场支撑技术与装备、坍塌事故现场顶升救援技术与装备、坍塌事故现场障碍物移除救援技术与装备、坍塌事故现场生命通道建设技术与装备、坍塌事故现场回填加固技术与装备等。

10.2.1 坍塌搜救现场作业评估

搜救作业安全评估是通过现场实地调查、分析判断可能存在的风险种类、发生风险的可能性、可能产生的后果,采取相应措施确保救援行动安全可行。

在各类坍塌搜救行动中,安全工作必须贯穿始终。在救援行动展开前或实施过程中,必须对各种安全风险进行评估,及时排除可能威胁救援人员或被困者生命安全的危险因素。

需要特别注意的是,安全评估是一个动态的过程,随着信息的不断增加和环境的变化,风险本身也会发生变化,应持续地、动态地进行安全评估,采取相应措施或调整救援行动方案。

10.2.2 坍塌搜救现场安全防护技术与装备

建筑业在为我国经济建设、社会发展带来巨大生产力的同时,也存在着较高的安全风险,安全事故事件频发;特别是在地铁项目的建设过程中,由于施工工期长,建设难度大,施工中也往往伴随着坍塌事故的发生,故而施工现场的安全防护技术与装备至关重要,是不可或缺的重要部分。

10.2.2.1 坍塌搜救现场安全防护技术

抢险救援安全包括队伍自身安全、受困者安全和救援行动安全。救援时,要对安全评估过程中发现的各种危险因素采取必要的处置措施,工作内容包括:在可能坍塌的建(构)筑物、工机具、机械设备外围设立监控警戒,防止无关人员误入;对作业区内存在的漏水漏电、可燃气体或有毒有害物质等影响救援作业安全的因素进行关堵或转移处理；对拟进入而又不稳固的建、构筑物进行支撑加固等。人员进入开展应急救援工作时必须采取有效的防护措施，佩戴好个人防护装备。

10.2.2.2 坍塌搜救现场安全防护装备

(1)救援头盔。救援头盔是抢险救灾时，佩戴在头上用于防止特定因素对使用者头部造成伤害的防护装备，可抵抗冲击和高温，为头部提供保护。

(2)救援靴。抢险救援靴是在抢险救援时用于对脚部、踝部和小腿部提供保护的专用皮质防护靴。主要由靴底、靴帮和靴头三部分组成。

(3)救援防护服。用于建筑塌陷、狭窄空间等救援现场的身体防护。具备阻燃、耐磨、轻松方便、抗拉能力强、颜色鲜艳和醒目等特点。可以对头部、手部、踝部和脚部之外的躯干、颈部、手腕、手臂和腿部提供保护。

10.2.3 坍塌事故现场破拆技术与装备

破拆技术是坍塌救援中的重要救援技术，破拆技术的应用是坍塌事故中科学高效救援的重要保证。通过对建筑物坍塌、脚手架坍塌等救援风险分析、破拆器材的分类、破拆场景的应用、破拆现场的安全管理等进行科学分析、部署，为救援人员在坍塌事故现场实施科学、安全的破拆救援提供理论支撑。

10.2.3.1 破拆救援技术

破拆救援技术是根据事故现场实际情况，使用合理的装备器材，综合运用凿破、切割、剪断等技术手段，在混凝土构件或其他障碍物构件上创建营救通道的综合技术。破拆是对障碍物进行强行破坏，是在移除、支撑、顶升都不能达到创建营救通道目的时选用的方法。破拆救援主要有剪断、凿破和切割三种技术。破拆技术实际上是一种破坏建筑和材料结构的技术，也就是一种“以点破面”的技术。破拆的对象通常为建构筑物、工器具、机械设备等，主要材料有木材、金属、砖砌墙、钢筋混凝土等。

10.2.3.2 破拆救援装备

破拆救援装备如下。

(1)液压泵靠发动机、电动机或手动驱动，从液压油箱中吸入油液，形成压力油排出，送到执行元件的一种元件。液压泵按照动力源可以分为汽油泵、电动泵和手动泵三大类，如图 10.2—1～图 10.2—3 所示。

图 10.2—1 汽油泵

图 10.2—2 电动泵

(2)凿岩机可以快速凿破各类建筑构件，完成钻孔或破碎作业。凿岩机是按冲击破碎原理进行的，工作时活塞做高频往复运动，不断地冲击钎尾。凿岩机按照动力源可以分为电动凿岩机、液压凿岩机、内燃凿岩机、气动凿岩机和手动凿，如图 10.2—4～图 10.2—8 所示。

图 10.2—3 手动泵

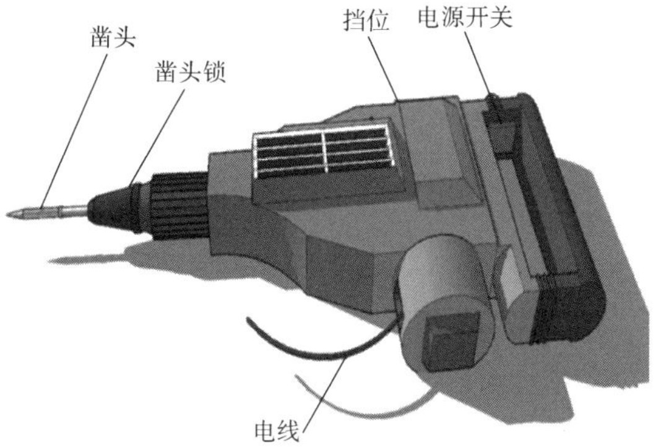

图 10.2—4 电动凿岩机

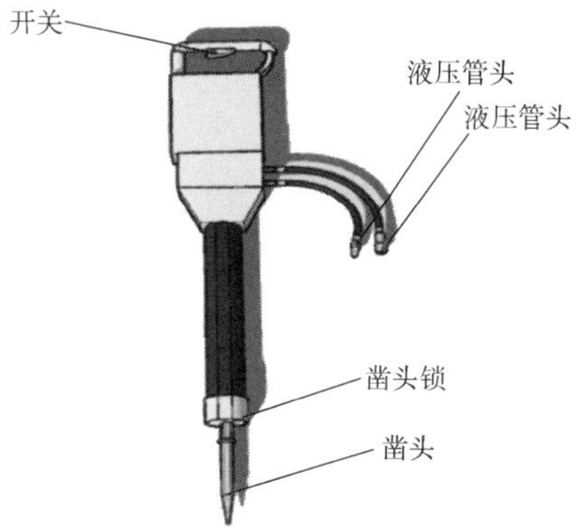

图 10.2—5 液压凿岩机

图 10.2—6 气动凿岩机

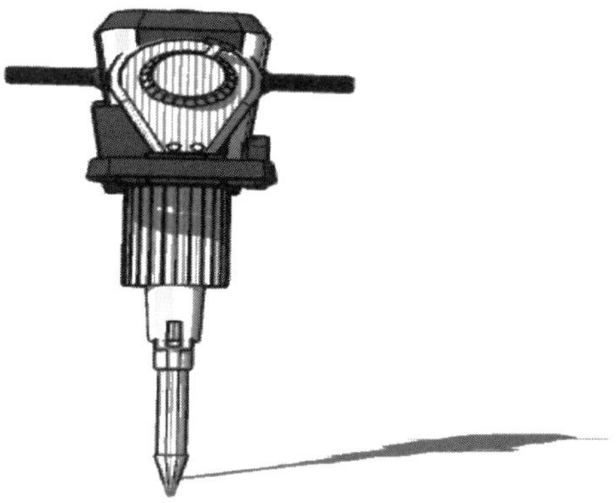

图 10.2—7 内燃凿岩机

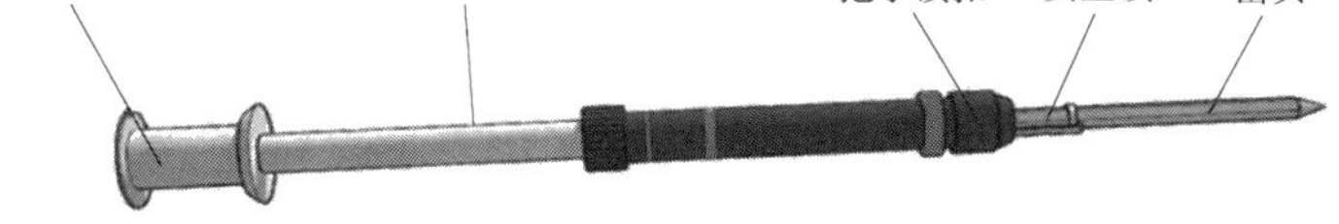

图 10.2—8 手动凿

(3)无齿锯可快速切割建筑结构及各种金属,通过更换锯盘可以实现对不同目标的切割,实现快速救援。无齿锯按照动力源可分为电动无齿锯、液压无齿锯和内燃无齿锯,如图 10.2—9～图 10.2—11 所示。

图 10.2—9　电动无齿锯

图 10.2—10　液压无齿锯

图 10.2—11　内燃无齿锯

(4)剪切钳可以用于钢筋及车辆构件、金属结构、管道、异型钢材和钢板的剪断。按照动力源，剪切钳可以分为液压剪切钳、电动剪切钳、手动剪切钳，如图 10.2—12～图 10.2—14 所示。

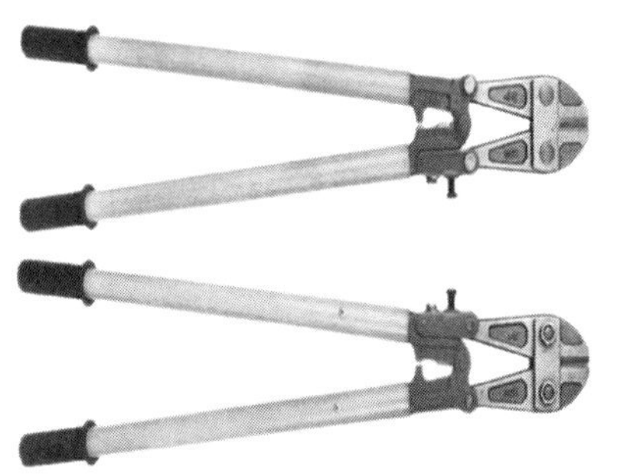

图 10.2—12　手动剪切钳

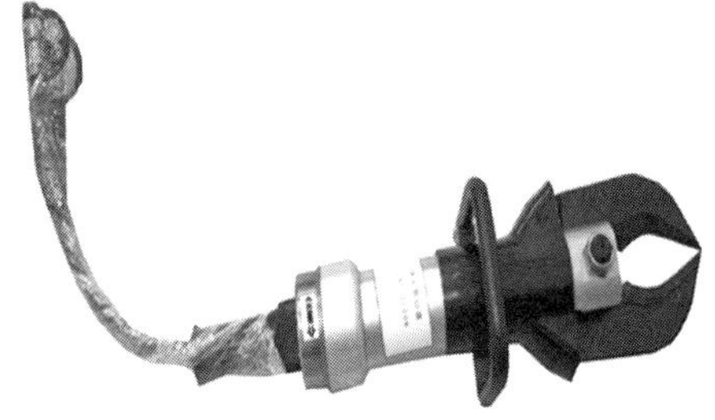

图 10.2—13　液压剪切钳

10.2.4　坍塌事故现场支撑技术与装备

在坍塌事故救援行动中，为最大限度减小被困人员和救援人员的危险，通常需要对救援人员进入的通道和空间的不稳定结构采取临时性的支护措施，以确保救援空间的稳定性。

图 10.2—14　电动剪切钳

10.2.4.1　支撑救援技术

应急支撑保护技术就是利用专业的支撑器材或在救援现场就地取材对救援通道和营救空间予以支护加固，通过建立新的结构系统，来稳定、加固受损建(构)筑物结构的方法,防止不稳定的建(构)筑物、工机具、机械设备进一步坍塌而做的安全措施,为暴露于坍塌风险中的救援人员和遇险人员提供一定的安全保障。支撑救援技术应注意:(1)支撑点应根据支撑位置和支撑荷载确定。(2)支撑点应避开结构松动、移位和悬挂的部位。(3)精确测量并计算支撑位置及构件,并提前绘制草图。(4)组装支撑时应尽量迅速,减少在支撑点位置停留的时间。(5)可以提前预制部分支撑。

10.2.4.2 支撑救援装备

(1)木料切割装备。按照木料切割方法划分,木料切割装备分为锯铝机、链锯和手锯等,如图 10.2—15~图 10.2—17 所示。

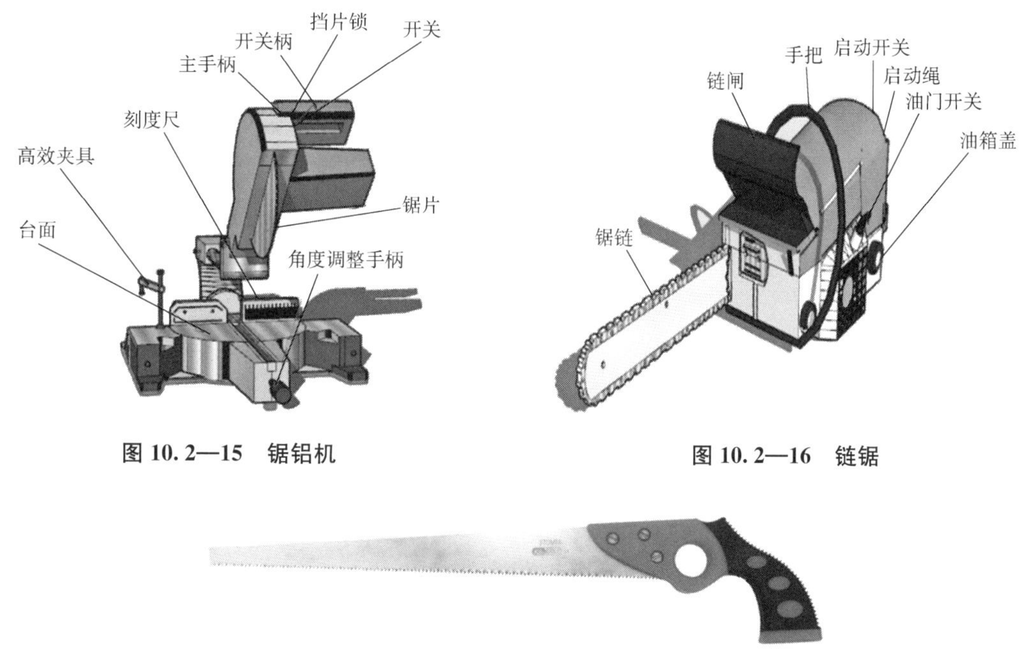

图 10.2—15 锯铝机

图 10.2—16 链锯

图 10.2—17 手锯

(2)制式撑杆套件是专门用于建(构)筑物坍塌救援等的支撑救援装备。撑杆是以液体和气体为介质的一种弹性元件,它由活塞、压力管、活塞杆及若干连接件组成,其内部充有高压氮气,如图 10.2—18 所示。

图 10.2—18 制式撑杆套件

(3)木料及耗材。为保障救援工作时的安全,防止发生二次坍塌,减小被困人员和救援人员的危险,通常需要对那些局部受到破坏或者不稳定的建(构)筑结构做临时的支撑。

10.2.5 坍塌事故现场顶升救援技术与装备

顶升技术是指借助顶升或扩张装备器材将拟创建的营救通道上的重型预制板或脚手架等物体顶起或扩张,并对顶起的物体构件进行加固、支撑或利用装备本身进行支撑,从而为救援行动创造安全通道的综合技术。顶升是指利用装备器材将重物顶起或扩张,主要目的是创造营救通道或空间,这种通道或空间既可以是营救的作业空间,也可以直接就是营救通道的一部分。支撑是指利用装备器材或便利器材对不稳定构件进行加固和支护,主要目的是保护所创造的通道或空间,为在这种空间中作业的人员提供一定的安全保障。

顶升技术也可以创建和保护营救通道并救出被困者为目的,因此其既可单独使用,也可与其他营救技术综合使用。顶升也可以看作是创建营救通道工作的一部分,支撑则是为营救通道提供必要的保护,创建营救通道的过程往往需要一边顶升、一边支撑保护。

10.2.5.1 顶升救援技术

顶升救援技术分为顶升和支撑两部分,顶升的方法包括垂直顶升、水平顶升、单点顶升、多点顶升,支撑包括制式装备器材支撑、就便器材支撑。

(1)垂直顶升。垂直顶升适用于建(构)筑物废墟中构件呈上下堆叠的情况。为了营救其中的被压埋人员,可采用垂直顶升操作。根据堆叠构件的大小、重量、稳定条件和彼此间隙,选择合适的液压或气动顶升设备和顶升点、支点位置,使部分堆叠构件在垂直方向上发生位移,从而形成水平通道入口。垂直顶升操作过程中除应关注堆叠废墟上、下两部分的变化外,还应注意左右两侧是否会因垂直方向的位移而发生倒塌情况,应采取支撑(垫块)的方法使废墟处于稳定状态。

(2)水平顶升。水平顶升适用于坍塌构件彼此呈左右挤靠的情况。为了从挤靠的坍塌构件缝隙处创建营救通道口,可采用水平顶升方法使被挤靠的坍塌构件向一侧或两侧移动。根据被挤靠构件的大小、重量、稳定条件和有效的外侧移动空间,选择合适的液压或气动顶升设备和顶升点、支点位置。操作过程中应注意挤靠构件移动中的倾斜状态变化和可能造成的破坏及坍塌情况,应采取支撑(垫块)的方法使废墟构件处于稳定状态。

(3)单点顶升。单点顶升是仅在一个位置(顶升支点)进行的顶升,多用于水平移动废墟构件的一端或扩张受压变形的构件。要求能够提供足够顶升反力的支点位置及良好的表面条件,所用的设备通常为液压顶升设备,并辅以高强度垫块。

(4)多点顶升。多点顶升是在被顶升物的多个位置同时进行顶升的操作。多数情况下应是两点或多点顶升,如两个千斤顶、两个气垫同时使用。多点顶升方法减小了单个顶升设备的反作用力,能够增强顶升作业的安全性和废墟稳定性。

10.2.5.2 顶升救援装备

(1)气动顶升气垫。气动顶升设备一般由充气机、高压储气瓶、输气管、气动顶升工具和空气压力控制附件等组成。常用的气动顶升工具有高压气垫、气球和低压顶升气袋三种。一般高压气动顶升工具的工作压力为0.8～1 MPa,低压气动顶升工具的工作压力为50～150 kPa。

气动顶升设备的主要特点:易于携带、操作简便、拆解迅速、顶升面积大、顶升力大(与气压和接触面积成正比)、顶升距离范围广,可以任意角度进行顶升操作,所需的设备安置空间小。气动顶升气垫如图10.2—19所示。

(2)液压千斤顶(图10.2—20)。自锁式液压千斤顶回落高度低,侧面负载小,用途广泛。可用于

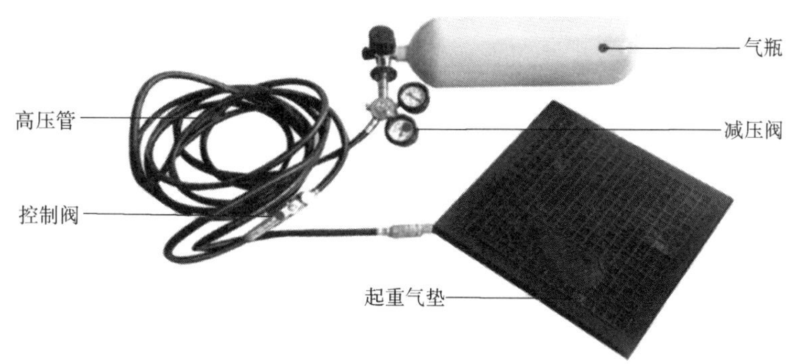

图 10.2—19 气动顶升气垫

需长时间支撑重物的地方，它在除去油压时仍可支持重物，而且安全可靠。自锁式液压千斤顶单作用，负载回缩，螺母自锁使负载更安全，设计有安全保压装置，内置卸压阀防止过载，以保护液压千斤顶以利于安全操纵。

图 10.2—20 液压千斤顶

10.2.6 坍塌事故现场障碍物移除救援技术与装备

障碍物移除救援技术是指在创建营救通道过程中通过移动、牵拉、吊升等手段清理障碍物的方法。发生坍塌事故后，事故现场可能会存在大量的预制板、梁柱、钢构件和砖块等物品，开展应急救援工作的前提必须及时移除障碍物，这样方能最大限度地减少人员伤亡，尽快恢复正常生产秩序。

10.2.6.1 障碍物移除救援技术

障碍物移除救援技术按照构件大小分为三种：(1)利用徒手或简易工具进行障碍物移除，主要包括撬棍、铲子、木方、金属管等。(2)利用专业救援装备进行障碍物移除，主要包括牵拉器、液压顶杆、液压扩张钳等。(3)利用大型机械进行障碍物移除，主要包括起重机、挖掘机、叉车、推土机等。

移动障碍物时，需要注意方法与技巧，并应遵循以下原则：(1)确定坍塌类型和评估事故现场的稳定状况。(2)移除障碍物前须估算其重量，评估其移开的后果并设计移除方法。(3)先移走小的碎块，后移走可移动的大块，不能先移动被压住的或者楔入的碎块。(4)移动被压住的碎块时，必须进行必要的支撑或破拆。(5)避免移动承重墙体结构、或其他承重构件。(6)不要移动影响事故现场稳定性的构件，当有疑问时，应与相应专家和专业技术人员进行讨论。

10.2.6.2 障碍物移除救援装备

(1)手动牵拉器套件包括手动牵拉器、牵拉器用操作杆、牵拉器钢缆、配套钢索等，牵拉器利用其本身的杠杆和齿轮传动原理，通过钢丝绳拖拽、起吊的方式对障碍物进行移除。

(2)手动简易装备包括钢管、铲子、木方、绳索、滑轮、锤子、卷尺等，操作手动简易装备时，应始终穿戴个人防护装备，应注意保护手部，注意相互配合，切勿单人操作。

10.2.7 坍塌事故现场生命通道建设技术与装备

10.2.7.1 生命通道建设技术

根据坍塌情况、地质、地形地貌等因素，结合隧道监控量测和超前地质预报信息，综合选择采用大口径水平钻孔法、小导坑法、顶管法、竖井法等方法。

(1)大口径水平钻孔法适用条件包括：①坍塌体长度宜不大于 50 m；②隧道纵坡宜不大于 3%；

③不宜用于富含水、流塑状等地质；④现场作业空间不宜小于 18 m(长)×5 m(宽)×5.3 m(高)。大口径水平钻机工作如图 10.2—21 所示。

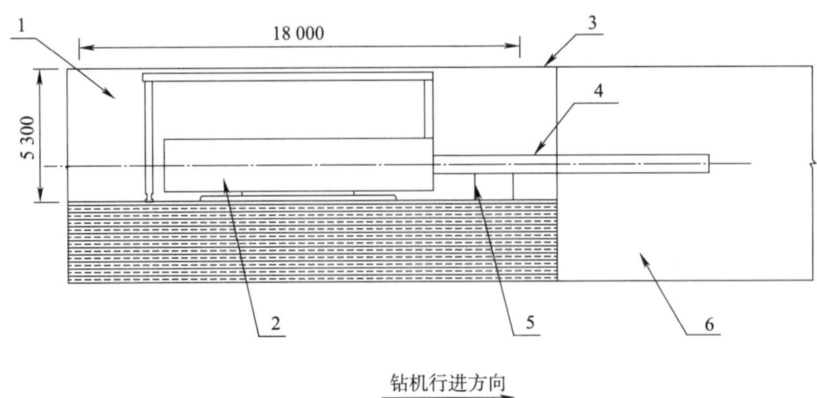

1—人员操作区；2—大口径水平钻机；3—初支轮廓线；4—钻机外钻管；
5—外钻管支撑架；6—钻机工作区

图 10.2—21　大口径水平钻机工作示意图(单位:mm)

救援准备满足以下要求:①宜填筑作业平台并基础坚实；②变压器容量不宜小于 225 kVA；③空压机(组)容积流量不宜小于 38 m^3/min；④除尘用清水不宜小于 1 000 L。

钻孔开口位置宜综合研判钻机几何尺寸、钻机前方钢架、孤石、生命通道等因素，宜在隧道中线附近、坍塌体上部。钻进宜连续，并根据钻机的扭矩、推进力和转速等及时调整钻进参数。钻通后，外钻管宜伸出坍方体 1 m，退出内钻杆，形成救援通道。

(2)小导坑法。小导坑法救援不宜用于富含水、流塑状等地质。其救援准备满足以下要求：

①宜填筑不小于 3.0 m(长)×2.5 m(宽)的作业平台；

②导坑内使用不高于 36 V 的安全电压；

③空压机容积流量不宜小于 15 m^3/min；

④保证导坑开挖通风、用水。

小导坑法救援开口位置满足以下要求:①开口位置宜考虑初始坍塌位置、长度，初期支护完好程度，工程地质等因素；②导坑底板标高宜考虑施工开挖方法、导坑长度、初期支护破坏程度、地质条件等因素；③当穿越坍塌体时，宜利用既有初期支护沿隧道轮廓线掘进小导坑。

小导坑法救援导坑开挖满足以下要求:①导坑方向宜采用上坡；②当初期支护较完整时，宜采用三角形导坑穿越坍塌体；③当初期支护破坏较严重时，宜从围岩相对稳定的坍塌体部位或坍塌体最薄的部位采用梯形导坑穿越坍塌体；④当从坍塌体穿越风险较高或穿越较为困难时，宜从隧道另一端、另一平行隧道、斜井、横洞等部位开挖梯形导坑进入，三角形导坑和梯形导坑示意见图 10.2—22；⑤导坑按两侧、顶部、底板的顺序开挖，单次开挖进尺不宜超过 30 cm。

(3)顶管法。坍塌体为土、粉沙或粒径较小的软质岩时，宜采取顶管法救援，顶进管道连接形式宜采用承插式，管道直径宜不小于 800 mm，管节长度宜为 1 m，宜采用 200 t 以上顶推力千斤顶，行程不宜小于 50 cm。采用逐节顶进、人工出土的方式进行，直至顶通坍塌体形成救援通道。

(4)竖井法适用条件满足以下要求：

①坍塌处埋深较浅，不宜超过 30 m；②机械开挖时满足设备及物资运送至竖井口的要求。

救援准备满足以下要求:①平整场地、完善防排水系统；②空压机容积流量不宜小于 15 m^3/min；③竖井开挖所需的通风、用水和用电。

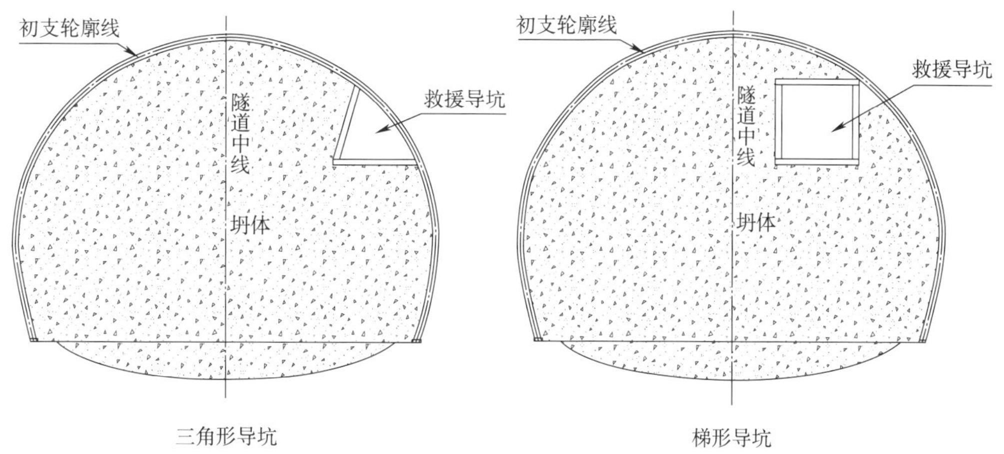

图 10.2—22　梯形和三角形导坑示意图

竖井宜采用直径 1.5～2 m 的圆形断面，竖井宜选初期支护完整一侧，边缘距隧道开挖轮廓线距离宜大于 1 m。

10.2.7.2　生命通道建设装备

(1)大口径救援水平钻机。该设备逃生救援管道选用桩径 800 mm 的超大口径套管，更符合人机工程学的设计理念。而当设备需要在隧道内工作时，四条配有球铰接撑板的侧边撑靴便会大放异彩，依靠锚钉固定在岩壁上，增强整机稳定性的同时，保证救援过程的安全、高效。DJZ800-ND 型大口径救援水平钻机如图 10.2—23 所示。

(2)大型顶管机。隧道顶管救援机用于隧道塌陷后的救援工作，可解决隧道救援过程中塌方体容易出现溜塌、狭窄空间内难以快速出渣、长距离救援施工时扰动大的难题。某大型顶管机如图 10.2—24 所示。

图 10.2—23　DJZ800-ND 型大口径救援水平钻机

图 10.2—24　大型顶管机

(3)竖井钻机。钻井法凿井是一种综合机械化凿井方法，它是通过竖井钻机带动钻头钻孔、地面预制井壁、悬浮下沉，经壁后充填固井形成井筒。钻井法实现打井不下井，根本上解决凿井安全问题。某竖井钻机如图 10.2—25 所示。

图 10.2—25　竖井钻机

10.2.8　坍塌事故现场回填加固技术与装备

坍塌事故现场出现空洞需要进行回填或加固时，可采用高压旋喷桩注浆法、MJS 注浆法、袖阀管注浆法等方法进行注浆回填或加固，以保证坍塌处空洞的稳定，方便各项救援措施的实施。

10.2.8.1　回填加固技术

(1)高压旋喷注浆法。高压旋喷注浆法是利用大功率的高压泵(浆液喷射压力一般不小于 15 MPa，清水喷射压力通常大于 30 MPa)产生的高压射流，将注浆浆液或水流通过高压管路系统输送至置入土层预定深度的钻机钻杆(注浆管)底部，通过安装在注浆管上特制的喷嘴喷出，以能量高度集中的高压喷射流强力冲击扰动周边土体，通过冲切、劈裂、挤压、搅拌、充填、置换和固化等综合作用，将土体在射流所及范围内重新排列组合，使浆液与土颗粒搅拌混合后凝结固化。喷射过程中注浆管以设定的提升和旋转速度运动，形成具有一定强度的圆柱状固结体(旋喷桩)，达到加固改良土体的目的。

(2)MJS 注浆法。MJS 工法(多孔管全方位高压喷射注浆工法)在传统高压喷射注浆工艺的基础上，采用了独特的多孔管和前端喷射压力传感监测装置，进行水平、倾斜、垂直各个方位(多角度)注浆，可对浆液的高压输送、喷射、切削地层、混合、强制排泥、集中处理泥浆这一系列工序进行实时监控，实现了孔内强制排浆和地层内压力监测，并通过调整强制排浆量来控制地层内压力，大幅度减少对环境的影响，而地层内压力的降低也进一步保证了可以形成大直径桩。

(3)袖阀管注浆法。袖阀管注浆法可根据需要灌注任何一个注浆段；由于袖阀套的作用，浆液在灌浆压力的作用下只可单向向外泄出，浆液不能从注浆孔倒流回注浆管内，因此根据需要可以在任意一个注浆段反复多次进行注浆；同样由于袖阀套的作用，包裹在注浆孔处的橡皮阀套对压力作用下的浆液扩散起到约束作用，注浆时浆液扩散的影响范围可控，对周边影响较小；钻孔和注浆作业可以分开，施工效率高；施工易于操作，设备简单，占地少。

10.2.8.2　回填加固装备

注浆材料有水泥浆液、水泥—水玻璃浆液、聚氨酯浆液、丙烯酸盐浆液、非水反应高聚物浆液、水下不分散注浆液、聚氨酯—水玻璃浆液、水泥—化学复合浆液等，注浆设备有钻机、注浆泵、搅拌机等。

(1)C60 多功能钻机。C60 型钻机(图 10.2—26)是一种多功能的钻孔机械,适用于在土层、沙石层、岩石层和含水层等各种不同类型的地质条件下实现锚杆、锚索、地质钻探、注浆加固、地下微型桩的回转冲击钻进,搭配喷浆设备后可实现旋喷支护施工,也可进行隧道内的超前管棚支护施工。

(2)2TGZ-60/210 双液泵。2TGZ-60/210 型双液调速高压注浆泵(图 10.2—27)是矿井采掘工作面予注浆堵水、堵漏水加固围岩、井壁堵漏水的高压注浆专用设备,也是一种性能稳定、耐久的高压油泵和煤壁高压注水泵。

图 10.2—26 C60 多功能钻机

图 10.2—27 2TGZ-60/210 型双液调速高压注浆泵

10.3 涌水类救援技术与装备

轨道交通工程建设过程中涌水涌砂事故根据发生的部位可分为:(1)桩基间或桩基与结构间隙间;(2)地下连续墙;(3)基坑;(4)盾构始发与到达;(5)暗挖施工;(6)联络通道冷冻法开孔处;(7)联络通道冷冻法开挖面等。针对不同类型的涌水事故,可采用不同的应急抢险救援技术措施,具体如下。

10.3.1 桩基间或桩基与结构间隙涌水涌砂救援技术与装备

10.3.1.1 桩间涌水涌砂救援技术

桩基间或桩基与结构间隙涌水的应急处置措施主要有引流、反压及注浆封堵,具体措施如下:

(1)插管导流。在桩基间涌水处插入引水导管,将水引排。引水导管应采用钢管,管径大小可根据涌水量大小确定。

(2)当水量较小时,在涌水点附近一定范围内挂设钢筋网片,并喷射混凝土进行加固,混凝土的厚度根据现场实际确定。在出水点附近钻水平孔,孔深根据现场实际情况确定,并安装 TSS 管。然后进行注浆。

(3)当水量较大时,在涌水点附近一定范围内挂设钢筋网片,并喷射混凝土进行加固。出水点较低时可采取回填沙袋反压,并在基坑内在出水点附近钻孔,孔深根据现场实际情况确定,并安装 TSS 管进行注浆。出水点位置较高时,应采取在相邻桩基上植筋后焊接钢板封堵,用锚固剂将钢板与桩基间的空隙填充密实,然后在钢板上割孔,沿隔开的空洞钻孔至桩基背后,然后安装 TSS 管并将 TSS 管焊接在钢板上,然后进行注浆。

(4)当低位涌砂量很大，短时间引起地表沉降较大，必须先进行反压和导流，并测量放出涌水点所对应的地表点，同时使用履带钻机在以地表点为圆心的圆形范围内钻孔并安设袖阀管。当反压高度超过出水点 1 m 以上时，先注单液浆观察，若涌水点有大量单液水泥浆返流时，立即转换成注双液浆进行封堵，同时根据涌水点返双液浆情况决定是否继续反压。

10. 3. 1. 2　桩间涌水涌砂救援装备

设备主要有：搅拌机、内燃式空压机、消防泵、多功能液压履带钻机（意大利 C6）、地质钻机、注浆机（2TGZ-60/210 型、3SNS 型）。

10. 3. 2　地下连续墙涌水涌砂救援技术与装备

10. 3. 2. 1　地下连续墙涌水涌砂救援技术

地下连续墙涌水的应急处置主要有引流、反压及封堵，具体措施如下：

(1)地下连续墙缝（洞）出现渗流现象，不具有明显水压力，可以注聚氨酯进行封堵，或对地下连续墙面进行剔凿清理，然后用封堵材料封堵。

(2)地下连续墙缝（洞）出现轻微管涌，具有较明显的水压力，可以用以图 10. 3—1 所示方法处理：①剔凿清理漏水点（满足设置导流管和粘连封堵材料即可）。②插设导流管。③涂抹封堵材料。④封堵导流管。⑤在地下连续墙外侧注浆处理或在地下连续墙内侧漏水点下方水平注浆处理。

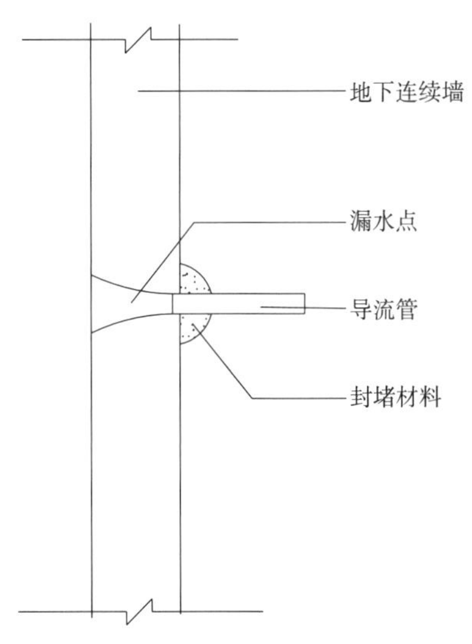

图 10. 3—1　地下连续墙缝（洞）轻微管涌应急处置示意图

(3)地下连续墙缝（洞）严重管涌，具有明显的水压力，处理措施如下。

①涌水位置距离基坑底部较高时（图 10. 3—2）：

a. 如地下连续墙面有较明显凸出不平现象，简单进行剔凿处理。

b. 根据漏水部位形态，选择合适的封堵钢板，把封堵钢板贴置于地下连续墙面上，漏水点与导流钢管正对，水流通畅。

c. 地连墙上钻孔，钻孔稍微倾斜，以抵抗注浆压力。打入膨胀螺栓，把封堵钢板牢固的反扣在地连墙上，尽量不留存漏水空隙。

d. 用棉纱拌和油脂材料（黏状油脂）作为封边材料，用扁状钢钎沿封堵钢板四周缝隙打入，使封堵钢板与地下连续墙之间缝隙填充密实，然后用封堵材料封堵钢板周边。

e. 关闭阀门。

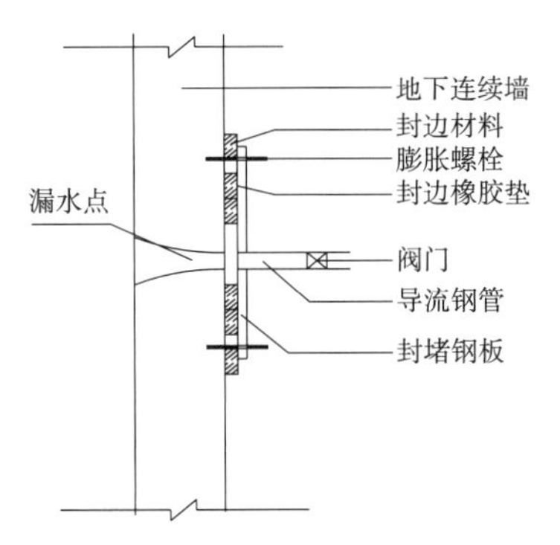

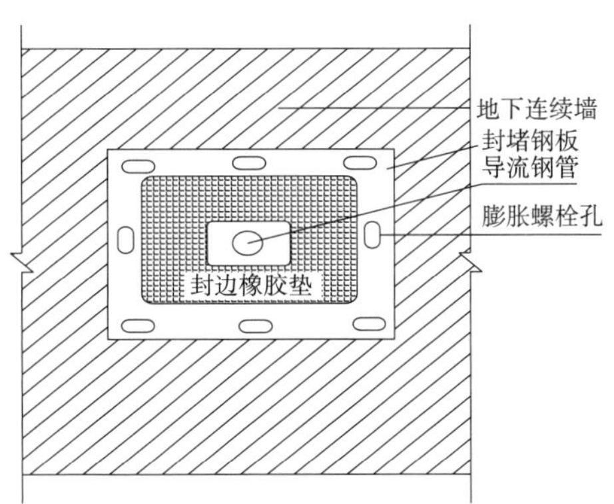

图 10. 3—2　地下连续墙缝（洞）严重管涌应急处置示意图

②涌水位置距离基坑底部不高且孔洞很大时：

a. 在基坑内涌水点处回填沙袋反压，尽可能减少地层损失。

b. 使用履带钻机，在地下连续墙涌水处外侧地表进行钻孔，下入袖阀管对地连墙背后地层进行注浆加固堵水处理。

c. 当涌水涌砂量较大，险情发展趋势迅速，基坑变形及周边沉降明显加快时，需立即回填土方或往基坑内灌水，直至基坑外沉降趋势收敛方可停止。

10.3.2.2 地下连续墙涌水涌砂救援装备

装备主要有：搅拌机、内燃式空压机、消防泵、多功能液压履带钻机、地质钻机、注浆机（2TGZ-60/210 型、3SNS 型）。

10.3.3 基坑管涌救援技术与装备

10.3.3.1 基坑管涌救援技术

(1)开挖面阴角部位管涌（图 10.3—3）。基坑开挖过程中，如地下连续墙与开挖土体的阴角部位出现管涌，可采用以下救援处置措施：

①插入导流管，导流管尽量与地下连续墙漏水点接触紧密。②用袋装水泥筑第一道围堰，同时筑第二道围堰。③在第一道围堰与地下连续墙形成的空仓内填入碎石，然后用木板加盖，在盖板上用袋装水泥覆压。④在第二道围堰与地下连续墙形成的空仓内喷射混凝土，将第一道围堰密闭。⑤关闭阀门。⑥在地下连续墙内侧注浆处理。

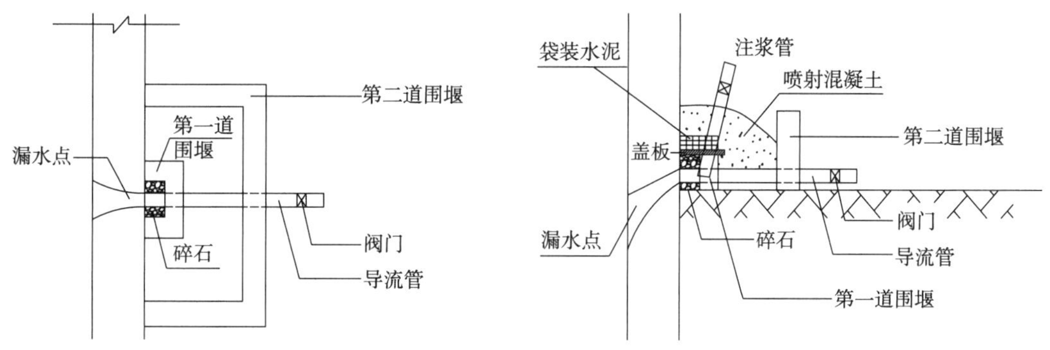

图 10.3—3 开挖面阴角部位管涌应急处置示意图

(2)开挖面管涌。基坑开挖过程中，如开挖面因钻探孔密封不好或开挖面局部疏松出现管涌，可以采用以下救援处置措施：①设置导流管。②用袋装水泥筑围堰。③在围堰内填入碎石，在围堰处用袋装水泥反压。④喷射混凝土进行封闭。⑤对地基进行注浆处理。

如突涌现象十分严重，水量很大，可以用大量混凝土或土方覆压回填基坑，步骤如下：

①基坑内涌水处引流；②涌水处加两道围堰；③围堰间混凝土反压密封；④混凝土强度达到50%后关闭引流闸阀；⑤基坑引水管顶水注浆；⑥检查注浆效果；⑦达到注浆要求恢复开挖施工。

开挖面管涌应急处置如图 10.3—4 所示。

10.3.3.2 基坑管涌救援装备

装备主要有：搅拌机、内燃式空压机、消防泵、多功能液压履带钻机（意大利 C6）、地质钻机、注浆机（2TGZ-60/210 型、3SNS 型）。

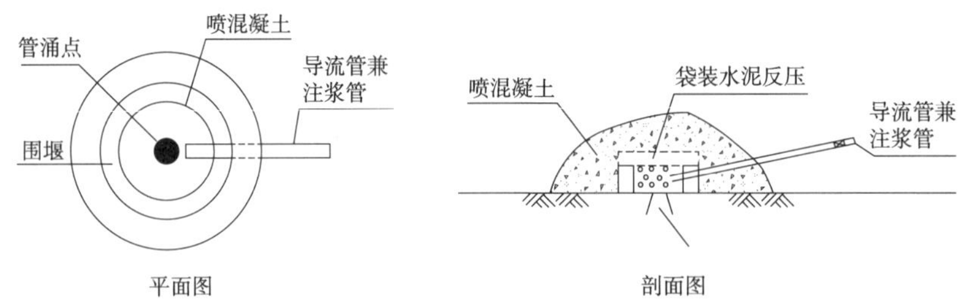

图 10.3—4　开挖面管涌应急处置示意图

10.3.4　盾构始发与盾构到达涌水涌砂救援技术与装备

10.3.4.1　盾构始发与盾构到达涌水涌砂救援技术

盾构始发、到达出现涌水涌砂险情，可根据周边岩土性状、工程及水文地质条件、出水点、出水量等实际情况，采用抽排水、封堵、注浆回填、降水等措施进行施救。

始发阶段涌水涌砂：

(1)立即对始发洞口及周边进行抽排水。

(2)对洞门帘布压板进行复紧。

(3)利用棉被、布条等对出水位置进行封堵。

(4)根据水流的方向，判断地层加固区的薄弱位置，尽可能快的对相应位置从地面进行补钻，并注以双液浆回填加固。

(5)如抽排、封堵、注浆效果不佳，可根据水文地质条件，在合理位置施作深降水井，降低涌水区域承压水的水压，减少用水量，为抽排、封堵、注浆回填施工减小压力，达到最好的效果。

到达时涌水涌砂：

(1)立即对到达洞口及周边进行抽排水。

(2)利用棉被、布条等对出水位置进行封堵。

(3)进行洞内壁后注双液浆，并根据出水量的变化，随时调整配合比。

(4)根据水流的方向，判断地层加固区的薄弱位置，尽可能快的对相应位置从地面进行补钻，并注以双液浆回填加固。

(5)如抽排、封堵、注浆效果不佳，可根据水文地质条件，在合理位置施作深降水井，降低涌水区域承压水的水压，减少用水量，为抽排、封堵、注浆回填施工减小压力，达到最好的效果。

(6)如隧道结构出现变形，需立即安装隧道内支撑架对隧道进行加固。

10.3.4.2　盾构始发与盾构到达涌水涌砂救援装备

装备主要有：搅拌机、内燃式空压机、消防泵、多功能液压履带钻机、地质钻机、注浆机(2TGZ-60/210 型、3SNS 型)。

10.3.5　暗挖涌水涌砂救援技术与装备

10.3.5.1　暗挖涌水涌砂救援技术

暗挖涌水涌砂应急救援处置的措施是砂袋反压、注浆封堵。

(1)在涌水涌砂处堆码砂袋，并利用单向注浆管、棉被、布条、快速水泥等进行缝隙填充，直至水流全部从单向注浆管流出。

(2)利用注浆机，通过单向注浆头注单液浆进行封堵，直至无水流出为止。

(3)在地表进行钻孔注浆封堵。

10.3.5.2 暗挖涌水涌砂救援装备

装备主要有：搅拌机、内燃式空压机、消防泵、多功能液压履带钻机、地质钻机、注浆机（2TGZ-60/210型、3SNS型）。

10.3.6 冻结法开孔涌水涌砂救援技术与装备

10.3.6.1 冻结法开孔涌水涌砂救援技术

(1)在孔口装置脱落时，立即在冻结管上加焊挡环，用夯管锤或钻机将孔口管顶紧，然后通过孔口管旁通进行水泥—水玻璃注浆封堵，并用膨胀螺栓将孔口管固定在隧道管片上。

(2)在钻孔孔口管上的预留注浆孔间隔式注浆，以单液浆为主，最后用双液浆封堵。

(3)在涌水涌砂地表进行钻孔注浆封堵。

(4)若险情扩大，成型隧道变形，需立即使用隧道支撑架进行支撑。

10.3.6.2 冻结法开孔涌水涌砂救援装备

装备主要有：搅拌机、内燃式空压机、消防泵、多功能液压履带钻机（意大利C6）、地质钻机、注浆机（2TGZ-60/210型、3SNS型）。

10.3.7 冻结法开挖面涌水涌砂救援技术与装备

10.3.7.1 冻结法开挖面涌水涌砂救援技术

(1)当地层为黏性土层，渗漏水较小时，可采取预埋注浆管，用棉被封堵漏水面，回填土方、反压沙袋的方法处理，然后持续冷冻至设计温度，必要时同时进行注浆加固。

(2)当地层为砂性土或圆砾层时，应立即封闭漏水面（方法同上），控制砂土流失，并立即进行聚氨酯或双液浆注浆，封堵漏水。当水量较大，封堵困难时，用混凝土或土方覆压回填，处置方法同“开挖面阴角部位管涌处理”。

(3)当渗漏严重且封堵无效时，关闭安全防护门，焊好安全防护门门缝，并用型钢或方木加固。通过安全门上的预留注浆阀门向旁通道内注聚氨酯或双液浆，封堵渗漏点，填充土体孔隙。

(4)当渗漏速度较快或其他原因造成安全防护门未能及时关闭或门缝封闭不严时，在地面钻孔安设袖阀管注浆，及时封堵隧道内的渗漏部位。

(5)启动预先埋设的井管降承压水。

10.3.7.2 冻结法开挖面涌水涌砂救援装备

装备主要有：搅拌机、内燃式空压机、消防泵、多功能液压履带钻机、地质钻机、注浆机（2TGZ-60/210型、3SNS型）。

10.4 消防类救援技术与装备

10.4.1 消防灭火技术及装备

10.4.1.1 消防灭火技术

消防灭火的基本原理在于破坏物质的燃烧链条，其主要手段有隔离燃烧物、降低温度、降低氧气含量。基于上述灭火原理，消防灭火技术主要如下：

(1)隔离法。隔离法在于将空气和燃烧物质进行隔离，使得燃烧物质缺少必要的燃烧条件，燃烧区就会因为缺乏燃烧条件使火焰不能蔓延并最终停止。在消防灭火技术中，隔离法的具体做法是使用泡沫、石墨粉等，在燃烧的物体和空气之间形成有效的隔断。当可燃物与空气隔离开时，火焰就失去了燃料来源，氧气供给也会减少，从而达到燃烧自动阻断的效果。

（2）冷却法。冷却法主要是采取措施降低可燃物周边的温度，这样就能够有效抑制可燃物的持续燃烧。其主要做法是降低可燃物的温度到其燃点以下，使可燃物不具备充分燃烧的温度，进而使燃烧中断。一般主要通过借助消防水枪来实现冷却法灭火，在灭火过程中，将具有冷却效果的水直接喷洒在燃烧的物质上，使燃烧物质的温度降低，达不到其燃点，从而实现消防灭火。

（3）窒息法。窒息法是通过阻断空气流入燃烧区或者利用不可助燃的惰性气体来稀释空气，使得燃烧时燃烧物因氧气减少而熄灭。在窒息法中，可以通过封闭火灾现场，让燃烧物燃烧殆尽或密闭空间内的氧气耗尽后再进行部分明火处理；此外还利用氮气或者二氧化碳来对空气中氧气的浓度进行有效的稀释。一般而言，空气中氧气浓度约为20%，当出现氧气不足时，整个燃烧的过程便会得到阻碍。

（4）化学抑制法。化学抑制灭火法的工作原理从燃烧链入手，将化学灭火剂使用到灭火过程中，最终终止燃烧链条的反应，在实际使用化学抑制法进行消防灭火时，首先要考察燃烧物体中是否含有氢，因为氢是促使可燃物燃烧的重要物质，在碳氢化合物燃烧的火焰中，可以通过卤代烷灭火剂或者干粉灭火剂的粉粒进行灭火，这些灭火剂的使用可以有效抑制可燃物的燃烧，同时也会在最短时间内将火灾扑灭，实现高效率灭火。

10.4.1.2 消防灭火装备

（1）消防沙箱。消防沙箱是将干沙放入封闭的容器中，容器底部或侧面有开口。遇到火灾时，打开开关，细沙会自行流出。使火源与空气隔离开窒息灭火。

（2）消火栓。室外消火栓系统是设置在建筑外的供水设施，主要供消防车取水，经增压后向建筑内的供水管网供水或实施灭火，也可以直接连接水带、水枪出水灭火。室外消火栓系统主要由市政供水管网或室外消防给水管网、消防水池、消防水泵和室外消火栓组成。

室内消火栓系统是扑救建筑内火灾的主要设施，通道安装在消火栓箱内，与消防水带和水枪等器材配套使用，是使用最普遍的消防设施之一。室内消火栓系统由消防给水设施、消防给水管网、室内消火栓设备、报警控制设备及系统附件等组成。

（3）灭火器。是一种轻便的灭火工具，它由筒体、器头、喷嘴等部件组成，借助驱动压力可将所充装的灭火剂喷出，达到灭火目的。灭火器结构简单、操作方便、使用广泛，是扑救各类初期火灾的重要消防器材。

10.4.2 灭火救援破拆技术及装备

10.4.2.1 灭火救援破拆技术

破拆行动是灭火救援中的一个重要环节，在火灾及事故现场救援过程中，破拆作业有利于提高灭火救援效率和救援质量。其目的如下：

（1）查明现场情况，打通救人通道。由于火灾现场浓烟遮蔽，救援人员无法查明建筑内火灾情况，消防灭火救援人员到达火灾现场后便需要破拆以便迅速查明建筑内火灾情况。同时在因火灾而导致建筑倒塌处，为了便于救援人员和器材的通行，需先用破拆工具对建筑进出口通道进行破拆和清理。

（2）消除建筑倒塌或构件坠落威胁。在火灾发展蔓延的后期或建筑倒塌现场，建筑构件的连接受到破坏，建筑的完整性受到严重破坏，导致大量建筑构件、墙体悬在空中，天花板、吊顶等松动，存在潜在的危险，会直接给救援人员带来危险，有可能给被困者带来二次伤害，救援人员在救援过程中常常采用各种破拆工具对存在潜在危险的建筑物及构件进行破拆，消除在灭火救援过程中的危险因素，给救援人员提供安全保障，同时可增加被困人员的生存几率。

(3)堵截火势，发挥灭火剂效能。破拆的另一个目的，是形成对火势的堵截和发挥水、泡沫、干粉等灭火剂的灭火效能。在一些建筑火灾现场，为了防止火焰蔓延，难以控制，通常会通过破拆，开辟堵截空间，阻止火势蔓延。如建筑的闷顶内发生火灾，火灾产生的烟气沿闷顶空间蔓延，火势不断扩大，此时，为达到发挥灭火剂效能的目的，需通过破拆，开辟灭火剂输运通道，使喷射出的灭火剂接触可燃物，实现冷却灭火或覆盖灭火。

(4)破拆排烟，降温降毒。由于火灾现场浓烟遮蔽，能见度低，给救援人员的救援工作及被困人员的逃生造成较大困难。为了提高火灾现场的能见度及控制火灾烟气的流动，增加救援人员及被困人员的通行环境，可通过破拆行动创造有利的烟气排放通道。在上风方向破拆建筑下部的门，在下风方向破拆建筑上部的窗或屋顶，可以形成火场烟气的对流，加速烟气的排出，为灭火救援创造有利环境。

10.4.2.2 灭火救援破拆装备

破拆工具是救援人员在灭火或救人时强行开启门窗、切割结构物或拆毁建筑物，开辟救援通道，清除障碍的常用装备。根据驱动方式的不同，将破拆工具可以分为手动破拆工具、机动破拆工具、气动破拆工具、电动破拆工具、液压破拆工具和其他破拆工具等不同形式，且每一种破拆器具都有其相应的特点和用途。

(1)手动破拆器材使用灵活，可快速有效地打开破拆所需缝隙，以便其他工具的进一步应用。如消防救援人员随身携带的消防斧等，在破拆建筑玻璃，进行排烟时，就会非常有效和实用。

(2)机动破拆工具由发动机和切割刀具组成，有机动锯、机动镐、铲车、挖掘机等器具。主要以燃料为动力实施破拆清障。机动破拆工具在救援过程中使用频率较高、应用范围广，在救援中发挥了巨大的作用，虽设备大，但它效率高的优点显著，特别是对建筑大块楼板、连接构建的钢筋、水泥板和铁板的破拆。

(3)气动破拆工具小巧灵活，在空间狭小的救援环境中，普通的破拆工具比如撬棍、十字镐等没有使用空间，而气动破拆工具在这类环境中利用其小巧灵活的优势，能够发挥较大的作用，且破拆效率也较高，为尽快解救出被困者提供了保障。

(4)电动破拆工具可以实现切割、打孔、清障等目的，可以配合机动工具和气动工具进行破拆作业，然而不足之处在于需要不间断供应电源。

(5)液压破拆工具用于剪断门框、金属框架或非金属结构，救助被夹持或被困于危险环境中的被困人员，但其缺点在于工具偏重，消耗救援人员的体能过多。

任何一种破拆工具，若要发挥其最大效能，除操作规程和操作方法合理外，配合以其他破拆工具，协同破拆，才能够以最快的速度实现破拆，达到破拆目的，多种工具构成的破拆工具组的应用已成为消防灭火救援破拆的主要手段。

10.4.3 灭火救援防护技术及装备

10.4.3.1 灭火救援防护技术

灭火救援中的人员伤亡有多方面的原因，如：救援现场指挥协调不当、预警研判不力、突发事件应对不及时、救援人员自我保护意识不强等，都会增加伤亡风险。针对以上原因，为减少灭火救援人员及被困人员的风险，其救援防护技术如下：

(1)合理选择救援时机。消防救援不仅需要消灭外部的明火，还需要将注意力放在内部救援方面，这就要求指挥员根据火势情况，判断最佳救援时机。从以往的实例来看，建筑物内的火灾大致可以分为初始时期、发展时期和消亡时期。随着火灾从出现到蔓延，可以分为初燃和猛燃阶段，初燃阶段火灾温度低、有少量烟雾，不会引发建筑坍塌，这也是进入建筑内部开展救援工作的最佳时机；一旦火势发展到猛燃阶段，此时建筑物内烟雾浓烈，可能有剧烈毒性，此时进入建筑内部将会面临巨大风险，可以采用水枪、灭火器等装备开展内部救援工作。

(2)保持通信通畅。消防灭火工作并不是依靠一两个人就能完成的，需要依靠团队配合协作，各部门人员之间需要紧密协调，这离不开通信联络的支持。在前期准备阶段，各救援人员就需要佩戴好通信装置，检查是否能够正常运行，同时考虑到最坏的结果，制定风险防范策略，将能够影响通信质量的因素考虑在内，例如强烈磁场、信号、天气等。不仅如此，还需要依靠通信设备收集火场信息，做好备份工作，将内部情况传输给指挥员。

(3)电线的安全防范。在火灾中，除了高温和浓烟的危险之外，建筑物的电路也是导致救援人员伤亡的重要因素之一。在灭火救援工作开展的过程中，救援人员需要详细检查建筑物的电路运行情况，确保在火灾时电路处于关闭状态，为各项工作创造条件。不仅如此，还需要随着火势的蔓延对电路进行动态化管理，查看建筑物四周是否存在漏电情况，如有特殊情况发生，需首先解决漏电问题。救援人员需要佩戴好专业设备，包括绝缘衣物，消除各种安全隐患，为灭火救援工作的顺利开展提供必要保障。

(4)强化消防人员安全防护意识。消防救援工作本身具有很大的危险性，这就要求救援人员树立正确的安全防范意识，实施救援工作前做好充分的准备，全体救援人员要熟悉所配装备的使用性能和技术要点，明确安全防范的基本内容和基本要求。进入火灾现场后，必须审时度势，科学运用攻防战略，确保安全。

10.4.3.2 灭火救援防护装备

(1)消防呼吸器。主要工作原理是过滤有害气体和颗粒物，保护消防人员的呼吸系统。消防呼吸器通常由面罩、氧气瓶、滤清器等部分组成。面罩是消防人员的呼吸接口，氧气瓶则提供干净的氧气，滤清器则能够过滤掉有害的气体和颗粒物。

消防呼吸器(图10.4—1)的滤清器通常采用吸附剂、吸附剂和化学反应剂等，吸收和分解有害气体和颗粒物。其中，吸附剂可以吸附一些有害气体和颗粒物，例如烟雾、二氧化硫等；化学反应剂可以对一些有害气体进行化学反应，将其转化为无害的物质，例如氧气瓶内的活性炭可以对二氧化碳进行吸附和转化，防止其对消防人员造成危害。

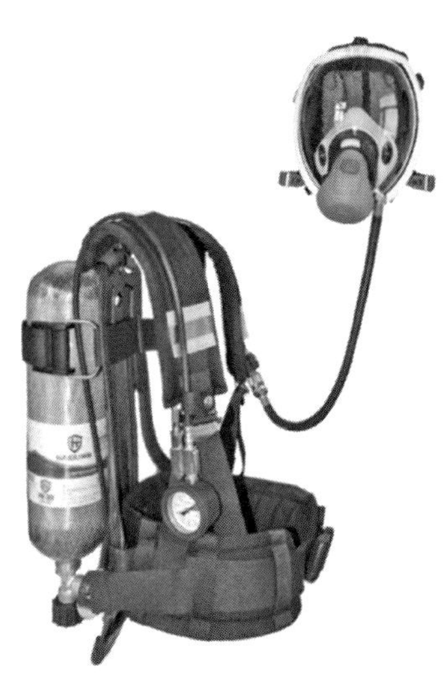

图10.4—1 消防呼吸器

(2)消防服(图10.4—2)是保护身处消防一线的消防队员人身安全的重要装备品之一，它不仅是火灾救援现场不可或缺的必备品，也是保护消防队员身体免受伤害的防火用具。

(3)消防头盔由盔壳、面罩、披肩、缓冲层等部分组成，半盔式设计，具备防尖锐物品冲击、防腐蚀、防热辐射、反光、绝缘、轻便等性能，头盔内可佩戴空气呼吸器和无线通信系统，有明显的反光标志，是保证消防队员身体免受伤害的重要设备。

(4)消防绳。消防部门在灭火救援、抢险救灾或日常训练中用于承载人的绳子。

(5)消防安全带。是消防员在灭火战斗中用来登高作业，保护自己预防坠落伤亡的防护用品，它与消防安全绳、安全钩等其他装置配套使用，具有自救和救人的功能。

图 10.4—2 消防服

(6)消防车。是指根据需要,设计制造成适宜消防队员乘用、装备各类消防器材或灭火剂,供消防部队用于灭火、辅助灭火或消防救援的车辆。消防车可以运送消防员抵达灾害现场,并为其执行救灾任务提供多种工具。

现代消防车通常会配备钢梯、水枪、便携式灭火器、自持式呼吸器、防护服、破拆工具、急救工具等装备,部分消防车还会搭载水箱、水泵、泡沫灭火装置等大型灭火设备。常见的消防车种类包括水罐消防车、泡沫消防车、干粉消防车、远程供水消防车、举高类消防车、云梯登高消防车等。

10.5 生命安全类救援技术与装备

10.5.1 搜索救援技术与装备

坍塌事故往往伴随着人员被埋压的情况,准确、快速地定位被困人员是整个救援工作的关键。

10.5.1.1 搜救现场搜索技术

搜索是指在灾害现场通过寻访、呼叫、使用仪器或搜救犬确定被困在自然空间或缝隙中幸存者的位置,并为实施有效营救提供幸存者位置、建(构)筑物情况和危险性等相关信息。开展搜索行动时,应根据灾害现场的具体情况,综合运用人工搜索、犬搜索、仪器搜索等技术方法,提高搜索效率。

10.5.1.2 搜救现场搜索装备

(1)声波/震动生命探测仪是专门接收幸存者发出的呼救或敲击声音的监听仪器,由拾振器、接收和显示单元、信号电缆、麦克风和耳机组成,如图 10.5—1 所示。

(2)光学/声波生命探测仪是利用光反射进行生命探测的。仪器的主体非常柔韧,能在坍塌事故现场救援中使用。仪器前面有细小的探头,可深入极微小的缝隙进行探测,并将音像等各类信息传回救援现场,便于快速地进行定性检查,如图 10.5—2 所示。

(3)红外线生命探测仪(图 10.5—3)主要利用红外夜视技术,结合视频显示等给使用者提供视野受限区域的物体影像,利用可见光或非可见光,通过 CCD 传感器摄像转送到显示屏成像,适用于有限空间及常规方法救援人员难以接近的救援工作,可用于地震、坍塌、建筑物坍塌下的废墟救援。

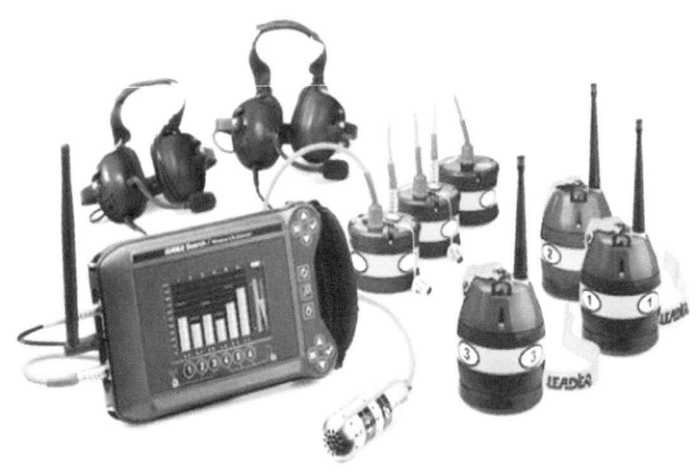

图 10.5—1　声波/震动生命探测仪

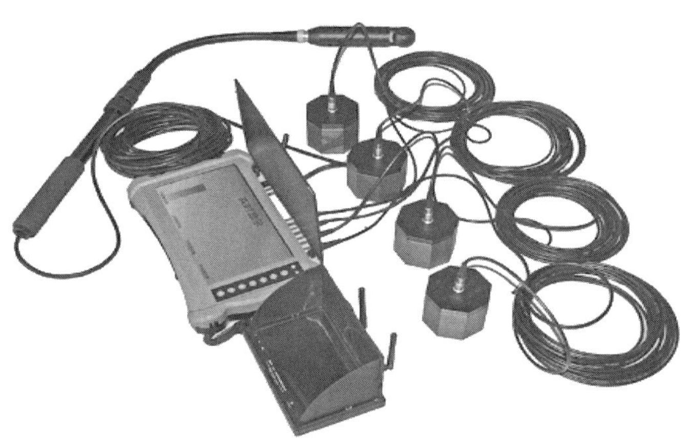

图 10.5—2　光学/声波生命探测仪

(4)电磁波生命探测仪是集雷达技术和生物医学工程技术于一体的生命探测仪器。它主要利用电磁波的反射原理，通过检测人体生命活动所引起的各种微动，从这些微动中得到呼吸、心跳的有关信息，从而辨识有无生命，如图 10.5—4 所示。

图 10.5—3　红外线生命探测仪

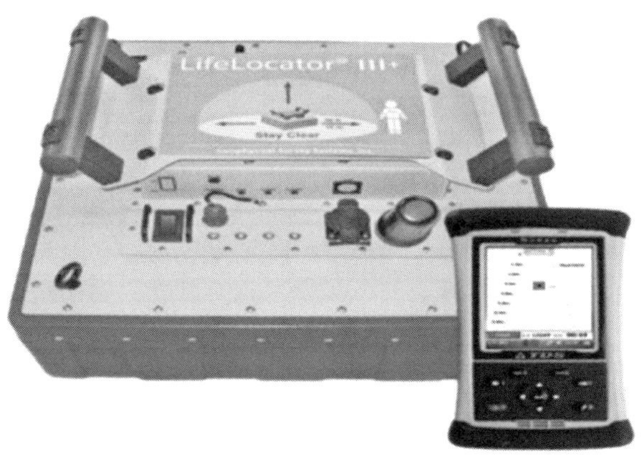

图 10.5—4　电磁波生命探测仪

10.5.2 绳索救援技术与装备

绳索救援具有用途广泛、使用方便、易于携带、可靠性强等优点，绳索救援装备所需要的经济投入也不是很高，其在救援中被广泛运用。

10.5.2.1 绳索救援技术

绳索救援技术是一种利用绳索将被困人员从危险或高空的环境中带到安全位置的技术。建筑物倒塌绳索救援技术分为绳结、锚点制作、上升、下降、提拉下放、交叉拖拉、斜向救援、“T”形救援、“V”形救援。

开展应急救援工作时，首先应对现场进行评估，并选择安全稳固且便于作业的地方进行绳索系统的架设。有些建筑及设施在制作锚点时需考虑其锋锐的边缘，必要时应加毛垫、绳索保护套以保护扁带和绳索。开展应急救援人员须穿戴好各自的全身安全带、下降器具、头盔等安全防护装备。

10.5.2.2 绳索救援装备

(1)胸式安全带(图 10.5—5)。与前腰 D 形环相连的胸式安全带将荷载从胸腔位置的 D 形环转移到腰部的 D 形环上，这使得来自高点的提升更舒服。胸腔连接点经常用于吊升，以便防止胸式安全带的使用者向后倾覆。

图 10.5—5 胸式安全带

(2)全身式安全带(图 10.5—6)。主要用于防坠落，提供身体躯干的支撑，是防坠落系统的一个组成部分。全身式安全带包括织带、配件、扣件、护垫和其他元件，可以在身体两侧提供平衡的支持，将冲击力分散到身体的四肢，减轻要害部位的受力，脊柱不会受到侧向冲击，脊椎所受冲击力的峰值较低，同时能使人体保持直立姿态，避免身体侧翻。

图 10.5—6 全身式安全带

(3)安全钩是用以连接绳索、扁带与锚点、器材等最常用的连接工具。安全钩主要用于保护救援人员在操作时避免坠落,同时也用于拉升系统,救援受伤人员。

(4)下降器带有自动制停功能的多用途把手,便于控制下降、无须止坠结即可自我制停。主要用于难以接近的工作场所及救援绳索技术作业,能在水平和倾斜面顺滑移动,如图 10.5—7 所示。

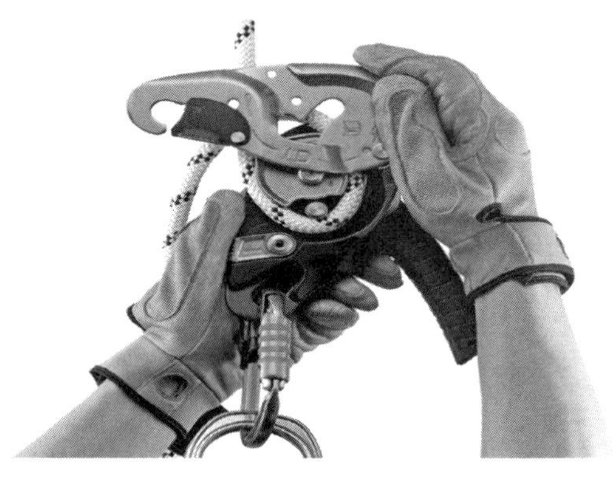

图 10.5—7 下降器

10.5.3 医疗救援技术与装备

医疗急救技能是救援人员必须掌握的技能之一。在突发事件救援现场,熟练运用医疗急救技术,可以对受伤人员开展先期医疗处置,从而能够最大限度地挽救生命、减少人员伤亡及降低致残的可能性。

10.5.3.1 医疗急救技术

(1)创伤急救技术。创伤急救四大技术包括止血、包扎、固定和搬运技术。在灾难现场,创伤急救应尽快实施,从而维持伤员生命,避免继发性损伤,防止伤口感染。

(2)心肺复苏技术。心肺复苏术是针对骤停的心脏和呼吸采取的急救技术,目的是恢复伤员的自主呼吸和血液循环。心肺复苏是通过一系列操作步骤实现的。在急救现场,救援人员的动作是否正确,直接影响抢救效果。因此,尽管心肺复苏操作很简单,但动作要求应严格按照标准进行。

(3)自动体外除颤技术。及时发现并及时电击除颤和心肺复苏可挽救相当比例猝死者的生命,除颤可提高心肺复苏的成功率达 30%;从倒地至除颤,每延迟 1 min,伤员生存的概率大约降低 10%。

10.5.3.2 医疗急救装备

(1)三角巾。三角巾急救包由三角巾、大号软垫、小号软垫三部分组成。主要适用于病人的头部、脸部、手掌、腹部、足部、踝关节、前额、耳部等受伤部分包扎。

(2)医用担架是一种采用高强度铝合金材料和牛津革面制作而成的担架,具有重量轻、体积小、携带方便、使用安全等特点,被广泛应用于抢先救援,运送伤员。

(3)自动体外除颤仪(AED)。自动体外除颤器是一种便携式的医疗设备,是可被非专业人员使用的用于抢救心源性猝死患者的医疗设备。在救护车到来前的"黄金四分钟"内,采取急救行动的"第一响应者"和 AED,是挽救公共场所心源性猝死患者的两个要素,AED 如图 10.5—8 所示。

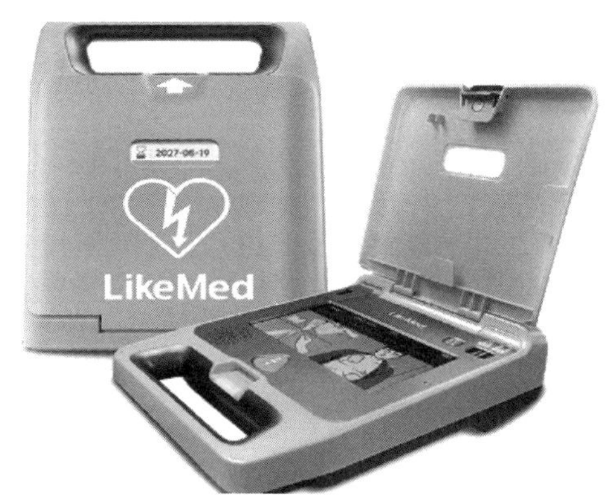

图 10.5—8 自动体外除颤仪

10.5.4 水下救援技术与装备

10.5.4.1 水下救援技术

(1)水下生命探测技术。水下声纳生命探测仪是一款采用声纳技术和水下视频相结合的方式,对水下目标物体进行声波定位和视频确认,为应急救援人员提供实时水下生命信息的装备。仪器可同时显示声纳图像和视频图像,并通过声纳探头对水下进行实时搜索,范围确定后通过水下视频探头对目标物进行识别确认,配合完成搜索与识别工作,即使在黑暗的水下或浑浊水域中搜索时也能提供清晰的图像。

(2)水下智能侦察和救援技术。水下救援机器人主要由五部分组成:机身、能源系统、感知系统、控制系统和工作部件。机身包括机器人的外壳和机械手臂等结构,能源系统为机器人提供电力,感知系统用于收集水下环境信息,控制系统则控制机器人的移动和工作,工作部件用来完成不同的水下任务。水下救援机器人是通过水下电缆与地面控制中心进行通信和控制的。它可以通过搭载的激光雷达、摄像头、声纳等传感器获取实时信息,并根据任务需求进行不同的操作,如使用机械手臂进行物品拾取或对被困者进行救援。

(3)水上运输。水上救援冲锋舟的作用:

①运送人员。运送救援人员进入灾害区域开展救援工作,及时转移受灾群众、伤员。

②运送物资。运送灾区急需的食品、饮用水、药品、帐篷、救生器材等物资。

(4)CFC 隧道探水系统。CFC 用于隧道前方围岩含水性与含水量的预报。适用于钻爆、盾构、TBM 隧洞与煤矿巷道。CFC 不受掘进机机头和拱架等金属机具的影响,阵列方向性观测滤除侧向干扰,预报前方距离 100 m 内含水体的分布和含水量的多少,分辨率达到 1 m。CFC 用锚杆、电极做天线,电磁波传播于岩体中分辨率高,米级,选用对岩体含水性最敏感的频段。可靠性强阵列接收、具有方向性、双通道记录、归一化处理、消除发射因素的影响,同时确定含水部位和含水量大小及最优波速与介电常数。

(5)水中救人

①让溺水者嘴鼻露在水面上,尽可能漂平以减少阻力,并利于拖带,节省救援人员的体能。

溺水者神志较清醒时采用托腋仰泳拖带法;溺水者神志较清醒时采用夹胸侧泳/蛙泳拖带法;溺水者情绪烦躁不配合时采用串臂反扭侧泳拖带法。

②迅速脱离水域可采用如下方法:浅水腋抱拖拉法、浅水肩上挽扶法、浅水背驮法、浅水马鞍法、浅水平台马蹬法、船沿深水池边压手法。

③溺水者上岸后送至医院途中采用的肩扛技术,可采用如下方法:救援者一肩顶在溺者的胸部,以起到挤压心胸区作用;救援者一肩顶在溺水者的腹部,以起到倒水、畅通呼吸道作用;救援者一手锁住溺水者的不同的腿和臂以防止滑脱;救援者一手保护溺水者的头部以防止碰撞;上肩时,尽可能旁人帮助或利用地势,并尽可能不碰撞溺水者颈部。

10.5.4.2 水下救援装备

(1)水下声纳生命探测仪是一款采用声纳技术和水下视频相结合的方式,对水下目标物体进行声波和视频确认,为应急救援人员提供实时水下生命信息的装备如图 10.5—9 所示。

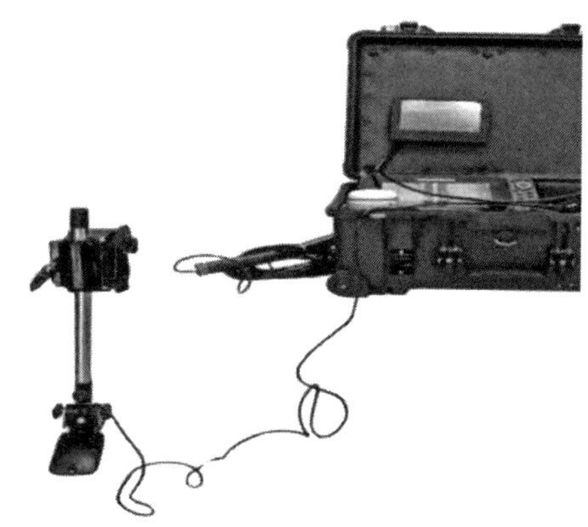

图 10.5—9 水下声纳生命探测仪

(2)水下救援机器人的应用领域广泛。它们在搜救行动中发挥着关键作用,当事故发生时,水下搜救机器人可以很快部署到事故现场,利用其摄像头、声纳系统和机械臂等功能,搜索和救援受困人员。机器人可以进入狭小的空间,甚至在黑暗和恶劣的条件下执行任务,为人员提供宝贵的时间窗口,如图 10.5—10 所示。

(3)水上救援冲锋舟是指供抢险救援分队强渡江河时所用的轻便制式交通工具,可用于水上通信、侦察、巡逻和救生。

(4)CFC 隧道探水系统探测距离远,不受金属机具的影响;用锚杆、电极做天线,电磁波传播于岩体中;选用对岩体最敏感的频段,分辨率高;阵列接收,方向性强。CFC 隧道探水系统如图 10.5—11 所示。

电缆绞车

海瞳水下机器人

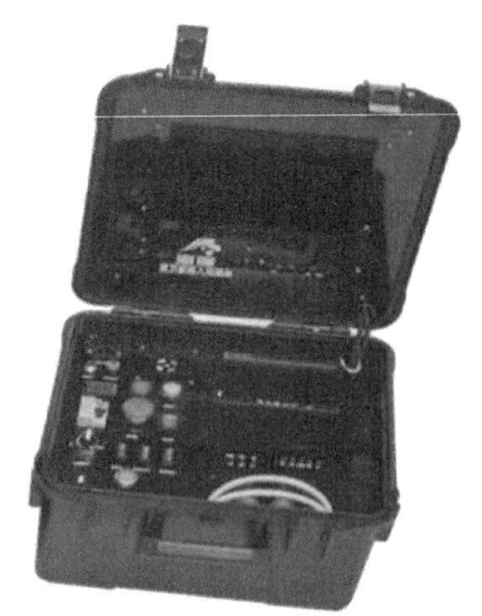
移动工作站

图 10.5—10　水下搜救机器人

CFC隧道探水系统

YTD-127型矿用防爆探水仪

图 10.5—11　CFC 隧道探水系统

10.6　其他救援技术与装备

10.6.1　轨行车辆溜逸、侧翻应急救援技术与装备

城市轨道交通建设中的施工作业、材料运输等常需使用轨行车辆完成，使用中因操作不当、车辆故障、轨道工况不良等原因，可能会车辆溜逸失控、掉道脱轨、侧翻倾覆等事故的发生。事故救援及处理的首要关键便是脱轨或倾覆车辆的起复，做好起复工作能减少人员伤亡，快速度恢复生产秩序。

10.6.1.1　轨行车辆溜逸、侧翻应急救援技术

（1）起复法是指用特制的液压起复设备（液压千斤顶及其辅助机具）从脱轨车辆下部的一端中部顶起，使其走行部的轮缘高于轨面后再横向移动，当横移至钢轨上方的正确位置时落下复轨。起复作业的设备比较复杂，效率较高，需提前捆绑固定转向架，起复法是国内外常见的起复作业方法之一。

（2）拉复法是指使用复轨器（爬轨器）和牵引工具，靠牵引设备牵引，使脱轨车轮重新回到钢轨上。拉复作业使用的设备简单，起复效率高，是国内外常见的起复作业方法之一。

（3）吊复法。车辆在倾覆侧翻或脱轨后不适合拉复、起复时，应进行吊复或吊移作业。吊复法

需要对转向架进行捆绑，确定吊复点，使用救援列车、轨道起重机或其他大型起吊设备进行吊复。

10.6.1.2 轨行车辆溜逸、侧翻应急救援装备

主要包括用于顶升的液压千斤顶、用于拉复的复轨器(人字形复轨器、海参形复轨器、组合型复轨器等)、用于吊复的轨道起重机(轨道吊)、轨道车等。

10.6.2 地铁水灾类救援技术与装备

地铁内部的水灾事故是城市内涝的一种常见性事故，同时也是在建地铁施工过程中一种较为常见的灾害事故，一旦城市内部发生较为严重的洪涝灾害，轻则影响在建地铁的施工进度，重则可能引发较为严重的人员伤亡和财产损失。

10.6.2.1 地铁水灾应急救援排水技术

(1)堵截进水渠道。开展地铁排水行动时，应首先堵截地铁的进水渠道，阻止水的持续流入。进水堵截一般使用防淹挡板、移动防洪屏障或防汛沙袋等器材。

(2)初始水灾快速排水技术。便携式移动排水装备便于携带，有利于快速部署、快速排水，适用于较小规模的地铁水灾，或较严重地铁积水时的先期排水作业。

①常见移动排水装备。常见的移动水泵主要由浮艇泵和手抬机动泵(含液压潜水泵等)及潜水泵等装置组成。潜水泵是狭小空间、纵向深井提水的有效设备，可有效应用于下穿隧道、地铁基坑等积水事故的处置。

②地铁内部抽水点选择。地铁水灾事故发生后，应选择便于操作、便于排水、相对较为安全的位置实施排水作业。在处置过程中以可持续作业且不需要移动排水设施为宜，在处置条件成熟时，应优先选用水泵房集水坑开展排水。

③快速排水技术。为及时将地铁内部积水快速排出，通常有以下四种处置措施：一是铺设消防水带直接排水。二是铺设消防水带接力排水。三是利用水泵房的机动接口排水。四是利用消防管网排水。

(3)地铁大量进水时的排水技术

①当地铁内部大量进水、有人员被困、需要快速排出积水时，需要及时使用自吸式排涝机器人。该类设备主要是将柴油机、自吸泵、控制系统等进行模块化集成的排水设备，可使用无线遥控器控制其远程启动、行走、排水等功能。自吸式排涝机器人便于运输、操作便捷、移动灵活，能够自行驶入水中进行排水作业。

②大功率排水设备排水技术。利用子母式供排水抢险车可以延伸至100 m左右(个别达到150 m)对负一层开展直接排水，自吸式排涝机器人等一般可独立行动，可以进入更深区域作业。一些较大型的地铁站，站内距离地面出口通常相对较远，特别是积水部位为地下二层或地下三层时，直接排水较为困难，需及时将移动泵站部署在积水前方，通过接力排水的方式将地铁内部的积水及时排出。

10.6.2.2 地铁水灾应急救援排水装备

(1)远程供水车组。该车组主要由大流量供水泵车、水带敷设车以及一套吸水泵组(浮艇泵)等装置组成，能满足处置现场的大量水源供给，同时可利用泵在特定场合实现排水功能。

(2)远程供排水抢险车组。该车组主要由大流量排水增压车和水带敷设车组成，具有供水、排水两用功能，该装置通过车载电缆与取水泵有效连接，可满足远距离供水作业的实际需求，如图10.6—1所示。

(3)厢式排水抢险车。该装置主要由整体厢式车改装，具有较强的机动性，其主要工作原理是

该车直接配置额定的 5 个 1 000 m^3/h 的水泵，通过电缆连接车载柴油发电机提供动力来源进行取水作业。同时可搭配不同功率的潜水泵进行使用。

图 10.6—1　远程供排水抢险车组

(4)子母式“龙吸水”排水车。该车由母车与子车构成。其中母车在二类底盘基础上集成液压系统、电控系统、油管收放系统等机构，利用底盘自带发动机驱动高压油泵。子车通过电缆与母车相连。利用遥控器操作将橡胶履带式排水车开至排水点，连接输水软管，进行排水。子母式排水车如图 10.6—2 所示。

(5)大流量排水抢险车。由主车搭配智能排水机器人组成，整车最大排水量大于 5 200 m^3/h，其中主车主水泵流量可达到 3 200 m^3/h，15 m 扬程，全液压驱动；同时可选装 1～2 台潜排水机器人，单台机器人水泵流量可达到 1 000 m^3/h，22 m 扬程，该车同时兼具潜水功能，其最大下潜深度为水下 2 m。大流量排水抢险车如图 10.6—3 所示。

图 10.6—2　子母式“龙吸水”排水车

图 10.6—3　大流量排水抢险车

10.6.3　有限空间应急救援技术与装备

有限空间事故复杂多样，人员伤亡和财产损失重大，如地铁建设期间，轨行区焊轨作业、与既有线接驳的电缆沟电缆敷设作业等都有可能发生有限空间作业安全事故。

10.6.3.1　有限空间应急救援技术

(1)侦检及通风供氧。救援前应用仪器侦检作业空间内氧气含量和有毒气体种类、含量，同时通过排烟机、送风机、氧气瓶或空气呼吸器等设备送风输氧，并在地面上不间断地向被困人员喊话，不断鼓励被困人员，使被困人员保持清醒，为营救赢得时间。

(2)确定被困人员位置。优先利用声波/震动生命探测仪、光学生命探测仪、红外线生命探测仪、电磁波生命探测仪和搜救犬等，配合采用听、看、敲、喊等人工辅助手段，确定被困人员位置。在不确定被困人员具体位置的情况下，可派出侦察人员，做好安全防护，进入作业范围区域侦察。

(3)救援方式。救援方式分为非进入式救援和进入式救援。

①非进入式救援。非进入式救援是指救援人员在有限空间外，借助相关设备与器材，安全快速地将有限空间内受困人员移出有限空间的一种救援方式。非进入式救援是一种相对安全的应急救援方式，但需至少同时满足以下 2 个条件：

a. 有限空间内受困人员佩戴了全身式安全带，且通过安全绳索与有限空间外的挂点可靠连接。

b. 有限空间内受困人员所处位置与有限空间进出口之间通畅、无障碍物阻挡。

②进入式救援。当受困人员未佩戴全身式安全带，也无安全绳与有限空间外部挂点连接，或因受困人员所处位置无法实施非进入式救援时，就需要救援人员进入有限空间内实施救援。进入式救援是一种风险很大的救援方式，一旦救援人员防护不当，极易出现伤亡扩大。实施进入式救援，要求救援人员必须采取科学的防护措施，确保自身防护安全、有效。同时，救援人员应经过专门的有限空间救援培训和演练，能够熟练使用防护用品和救援设备设施，并确保能在自身安全的前提下成功施救。若救援人员未得到足够防护，不能保障自身安全，则不得进入有限空间实施救援。

10.6.3.2　有限空间应急救援装备

有限空间作业事故应急救援装备主要包括便携式气体检测报警仪（图 10.6—4）、大功率机械通风设备（图 10.6—5）、防爆照明工具、通信设备、正压式空气呼吸器（图 10.6—6）、高压送风式长管呼吸器（图 10.6—7）、安全帽、全身式安全带、安全绳、有限空间进出及救援系统（图 10.6—8 和图 10.6—9）等。

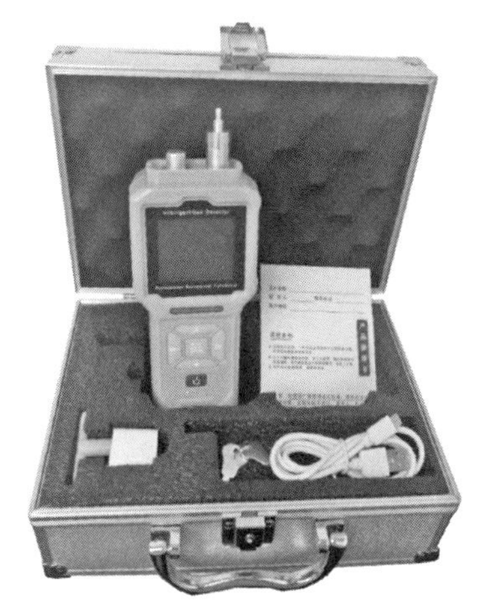

图 10.6—4　便携式气体检测报警仪

图 10.6—5　大功率机械通风设备

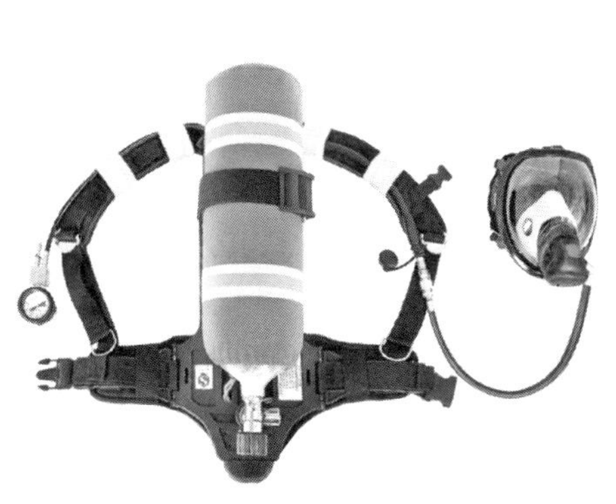

图 10.6—6　正压式空气呼吸器

图 10.6—7　高压送风式长管呼吸器

图 10.6—8　侧式进入系统(水平方向)

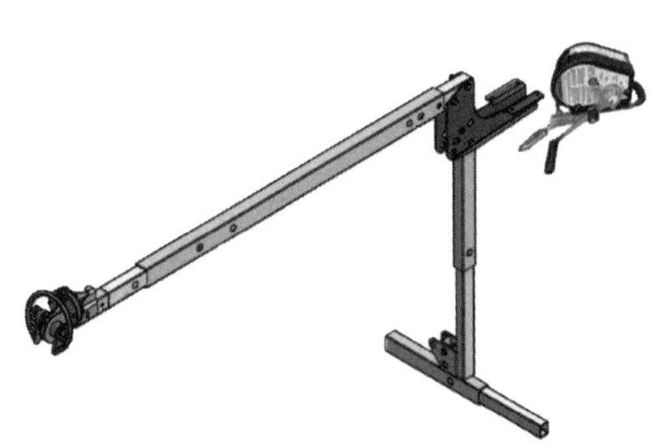

图 10.6—9　便携式吊杆系统(水平/垂直方向)

10.7　主要问题与建议

10.7.1　主要问题

1. 救援装备配备结构有待优化

当前,应急救援装备配备多而杂,过度追求应急救援装备配备的"高大上""多而全",未对其通用性、适用性、合理性进行深入调研而造成资源重复、统型缺失。部分应急救援装备或配件无法通用、互换,导致救援装备统型水平不高,给战斗力更新及装备管理等都带来了很大困难,不仅影响应急救援效率,同时也给应急救援装备的日常维护保养造成了一定的负担。部分防护装备、侦检器材等与地铁施工灾害特点不匹配、使用率不高。

2. 应急救援装备专业知识不足

许多企业未设专职应急救援机构,多为兼职岗位,与此同时应急救援人员对救援设备性能参数的掌握和熟知度直接影响着对救援装备管理使用的判断。只有充分掌握各类救援装备的实战参数和各类极端灾害条件下的极限性能数据,才能确保装备能够正确科学地使用。目前,应急救援装备实战信息收集管理工作并不完善,不能有效地实现装备数据收集、分析和共享,容易导致应急救援人员在装备使用的判断及掌控上出现盲区。在不同的灾害事故现场,装备会产生不同的性能参数,但目前并没有一个有效的数据平台,将各类装备信息进行快速有效地筛选并及时向开展应急救援工作人员进行传达,这影响了应急救援人员对事故的装备部署和现场装备调换。

3. 消防救援主要问题

部分企业消防教育培训体系不健全,对消防安全的认识不清晰,虽然设置了消防安全培训计划,但这些培训内容空洞,流于形式,缺乏可操作性,导致员工不能很好地掌握消防安全知识。

10.7.2　建　　议

1. 健全应急救援装备管理制度

在社会发展日新月异的时代,应急救援队伍要做好打大仗的准备,强化救援装备管理是基础。要建立健全应急救援装备计划制订、采购配备、使用维护、退役报废等管理制度,使装备管理有章可循、有法可依。在采购或引进新的应急救援装备时,要做好登记,确保救援装备的数量准确和性能完好;安排专业人员定期进行保养和维护,将保养与维护的责任落实到人;定期检查装备的损耗程度，如部分救援装备老化或损坏，进行报废登记，将其准确记录，并送到相应地点进行处理。

2. 注重装备管理人才培养

新形势下，救援装备的发展在科技文化素质方面对操作使用及管理人员提出了更高的要求。只有拥有一大批专业素质过硬的专业人员，才能最大限度发挥救援装备的最佳功效。首先，要根据队伍实际情况，调整装备人才构成，依据工作特点有针对性地建设救援装备人才队伍。其次，既要重视人才的外部引进，又要重视内部专业人员的培养、发掘。最后，应健全救援装备人才用人机制，营造良好的人才发展范围。

3. 加强应急救援设备的研发和更新

当前我国正处于快速发展阶段，基础设施建设和城市建设也在快速推进，各类安全事故仍处于高发阶段，因此应急救援技术与装备的更新刻不容缓。当前首要任务就是根据不同类型的安全事故以及救援特点，不断完善救援的方法，并研发与之匹配的救援设备以满足应急救援的需求。

4. 消防救援改进建议

企业内部应定期开展消防宣传教育，大力普及消防安全知识；同时认真组织消防安全培训，大力加强对消防管理人员、消防施工人员、操作人员，电工、电焊等特种作业人员、易燃易爆岗位等作业人员的消防安全培训，严格执行消防安全培训合格上岗制度。

5. 现场建立应急监测数据的检验程序

辨伪判据的建立是开展工作的第一步，也是辨别监测数据真伪的依据。针对地铁项目建立的判据对某一具体观测项目来说就是辨别真伪的临界值。具体的数值的建立主要从两方面来考虑：辨伪临界值应大于观测仪器的精度，不大于观测项目预警值的 1/3。对于以变化总量表示的控制指标（如：水平位移、沉降等项目）以上述二项指标中的小值确定临界值；对于以变化速率表示的控制指标（如：水平位移速率、沉降速率等项目）以超出观测仪器的精度来确定临界值。每个需要辨伪的观测程序文件至少应包含辨伪判据的建立、观测项目仪器的操作要点、观测点的质量检查方法、测试工作细则、监测环境对成果的影响评价方法及监测记录表格等内容。

城市轨道交通工程项目要求快捷地给出准确的答案，因此采用排除法排除错误的一个是首选方案，其次通过检查监测点的质量、仪器性能等手段来验证；由于组织第三方测量需要较长的时间，引进第三方测量可以作为最后的解决问题方法。

当出现以下情况时，需实行辨伪方案。

(1)监测数据达到预警值："双控"指标（变化量、变化速率）超过监控量测控制值；

(2)突变：监测数据变化量较大或变化速率加快（一般伴随预警出现）；如测斜曲线出现尖角、拐点等；

(3)两次测量数据对比差异较明显的情况（差异过大，变化趋势不一致）；

(4)测点布设不符合规范要求（结合现场巡视）情况下采集的数据，可信度降低。

6. 现场通信指挥部可增加专家咨询与视频会商程序

当现场发生重大安全风险事故需要进行现场技术咨询，专家无法抵达事故现场时，可利用网络视频系统参加远程视频会议。为充分保证应急抢险的顺利开展，视频会商作为一个视讯网络，此系统要实现从工地现场到相关专家的可视通信。基于这种可视通信，可以实现各级视频会议，充分整合现有的专家资源。同时，系统还可同时支持多方交互式视频会议和信息传输，实现多方会商、辅助信息传输与共享、其他系统演示、录播功能，对工程所遇险情实现综合评估与判断，并做出对应决策。

11 城市轨道交通建设应急信息化技术

随着大数据、云计算、物联网等智慧化技术的发展,传统的应急方式手段也亟待进行智慧化的提升,将应急与信息化结合起来是目前应急城市轨道交通建设的关键,信息化技术对应急管理能够起到如虎添翼的效果。应急信息化要以信息化技术为支撑,充分获取全社会的信息,充分运用专家的知识和智慧并及时整合经验,将技术与管理有机地融合在一起,同时,信息化技术要以科学合理的应急管理机制为基础,整合融合到应急管理的全过程与各方面。以物联网和云计算为代表的第三阶段信息化建设飞速发展,城市轨道交通作为城市公共交通的重要组成部分,其信息化建设对于提升行业运营管理水平具有重要意义。轨道交通工程建设涉及土建施工、机电安装、装饰装修等各专业,轨道交通信息化通过信息技术进行各专业子系统数据的采集、存储、分析、交互共享、管理和应用,节约人力、物力、财力等成本、保障了工程建设的安全与高效。

11.1 应急信息化技术概述

应急信息系统是为事故、灾害和紧急事件应急服务的信息系统,由基础设施、信息资源、信息应用服务系统、信息技术标准体系及信息安全保障体系等构成。应急信息系统服务于应急管理的全过程,包括:预防、准备、响应和恢复等阶段,应急管理的各个阶段根据事件类型不同有不同的功能要求。一般城市应急信息系统包括:系统管理模块、基础信息管理模块、地理信息管理模块、地图管理模块、安全规划辅助决策模块、应急救援辅助决策模块、重大危险源管理模块等。经过多年的努力,我国防洪、地震、消防、民防、公安、市政、海上搜救、森林火灾、矿山和化学等专业领域都建立了各自的应急信息管理和应急通信系统,在各领域的应急救援工作中发挥了重要作用。

城市轨道交通的应急信息化管理系统主要包括应急指挥平台、应急预案及演练平台、应急物资管理与调度平台三个平台,在未来应急信息化管理系统的建设中,应加强三个平台之间的协调互动,通过建立综合信息化系统平台和互联互通技术标准,实现数据采集、信息集成和信息共享,并实现自动监测、预警和应急处置,提高整体系统运行效率,节约资源;通过整合信息资源和业务流程,根据精细化的运输组织需求,未来轨道交通信息化发展将以信息交互和资源共享为主要手段,建立集成化、自动化、智能化和移动化的综合信息平台,能够更好地适应各种突发情况,让处理应急事件的效率更高。

应急指挥平台是整个应急管理平台的核心平台,它能够从整体上进行指挥、协调和决策应急响应工作。它能够与其他平台进行数据互通,从应急预案及演练平台中获取预案信息、演练结果等数据,从应急物资管理与调度平台获取物资库存情况、调度情况、物资存储仓库与事故发生地点的距离等数据,从而为指挥决策提供实时、准确的信息支持,能快速响应出最佳的应急处理方案。在面对突发应急情况发生时应当充分借鉴历史的处理经验,应急预案及演练平台用于编制、管理和执行应急预案,并存储应急演练数据的平台,它能够将编制好的应急预案与应急指挥平台进行关联,在应急情况下指挥平台可以直接获取到相适应的应急预案信息,演练平台可以将演练结果与反馈信息传递给指挥平台,供其参考与分析,以便进行实时的调整和决策。应急物资管理与调度平台也可以与应急指挥平台进行数据互通,将物资库存、分布情况等信息传输给指挥平台,使得应急指挥平台能快速的在应急情况下进行物资调度与资源配置决策,同时指挥平台可实时下发指令到物资管理与调度平台,进行物资的调度与配送,满足实际需求。应急预案及演练平台与应急物资管理与调度平台之间也会进行紧密的协作,预案的编制需要考虑到应急物资的需求与调度,以及应急物资的储备与分配问题,演练需要考虑应急物资的使用与调度,同时应急物资管理与调度平台也应考虑预案的需求及演练情况,以便更好地满足实际应急需求。

通过上面的协作机制,三个平台之间可以实现数据互通,为应急管理提供更加全面、准确、及时的信息支持,能够提高应急管理的效率和响应能力,更好的保障人民生命财产安全。应急信息化平台框架如图 11.1—1 所示。

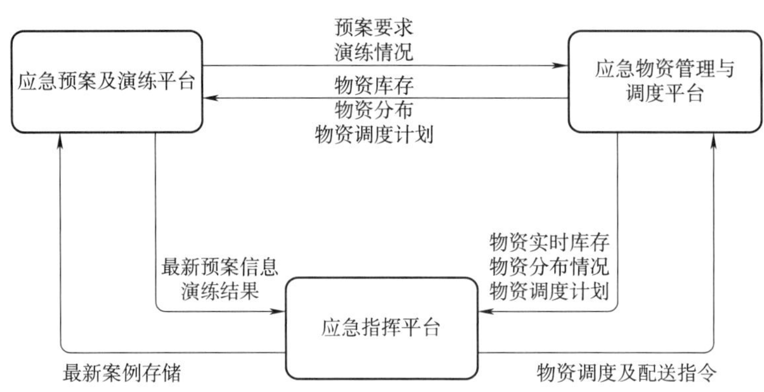

图 11.1—1 应急信息化平台框架图

11.2 应急指挥平台

随着交通行业基础建设的快速推进、信息化发展水平迅速提升,传统以人的经验作为应急事件处置方式已经无法适应当下复杂的应急保障需求。依靠现代化信息手段建设一套智能高效的应急处置体系,快速反应处置、降低影响范围,迅速恢复正常生活和生产秩序是十分重要的。

随着信息化的发展,我们应当建立一个应急指挥平台去统筹规划整个应急系统,其中包含着应急值守、应急指挥通信与装备、指挥网络搭建、信息汇总、辅助决策分析、应急案例库等平台功能。

11.2.1 信息化应急指挥平台组成

信息化应急指挥平台是一个综合性系统,它基于法律法规和标准规范,旨在构建一个全面的安全保障体系。该平台由多个模块组成,包括业务运用、地理信息系统、信息共享平台、数据及信息资源、应急设备等,这些模块相互结合,以确保高效的应急管理和响应。信息化应急指挥平台包括如下内容。

(1)法律法规和标准规范:信息化应急指挥平台的设计和运行需要遵循国家和地方的法律法规,以确保合法性和合规性。同时,平台应考虑采用先进的标准规范,以提高系统的质量和安全性。

(2)安全保障体系:平台的主要目标是构建完备的安全保障体系。这包括物理安全、网络安全、数据安全和信息安全等各方面的保障措施,以防范潜在的威胁和风险。

(3)业务运用:平台的业务运用模块负责管理和协调应急管理中的各项任务和活动,包括事件响应、资源调度、通信管理、决策支持等。

(4)职能部门:内部应急部门、政府相关部门、公共救援部门、施工部门等。

(5)信息共享平台:信息共享平台模块是一个核心组成部分,用于整合和共享来自各部门和来源的关键信息。这有助于实现信息的及时传递和协同工作。

(6)数据及信息资源:数据及信息资源模块涉及数据的采集、存储、处理和分发。这包括各类数据源,如传感器数据、气象数据、车次统计数据等。

(7)应急设备:应急设备模块包括通信设备、监控设备、卫星通信设备、救援设备等,以支持应急响应和协调工作。

信息化应急指挥平台需要综合利用这些模块,确保信息的及时性、准确性和可靠性,以及灵活的决策支持和资源调度能力,以便在各种应急情况下有效地应对和管理。此外,持续的培训和演练也是平台的关键要素,以确保工作人员熟练使用系统并应对紧急情况。信息化应急指挥平台构成如图 11.2—1 所示。

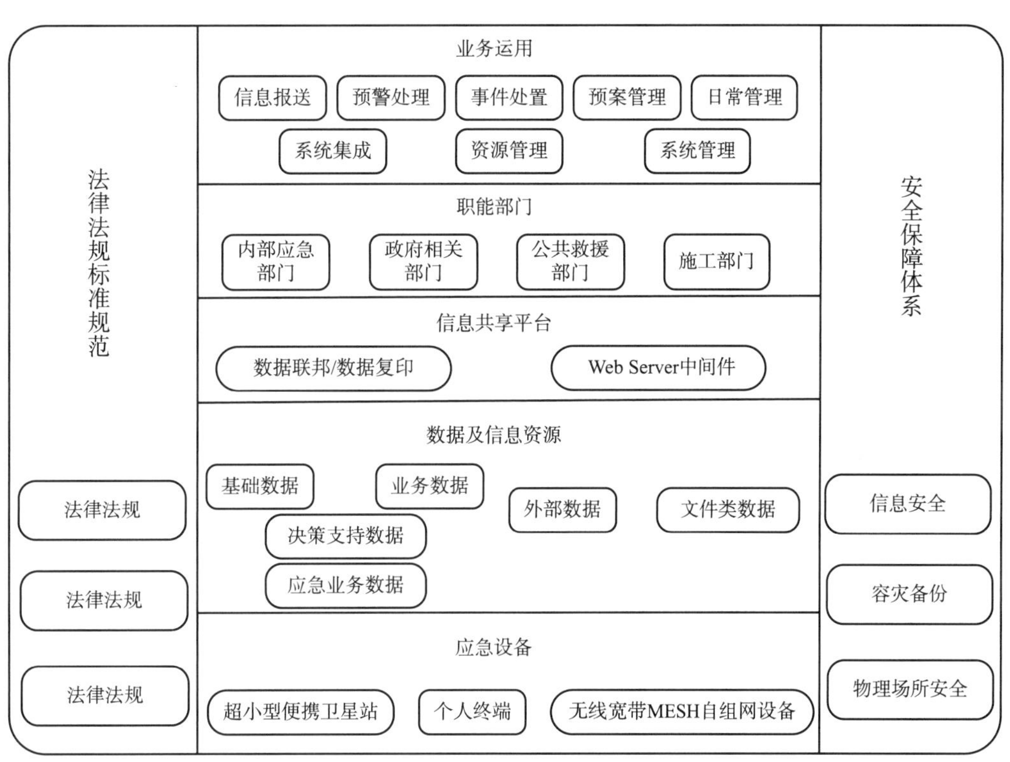

图 11.2—1　信息化应急指挥平台构成

11.2.2　应急指挥平台组织架构

应急指挥平台建设期的组织架构如下。

(1)决策层:由项目经理和高级工程师等构成,作为整个应急响应框架的核心,在危机发生时需要做出关键决策,并且与政府、救援机构等进行高效沟通,同时指导下属团队和部门进行有效的应急响应。此外,管理层还需要对项目的整体安全风险进行评估,确保所有安全协议都能被严格执行。

(2)执行层:主要由现场的应急处理团队构成,包括内部应急团队和外部专业应急服务提供商。这一层级的主要职责是在紧急情况下提供第一线响应,他们需要具备专业的应急处理技能和经验,能够在短时间内对各种突发事件做出快速且正确的反应。他们的行动通常会遵循事先制定的应急计划,并在管理层的指导下进行。

(3)协调层:他们负责管理现场的救援物资和设备,并根据应对层和决策层的需求迅速调配资源,同时进行现场交通协调和保证与其他相关部门(救援、公安)的紧急通信通畅。

(4)支持层:包括设计勘察单位、咨询(第三方)单位和监理单位,他们在施工期的应急管理中起到辅助作用。例如,设计勘察单位在事故发生后能提供技术支持,帮助确定事故原因;咨询单位能提供专业意见帮助优化应急响应流程;监理单位则确保所有应急措施都符合安全和质量标准。

应急平台建设期组织架构如图 11.2—2 所示。

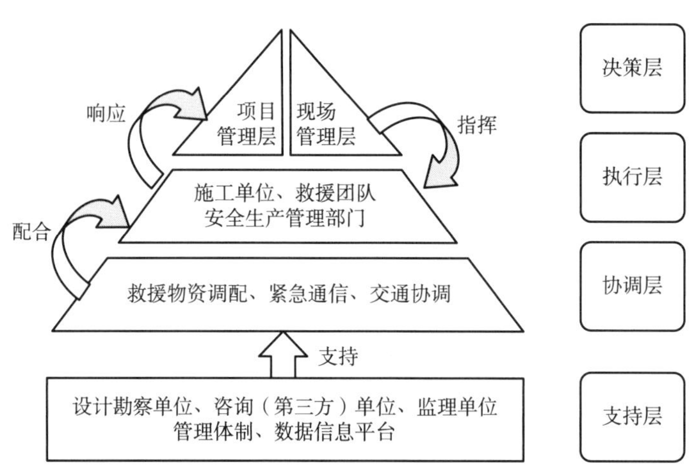

图 11.2—2　应急平台建设期组织架构

11.2.3　应急指挥平台的运行机制

1. 处理流程

快速响应,在突发事件发生后,应急指挥平台可以迅速感知和传输各类信息,对各资源进行调度、优化,降低事故发生的时间成本。应急指挥平台通过提供全流程指导以及协调配合,能有效防范和缓解可能遭遇的突发事件,降低损失的程度和范围。通过大数据技术来实现对轨道交通安全现状的深度分析和预测,为决策提供支持,降低安全风险。最后,应急指挥平台可以通过对全局资源的把控,更好地优化资源,提升了整个系统的效率。

事故发生时,平台接警后会安排现场已有的资源进行先行处置并通过现场信息判断事态级别,事态严重时则进入到事故上报流程并且启动应急预案。通过联合公安、医疗、消防等其他单位,指挥中心人员到位,信息网络开通等,启动救援,同时迅速安排人员救助、工程抢险等行为进行救援行动,并在这过程中判断事态是否得到控制,若没有则进一步进行应急增援,若事态已经得到控制则进行应急恢复,在应急结束后进行总体评审,同时将事件中的数据、信息进行汇总,添加进应急案例库,为日后处理事件提供数据支持以及可靠的经验。

应急处理流程如图 11.2—3 所示。

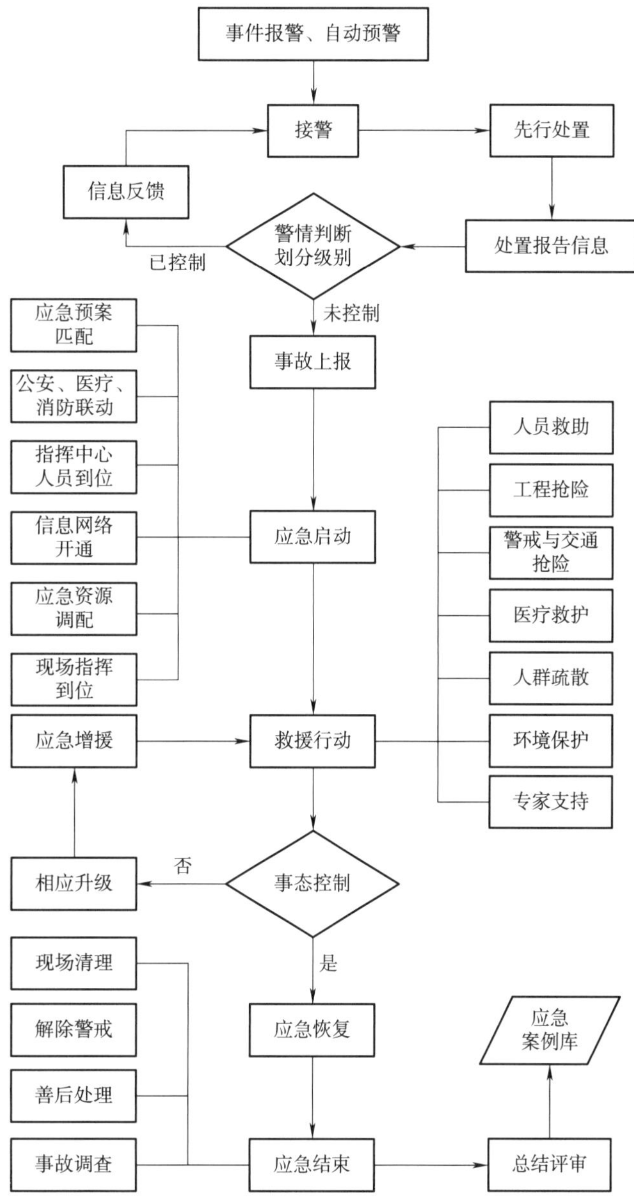

图 11.2—3 应急处理流程

2. 管理决策

在进行应急管理的过程中,需要在有限的时间内快速做出科学合理的决策。信息化平台的建设为科学合理制定决策提供了有效支持。

决策系统主要由人机接口、知识库、数据库模型库和推理机五个部分构成,如图 11.2—4 所示。

(1)人机接口是使用者与信息化平台沟通的桥梁,可通过提向的方式获得平台中能够提供的名案,并进行输出,人机接口设计采用的呈现形式主要是问答形式或者报表的形式。

(2)知识库是最重要的组成部分,包括知识的表达和规则的确定。

(3)数据库是信息存储的地方,用于存放初始的数据,以为推理结果和最终结果等提供信息。

(4)模型库是信息化平台建设的重要技术保障和支持。

(5)推理机作为即时程序,主要的功能在于实现推理过程,并获得决策结论。推理机使用的方

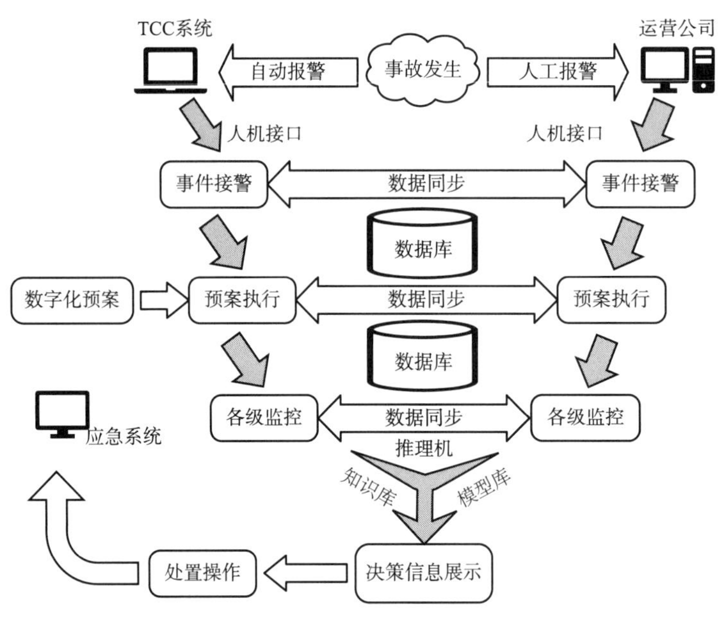

图 11.2—4　应急管理决策图

式主要有三种，即正向推理、反向推理和双向推理。

11.2.4　应急指挥平台的功能

1. 应急通信保障

城市轨道交通应急通信主要是在自然灾害、事故灾难、公共卫生事件、社会安全事件等突发事件发生时为应急指挥人员提供通信保障，是应急管理的重要支撑手段，属于应急保障的重要基础建设之一。应急通信技术本身并不是一套封闭的通信体系，而是综合利用各种通信技术手段和方法保障应急处置及必要通信所需的集合。

(1)应急指挥车。配备多种通信模式的应急指挥车具备应急指挥调度、设备物资查阅、现场视频查看、语音调度、远程会议、无线自组网、无人机、卫星电话等功能，应用了 5G、人脸识别、智慧灯光、无线自组网、无人机等新技术、AI 智能识别技术、多屏显示系统等技术。突发事件下，应急指挥车能够快速开赴现场，成立临时指挥中心，实时接入无人机高空拍摄的视频图像与事故第一现场移动单兵视频语音图像，并将视频语音图像信息传回指挥中心，形成事故现场、临时指挥中心、指挥中心的三级联动处置，有利于指挥人员与专家进行指挥决策，减少事故造成的人员损失与财产损失。

可通过应急指挥调度平台查看突发事件附近物资储备情况与物资分布，可通过与手机端、移动单兵视频、语音指挥调度功能，高效进行资源调度。

可利用车顶高清摄像头＋AI 智能识别技术对事故高危区域进行区域划分，快速组建电子围栏，对进入的人员与设备进行自动预警提示，并将预警结果自动返回至服务器云端。

可使用车内无人机，利用高空视角，快速进行人员搜救，迅速掌控事故现场的整体情况和发展态势、快速查看险情发生地周边情况以及查看物资调度情况。

(2)应急图传设备。应用应急图传设备能够在无信号的环境中自主发射无线信号，形成无线局域网络，支持移动单兵、手机、电脑等终端设备接入，能够将隧道中的现场视频与语音实时传回地面，实现指挥中心与单兵视频和语音实时双向传播，使指挥中心能够第一时间掌握现场实际情况，有效解决了隧道无信号环境下应急指挥问题。

(3)无线自组网设备。无线自组网设备包括 MESH 中继与终端，在隧道或者地下车站等环境现场，每隔一公里部署一个 MESH 中继，每个 MESH 中继设备能够覆盖一公里范围，通过多个 MESH 中继之间信号互相传输与串联，从而将事故现场与指挥车之间几公里范围内形成一个无线局域网，授权设备能够自动接入网络中，设备之间能够进行视频、语音通话与调度。信号接入指挥车后通过 5G/4G 网络，将视频与语音信号实时传至指挥中心，实现在无网络环境下指挥中心、临时指挥中心与事故现场三级联动。

2. 实时监控和警报

(1)连续监控：通过各种传感器和摄像头不断监控轨道交通环境，确保实时了解当前状况。

(2)异常检测：利用先进的算法和人工智能来自动检测潜在的安全威胁或异常情况。

(3)自动警报：在检测到潜在问题时自动触发警报，并通知相关人员。

(4)动态监管：持续监测工地的环境、设备状况和施工质量，以确保工程的顺利进行。

(5)视频监控：利用现场视频监控，实时掌握施工进展和安全状况，及时应对各种突发事件。

(6)盾构监控：对盾构机的操作状态、位置和施工环境进行实时监控，确保隧道施工的安全和效率。

(7)智能 AI 识别：使用人工智能算法分析视频和数据，自动识别潜在的安全隐患或施工质量问题，从而及时采取纠正措施。

3. 决策支持

(1)数据集成：集成来自多个源(如监控设备、天气预报、其他公共服务系统)的数据，提供全面的情景分析。

(2)风险评估：利用预设的算法来评估紧急情况的潜在影响，包括人员伤害、资产损失等。

(3)应急方案建议：根据当前情况和历史数据，自动生成应对建议。

(4)模拟与方案优化：系统可以模拟各种施工方案和应急响应计划，通过对比分析帮助管理层选择最有效、成本最低的方案。

4. 通信协调

(1)多渠道通信：提供一个统一的平台，支持电话、无线电、文本和视频等多种通信方式。

(2)群组协调：允许形成特定的通信群组，如应急响应团队、医疗团队等，确保有效协调。

(3)实时信息共享：确保所有相关人员都能实时获取必要的更新信息。

5. 救援管理和调度

(1)救援跟踪：实时跟踪救援状态，如救护车、消防车和救援人员的位置。

(2)智能调度：基于当前需求和救援能力，通过对接物资调度平台，自动提出资源调度建议。

(3)人员管理：跟踪所有在场人员的位置和安全状态，包括员工、乘客和救援团队。

(4)智能优化路径：通过对接第三方平台，根据实时交通状况，计算出最快到达现场的路线，同时避免可能的延误和新的风险点。

6. 应急响应和流程管理

(1)预案激活：通过对接应急预案及演练平台，对接匹配的应急预案并按照演练流程进行指挥。

(2)任务分配和追踪：自动分配任务给响应团队，并跟踪进度和状态。

(3)实时操作指南：根据预案和实时数据，向现场人员提供步骤指南。

(4)应急联动处置：在紧急情况下，平台能够迅速聚合各类资源和部门，形成有效的联动机制，确保快速、准确地应对各种突发状况，包括自动警报、快速调度救援资源、实施应急预案等，从而最大程度地减少事故对人员安全和项目进度的影响。

7. 数据记录和分析

(1)实时数据记录：自动记录所有相关通信和操作数据，用于事后分析和审查。

(2)性能分析：通过分析响应时间、资源利用率等关键指标，评估系统性能和响应效率。

(3)事后报告：自动生成详细的事后报告，用于审查、教训学习和未来改进。

应急指挥平台的功能架构如图 11.2—5 所示。

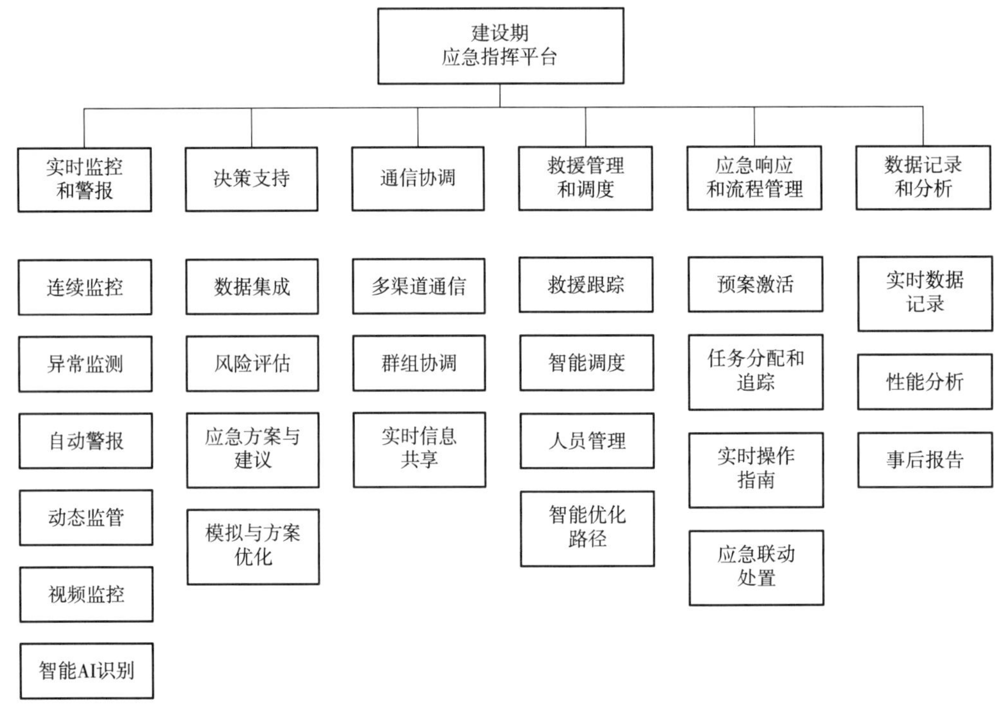

图 11.2—5 应急指挥平台的功能架构

11.2.5 应急指挥平台构建的作用

应急指挥平台建设的意义在于为轨道交通领域提供了关键性的工具和资源，以便更好地应对紧急情况和突发事件，从而实现一体化、全局化、智能化的应急处置工作。

(1)提高应急反应速度。应急指挥平台的建设可以显著提高轨道交通系统的应急反应速度。通过即时数据收集和分析，平台能够实时监控系统状态，快速识别潜在的问题和危险情况，从而迅速启动应急响应，减少事件升级的可能性。

(2)全局化协调。平台的一体化性质使得不同部门和机构能够协同工作，更好地应对复杂的应急情况。它提供了一个集中的指挥和控制中心，协助各方更好地协同行动，分配资源，以及跨界面对灾害和事件作出联合决策。

(3)智能化决策支持。应急指挥平台利用数据分析和模拟技术，为决策者提供有力的信息支持。它可以预测未来发展趋势，估计可能的后果，提供多样的干预措施，并为应急决策提供可行的解决方案，从而提高了智能决策的能力。

(4)数据驱动应急管理。平台的数据整合和信息共享能力有助于实现数据驱动的应急管理。这意味着决策制定者可以更好地利用实时和历史数据，以更准确地了解事件情况，采取有针对性的行动，降低应急事件的潜在损失。

(5)降低损失和风险。应急指挥平台的建设旨在将灾害和突发事件的后果或损失降低到最小。通过快速响应、智能决策和资源优化,平台有助于最大程度地减少财产损失、人员伤亡和服务中断。

11.2.6 应急指挥架构与应急队伍的衔接

在紧急情况下,有效的应急指挥架构与应急队伍之间的无缝衔接是至关重要的。这不仅需要详细、实用的预案和高效的通信系统,还需要各参与方之间明确的职责划分和协调机制。

1. 高效的通信系统

在紧急情况下,流畅的通信是至关重要的。应急指挥中心应使用高级的通信技术,包括但不限于无线电通信、卫星电话、多功能通信平台等,以确保在不同情况下都能保持与应急队伍的联系。此外,建立一个集中的信息管理平台,能够实时更新和共享关键信息,这对于保持指挥结构与救援队伍之间的同步非常重要。

2. 协调机制

除了内部协调外,应急队伍还需要与外部机构如政府部门、专业救援服务等进行协调。应急指挥架构应包括与这些外部机构沟通的协议和程序。例如,与警方协调以设立安全区域,与医疗机构协调以提供急救服务等。合理的协调机制能减少响应时间,提高救援行动的效率。

3. 培训与演练

为了确保在紧急情况下能够有效应对,应急队伍成员需要定期进行培训和演练。这包括对应急预案的熟悉、救援技能的培训、以及模拟演练等。通过模拟不同类型的紧急情况,队伍成员可以更好地了解他们在真实事件中的角色,并与其他队伍成员进行协调和合作。这也可以帮助指挥中心识别潜在的缺陷和不足,进而优化应急预案和响应策略。

4. 反馈与持续改进

每一次的应急响应或模拟演练后,都应收集和分析反馈信息。这包括了解哪些策略有效、哪些需要改进,以及队伍成员在实践中遇到的任何挑战。这些反馈将被用来修订应急预案、改进培训程序,并调整资源分配和通信协议等。

综上,应急指挥架构与应急队伍之间的紧密衔接需要一系列的系统化措施和持续的努力,以确保在紧急情况下能够迅速、有效地做出响应。通过明确的职责分配、高效的通信、有序的协调、持续的培训以及基于反馈的持续改进,可以大大提高应对紧急情况的能力和效率。

5. 应急队伍的组成

应急队伍应该是多方面的,包括来自地铁公司内部、社会以及政府的公共管理部门,这些部门协同作用,以保障民众的生命财产安全。

(1)地铁公司内部

紧急响应团队:负责现场的首要响应,如疏散乘客、提供急救等。

技术支持团队:处理与基础设施、系统和技术设备相关的紧急问题。

后勤支持团队:提供必要的物资、工具和其他支持资源。

(2)社会救援组织

志愿者救援团队:在某些情况下,经过专业培训的志愿者可以提供额外的救援支持。

专业救援服务:私营公司提供的专业救援服务,如私人急救服务或安全顾问。

(3)公共应急职能部门

消防部门:负责火灾和其他需要专业设备的情况。

医疗救护:提供紧急医疗服务。

公安/警察:维护现场秩序,处理与安全威胁相关的问题。

应急管理部门:协调跨部门的应急响应,提供额外资源和支持。

(4)公共/媒体关系团队

处理与公众和媒体的沟通,提供准确的信息,避免恐慌。

在紧急情况发生时,这些团队需要通过预先设定的协议和通信系统快速协作。每个团队的角色和职责应该在非紧急时期就明确规划,并在应急预案中进行详细描述。

11.3 应急预案及演练平台

应急预案及演练平台是一个专门为轨道交通设计的综合系统,旨在提高对各种紧急情况的预防、响应和管理能力。整个平台通过先进的信息化系统实现与应急指挥平台的紧密集成,确保信息和资源的实时共享,提高应急响应的时效性和协同性。通过不断的预案更新和演练反馈,平台促进了轨道交通紧急管理的持续改进和优化。

城市轨道交通建设的周期较长,覆盖范围较广,容易遇到各种复杂、极端的天气状况,地质条件与各种各样的安全事故,通过针对性地制定出不同的应急方案,比如坍塌、透水、触电、设备倾覆、电力设施被破坏等事故的专项应急预案,利用应急预案及演练平台去存储这些信息,能够帮助城市轨道交通在面对相应的应急事故时最快、最准确地开展处置。现场处置方案是对专项应急预案的补充与明确,事故现场往往错综复杂,要针对不同的事故环境、装置等不同现场情况进行处置,处置措施往往也有很多种,建立信息化的应急预案及演练平台能够让应急现场的处置变得更为高效。

11.3.1 应急预案及演练平台组成

应急预案及演练平台是一个综合性的系统,旨在为轨道交通的应急管理提供全面支持。这个平台整合了应急预案的制定、更新、执行以及演练的规划、实施、评估等多个关键组成部分。

1. 预案制定与管理模块

预案编制:根据潜在风险和历史数据,编制针对各种紧急情况的应对策略。

预案数据库:存储所有预案文档的中心库,允许快速访问和检索。

预案更新:基于演练反馈和实际事件的经验教训,定期审查和更新预案。

2. 演练规划与实施模块

演练设计:规划不同类型(线上虚拟、现场实操)的演练,设定目标、场景和参与人员。

模拟系统:通过计算机模拟进行虚拟紧急情况演练,无风险评估预案有效性。

现场演练协调:组织实地演练,安排必要的资源、人员和设备。

3. 评估与反馈模块

演练评估:收集演练数据,评估预案执行的效率和效果。

反馈整合:基于评估结果,提出预案改进意见和演练反馈。

教训学习:分析成功案例和失败经验,为未来预案制定和演练提供参考。

4. 通信与协调模块

内部通信:确保平台用户间的流畅沟通,包括实时更新、通知和警报。

外部协调:与外部应急服务(如消防、警察、医疗等)进行有效沟通和协调。

多媒体支持:利用文本、视频和图像等多媒体资源支持应急沟通。

5. 培训与知识共享模块

在线培训：提供应急响应的在线培训材料和课程。

知识库：建立一个包含应急管理知识、最佳实践和案例研究的中心资源库。

员工评估：在线测试和评估工具，确保员工理解并能够执行应急预案。

整个平台通过云计算和数据分析技术实现了高度集成化和自动化，旨在实时监控紧急情况，迅速启动应对程序，同时不断通过反馈循环进行自我完善和更新。

预案及演练平台模块组成如图 11.3—1 所示。

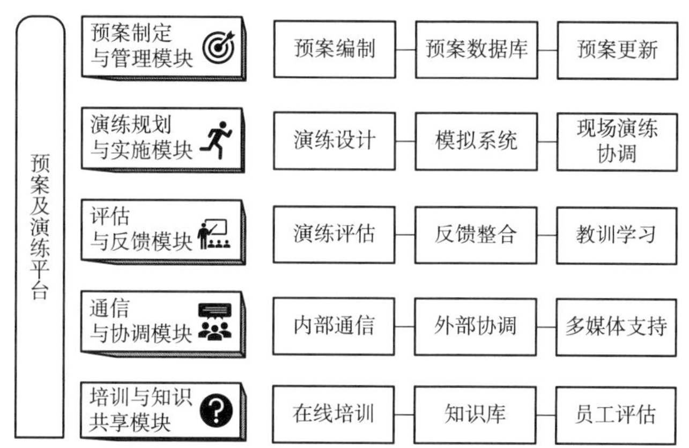

图 11.3—1　预案及演练平台模块组成

11.3.2　应急预案及演练平台组织架构

应急预案及演练平台的组织架构设计需要确保各个部门高效、系统地互相配合，以便达到最佳的应急响应。以下是一个可能的组织架构：

1. 决策与指挥层

决策委员会：决策委员会负责制定长期和短期的战略规划，确保应急预案与公司的整体战略和目标一致。委员会要确保关键的领域分配到足够的资源，这包括财务资源、人力资源和物资资源等，委员会成员需要与公司的其他领导、政府机构以及关键利益相关者进行沟通，确保所有方都了解当前的状态并协调行动。

指挥部门：指挥部门负责应急预案及演练平台的运维和服务，确保所有系统、程序和团队都能够高效运作。在紧急情况发生时，指挥部门负责动员和协调各应急队伍，实施已经制定好的应急预案，并根据实时情况进行必要的调整。

指挥部门还需监督各种应急演练的实施，确保能够按照既定的目标和程序进行，并从中收集反馈以优化应急预案。同时，指挥部门也要保障内部团队之间以及团队与外部相关方之间进行信息的快速流通和沟通。这包括在紧急情况发生时，确保关键信息能够迅速、准确地传达给所有相关方。

2. 预案制定与管理部

预案编制团队：负责针对各种可能的紧急情况编制应对策略。

数据库管理团队：负责维护预案数据库、版本控制和预案检索。

反馈分析团队：从演练和真实应急事件中获取反馈，为预案的调整提供数据支持。

3. 演练规划与实施部

线上仿真团队：负责计算机仿真的设计、开发和实施，模拟各种紧急情况。

线下实操团队：负责组织现场演练，确保资源、人员和设备的合理配置。

演练评估团队：负责收集、分析演练数据，并与预案部门沟通，为预案调整提供建议。

4. 通信与协调部

内部通信团队：确保平台间的流畅沟通，如实时信息、通知和警报等。

外部协调团队：与其他部门和外部应急服务（如消防、警察、医疗团队）进行沟通和协调。

技术支持团队：提供通信设备、系统的技术支持。

5. 培训与知识共享部

培训团队：负责制作在线培训材料、组织线下培训活动。

知识管理团队：维护和更新中心知识库，确保所有关键信息都能被快速、准确地检索到。

预案部门与演练部门需要定期沟通，以确保预案的实用性和演练的有效性。而从演练中获得的反馈则被用于调整预案，使其更加切合实际需求，从而使得预案和演练的耦合效果反馈到实际应用中。

应急预案及演练平台组织架构如图 11.3—2 所示。

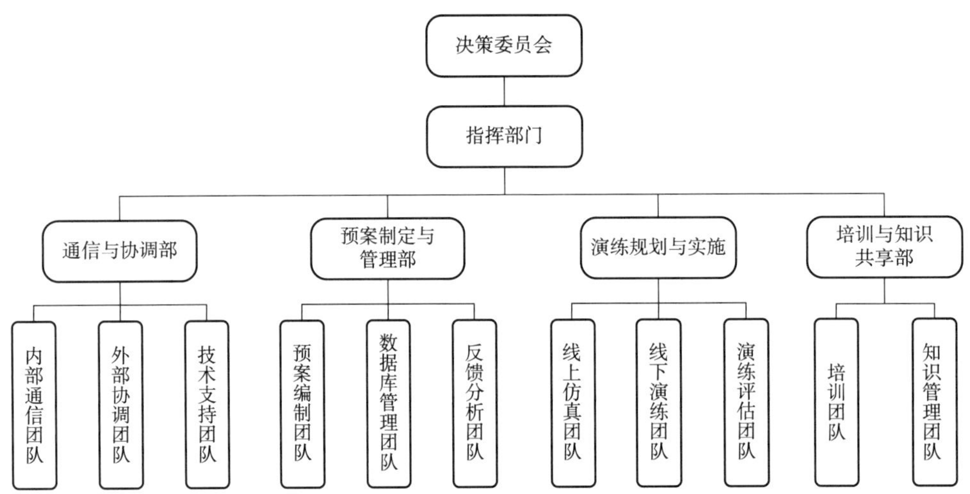

图 11.3—2 应急预案及演练平台组织架构

11.3.3 应急预案及演练平台的运行机制

1. 预案设置过程

(1)需求分析

风险识别。此步骤深入分析可能对建设造成中断或损害的各种潜在风险。团队将进行详尽的场景分析，探讨各种可能的自然灾害、技术故障、安全威胁或人为疏失。这需要跨部门的协作，确保从多个角度对潜在风险进行全面考量。

历史数据分析。在此环节，团队成员将审阅历史记录，包括之前发生的事故、紧急状况、相关的应急响应效果，以及已经采取的预防措施。通过对这些数据的详细分析、组织可以理解哪些策略有效、哪些需要改进，从而在未来的预案中避免同样的错误。

反馈收集。这一部分确保了预案的实用性和有效性，涉及与员工、客户、甚至是第三方合作伙伴进行交流。可以通过举办焦点小组讨论、在线调查或一对一访谈来收集宝贵的第一手信息。这样不仅可以获得新的见解和建议，还可以增强相关利益方对应急计划的所有权和承诺。

(2)资源评估

现有资源清单。这一步需要编制详细的现有资源目录,包括但不限于员工、技术设备、救援和医疗设施、备用通信系统、交通工具等。资源的详细描述应包括其位置、数量、操作状态和快速调动的能力。

缺口分析。在此,组织需要识别现有资源与潜在需求之间的差距。这不仅仅是量的问题,也涉及资源的质量、适用性和可及性。根据不同的紧急情况场景,组织可能需要额外的资源或特殊设备。缺口分析有助于优先考虑资源配置和采购。

(3)预案制定

行动计划制订。此阶段的关键是创建具体、可行的行动计划,这些计划基于之前的风险识别和资源评估。每个预案应详细说明在不同紧急情况下的操作步骤,包括初始响应、事态控制、疏散程序、沟通计划等。

角色与责任分配。清晰、明确的职责划分是任何预案成功的关键。这不仅需要定义个人和团队的职责,还要确保所有参与者都接受过适当的培训,了解他们在紧急情况下的角色和职责。

沟通协议设立。有效的沟通是紧急情况管理的核心。需要制定标准的沟通流程,指定主要联系人、备用沟通渠道、信息传递的优先级以及在系统故障时采用的替代沟通方法。

(4)审查与批准

内部审查。这一步是一个多部门、多层级的过程,涉及对预案的全面审查,以确保其完整性、有效性和实用性。每个部门都需要检查预案,并提供反馈,以确保预案的全面性和可操作性。

合规性检验。预案需要符合当地、国家和国际的法律、规定和标准。可能需要法律顾问和合规官员的专业知识,以确保组织在应对紧急情况时不违反任何法规。

外部审批。在某些情况下,预案可能需要政府机构、监管机构或行业协会的正式批准。这可能包括提交详细文档、进行演示、并通过必要的审核和评估。

通过这些细致且全面的步骤,组织可以确保它们的紧急预案是周全、实用且易于执行的,从而在危机时刻保护员工、客户和业务连续性。

应急预案设置和激活如图 11.3—3 所示。

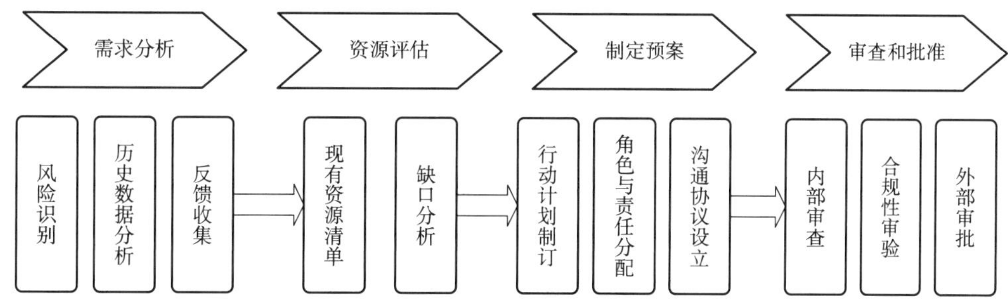

图 11.3—3　应急预案设置和激活

2. 演练平台作用机理

(1)计算机模拟仿真(线上)

虚拟紧急情况。该过程涉及创建详尽的计算机模型,这些模型能够复现各种可能的紧急情况场景。通过这种方式,组织可以在无风险的环境中评估其预案的强度和响应时间,同时识别可能在真实情况下未被注意到的弱点和问题。

资源管理模拟。这一阶段着重于虚拟环境中的资源分配和管理。通过模拟现实世界中的资源限制和需求,组织可以更好地了解在紧急情况下如何有效地调配其人员、设备和其他资产。此外,它还揭示了潜在的物流瓶颈或资源缺乏，使组织可以提前做出调整。

决策支持系统：模拟结果被用来精炼和增强决策流程。通过分析这些数据，领导者和应急团队可以更好地理解哪些策略有效、哪些需要改进，从而改善未来紧急情况的反应协议和决策路径。

(2)实际演练(线下)

全面演习。这种演练是在控制环境中模拟真实紧急情况的实践。它要求组织动用其所有相关的人员、设备和程序来响应一个假设的紧急事件。通过这种方式，组织不仅可以测试其预案的实际效果，还可以评估团队成员在压力下的表现和协作能力。

桌面演练。桌面演练是一种更为简便、成本更低的测试预案的方法。在会议室环境中，团队成员聚集在一起，详细讨论假定的紧急情况场景。这种讨论可以揭示预案中的潜在缺陷，促使对战略的重新思考，并帮助团队成员加深对其角色和职责的理解。

目标特定演练。这些是针对特定类型的紧急情况(例如火灾疏散或恐怖袭击)设计的实地演习。要求参与者面对高度特定的挑战，从而确保组织对最有可能发生的危机做好了充分准备。

(3)多平台的耦合

数据共享。关键在于确保演练平台与应急指挥和物资调配平台之间的无缝数据交互。这意味着在模拟紧急情况时，演练平台能够访问实时的资源可用性、人员位置、物资存储状态等关键信息，同时，指挥和调配平台也可以利用演练数据来优化其算法和决策过程。

通信集成。在演练中，确保使用的通信工具、协议、技术与应急响应和物资调配期间的系统一致至关重要。这不仅有助于测试系统的稳健性和员工的反应能力，还确保了在真实事件中，所有团队成员都熟悉这些工具的使用方法，减少了响应时间和潜在的错误。

后续改进。所有通过演练获得的洞见和数据都应该被系统化，并反馈到应急指挥和物资调配平台中。这包括但不限于响应时间、资源使用效率、队伍协作效果及任何可能遇到的技术或物流问题。通过持续分析这些数据，可以不断改进和调整预案，提高紧急情况下的资源调配效率和整体响应效果。

演练平台的耦合如图 11.3—4 所示。

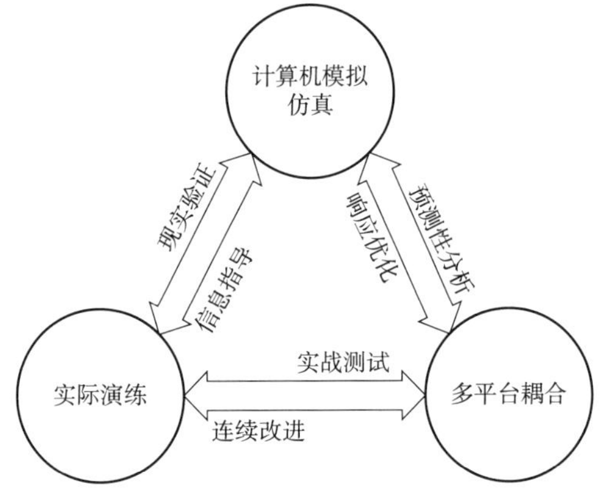

图 11.3—4　演练平台的耦合

3. 预案数据库集成

(1)数字化存储

集中数据库。预案库的核心是一个集中的数据库，其中包含了所有预先制定的应急响应策略和程序。这个中央数据库不仅确保所有预案数据的完整性和安全性，还使得管理和维护变得更为简便。这种集中化的方法减少了数据冗余和不一致性的风险。

快速检索。在紧急情况下，时间是至关重要的。因此，预案库的数据库结构和搜索引擎都经过精心设计和优化，以确保用户能够在几秒钟内找到他们需要的特定预案。这种高效的检索能力大大加快了响应时间，并使得指挥者和应急团队能够迅速采取行动。

动态更新。预案库不是一个静态的存储系统，而是一个能实时更新的动态库。这意味着随着环境变化和新信息的出现，预案可以被迅速修改或更新，确保团队总是依据最新、最准确的程序采取行动。

(2)API 集成

平台互通。为了确保预案库与其他关键系统的高效互操作性，利用 API 技术将其与各种外部系统(如应急指挥平台、通信系统等)连接起来。这种互通性确保了在紧急情况下,预案、资源和通信能够实现无缝集成,为整个响应过程提供坚实的支持。

数据同步。预案可能会经常更新或修改,以适应不断变化的环境和威胁。因此,一个关键的特性是确保所有这些更改都可以实时同步到所有相关的外部系统和平台,确保每个系统都有最新和最准确的信息。

实时监控。除了基本的访问控制之外,系统还可以实时监控谁在什么时间访问了预案库。这可以帮助管理团队识别任何异常的访问模式,以及可能存在的安全问题或滥用。

(3)访问控制

权限管理。不是所有的人员都需要或应该访问到预案库中的所有信息。基于这一点,预案库实现了详细的权限管理功能。根据员工的角色、职责和所需,他们将被授予相应级别的访问权限,从而确保信息的安全性和完整性。

安全审核。为了进一步增强安全性,预案库会记录所有的访问和修改历史。这不仅为未来的审计提供了完整的记录,还使得任何未经授权的更改或潜在的安全威胁都可以迅速被检测到。通过定期的安全审查和风险评估,可以确保预案库始终处于最佳的安全状态。

(4)灵活的可扩展性

模块化框架。预案库采用模块化框架,使其能够根据需要轻松添加新的功能或组件。这种灵活性意味着随着组织的发展或技术的进步,系统可以持续适应和扩展。

云端与本地部署。为满足不同的业务需求和安全要求,预案库可以选择在云环境或本地服务器上部署。这种灵活性确保了系统的可用性和可靠性,同时满足特定的合规性需求。

多场景适应能力。预案库设计成能够适应各种紧急情况,无论是自然灾害、工业事故还是安全威胁。这种多场景的适应能力通过不断地测试和迭代,确保预案库在多种可能的危机情况下都能提供强有力的支持。

数据库集成如图 11.3—5 所示。

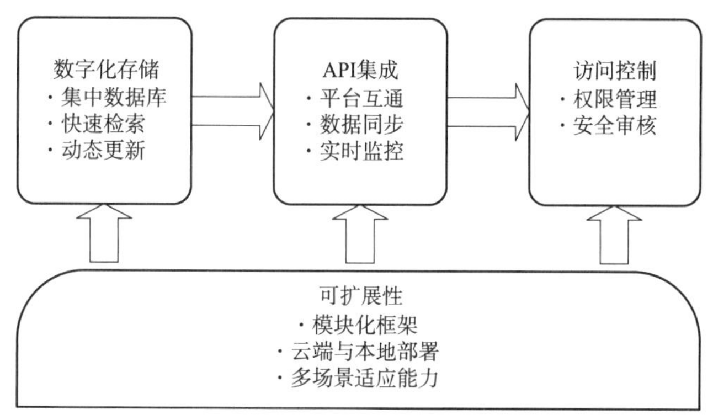

图 11.3—5 数据库集成

11.3.4 应急预案及演练平台的功能

(1)高级模拟与资源管理。平台能够运行高度详细和逼真的模拟,创造多种可能的紧急情况场景。这些模拟考虑了各种变量和结果,使团队能够准备应对最坏的情况。同时,资源管理模拟功能让管理者可以在控制环境中测试资源分配策略,确保在真实事件中能够有效分配人员和物资。

(2)全面的实地与桌面演练。通过组织模拟真实情况的全面实地演习,该平台确保所有参与者都熟悉自己的职责、使用的技术和设备。桌面演练提供了一个低风险的环境，让团队可以讨论、分析并评估各种潜在情况，培养团队成员间的沟通和协作能力。

(3)集成的预案管理。所有预案都存储在一个集中化的数字库中，它们可以快速检索并在必要时更新。平台的API集成确保了与其他关键系统的无缝数据传输和即时更新，而精心设计的访问控制机制保护了敏感信息的安全。

(4)实时数据共享与通信。平台支持与应急响应和物资调配系统的实时数据共享，确保所有团队都可以访问最新的信息。通信工具的集成是为了在紧急情况下促进各部门之间的协调和快速响应。

(5)持续改进与反馈循环。每一次演练或实际事件都被视为一个学习机会。平台收集关键数据点和参与者反馈，这些信息被用来评估当前的应急计划，并指导未来的改进。

11.3.5 应急预案及演练平台的作用

(1)危机准备和响应能力的提升。该平台通过模拟和实际演习强化了组织在面对紧急情况时的预案执行、资源管理和团队协作能力。团队成员通过实践经验获得的经验教训和技能，将在真实事件中提供无价的指导。

(2)决策过程的优化。通过集成的预案管理和实时数据共享，决策者可以基于最新、最准确的信息做出快速决策。此外，通信工具的集成确保了在紧张情况下信息能够准确无误地传达。

(3)组织安全和效率的增强。持续的改进和反馈循环意味着预案和程序随着每次演习或实际应用而变得更加健全和高效。这种持续的进步直接提高了组织的整体安全性和效率，最大程度地保护了人员、资产和业务连续性。

信息化的应急预案及演练平台能够以前所未有的方式应对紧急情况，它不仅提高了内部团队的准备度和响应能力，还通过持续改进和学习，提高了整个应急系统在危机管理方面的成熟度和效率。

11.4 应急物资管理与调度平台

11.4.1 应急物资管理与调度平台组成

应急物资管理与调度平台是一个以信息公示和调整为主的平台，旨在为应急管理提供事件发生前的信息支持。这个平台的组成部分包括应急物资的日常盘点、物资配置和调度、物资配置评价、应急事件处理过程评估。

应急物资的日常盘点模块。由工作人员进行盘点后上传数据，实时显示各种类应急物资的数量、质量、责任人等信息并共享。

物资配置和调度模块。对每个应急站、车站等场所进行应急物资的具体配置，实时更改和更新每个应急物资的数量等信息。

物资配置评价模块。对应急物资的配置进行风险评估，包括整个场所应急物资的得分和每一类应急物资对应的得分。该模块需要系统根据每个场所制定相应的物资配置评价标准。

应急事件处理过程评估模块。显示平台在应急事件中对物资的调度以及相关人员调查事件后反馈的物资调度和物资配置报告，重新评估物资配置和物资调度效率。

11.4.2 应急物资管理与调度平台组织架构和运行机制

应急场所配备四类人员：应急物资盘点员、应急物资质检员、应急物资负责人、评价人员。应急物资负责人对整个场所的物资管理有统筹规划，拥有指挥的权力，并对应急事件处理不当的后果负主要责任，如图 11.4—1 所示。

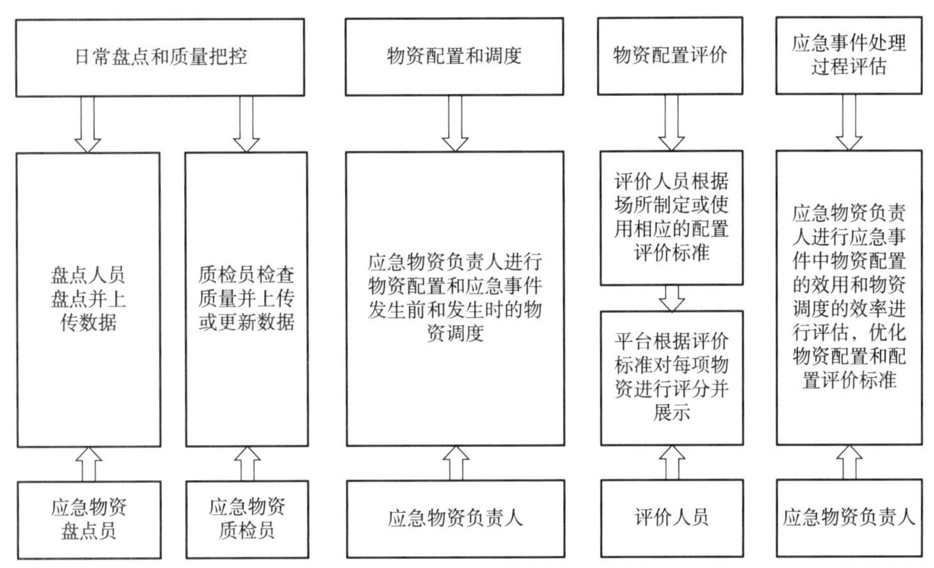

图 11.4—1　应急物资管理与调度平台功能图(按具体负责人划分)

应急物资盘点员需要定期盘点应急物资具体数量并实时上传数据，在平台上进行更新，一来确保应急物资充足，二来防止不法人员盗窃应急物资。

应急物资质检员需要定期检查应急物资的质量，保质期剩余等信息，保证应急物资能发挥预期效用。

应急物资负责人需要对整个场所的物资进行事前配置和事中调度，并在事后调查和报告整个应急事件中应急物资调度的效率以及对事前物资配置进行重新评估，更新评价标准，调度物资，更新事前配置。

11.4.3 应急物资管理与调度平台的功能

按应急事件发生时间序列的应急物资与调度平台功能如图 11.4—2 所示。

应急物资管理与调度平台可实现的功能如下：

(1)应急物资配置管理。平台对应急过程中需要使用的、隶属于施工单位或专职救援队的防水堵漏、安全防护、工具器具、照明、救护等物资进行管理，包括应急物资的进出库管理、检查盘点、调配等。应急物资管理与调度平台可以帮助我们快速高效地配置应急物资，并在很大程度上能够降低应急物资的物流成本。

(2)应急物资日常检查统计。平台对应急管理过程中需要使用的、隶属于施工单位或专职救援队的抽水设备、钻孔注浆设备、供电设备、起重设备以及其他应急设备的情况进行统计和管理。由各个应急救援站和车站的检查员对应急物资的情况，比如种类、数量、质量，进行定期检查、盘点和上报，平台集中统计并公示上述场所的应急物资情况。对应急物资的库存进行管理(包括配置管理和日常检查)能够在保证应急物资供给同时降低库存成本，提高库存管理的效率和应急物资的利用

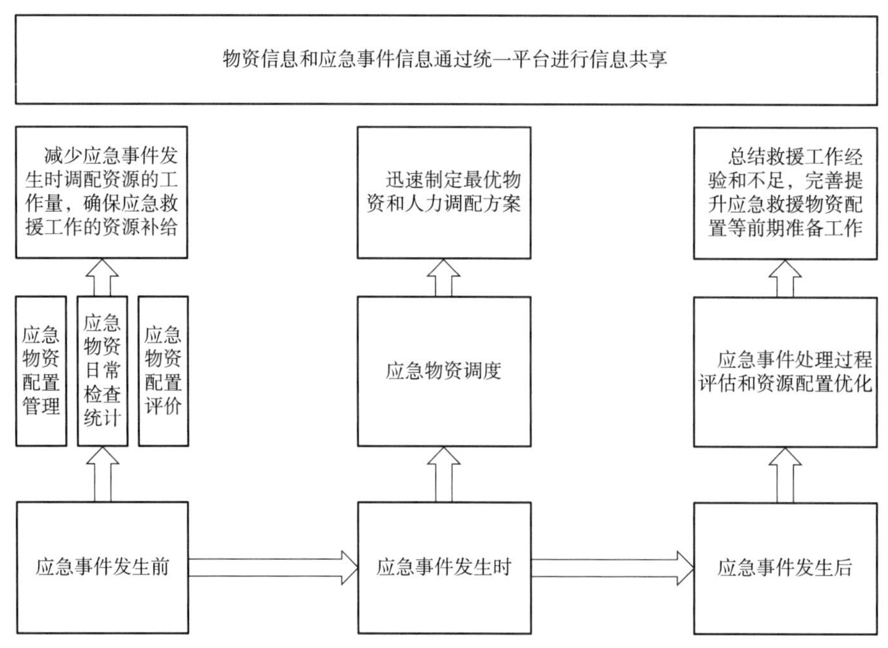

图 11.4—2　应急物资管理与调度平台功能图(按应急事件发生时间序列)

率，更好地应对各种突发状况。

(3)物资调度。应急物资调度是应急事件发生时物资调配、配送路径规划、运输时间及成本集成的工作。突发事件发生时，应急救援物资的选址和配置是动态复杂的，迅速地调度应急物资是进行应急救援的关键。应急物资管理与调度平台需要提供智能调度系统，尽可能寻找最佳调度组合来降低应急事件发生时物资调度的运输时间和运输成本，提高运送效率。

(4)应急物资配置评价。应急物资管理与调度平台还可以提供应急物资配置评价的功能，可以通过如层次分析法等算法对各准则设定权重，最终评价出最优的应急物资配置方案，可以帮助我们更好地提高应急物资配置效率。

(5)应急事件处理过程评估和资源配置优化。在应急信息系统中对已发生应急事件的处理过程和结果进行评价，包括事件发生时平台的响应时间，应急物资调度效率，生成的应急方案是否最优(专家评估，包括事故造成的人员伤亡和财产损失、应急物资的调配和使用效率等标准)，并统计应急事件对各个应急救援站资源的使用需求，进行应急资源库存调度和配置优化。

(6)信息共享。各个地方应急部门均使用同一应急资源调度平台，规范应急物资管理体系，实现信息共享和资源共享。如某轨道交通工程建设应急安全智慧管控平台的，应急物资信息界面中将物资信息逐条显示(按照物资编号排序显示，可进行高级筛选)，每条应当包括以下内容：编号、名称、储存地点、数量、状况、所属车站(默认救援点)、用途、责任人、责任人联系方式，如图 11.4—3 所示。

(7)事故情景模型建立和模拟。针对当前轨道交通建设中重大风险防控机制完善度较低、应急资源运维模型体系不健全等管理与统筹等难题，平台整合了轨道交通系统全维度数据资产及流程清单并建模分析，建立二阶段决策数学规划模型，主要从应急救援站的选址以及应急救援资源优化配置两个方面来进行研究。第一阶段综合考虑轨道交通的网络特征、车站规模、历史故障类型及频次、物资专业特征对物资储备点布局及资源配置的影响程度，利用集合覆盖模型建立最优化的应急点规划模型，从而能够用最少的应急救援服务设施成本在最短时间内将所需的应急救援资源送至

图 11.4—3 某轨道工程建设应急安全管控平台界面

需求点。第二阶段通过事故情景模拟，建立带需求时间约束和可靠度阈值约束的路径决策模型，针对救援时间和调度物资数量提出救援效率概念，并考虑人员疏散因素，建立调度成本最小、救援效率最高的资源分级调度多目标优化模型。通过算例验证，该方案有利于提升网络化建设阶段城市轨道交通的应急能力，在最大响应时间的限制下用最少的费用完成应急资源救援站的最优配置，优化应急点布局的同时完成企业降本增效的目标。并且重点建立线路运行与站内隐患因素全范围监控方法、运力模型可视化与产业链建设路径系统性评估指标体系，实现多元数据驱动、多重资源流协同的全时空范围快速预警防控系统，提升城市轨道交通内部资源利用效率、信息数据服务全面性和全生命周期安全性。

11.5 主要问题与建议

11.5.1 主要问题

从当前城市轨道交通信息化发展应用来看，信息化技术在轨道交通建设中的应用已到达阶段性瓶颈。主要表现在三个方面：一是投资和后期运维成本巨大，而实际应用效果与预期相去甚远；二是信息系统对信息技术和复杂专业技术两方面结合的要求太高，信息技术人员不懂该领域专业技术，专业技术人员又很难把握哪些需求的需要用信息技术实现，哪些需求信息技术不能实现或实现起来代价太大，二者之间存在巨大的鸿沟；三是信息系统追求大而全，成为基层应用人员的巨大包袱。

从现阶段轨道交通应急信息化建设来看，也存在着许多问题。首先多个系统之间联系不够紧密，并且许多功能有重复部分，应急信息化系统之间的信息共享率较低，信息综合应用程度不高，同时信息系统的功能前瞻性和拓展性也存在不足；并且应急资源管理缺乏统一的规划，信息系统的通信平台、数据接口、数据库结构、功能要求等缺乏统一标准，无法实现互联互通和共享资源。各个部门多头管理的模式容易造成物资的重复建设，统筹管理的缺乏可能会导致需要使用资源时无法及时发挥作用，难以实现高效的协调联动。此外，有些应急信息系统由于平时缺乏信息积累、应急演练和日常维护，在应急事件发生时往往难以发挥最大作用。

11.5.2 建　　议

(1)建立统一指挥、分级负责、协同联动的应急管理机制和通用的标准体系,各地方部门依据这一应急管理机制和标准体系进行应急救援站建设和应急物资配置。建立通用的标准体系可以使各地方应急管理部门更好把握自身应急管理状况,比如应急物资库存状况、应急演练的频率等。

(2)建议针对政府、不同承受能力的建设单位、施工单位分别提出应急信息化管理的基本需求,重点关注应急资源的整合和应急预案的维护。预警消警、应急演练、应急指挥、管理决策仅需要在特定层级用信息系统实现即可,没必要进行重复性建设。

(3)信息系统的通信平台、数据接口、数据库结构、功能要求等统一标准,实现互联互通和共享资源。随着信息技术的发展,信息传递和储存能力逐渐提高,建立统一的应急管理平台储存和共享各个地方的应急资源信息和应急事件处理信息,有助于各地方应急管理进行更加深入、协同合作。

(4)加强信息积累和应急物资的日常维护。应急物资管理与调配平台建立后,保证应急事件发生时能迅速制定最有效的应急方案,最小化事件造成的损失。

(5)加强应急预案演练。通过积累应急事件信息更新应急预案并进行不同情况下的应急预案演练,应急预案演练是最为关键的部分,充分的演练能使应急事件发生时各部门能更从容地应对和处理。

(6)对应急事件的起因、性质、影响、责任、经验教训和恢复重建等问题进行严格的调查评估并在信息系统共享应急事件处理经验,促进应急管理体系的完善和各地方应急管理能力的共同进步。

12 城市轨道交通建设应急管理评价技术

我国的地铁建设安全管理评价工作主要以原建设部编制的《城市轨道交通安全生产工作评价细则》为依托，其中包括“事故预防及应急预案及演习”检查项目，其“好”的评价标准为“制定完善突发事件应急预案并进行演练”；“一般”的评价标准为“有突发事件应急预案”；“差”的评价标准为“未制定突发事件应急预案”。从安全管理检查表单可以看出，应急评价只占安全评价的一小部分内容，还没有得到充分重视。现有的安全评价体系还欠缺体系性，评价项目还不够完整完善。由此可以看出，要想全面掌握地铁建设应急管理工作情况，还需建立科学完善的评价体系，并采用科学有效的评价方法。

现阶段国内城市轨道交通方面的应急管理评价体系研究主要针对地铁运营阶段，对于地铁建设阶段的应急管理评价体系研究较少。侯风垒从应急管理全过程的角度，研究建立施工阶段应急管理能力的评价体系，运用层次分析法（AHP）对应急管理能力中各项指标的相对权重进行确定，再运用模糊综合评价法对地铁建设单位的应急能力进行评价。运用该评价体系理论对厦门地铁 4 号线的应急管理能力进行评价，并结合评价结果对厦门地铁 4 号线的应急管理系统提出了改进的方向和措施。丁健提出兼顾多方视角，以“天平原则”为指导，建立评价体系的基本原则。从应急管理过程、应急管理职能两个维度构建评价框架，形成“预防与应急准备”“信息检测与预警”“应急处置与救援”“事后恢复与重建”四个应急管理阶段、下设 24 项具体应急管理职能的完整的评价框架，并采用主观性评价和客观性评价相结合的评价方法，最终形成针对不同应急管理主体的评价体系，采用该评价体系对北京市地铁建设应急管理进行综合评价和专项评价，并针对应急管理中的薄弱环节提出了指导性建议。金真通过建立应急管理能力 SD 模型，对地铁施工项目的应急管理能力进行量化，探讨应急管理能力内部影响因素与其能力发展演化的动态模式，并对哈尔滨地铁应急管理能力进行了模拟，对地铁施工企业改善应急管理能力提出了建议和具体措施。杨苏、孙太保基于罗伯特西斯的危机管理中的 4R 理论（缩减力、预备力、反应力、恢复力）建立多层次地铁应急能力的评价体系，采用层次分析法确定了评价体系中各指标要素的权重，并运用该评价体系对南京市地铁应急管理能力进行评价，给出了参考性建议。

12.1 各地应急管理评价体系建设概况

1. 厦 门 市

《厦门市轨道交通工程应急管理工作管理办法》（厦轨道建设〔2019〕30 号）中，第二章第七条规定建设分公司工程管理部：（二）负责编制和修订建设分公司综合应急预案，编制和修订轨道交通工程应急管理工作管理办法，建立建设分公司应急管理制度体系。

厦门轨道交通集团轨道交通工程应急管理检查评分见表 12.1—1。

2. 福 州 市

《福州市轨道交通建设管理办法》（福州市人民政府第 59 号令）中的“第五章　安全应急管理”有如下规定：

表 12.1—1　轨道交通工程应急管理检查评分表

轨道交通工程应急管理检查评分表(施工单位)

单位名称：　　　　　　　　　　　　　　　　　　　　工程名称：

序号	检查项目	检查内容与评分标准	标准分数	扣减分数	实得分数
1	应急组织机构管理	未设置安全生产应急管理组织机构,未明确应急安全生产应急管理组织机构责任。扣5分 未建立应急管理工作制度。扣2分 未配备安全生产应急管理人员。扣3分	10		
2	应急队伍建设	未建立应急救援队伍。扣6分 人员未经过安全教育培训。扣4分	10		
3	应急物资	工点未设置应急物资库。扣5分 未建立应急物资库管理制度;应急物资库未设专人管理;应急物资库未定期检查;未建立应急物资台账、应急物资进出台账、应急物资使用台账;物资未设置标识。扣12分 未按要求配备相应的器材、设备、物资;应急物资数量与台账不相符;数量不能满足现场应急处置需求;应急物资失效。扣8分 应急设备未建立维护保养制度、设备保养记录;应急设备功能缺失。扣5分	30		
4	应急预案	未编制综合预案、专项预案、现场处置方案。扣4分 应急预案不能满足现场应急处置要求;综合预案未经过专家论证或评审;专项预案、现场处置方案未经过监理审批。扣3分 综合应急预案未按照编制要求涵盖应急组织机构及其职责、应急预案体系、事故风险描述、预警及信息报告、应急响应、保障措施、应急预警管理等内容。扣1分 针对重大风险源未制定专项应急预案,专项预案没有包含处置程序和措施等内容。扣1分 现场处置方案未涵盖应急处置措施和注意事项内容。扣1分	10		
5	应急演练	未制定应急演练计划,应急演练计划未经监理审批。扣5分 未按要求制定演练方案。扣3分 未按计划进行演练。扣8分 应急演练未形成记录、评估、总结。扣4分	20		
6	重大风险源应急管理	每月未按时上报重大风险源应急措施。扣6分 上报危险源应急措施现场未落实到位,扣4分	10		
7	应急处置和总结	未建立应急处置台账。扣5分 对应急处置工作未进行一事一结的总结。扣5分	10		
合计分数			100		

评价意见：

检查人员：　　　　　　　　　　　　　　检查日期：

轨道交通工程应急管理检查表(抢险单位)

单位名称:

序号	检查项目	检查内容	标准分数	扣减分数	实得分数
1	组织管理	未设置安全生产应急管理组织机构,未明确应急安全生产应急管理组织机构责任。扣5分 未建立应急管理工作制度。扣2分 未配备安全生产应急管理人员。扣3分	10		
2	队伍建设	未建立应急救援队伍,救援队伍管理人员、抢险人员不符合最低配置要求。扣5分 救援队伍管理岗位人员不符合要求。扣3分 应急队伍未建立管理制度,未进行日常训练。扣5分 人员未经过安全教育培训。扣5分 应急队伍是否建立人员考勤制度,并记录。扣2分	20		
3	应急物资	未设置应急物资库。扣10分 未建立应急物资库管理制度,应急物资库未设专人管理,未建立应急物资台账、应急物资进出台账,物资未设置标识。扣5分 未按最低配置要求配备相应的器材、设备、物资,应急物资数量与台账不相符,应急物资失效。扣10分 应急设备未建立维护保养制度、设备保养记录,应急设备功能缺失。扣5分	30		
4	应急演练	演练计划未按制度要求制定,演练计划未经过应急抢险中心审批。扣7分 未按计划进行演练。扣10分 未对应急演练进行书面评估、总结。扣3分	20		
5	应急管理	每月未进行工作总结。扣4分 未定期召开应急工作例会。扣2分 未对所属工区进行安全巡查。扣4分	10		
6	重大风险源管理	每月未按时上报重大风险源。扣2分 对危险源分析不合理,未对存在重大风险源的工区进行巡查。扣3分	5		
7	应急处置	未建立出险制度。扣2分 未建立应急处置台账。扣1分 未对应急处置工作进行总结。扣2分	5		
评价意见: 检查人员:　　　　检查日期:					

第三十四条　轨道交通建设单位应当按照安全生产管理有关规定,设置配备必要的安全警示标志和救援设备器材,并保持其性能完好。

轨道交通建设单位应当制定轨道交通建设突发事件应急处置方案,定期组织应急抢险队伍演练,随时做好轨道交通抢险准备。

3. 杭 州 市

杭州市地铁集团有限责任公司文件《安全生产管理办法》(Q/HTJT-G-AQ-01-2023・A1)中第7.8.4条规定:“集团公司安全管理部牵头制定集团层面年度应急演练计划,会同相关部门开展应急演练,对应急预案演练效果进行评价。”

但无相应应急管理评价办法及标准。

4. 南 昌 市

南昌市《工程建设应急管理实施细则》中，第 8.5 节对地铁项目管理分公司负责对参建单位的应急准备、应急演练及应急管理等工作进行监督管理，并按有关规定对应急管理工作进行考核。

但无具体应急管理评价办法及标准。

5. 徐 州 市

徐州市《工程建设管理制度汇编（第三版）》第五分册之应急、风险管理篇中第四章第三节第十一条规定"轨道公司、施工单位应当对各自编制的安全事故综合应急预案组织评审；评审的主要内容包括：(1)应急预案是否符合有关法律、行政法规等，是否与有关应急预案进行了衔接；(2)主体内容是否完备，组织体系是否科学合理；责任分工是否合理明确；(3)风险评价及防范措施是否具有针对性；(4)响应级别设计是否合理，应对措施是否具体简明、管用可行；(5)应急保障资源是否完备，应急保障措施是否可行。评审后应形成书面评审意见。"

总体来看，我国地铁应急管理评价方面的研究集中在运营阶段，对于地铁建设期应急管理评价方法与标准尚处于起步阶段，尚无统一规范的、完整的、系统的规范性要求，尚无统一完善的监管制度和管理评价制度。

12.2 应急管理评价方法与标准

12.2.1 评价体系的建立原则

城市轨道交通建设应急管理评价过程与结果的精确性、客观性以及科学性很大程度上依赖于评价指标体系的合理性，因此，构建一套全面、科学、合理的评价指标体系极其重要。建议根据以下原则来构建城市轨道交通建设应急管理评价指标体系：

(1)科学性。科学性的原则要求指标的选取应该能够全面、准确地反映城市轨道交通建设应急管理的水平，同时，指标含义要明确，指标间不应该有太多相似性，以免重复。

(2)系统性。系统性原则要求，指标体系的构建应该具有清楚的结构布局，指标层次之间分界清晰，最后各个指标组成的指标体系应当具有系统性。

(3)合理性。合理性原则要求指标在选取过程中，应该保证各个指标之间相互独立，选取指标应当精练，避免指标过多或者过少的问题，导致指标体系相互干扰或者无法全面反映评价对象的现象。通过合理的指标对评价对象进行研究。

(4)代表性和针对性。代表性和针对性要求所选取的指标能够反映城市轨道交通建设应急管理能力，并能够反映一定的问题，使得评价指标既能够反映评价对象的特性，又能够反映指标划分的层次不同。

(5)可操作性。可操作性原则要求指标的反映应该易于操作，获取的数据难度应该较低，且应方便后期的运算。

12.2.2 评价体系的框架

城市轨道交通建设应急管理评价指标体系是具有横向和纵向的结构层次，在对城市轨道交通建设应急管理的一级评价指标进行分类识别的基础上，再进一步分解成科学具体的二级指标，形成递阶层次结构，从而构建出具有科学性和全面性的城市轨道交通建设应急管理评价的指标系统。

12.2.3 评价体系指标的确定

12.2.3.1 一级指标

根据轨道交通项目自身的建设特点，评价体系的一级指标可按应急管理工作的时间纬度进行确定。一级指标可包括但不限于：预防与应急准备、监测与预警、应急处置与救援、事后恢复与重建。具体指标的确定可结合当地应急管理的实际情况综合考虑。

(1)预防与应急准备。预防与应急准备能力建设应包括法规制度、应急规划与实施、应急组织体系、应急员管理、应急培训与演练、应急队伍、应急保障能力等方面，内容如下：

①应识别、获取和更新适用的应急管理法律法规和有关要求，及时修订本企业应急管理制度，并在企业内部进行宣传、培训和落实。

②应将应急管理工作纳入企业安全发展规划，并同步实施、同步推进。

③应建立应急组织体系，明确各级人员的应急管理及应急救援职责，定期开展考核。

④应结合企业风险分析情况，根据有关标准及其他相关要求开展应急预案编制、评审、备案工作。

⑤应急管理制度应含有应急教育培训的内容，制定并实施应急教育培训计划，建立教育培训档案。

⑥应制定并实施应急演练计划，对演练过程和效果进行评价。

⑦应建立应急救援队伍，与社会救援、医疗、消防等专业应急队伍及应急协作单位建立联系。

⑧应保证应急所需资金，配置应急装备和物资，与应急协作单位建立装备和物资互助机制。

⑨建立应急联动机制，明确本单位与联动单位职责、权限和程序，加强与联动部门配合协调。

⑩应建立应急值守制度，明确值守方式、值班人员职责等。

(2)监测与预警。监测与预警能力建设包括监测预警能力、事件监测、预警管理等方面，内容如下：

①应建立分级负责的常态监测网络，明确各级、各专业部门的监测职责和范围；与上级主管单位、政府有关部门和专业机构建立联络机制。

②应建立突发事件预警机制，明确预警的具体条件、方式方法和信息发布程序，根据事态发展调整预警级别并重新发布或解除。

(3)应急处置与救援。应急处置与救援能力建设包括先期处置、应急指挥、应急启动、现场救援、信息报送、信息发布、调整与结束等方面，内容如下：

①发生突发事件时，现场人员应第一时间进行先期处置，防止事故扩大，重点做好人员的自救和互救工作，及时报送信息。

②应急领导机构确定应急相应级别，启动应急响应了应急指挥机构按照相应的应急预案、处置方案，开展应急救援，做好现场检测，保证现场处置人员安全，防止次生灾害。

③及时向政府有关部门和上级单位报送信息。

④按预案规定调整或解除应急响应。

(4)事后恢复与重建。事后恢复与重建能力建设包括后期处置、应急处置评价、恢复重建等方面，内容如下：

①应开展突发事件原因调查和分析并统计事件造成的各项损失。

②应对现场处置工作进行总结，落实应急处置评价报告有关建议和要求，改进应急管理工作。

③应制定临时过渡措施和整改计划，针对设备、设施和施工现场存在的隐患，及时落实专项治理资金，制定整改措施，合理安排进度，确保安全、高效地实施整改。

④应结合事件调查分析结果，查找存在的问题，修改相关工作规划，制定建设方案，实施建设。

12.2.3.2 二级指标

针对上述各一级指标，可进一步结合“一案三制”划分为二级评价指标，见表 12.2—2。

表 12.2—2 地铁建设期应急能力建设评价规范指标体系

	一级评价指标	二级评价指标		
评价体系	评价指标	应急管理体制	应急管理机制	政策法规
静态	1. 预防应急与准备			1.1 法规制度
				1.2 应急规划与实施
		1.3 应急组织体系		
		1.4 应急预案体系		
		1.5 应急培训与演练		
		1.6 应急队伍		
		1.7 应急指挥中心		
		1.8 应急保障能力		
	2. 监测与预警	2.1 监测预警能力		
		2.2 事件监测		
		2.3 预警管理		
	3. 应急处置与救援		3.1 先期处置	
			3.2 应急指挥	
			3.3 现场救援	
			3.4 信息报送	
			3.5 舆情应对	
			3.6 调整与结束	
	4. 事后恢复与重建		4.1 后期处置	
		4.2 应急处置评价		
		4.3 恢复重建		
动态	1. 访谈	1.1 对本岗位应急工作职责的了解		
		1.2 对总体预案的了解		
	2. 考问	2.1 对本岗位应急工作职责的了解		
		2.2 对预案内容的了解		
				2.3 对国家法规、规定、标准的了解程度
	3. 考试	3.1 应急管理基本常识与技能		
		3.2 应急救援抢修基本常识与技能		
		3.3 隧道施工、监测安全知识		
				3.4 国家法规、规定、标准
	4. 演练	4.1 演练人员是否准备充分		
		4.2 演练措施是否全面得当		

12.2.3.3 评价指标的细化

在二级评价指标的基础上，以项目实际特点、法律法规条例、权责现状调查和文献研究为基础，进一步细化评价指标，制定评价条款。

12.2.4 评价标准及方法

12.2.4.1 评价方法

应急管理的评价方法应当以静态评价为主，以动态评价为辅。

1. 静态评价

静态评价的方法包括汇报座谈、检查资料、现场勘察等。检查的资料应包括应急规章制度、应急预案，以往突发事件处置、历史演练等相关文字、音像资料和数据信息；现场勘察对象应包括应急装备、物资、应急指挥中心、信息系统等。

2. 动态评价

动态评价的方法包括访谈、考问、考试、应急演练等。

(1)访谈。主要面向应急领导小组(或应急指挥中心)成员。了解其对本岗位应急工作职责、总体应急预案和现场施工事故等专项预案内容、预警、响应流程的熟悉程度等。

(2)考问。选取一定比例的部门负责人、管理人员、一线员工进行提问、询问。主要评价其对本岗位应急工作职责、相关预案内容以及相关法律法规等的掌握程度。

(3)考试。建立应急考试题库，选取一定比例的管理人员、一线员工进行答题考试。主要评价其对应急管理应知应会内容的掌握程度。

(4)应急演练。演练分为桌面演练和现场演练。演练主要针对应急领导小组(或应急指挥中心)成员、部门负责人、一线员工，按相应职责评价参演人员对应急处置流程、响应措施的掌握程度。

12.2.4.2 评价标准制定

(1)静态评价标准分制定。静态评价标准分为 100 分，其中一级评价指标中预防与应急准备为 50 分，监测与预警 10 分，应急处置与救援 30 分，事后恢复与重建 10 分，见表 12.2—3。

表 12.2—3 静态标准分设置情况

一级指标	标准分	二级指标	标准分
1. 预防与应急准备	50	1.1 法规制度	4
		1.2 应急规划与实施	2
		1.3 应急组织体系	6
		1.4 应急预案体系	10
		1.5 应急培训与演练	8
		1.6 应急队伍	4
		1.7 应急指挥中心	4
		1.8 应急保障能力	12
2. 监测与预警	10	2.1 监测预警能力	3
		2.2 事件监测	3
		2.3 预警管理	4
3. 应急处置与救援	30	3.1 先期处置	3
		3.2 应急指挥	9
		3.3 现场救援	8
		3.4 信息报送	6
		3.5 舆情应对	3
		3.6 调整与结束	1

续上表

一级指标	标准分	二级指标	标准分
4. 事后回复与重建	10	4.1 后期处置	3
		4.2 应急处置评价	4
		4.3 恢复重建	3
合　计	100		100

(2)动态评价标准分制定。动态评价标准分为 100 分，其中访谈占 5 分，考问占 20 分，考试占 25 分，演练占 50 分。动态评价标准分可根据动态评价的内容进行适当调整。

(3)综合评价得分。综合静态评价与动态评价的得分，能够更全面地反映地铁建设单位的应急管理能力。综合得分计算规则如下：

综合得分＝(静态评价得分＋动态评价得分)÷(静态评价总分＋动态评价总分)×100

(4)评价等级。根据综合评价得分分数，评价等级可分为优良、合格和不合格。等级标准：

优　良：综合得分≥90 分；

合　格：70 分≤综合得分<90 分；

不合格：综合得分<70 分。

12.3　主要问题与改进建议

(1)我国应急管理评价体系还处于初级阶段，尚存在评价意识淡薄、应急管理评价目标不明确、应急管理评价标准不统一、应急管理评价体系不完善、应急管理评价的功能无法发挥的问题。应急管理评价体系尚未建立标准化、规范化、权威的评价方法及标准。建议由行业主管部门牵头，编制科学性、客观性、精确性及可操作化的评价体系。

(2)在建立地铁工程建设应急管理评价体系的过程中，建议以明确评价体系建立原则、构建评价框架、细化评价指标、确定评价方法作为建立评价体系的流程。

建立评价体系的基本原则时，应兼顾多方视角，即一方面要以我国应急管理体制、机制、法制、保障系统、预案体系的现状与环境为基础，另一方面要以国内外应急管理工作的研究与经验为依据来建立应急评价体系，从而保证评价体系的科学、公平与公正。在构建应急评价框架时，可从应急管理过程、应急管理职能等维度进行主要评价指标的确定。在细化评价指标时，首先将法律法规条例、权责现状调查和文献研究等依据进行分类收集汇总，然后按应急职能、应对主体两个维度分类识别分析汇总，再提炼评价要点，制定评价条款。在确定评价方法时把工作评价与责任调查区分开，可弱化评价结果(分数)，选取主观性评价与客观性评价相结合的方式进行评价。

(3)评价条款具体内容可根据评价情况和法律法规等相关依据的改变进行调整和改进。应急评价工作的基本理念之一是将应急管理工作不断改进，以求应急管理能力与水平持续提高，应急评价体系也应与时俱进。根据业界不断出现的新情况和政府出台的新法律法规，要适时地调整改进评价条款。

(4)根据应急评价的范围，调整确定应急职能权重。每个城市地铁建设所面临的情况是不同的，应急管理职能的强弱、重要性也有所区别。如果仅是想了解某个城市或地区的应急管理工作情况，需要找当地应急管理专家、学者、地铁建设者、管理者进行应急管理职能权重的确定，进而使得总分的排序更贴近本地的情况。如果想了解全国的评价结果，就要结合全国范围各方的意见与建议进行权重的确定，从而可以得到全国范围内城市地铁建设应急管理评价结果的排序。

(5)重视历史数据的累积,建立长效的应急管理评价机制。应急管理评价不是绩效考核,不是非要评出哪个地区或是哪个企业做得最好或最不好,其目的是持续改进某个地区或企业的应急管理工作的能力与水平。所以说,地区间或是企业间的横向比较意义不大,而某个地区或是企业历年的应急管理评价结果的纵向比较意义更大。因此,建议重视历年评价结果数据的累积与纵向比较,持续改进与提高我国地铁工程建设应急管理水平,建立长效的应急管理评价机制。

(6)建议下一步行业有关主管部门组织开展系列专项研究,以尽快研究形成完整的《轨道交通建设期应急管理体系的规范性要求》《轨道交通建设期应急管理的审查监管办法》《轨道交通建设期应急管理评审工作指南》等相互配套的顶层设计,促进整个行业轨道交通建设期应急管理体系持续改进机制的建设。

第四部分 >>>>>>>

管理实操篇

13 城市轨道交通建设应急体系建立、审查与评估

我国应急管理的发展历程主要体现为“一案三制”基本体系建设，其中，应急预案是应急管理的重要基础，是我国应急管理体系建设的首要任务；应急管理体制是国家建立统一领导、综合协调、分类管理、分级负责、属地管理为主的应急管理体制；应急管理机制是指突发事件全过程中各种制度化、程序化的应急管理方法与措施；应急管理法制是在深入总结群众实践经验的基础上，制定各级各类应急预案，形成应急管理体制机制，并且最终上升为一系列的法律、法规和规章，使突发事件应对工作基本上做到有章可循、有法可依。

2005 年 4 月发布的《国务院关于实施国家突发公共事件总体应急预案的决定》提出“使应急管理工作逐步实现规范化、制度化和法制化”。我国应急管理工作经历了一个从无到有、从有到优的发展过程，经过多年的发展，中国特色应急管理体系正在构建，日趋完善。我国的应急管理发展呈现如下发展趋势。

1. 从单一应对向综合防控转变

过去，应急管理主要是应对突发事件，重点是突发事件发生后的救援和恢复工作。但随着经济和社会的发展，我们越来越认识到预防和减灾的重要性。因此，现代应急管理强调综合防控，包括应急预防、应急准备、应急响应和应急恢复等内容。通过及时预警和风险评估，可以提前做好准备，减少灾害的发生和损失。

2. 从被动应对到主动应对

过去，我们往往是在突发事件发生后才采取应对措施，这样会造成很大的损失。随着科技的进步，我们可以更加准确地预测和评估突发事件的发生概率和影响范围，可以提前采取相应的措施，减少突发事件的损失。因此，现代应急管理强调主动应对，包括预警预测、应急演练、应急预案的制定等。

3. 实施主体呈现从单一政府主导向多元主体转变

从实施主体来看，应急管理作为社会治理体系的重要组成部分，呈现从单一的政府主导向多元化主体转变的趋势，涉及党委、政府、企业、社会组织和公众等各类应急管理主体，以打造“党委领导、政府主导、社会协同、公众参与、协调联动”的应急管理工作格局。其中，应急管理要坚持和加强党的集中统一领导，发挥总揽全局、协调各方、督促落实的作用；政府拥有层级化、组织程度高的组织体系，掌握大量的专业救援队伍、装备、物资、资金等资源，是应急管理工作的统筹者和主力军，占据主导地位；企业是生产经营活动的主体，做好应急管理工作，强化和落实企业主体责任是根本和关键所在，同时，企业也是应急管理所需的各类装备、物资和服务的主要生产和提供者；社会组织具有反应灵活、服务多样、资源广泛等优势，可通过提供多样化、专业性的应急管理服务，弥补政府主导应急管理力量和方式的不足，是政府应急力量的有益补充；公众既是突发事件的直接受害者，也是应急管理的直接参与者，要培养和强化风险意识，提高防灾、自救和互救能力，同时发挥在群测群防、信息报告、志愿服务等方面的作用。

4. 由应急处置为重点向全过程管理转变

从工作内容来看，应急管理工作覆盖突发事件的全生命周期，坚持预防为主、强化准备、预防与

应急并重、常态与非常态结合，由应急处置为重点向全过程管理转变，是完整、连续、动态的过程，包括事前预防、应急准备、监测预警、处置救援、恢复重建等事前、事中、事后各个环节。在事前预防方面，主要是通过管理、技术、工程等方面的建设，落实应急管理各方责任，完善突发事件风险防控体系，推动应急管理科技创新，加强突发事件设防及设施建设；在应急准备方面，主要是加强应对突发事件的思想准备、组织准备、预案准备、机制准备和工作准备，包括完善以"一案三制"为核心的应急管理体系，加强应急救援力量和保障资源建设，加强应急文化建设；在监测预警方面，主要是完善监测监控及预警发布手段，加强突发事件监测预警；在处置救援方面，主要是完善应急协调联动及现场统一指挥机制，科学调配和运用应急资源，提高突发事件事故现场应急救援处置效能；在恢复重建方面，主要是加强突发事件事故调查评估，统筹推进恢复重建工作，加快恢复正常生产生活秩序。

5. 从传统手段到现代技术转变

传统的应急管理主要依靠人工的方式进行组织和调度，效率低且容易出错。现代技术的发展给应急管理带来了新的机遇。例如，应用信息技术建立应急资源信息系统，结合 GIS 和实时路况实现应急资源和人员的科学调配，实现自动化风险监测预警及响应分发等功能，采用无线自组网技术实现应急指挥和施图像传输等。这些现代技术的应用，大大提高了应急管理的效率和准确性。

6. 从建立健全应急管理体系向与基本实现现代化相适应的中国特色大国应急体系转变

在成功应对 2008 年我国南方雨雪冰冻灾害、汶川大地震等特大突发事件后，尤其是党的十八大以来，我国以制定修订应急预案、建立健全应急体制、机制和法治为核心的应急管理体系建设取得了重大的突破和跨越式发展，标志着我国以"一案三制"为核心的综合性应急管理体系已经形成，并取得了显著成就。新时代，按照国务院《"十四五"国家应急体系规划》，到 2025 年，应急管理体系和能力现代化建设取得重大进展，形成统一指挥、专常兼备、反应灵敏、上下联动的中国特色应急管理体制，建成统一领导、权责一致、权威高效的国家应急能力体系，防范化解重大安全风险体制机制不断健全，应急救援力量建设全面加强，应急管理法治水平、科技信息化水平和综合保障能力大幅提升，全社会防范和应对处置突发事件事故能力显著增强。到 2035 年，建立与基本实现现代化相适应的中国特色大国应急体系，全面实现依法应急、科学应急、智慧应急，形成共建共治共享的应急管理新格局。

13.1 应急管理体系构建依据

13.1.1 应急管理体系的基本构成

中国城市轨道交通工程建设领域的应急管理体系包括应急管理机制体制体系、应急预案体系、应急救援与保障体系、应急管理法律体系、应急平台体系和应急平台支撑体系等子体系，这些子体系构成城轨建设行业应急管理的基本框架体系。同时，建立应急管理体系的绩效评价机制，大力提升应急管理的科技支撑，大力发展应急产业，以及加强应急管理学科建设和人才培养等方面也是应急管理体系建设的重要组成部分。

13.1.2 应急预案体系

1. 应急预案体系框架及构成

按照制定主体划分，应急预案划分为政府及其部门应急预案、单位和基层组织应急预案两大类。

(1)政府及其部门应急预案。政府及其部门应急预案由各级人民政府及其部门制定,包括总体应急预案、专项应急预案、部门应急预案等。总体应急预案是应急预案体系的总纲,是政府组织应对突发事件的总体制度安排,由各级人民政府制定。专项应急预案是政府为应对某一类型或某几种类型突发事件,或者针对重要目标物保护、重大活动保障、应急资源保障等重要专项工作而预先制定的涉及多个部门职责的工作方案,由有关部门牵头制定,报本级人民政府批准后印发实施。部门应急预案是政府有关部门根据总体应急预案、专项应急预案和部门职责,为应对本部门(行业、领域)突发事件,或者针对重要目标物保护、重大活动保障、应急资源保障等涉及部门工作而预先制定的工作方案。政府及其部门应急预案体系构成如图 13.1—1 所示。

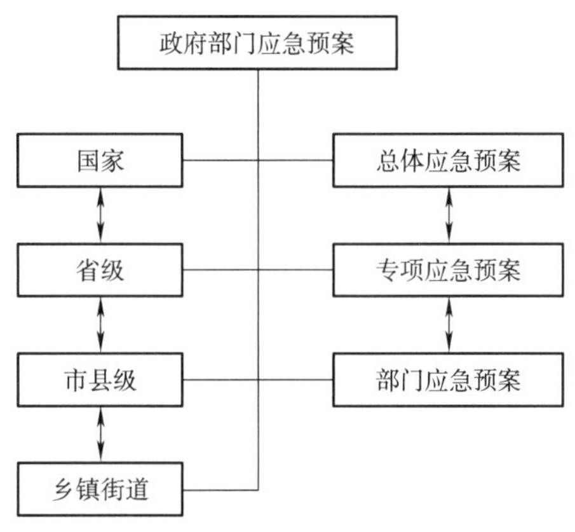

图 13.1—1　政府及其部门应急预案体系构成

国家层面专项和部门应急预案侧重明确突发事件的应对原则、组织指挥机制、预警分级和事件分级标准、信息报告要求、分级响应及响应行动、应急保障措施等,重点规范国家层面应对行动,同时体现政策性和指导性;省级专项和部门应急预案侧重明确突发事件的组织指挥机制、信息报告要求、分级响应及响应行动、队伍物资保障及调动程序、市县级政府职责等,重点规范省级层面应对行动,同时体现指导性;市县级专项和部门应急预案侧重明确突发事件的组织指挥机制、风险评估、监测预警、信息报告、应急处置措施、队伍物资保障及调动程序等内容,重点规范市(地)级和县级层面应对行动,体现应急处置的主体职能;乡镇街道专项和部门应急预案侧重明确突发事件的预警信息传播、组织先期处置和自救互救、信息收集报告、人员临时安置等内容,重点规范乡镇层面应对行动,体现先期处置特点。

(2)单位和基层组织应急预案。单位和基层组织应急预案由机关、企业、事业单位、社会团体和居委会、村委会等法人和基层组织制定,侧重明确应急响应责任人、风险隐患监测、信息报告、预警响应、应急处置、人员疏散撤离组织和路线、可调用或可请求援助的应急资源情况及如何实施等,体现自救互救、信息报告和先期处置特点。大型企业集团可根据相关标准规范和实际工作需要,建立本集团应急预案体系。

2. 城市轨道交通建设工程领域应急预案体系

2014 年 3 月 21 日,住房和城乡建设部印发了《城市轨道交建设工程质量安全事故应急预案管理办法》(建质〔2014〕34 号)(以下简称《办法》),这是贯彻实施《中华人民共和国突发事件应对法》《建设工程安全生产管理条例》和《突发事件应急预案管理办法》有关规定,结合轨道交通建设工程安全管理形势和当时城市轨道交通建设工程安全质量事故应急预案管理方面存在的问题,为加强轨道交通领域建设工程应急管理工作、深入推进应急预案体系建设的重要举措,也是现行针对城市轨道交通建设工程质量安全事故应急预案管理办法。

该《办法》的出台，进一步加强了城市轨道交通工程建设期应急预案的管理工作，明确城市轨道交通建设工程事故应急预案的适用范围和管理原则，规范了应急预案的分类，明确了城市轨道交通工程建设期应急预案体系的组成和内容，《办法》明确了应急预案体系包括综合应急预案、工程项目应急预案和现场处置方案，并遵照“分级负责”原则，明确了建设主管部门、建设单位和施工单位不同层级间应急预案的构成、种类和具体内容，详见图 13.1—2。

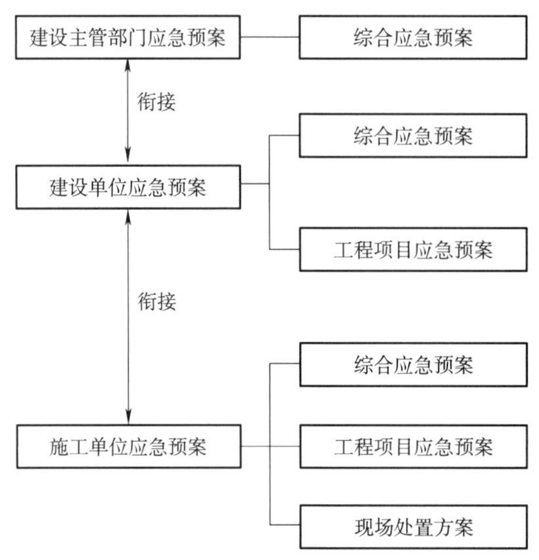

图 13.1—2　城市轨道交通建设工程应急预案体系构成

如城市轨道交通建设行政主管部门的综合应急预案重点明确和规范省、市（区）建设主管部门层面应对行动，同时体现政策性、指导性和协调性；建设单位的综合应急预案重点明确其应对工作的总体安排，主要规定工作原则、组织机构、预案体系、事故分级、监测预警、应急处置、应急保障、培训、演练与评估等，同时体现其对上级建设主管部门的主体职能和对施工单位的政策性、指导性和协调性；施工单位总体应急预案则主要体现其行动层面，体现其先期处置特点。

对于工程项目应急预案（即专项应急预案），建设单位和施工单位的侧重点不同。对于建设单位编制工程项目应急预案应按照“影响工程周边环境事故类别编制”，侧重点为工程周边环境事故，如对工程邻近的建（构）筑物、地下管线、桥梁、隧道、道路、轨道交通设施等造成的事故；而施工单位则应根据“工程事故、影响周边环境事故类别”编制，既关注工程自身事故，也关注周边环境事故，亦应满足《办法》第六条规定的内容。

同时，该《办法》就以下几方面内容进行了重点强调和进一步明确。

(1)强调编制前开展“风险评估、应急资源调查”。城市轨道交通工程是线型工程，工程地质条件变化大，受工程影响的周边环境众多，因此在编制预案前开展风险评估和应急资源调查和能力评估成为预案编制质量的重要内容。国务院参事、应急管理专家组组长闪淳昌说：“这样做，既能为编制应急预案提供依据，又能确保应急响应时资源调度有效和有序”。闪淳昌说：“一些基层应急预案可操作性不强，主要原因就在于没有对本地区、本单位的风险进行评估，也不掌握第一时间可调用的应急队伍、装备、物资等应急资源状况，以致预案内容过于原则、无法操作”。

(2)强调对应急资源的管理。该《办法》除在第六章对应急预案的修订提出要求外，在第九条明确要求对应急资源信息做好管理，并应及时更新，确保信息准确有效，为在应急状态下的资源调配提供保障。为此，《办法》提出“建设主管部门、建设单位、施工单位可根据实际需要建立应急资源管理信息系统,实现应急资源信息的及时更新与管理。”

(3)明确提出对应急预案的演练要求。为进一步提高突发事故应急抢险和施救能力,《办法》第五章要求建设主管部门、建设单位和施工单位应制订应急演练计划,结合实际情况定期开展各类应急演练。重点对演练的频次提出了明确要求。并在演练评估方面提出创新性服务形式,鼓励委托第三方机构进行演练评估。这种评估形式的创新,可为应急预案的修订提出客观、公正和科学的修订意见。

(4)强化了应急预案管理的人力和经费保障。从近年来国内发生的轨道交通安全质量事故和应急演练取得的效果两方面看,有些地方和单位对制定应急预案还有应付的现象,没有列入重要议事日程,没有给予必要的人力、财力支持,演练费用不足。为解决这方面的问题,《办法》要求建设主管部门、建设单位和施工单位应将应急预案的编制、评审、培训、演练、评估和修订等工所需经费纳入预算,统筹安排。

当前,在城市轨道交通建设领域,突发事件的应急预案体系仍不完善。2015 年 4 月 30 日国务院办公厅以国办函〔2015〕32 号印发了《国家城市轨道交通运营突发事件应急预案》,其适用范围具体说明为:“本预案适用于城市轨道交通运营过程中发生的因列车撞击、脱轨,设施设备故障、损毁,以及大客流等情况,造成人员伤亡、行车中断、财产损失的突发事件应对工作。”但对于城市轨道交通工程建设期,国家和行业主管部门尚未发布专门的突发事件应急预案,由于城市轨道交通建设工程抢险救援技术措施的特殊性,使得各省(直辖市)政府部门编制的城市轨道交通工程建设阶段的突发事件应急预案与通用型的国家级工程建设突发事件应急预案衔接不完全。同时,不同层级政府、不同部门的预案之间关系不明确,甚至有不同层级政府部门专项和生产经营单位预案之间本身就互有矛盾,这就影响了预案之间的高效衔接,也导致各部门、各地以及条块之间缺乏有效、及时的沟通。

同时,对应急预案的动态管理尚需进一步做出明确的制度化规定,以进一步提升应急预案的针对性、可操作性和衔接性。一是建议明确预案的制定标准,强调预案要结合实际,具备可操作性性,并对预案的核心内容及预案的法律地位做出明确规定;二是建议从法律上对预案演练的组织部门、演练周期、演练方式及事后评估做出详细规定。省市级政府部门应急预案的演练,应做好资金预算和保障,避免给生产经营企业造成资金负担。三是建议进一步明确、增强预案间的协调性和衔接性。

13.1.3 应急管理体制机制

应急管理体制主要是指应急管理机构的组织形式,即综合应急管理组织、各专项应急管理组织及各地区、各部门的应急管理组织的法律地位、相互权利分配关系及其组织形式等。而应急管理机制是应急管理各组成要素间的结构关系和运行方式,是一种内在功能,是组织体系在遇到突发事件后有效运转的机理性制度。二者的关系体现在以下两个方面:一是体制内含机制,应急组织是应急管理机制的“载体”,应急管理体制决定了机制建设的具体内容和特点;机制建设是应急管理体制的一个重要方面,要通过体制和机制的建设与发展,来保障体制规定的实施。二是机制建设能够影响和推动体制的建设。应急管理体制建设往往具有一定的滞后性,特别是当体制还处于完善与发展过程中时,机制建设能够帮助完善相关工作制度,从而弥补体制的既有不足,并促进体制建设的发展与完善。

在应急管理体制建设方面,2007 年我国出台《中华人民共和国突发事件应对法》,标志着我国已初步形成“统一领导、综合协调、分类管理、分级负责、属地管理为主”的应急管理体制。此后,

2018年组建应急管理部，主要负责承担自然灾害、事故灾难两大类事件的应急管理职能，同时，国务院水利、自然资源、交通、住建等部门应急管理职能逐步完善，与应急管理部形成相互协作、协调配合的关系，地方各级政府也建立起专门的应急管理部门，以期进一步完善突发事件应急管理部门间协调关系。至此，统一指挥、专常兼备、反应灵敏、上下联动的应急管理体制初步确立。

2022年2月14日，国务院印发《“十四五”国家应急体系规划》，对“十四五”时期安全生产、防灾减灾救灾等工作进行全面部署。该规划指出，坚持党的领导、以人为本、预防为主、依法治理、精准治理、社会共治。到2025年，应急管理体系和能力现代化建设取得重大进展，形成统一指挥、专常兼备、反应灵敏、上下联动的中国特色应急管理体制，建成统一领导、权责一致、权威高效的国家应急能力体系，防范化解重大安全风险体制机制不断健全，应急救援力量建设全面加强，应急管理法治水平、科技信息化水平和综合保障能力大幅提升，安全生产、综合防灾减灾形势趋稳向好，自然灾害防御水平明显提升，全社会防范和应对处置灾害事故能力显著增强。到2035年，建立并基本实现现代化相适应的中国特色大国应急体系，全面实现依法应急、科学应急、智慧应急，形成共建共治共享的应急管理新格局。

《“十四五”国家应急体系规划》部署了七个主要任务，一是深化体制机制改革，构建优化协同高效的治理模式。二是夯实应急法治基础，培育良法善治的全新生态。三是防范化解重大风险，织密灾害事故的防控网络。四是加强应急力量建设，提高急难险重任务的处置能力。五是强化灾害应对准备，凝聚同舟共济的保障合力。六是优化要素资源配置，增进创新驱动的发展动能。七是推动共建共治共享，筑牢防灾减灾救灾的人民防线。围绕上述重点任务，《“十四五”国家应急体系规划》安排了五类共十七项重点工程。

可见，“十四五”期间，在应急体系规划建设方面，深化体制机制改革仍然是工作的重点。在城市轨道交通建设领域，对于自然灾害和灾难事故两类事件的“防”的职能仍然由行业主管部门处置和管理，在深化改革方面尚需坚持总体国家安全观，防范化解重大安全风险，继续优化、完善统筹协调部门间的应急管理职能，使突发事件应急与日常管理有机结合，统筹发展，将各类安全风险管控在萌芽状态，发现苗头，及早管控事态，有力有效处置，最大限度地保障人民生命和财产安全。

13.1.4 应急管理法律法规体系

作为中国特色社会主义法治体系的重要组成部分，我国应急管理法律法规体系是由众多有关突发事件应急管理方面的法律、法规、规范性文件构成的一个开放式法律体系。

在《关于政协十三届全国委员会第三次会议 第1063号提案答复的函》（应急提函〔2020〕140号）中指出，应急管理部在对法律法规全面梳理的基础上，经邀请全国人大常委会法工委、司法部以及专家共同研讨，并经部务会审议，形成“1＋5”（即应急管理法＋安全生产法、自然灾害防治法、消防法、应急救援队伍管理法、国家综合性消防救援队伍和人员法）的应急管理法律体系骨干框架。《中华人民共和国突发事件应对法》作为突发事件应急管理与公共安全领域的“基本法”“一般法”，具有极高的法律位阶和适用效力，它的发布标志着我国应急管理工作全面纳入了法制化轨道。

可见，应急管理部已研究提出了我国应急管理的法律骨干框架，相关法律法规体系尚在进一步制修定和完善中，但存在诸如《中华人民共和国突发事件应对法》完整性不足，特定类型突发事件的单行法不够全面，缺乏权威性的应急管理常设机构作为执法主体，应急法律体系缺乏具体的配套制度和实施细则，可操作性不强等。在城市轨道交通工程建设领域，相关法规政策存在以下需要完善的方面。

一是城市轨道交通建设行业安全生产管理主要以国务院文件、部门规章以及地方性法规为主，与同属交通行业的铁路、水运和道路运输行业相比，尚缺乏国家层面的行业性法律法规，如尚无出台与建设工程密切相关的“安全生产应急管理条例”，需尽快启动组织起草。

二是城市轨道交通建设领域有关应急管理动员机制、防灾减灾与应急准备、灾后恢复重建、应急指挥体系规范、预警信息发布制度、巨灾保险机制、群体性事件预防与应对、社会稳定风险评估等重要问题尚需做出更为细致的制度化要求。

13.1.5 应急救援保障体系

应急救援工作快速有效地开展，依赖于充分的应急保障体系。保障体系包括人力资源保障、各类物资保障和应急能力保障。

排在应急保障体系首位的是信息与通信系统。建立集中管理的信息通信平台是应急体系的最重要技术设施之一。事故发生时，全部预警、报警、警报、报告和指挥等活动的信息交流，要通过应急信息通信系统的保障才能快速、顺畅、精准到达。另外，建立信息平台可以使珍贵的信息资源共享。

物资与装备不但要保证数量和质量，而且还一定要实现快速、准时供应到位，为此要界定和明确对于不同应急资源管理、使用、维护和更新的相应职责部门和人员。用于应急的通信和联络设备，进入事故现场实施救援的人员的防护用品，也要保证充足的数量和合格的质量。

应急救援活动中除了常用的一些救援装备外，在特别状况下，还需要一些特种救援装备，如破拆、吊装、起重和运送设备，建筑物破拆、金属切割和挖掘设备、探测、支撑、防护设计，以及封闭等特种设备，侦测装备等。

应急人力资源保障，主要指在紧急状况下可动员的全职和兼职人员，包括专业队伍和志愿者及其他有关人员，如指挥人员、医疗救护人员、抢险人员、疏散人员等。

应急财务保障是指以保障应急管理运行和应急响应中各项活动的开支。

根据应急物资的主要用途和管理主体，应急物资主要可分为国家战略物资、生活必需品、救灾物资、专用应急物资与装备等几大类。

城市轨道交通工程建设期突发事件的应急救援涉及的应急物资主要为救灾物资和专用应急物资与装备。其中专用应急物资与装备是指由各级相关部门和机构根据各自职能储备的应急物资和装备。这类物资与装备的专业性很强，一般由各相关部门依托所属应急管理机构、应急队伍、技术支撑单位等进行储备或装备。

当前，城市轨道交通工程建设领域，应急物资保障方面存在应急保障能力和措施不足等问题，主要表现为：一是专业应急救援队伍的编制、业务素质、技术手段、装备水平等方面难以满足实际需要；二是应急物资和应急处置装备的储备不足；三是缺乏应急资金保障，缺乏征用交通工具、通信工具、应急物资等应急资源的补偿标准和对遇难人员的抚恤标准；五是应急理念和知识的宣传教育不够，群众忧患意识、逃灾避灾知识和自救、互救能力不足。

13.1.6 应急平台体系及应急支撑平台体系

随着计算机和信息技术的广泛应用，在应急管理中广泛使用现代化信息技术成为必然的趋势。应急平台是针对突发事件的防范和处置，具备语音通信、视频会议、图像显示及风险分析、监测监控、预测预警、动态决策、综合协调、应急联动与总结评估等功能的综合性软硬件集成的平台。

应急平台建设是应急管理的一项基础性工作，对于整合现有资源，提高政府工作效率，建立和健全统一指挥、功能齐全、反应灵敏、运转高效的应急机制，预防和应对突发事件，减少突发事件造成的损失，降低应急响应的投入具有重要意义。

应急平台建设一般由基础支撑系统、综合应用系统、数据库系统、数据交换与共享系统、安全保障体系、法规与标准规范体系、应急指挥场所、移动应急平台组成。

1. 国家应急平台体系

国家应急平台体系包括国务院、省级和国家级部门应急平台(包括专业指挥系统)，以及依托中心城市辐射覆盖到城乡基层的面向公众紧急信息接报平台和面向公众的信息发布平台。是以国务院应急平台为中心，以省级和国家级部门应急平台为节点，上下贯通、左右衔接、互联互通、互有侧重、相互支撑、安全畅通的应急平台体系。通过应急平台的监测监控、预测预警、信息报告、综合研判、辅助决策和指挥调度等功能，使突发事件得到及时有效处置。国务院应急平台是国家应急平台体系的中心，能够满足值守应急、信息汇总、综合协调等应急管理业务需要，以及同时处置多起特别重大突发事件的需要。

国家应急平台体系如图 13.1—3 所示。

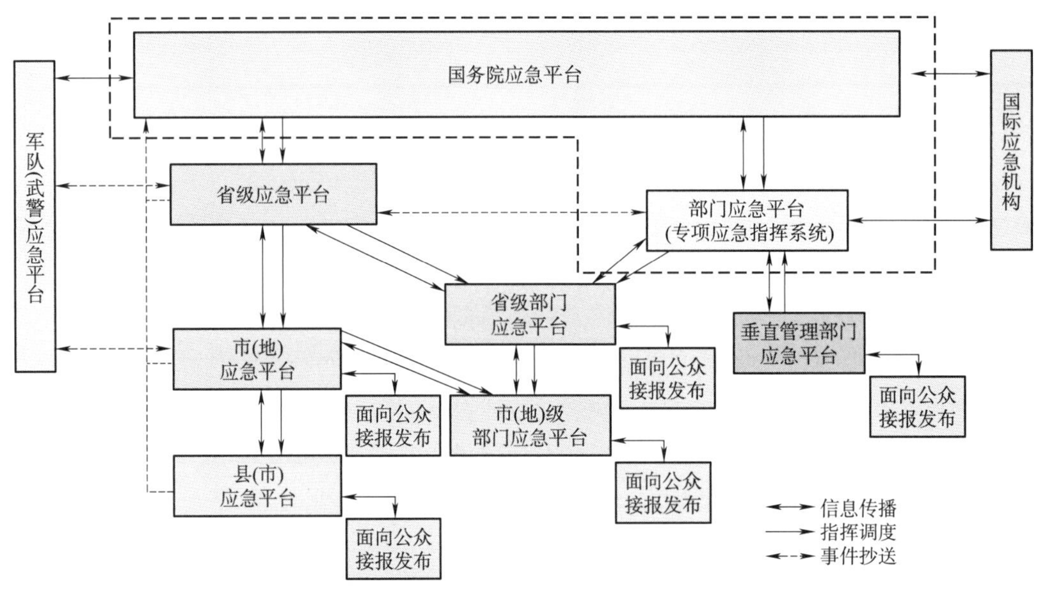

图 13.1—3 国家应急平台体系示意图

2. 省级应急平台体系

省级应急平台体系由省级应急平台、市级应急平台、省级部门应急平台、县级应急平台、市级部门应急平台、省级部门垂直管理的下级应急平台、基层应急平台(如大型企业、社区、乡镇等)以及依托城市辐射覆盖到城乡基层的面向公众紧急信息接报平台和面向公众的信息发布平台组成。

(1)省级应急平台体系建设要围绕本地区应急管理需要，遵照国家应急平台体系要求，充分利用信息产业发展和社会信息化成果，依靠科技创新，依靠省党政内网、电子政务外网和现有公网通信，搭建以省级应急平台为枢纽，以市级和省级部门应急平台为节点的全省应急平台体系，实现应急处置和管理过程中的互联互通、资源共享、统一指挥、处置高效。根据需要，省级、市级、县级应急平台可与同级军队(武警)应急平台互联。

(2)市级应急平台是国家应急平台体系的重要基础，是省应急平台体系的重要节点，与省级、县级、市级部门应急平台互联互通。市级应急平台注重信息交互及实战指挥，要求重点实现风险隐患监测防控、信息报告、综合研判、移动应急平台和指挥调度等功能。市级应急平台对本市范围内较大以上的突发事件和跨县域突发事件的应对处置工作实施综合协调和处置，在技术上具有同时应对处置两件较大突发事件的能力。

市级应急平台上联省级应急平台，为省级应急平台体系的互联互通提供基本条件，按省级应急平台的要求完成有关任务；下辖县级和市级部门应急平台，向县级和市级部门应急平台下达有关任务。市级应急平台与县级应急平台、市级部门应急平台的具体关系可以参照省级应急平台与市级应急平台、省级部门应急平台的关系确定。市级应急平台综合应用系统向下延伸到县级和市级部门应急平台的软件可以参考省级应急平台综合应用系统向下延伸到市级和省级部门应急平台的软件模式。

(3)省级部门应急平台是省应急平台体系的重要节点，侧重于专业领域应急工作，配合省级应急平台做好本专业领域的指挥调度。省级部门应急平台应针对本行业或本领域突发事件信息的接报处理、跟踪反馈和应急处置等应急管理工作需要，建设并完善本系统专业应急平台，与省级、国家级部门应急平台和市级部门、省级部门垂直管理的下级应急平台实现互联互通，重点实现风险隐患监测防控、预测预警、信息报告、综合研判、指挥调度和异地会商等功能。

省级部门应急平台上联省级应急平台和国家级部门应急平台，按省级应急平台和国家级部门应急平台的要求完成有关任务；下辖市级部门应急平台和省级部门垂直管理的下级应急平台，向市级部门和省级部门垂直管理的下级应急平台下达有关任务。

省级部门应急平台拥有本领域的专业数据，数据颗粒度较省级应急平台细。所有与应急相关的省级部门至少要保证能登录省级应急平台的客户端，能上报和接收突发事件信息，能上报并及时维护省级应急平台所需的各种数据。一般情况下，省级部门需要根据应急管理需求和本部门条件，决定是否建设应急平台。公安、水利、安监、卫生等部门本身具有较好基础，同时，这些部门又是突发事件应对的主要部门，因此可以在这些部门中建设应急平台。

省级部门应急平台负责各专业领域的应急业务管理，向省级应急平台报送突发事件信息，对领域内重大危险源和重点防护目标等进行监测监控，对领域内突发事件进行预测预警。省级部门应急平台可充分利用省级应急平台的应急门户与地图发布系统、三维可视化系统、应急预案管理系统、专家信息系统及数据库系统。为保证与省级应急平台的互联互通、数据共享和功能对接，省级部门应急平台应至少建设应急业务管理系统、目标监控与管理系统、预测预警系统、智能辅助方案系统、指挥调度系统和应急保障系统等应用软件系统。

(4)县级应急平台是国家应急平台体系和省应急平台体系的基础。县级应急平台负责本地区突发事件的应对处置，注重信息交互与现场处置，重点实现风险隐患监测防控、信息报告、移动应急平台和指挥调度等功能。省级应急平台通过市级应急平台与县级应急平台互联互通。

(5)市级部门应急平台侧重于本市专业领域应急工作，配合市级应急平台做好本专业领域的指挥调度，市级部门应急平台的专业数据颗粒度较市级应急平台和省级部门应急平台细，重点实现风险隐患监测防控、信息报告和指挥调度等功能。

应急管理信息化工作是全局性、系统性和战略性的工程。应急管理部高度重视信息化建设，将其与应急管理事业一体推进，于 2018 年 12 月发布了《应急管理部信息化发展战略规划框架(2018—2022 年)》(以下简称《规划框架》)，并基于此统筹和规范部本级和各地方应急管理信息化建设，经过三年实践取得了重大成果。2021 年 12 月，中央网络安全和信息化委员会发布了《“十四五”国家信息化规划》，作为“十四五”期间各地区、各部门信息化工作的行动指南，明确提出打造平战结合的应急信息化体系，建设应急管理现代化能力提升工程，以信息化推动应急管理现代化，有利于提升多部门协同的监测预警能力、监管执法能力、辅助指挥决策能力、救援实战能力和社会动员能力。

13.2 应急管理体系的建立

应急管理主体一般包括政府主管部门、建设单位以及参建企业单位、非政府组织及个人。应急管理体系一般包括应急管理机制体系、应急预案体系、应急救援与保障体系、应急管理法律体系及应急管理平台体系。

13.2.1 应急管理机制体系

13.2.1.1 行政主管部门

市住建委(局)或交通委(局)作为城市轨道交通建设工程的行政主管部门，设置应急管理领导小组。应急管理领导小组组长由市住建委(局)或交通委(局)主要领导担任，副组长由应急工作分管领导和相关分管领导担任，成员由委质安处、办公室、房管处、市政处、宣传处及直属单位主要负责人组成。

应急管理领导小组办公室设在质安处(以下简称应急办)。应急办主任由市住房和城乡建设委分管领导担任，副主任由委质安处、办公室、房管处、市政处、宣传处处长(主任)担任，成员由负责应急工作干部、各直属单位应急工作分管负责人组成。

根据发生的不同级别的突发事件，做出相应的时间响应机制，应急办主任并作为指挥中心的主要成员，发挥联动机制，组织直属单位并协调市安监局、市重大办和市消防总队等相关职能部门，做好现场应急救援工作。

13.2.1.2 建设单位

建设单位是连接政府主管部门与参建各方之间最为关键的一环，不论在组织体系，还是在预案体系皆存在着衔接的承上启下作用，并且还是做好联动机制的重要角色。建设单位以集团主要领导层、分管领导层及各职能部门组建应急组织机构，领导作为总指挥，分管领导作为副总指挥，常设应急办公室，下设建设事业部、合约法规部、总体规划部、投资策划部、机电事业部、工程部、安质部、办公室等职能部门作为各类应急救援小组。各层级职责划分，分工明确，落实到人。

13.2.1.3 参建单位

各参建单位同样根据各公司实际情况，总经理、副总经理分别作为总指挥、副总指挥，工会、企管部、安全部、技术质量部、项目管理部、办公室等职能部门组建应急管理机构。

项目部现场管理人员组织做好应急管理工作，成立以项目经理为首的应急管理小组，同时担任组长，副经理、总工程师、安全总监担任副组长，各部门及各专业分部组成相关应急救援小组。与各参建单位协调合作，定期召开小组会议，确保合作、协调畅顺，发挥常驻人员的群防群治作用。同时实行区段逐级负责制，在紧急情况下，应急管理小组勘察设计单位、监理单位、检测监测单位等在区段范围的所有参建人员，参与应急处置，各参建单位均要无条件服从总承包单位的组织部署。

13.2.2 应急预案体系

应急预案即突发事件应急处置行为规程，必须具备较强的可操作性，在内容组成上应包括危害因素、事件类型、事发场所或部位、事件等级、处置目标、工作组织、岗位职责、处置流程、预案仿真及培训演练等。在功能要求上应体现职责分明、流程固化、操作简便、处置有效。从预案体系来说，预案分为综合应急预案、专项应急预案及现场处置方案。

13.2.2.1 行政主管部门

由市政府或应急主管部门为处置应对本系统专业领域突发事件制定的应急预案，是本系统应急预案体系的总纲，是突发事件应对工作的重要依据。综合应急预案应明确应急工作原则、应急工作目标、应急组织机构、应急预案体系、应急保障计划。

由市住房和城乡建设委应急管理工作专项组牵头，为应对危害严重或影响范围广的本系统突发事件而制定专项应急预案。按照综合应急预案的程序和要求组织制定，应明确应急处置原则、事件分类分级、应急组织机构、应急响应程序、应急保障措施等内容。

13.2.2.2 建设单位

城市轨道建设单位多为政府出资成立的轨道集团公司或铁路集团公司，且承担着多条线路的建设管理工作。作为轨道交通工程项目的组织者、监管者，既要针对本行业面对应急突发事件编制总体应急预案，也要针对每条线路现场实际情况编制专项应急预案。

13.2.2.3 参建单位

在工程建设过程中，包括不限于施工单位、勘察设计单位、监理单位、监测单位等。作为工程的参建单位，项目的一线工作单位，更需有组织、有纪律、有效率地面对工程建设期间可能发生的自然灾害、事故灾难、公共卫生事件、社会安全事件等突发公共事件。

根据国家有关法律法规、地方性法规与规章和管理办法等，各公司首先编制总体应急预案作为指导性预案，并上报上级单位审批备案。再针对轨道交通工程项目编制专项应急预案。最后根据每个项目的实际情况，从现场情况、水文地质、交通运输、建设实操等多方面的风险因素，编制现场处置方案。

13.2.3 应急救援与保障体系

13.2.3.1 行政主管部门

应急保障是应急管理体系重要组成，突发事件的成功应对离不开人力、物力、财力和科技四个方面的支持。

列于应急保障系统第一位的是信息与通信系统，构筑集中管理的信息通信平台是应急体系最重要的基础建设。应急信息通信系统要保证所有预警、报警、警报、报告、指挥等活动的信息交流快速、顺畅、准确，以及信息资源共享。

物资与装备不但要保证有足够的资源，而且还要实现快速、及时供应到位；建立健全应急物资储备保障制度，完善重要应急物资的监管、生产、储备、调拨和紧急配送体系。要健全政府、企业和生产物流等参与方的应急物资快速调配机制，确保事发后应急物资快速到位，推动应急物资供应和保障体系更加高效、安全、可控。

人力资源保障包括专业队伍的加强、志愿人员以及其他有关人员的培训教育；组织各级指挥人员、各类救援队员、专家、专业技术人员及专职或辅助工作人员等。政府应当整合应急资源，建立或者确定综合性应急救援队伍，建设单位根据实际需要设立专业应急救援队伍，企业应当由本单位（本项目）职工组成的专职或者兼职应急救援队伍。

应急财务保障应建立专项应急科目，如应急基金等，以保障应急管理运行和应急反应中各项活动的开支。建立健全监察、审计、财政、应急、金融等多部门参加的应急资金监管协调机制。对应急资金管理使用进行专项检查，持续强化跟踪问效。有关部门要配合监察、审计部门对应急资金管理使用情况进行的监督检查。

13.2.3.2 企业单位

企业单位应以行政主管部门建立体系原则为基础,结合企业自身情况,建立保障体系,体系内容应包括以下方面:

(1)应急抢险队伍保障。要求列出各类应急抢险队伍详细名单表,明确抢险队信息联络人员,加强应急指挥与抢险队伍的信息联系,形成严格的信息上报制度,确保应急抢险工作快速、高效运转。

(2)财力保障。明确应急经费来源、使用范围、数量和管理监督措施,制定应急状态时经费的保障措施。

(3)物资保障。包括物资调拨和组织生产方案,根据具体情况和需要,明确具体的物资储备、生产加工能力储备、生产流程的技术方案储备。

(4)通信保障。建立通信系统维护及信息采集等制度,确保应急期间信息通畅。

(5)医疗卫生保障。包括医疗救治资源分布,救治能力与专长,卫生疾控机构能力与分布,各单位的准备保障措施,被调用方案等。

(6)交通运输保障。包括各类交通运输工具数量、分布、功能、使用状态等信息,紧急情况下的交通工具征用方案,交通管制方案和线路规划等。

(7)人员防护。要有明确的应急避险场所、应急避险路线,应急预案要求人员疏散方案及救援人员安全措施等。

13.2.4 应急管理法律体系

13.2.4.1 行政主管部门

法制建设是应急体系的基础和保障,也是开展各项应急活动的依据。

我国应急管理法治体系是由众多有关突发事件应急管理方面的法律、法规、规范性文件构成的一个开放式法律体系。主要包括以下四个层次的内容。

第一,宪法中的有关条款规定。一方面是我国应急管理法治体系的根本和立法依据,另一方面,有关条款本身也对应急管理事项作出了具体规定。

第二,综合应急管理基本法,主要包括《中华人民共和国突发事件应对法》和紧急状态法。目前前者已于2007年实施,后者还未颁布。

第三,专业性应急管理单行法或专门法,可分为四个类别:自然灾害类、事故灾难类、公共卫生事件类、社会安全事件类。其中事故灾难类主要有《中华人民共和国安全生产法》《中华人民共和国特种设备安全法》《中华人民共和国消防法》《生产安全事故应急条例》《铁路安全管理条例》《建设工程安全生产管理条例》等。

第四,相关法律法规中涉及应急管理的有关条款规定。

13.2.4.2 参建单位

参建单位应急管理体系需依据相关法律法规,其中有关法律为《中华人民共和国安全生产法》《中华人民共和国突发事件应对法》《中华人民共和国职业病防治法》及《中华人民共和国消防法》;有关法规为《生产安全事故应急条例》《大型群众性活动安全管理条例》《国务院关于特大安全事故行政责任追究的规定》《特种设备安全监察条例》等。

企业单位应遵循以下应急管理规定:

(1)必须落实企业主要负责人是安全生产应急管理第一责任人的工作责任制,层层建立安全生产应急管理责任体系。

(2)必须依法设置安全生产应急管理机构,配备专职或者兼职安全生产应急管理人员,建立应急管理工作制度。

(3)必须建立专(兼)职应急救援队伍或与邻近专职救援队签订救援协议,配备必要的应急装备、物资,危险作业必须有专人监护。

(4)必须在风险评估的基础上,编制与当地政府及相关部门相衔接的应急预案,重点岗位制定应急处置卡,每年至少组织一次应急演练。

(5)必须开展从业人员岗位应急知识教育和自救互救、避险逃生技能培训,并定期组织考核。

(6)必须向从业人员告知作业岗位、场所危险因素和险情处置要点,高风险区域和重大危险源必须设立明显标识,并确保逃生通道畅通。

(7)必须落实从业人员在发现直接危及人身安全的紧急情况时停止作业,或在采取可能的应急措施后撤离作业场所的权利。

(8)必须在险情或事故发生后第一时间做好先期处置,及时采取隔离和疏散措施,并按规定立即如实向当地政府及有关部门报告。

(9)必须每年对应急投入、应急准备、应急处置与救援等工作进行总结评估。

13.2.5 应急管理平台体系

随着社会的不断发展,突发事件的风险也随之增加。无论是“天灾人祸”,还是社会事件,对我们的生产和生活都有着极大的影响。因此,及时、准确、高效地应急响应是我们必须要做好的工作。

应急管理平台体系是一种综合性的解决方案,旨在提高应对突发事件的能力和效率。以下是一个初步的体系架构:

(1)应急指挥中心:该中心是整个应急管理平台的核心,负责协调、指挥和监控各个应急响应单位。该中心应具备高效的通信和信息处理能力,能够快速收集、分析和传递突发事件的信息。

(2)应急响应单位:这些单位包括消防、公安、医疗、救援等部门。他们需要与应急指挥中心紧密配合,根据事件类型和情况,协调资源,采取适当的应急措施。

(3)情报分析系统:该系统负责对收集到的数据进行处理和分析,为应急指挥中心提供决策支持。这包括对事件的发展趋势、影响范围、可能的风险等进行评估。

(4)资源管理系统:该系统负责对应急资源的分配和管理。这包括人力、物资、设备等资源的调度和分配,以确保在最短时间内将资源送到需要的地方。

(5)现场实时监控系统:该系统通过无人机、摄像头等设备对现场进行实时监控,为应急指挥中心提供第一手的信息。

(6)公众信息发布系统:该系统负责向公众发布突发事件的相关信息,包括事件原因、发展情况、应对措施等,以消除公众的恐慌情绪。

(7)反馈评估系统:该系统负责对整个应急管理过程进行反馈和评估,发现问题并及时改进,以提高应急管理的能力和效率。

以上应急管理平台体系架构,具体实施时可能需要根据不同地区和部门的需求进行调整和完善。

应急平台的建设是有效应急响应的重要保障,它能够提供实时信息的收集和分析,为决策者提供指导意见、协调救援资源、快速应对突发事件,帮助政府和公众做好应急准备工作。

1. 建立应急机制

在应急平台建设前，需要建立完善的应急机制。应急机制是指在遇到紧急情况时启动的一些特殊措施，包括应急预案、应急流程、应急资源等。在制定应急预案时，应充分考虑突发事件的可能性和影响，采集和整理相关信息，制定预案，让员工能够快速反应、控制风险、减少损失。

2. 优化信息平台

应急平台建设的核心是优化信息平台，通过数据挖掘分析、大数据和云技术等手段，对早期预警、应急启动、快速响应和应急结束等全过程进行信息收集、数据分析和快速反馈。在提高平台自动识别能力和多维度信息分析能力的基础上，不断完善应急响应能力，提高平台对关键应急场景的预警、分析、以及资源调度的能力。

3. 组织实力

为了保证应急平台的正常运转，需要有足够的人员配合工作。应急平台建设的组织实力主要是指人员的素质和数量，并需要具备丰富的应急管理经验和技能。要建立完善的管理机制，明确技能培训和发展规划，提高管理人员的综合素质和实际操作能力，确保应急平台能够在紧急时刻快速响应。

4. 注意事项

(1)统一标准。建设应急平台时，需要遵循统一标准，不同地区、部门可能有不同的标准和规范，为提高应急平台的工作效率和质量，必须采用一致、统一的标准和规范。

(2)完善预案。完善的应急预案对应急平台建设起着至关重要的作用。应急预案是提前为突发事件的应对制定的各种预案和措施。在制定应急预案时，应充分考虑到各种各样的应急事件，包括天灾、技术灾害、社会事件等，完善应急预案的分解及数字化工作，确保在应急时能够快速有效地开展工作。

应急平台的建立在保证人们生命财产安全方面具有不可替代的作用。它不仅可以提高应急响应的速度和有效性，优化应急资源的配置，而且能够驱动各个部门的信息化转型，推动应急管理领域的发展。因此，我们应当在实际工作中，认真贯彻应急平台建立，在平台的建设和运用中严格遵循相关规律和注意事项，才能更好地推进应急管理工作的现代化建设。

13.3 应急管理体系审查

13.3.1 审查依据

我国目前尚未出台城市轨道交通建设期应急管理体系审查标准，可参考的法规规范包括《中华人民共和国突发事件应对法》《突发事件应急预案管理办法》(国办发〔2024〕5 号)、《生产经营单位生产安全事故应急预案评估指南》(AQ/T 9011—2019)、《企业安全生产标准化基本规范》(GB/T 33000—2016)和《职业健康安全管理体系》(GB/T 45001—2020)等。城市轨道交通建设各方应依据法规和政策要求建立健全应急管理体系及其审查机制，体系审查可从以下几个方面开展：应急管理组织机构与职责、应急管理模式与方法、应急队伍与资源建设、体系运行与考核、体系更新与改进。

应急管理体系审查应包括初审、复审和终审三个环节。初审是指对应急管理体系的初步审查，检查是否符合相关法规和标准的要求。复审是指在初审通过后，对应急措施方案等材料进行的审核，检查方案的完整性、适用性和可操作性。终审是指对应急预案和演练实施过程中的全面审核，检查预案和演练方案的实施情况和效果，并提出改进意见。

13.3.2 审查流程

1. 确定审查目标

确定审查的范围，例如特定的地铁线路、车站或整个城市的轨道交通建设系统；

确定审查的重点，可以是特定类型的紧急情况（如火灾、事故、恐怖袭击等）或整体的应急响应能力。

2. 组织审查团队

成立由专业人员组成的审查团队，包括技术专家、安全人员和相关部门代表；

确定审查团队的职责和任务分工。

3. 收集资料

收集与应急预案相关的文件和资料，包括已制定的应急预案、培训手册、演练记录、统计数据等；

了解现有的安全管理体系、运营程序以及其他相关规章制度。

4. 初步评估

对收集到的资料进行初步评估，了解现有的应急预案体系的组织结构、内容、流程和责任分工等方面的情况；

确定评估的标准和指标，例如符合法律法规要求、与最佳实践相符合等。

5. 实地考察

实地考察被审查的轨道交通系统，了解其设施设备、安全管理措施、应急装备等情况；

与相关人员进行沟通交流，了解他们对应急预案的理解和应用情况。

6. 风险分析

进行风险分析，识别轨道交通系统可能面临的潜在风险和应急情景；

确保应急预案覆盖各种可能的紧急情况，并评估每种情况下的响应能力和资源需求。

7. 审查应急预案

对已有的应急预案进行详细审查，包括其编写质量、完整性、可操作性等方面；

检查预案中是否包含必要的流程、反应措施和资源调配安排，确保其与现有设施和资源相匹配。

8. 缺陷识别与改进建议

记录审查发现的缺陷、不足之处，并提出具体的改进建议；

建议修订应急预案以弥补漏洞并提高应急响应能力。

9. 编制审查报告

根据审查结果，编制详尽的审查报告，列出问题和改进建议；

提供具体的解决方案和改进措施，并附上相关资料和数据支持。

10. 提交报告和跟进

将审查报告提交给相关部门和管理层，并确保报告得到妥善处理和关注；

跟进改进措施的实施情况，监督应急预案的更新和改进过程。

13.3.3 审查要点

在审查过程中，须从形式、用语规范性、要素完整性、法律依据的恰当性、情景设置的适当性、响应主体的正确性、相应程序的合理和完整性、响应行动的可行性、应急资源的可调度性和相关预案的衔接性等方面进行审查并广泛征求意见，一般性应急管理体系由五个体系组成。确保各个体系在投入使用以前经过审查是非常重要的，以下是每个体系在审查过程中需关注的要点。

1. 应急管理机制体制体系审查要点

组织结构和职责：考虑各级部门和岗位的设置是否合理，是否明确职责和权责边界。

人员素质和背景：审查责任人和协调组织中的人员是否具备相关专业知识和经验。

信息流通与沟通：是否建立了有效的信息通信机制，以实现及时、准确的信息传递与共享。

应急演练和培训：审查是否有定期的演练计划和培训方案，以提高应急响应能力。

2. 应急预案体系审查要点

预案的编制和修订：审查预案是否按照规定程序编制，是否包含各类突发事件的预测、预警、应对措施。

程序和流程：预案中的工作程序和流程是否清晰明确，包括信息报告、指挥调度、资源调配等环节。

协调与配合：考察预案中涉及的多个部门之间的协调和配合机制，确保资源的有效整合和协同作战。

信息上报和反馈：审查预案中的信息上报和反馈机制，以确保信息能够迅速传达和汇总。

应急演练和培训计划：制订全面的应急演练计划，包括模拟各类突发事件的应急响应和协调，以及定期的培训计划，提高应急人员的应对能力。

应急预警和警示：建立有效的应急预警和警示机制，包括广播、短信、应用等，向公众发布紧急信息，引导人员采取适当行动。

救援和抢险措施：制定明确的救援和抢险措施，包括急救、疏散、灭火、事故调查等，以保障人员安全和交通恢复。

3. 应急管理法律法规体系审查要点

合规性检查：审查应急管理相关法律法规文件的完备性和可行性，是否符合国家和地方的规定。

许可和备案：检查是否经过必要的许可和备案手续，例如安全生产许可证、应急预案备案等。

监管和执法：审查是否遵循相关执法程序，如应急演练的监督检查和行政处罚的执行情况。

风险评估和管理：审查是否制定了相应的风险评估和管理制度，以及监管与协调应急响应的规定。

4. 应急救援保障体系审查要点

物资储备：审查保障系统中的物资储备计划和清单，确保储备数量和种类符合实际需求。

设施和设备：审查保障系统中的设施和设备是否满足应急响应的要求，是否具备可靠的运行状态。

人员配备：审查应急救援队伍的规模和能力，以及医疗救护人员和专业技术人员的配备情况。

合作与协调：审查与其他应急救援单位的合作安排，如消防、医院和警察等，以确保资源协调利用。

5. 应急平台体系和应急平台支撑体系审查要点

功能和性能：审查应急平台的功能和性能，包括实时监测、预警、指挥调度和信息交流等功能。

数据安全和保密:检查平台的数据安全保护措施,以及对敏感信息的保密管理制度。

可靠性:评估平台的可靠性,以确保在突发情况下平台的稳定运行和信息的可靠传输。

技术支持与培训:审查平台的技术支持机制和培训计划,以确保平台正常运行和用户能够熟练操作。

信息收集和分析:建立有效的应急信息收集和分析机制,包括广播、短信、应用等,向公众发布紧急信息,引导人员采取适当行动。

13.3.4 不同审查对象侧重点

当涉及到轨道交通行业的应急管理体系审查时,主管部门和参建单位在审查要点和职责上可能有更详细的区别。表 13.3—1 所列为可能存在的一些不同侧重点。

表 13.3—1 应急管理体系不同审查对象侧重点

审查对象	审查侧重内容
行业主管部门	法律法规合规性:主管部门负责确保应急管理体系符合国家、地方以及行业相关的法律法规要求。他们会审核应急预案、救援措施、培训计划等文件和措施,确保其符合法律法规的规定,并监督规章制度的制定与执行。 标准规范管理:主管部门关注应急管理体系是否遵循行业标准、技术规范和最佳实践。他们会审查各项规程、流程和控制措施,确保其与行业标准保持一致,并能够有效应对各类突发事件。 风险评估与管理:主管部门强调对潜在风险进行全面分析和评估,并要求参建单位制定相应的风险控制措施。他们关注应急管理体系中是否包含全面的风险识别、评估和应对策略,并要求采取适当的措施来减轻风险。 演练与培训要求:主管部门要求参建单位进行应急演练和培训,以测试应急响应能力并提高工作人员的应急能力。他们关注参建单位是否制订了演练计划、组织了实地演练,并提供了相应的培训课程和材料。此外,他们可能还会要求记录和评估演练结果,并根据评估结果提出改进意见
城市轨道交通工程建设期各参建单位	应急预案与流程:参建单位的审查侧重于应急管理体系的整体完整性和实际运行效果。他们关注应急预案的编制质量、各项预案的协调性、流程的清晰度和操作的可行性。他们需要确保应急预案能够在紧急情况下迅速启动,指导工作人员做出正确的应对。 实操过程和保障体系:参建单位注重实际操作层面的审查,包括指导工作人员如何正确执行应急预案、使用应急设备和应对突发事件。他们关注应急设备的类型、数量和状态,确保其满足应急需求。此外,他们还关注工作人员的培训和技能水平,确保其能够熟练操作应急设备。 绩效评估与改进:参建单位需要展示在应急管理方面的绩效和成果。他们可能需要准备应急演练和事故处理的记录,展示应急响应的效率和有效性。他们还应根据演练和实际应急事件的经验教训,及时对应急管理体系进行改进和优化

行业主管部门注重合规性、规范性和风险控制,而参建单位更加注重实际操作、系统完整性和人员培训。通过协调这些侧重点,可以建立一个全面有效的应急管理体系,以保障轨道交通行业在突发事件中的应对能力。

应急管理体系与能力评估,可以使得地方政府、企业发现自身应急管理体系中存在的优势与不足,通过借助合理的评估理论、评估标准、方法及模型定型、定量综合分析,进而达到改善应急管理现状、优化应急预案、提高组织突发事件应急能力的目的。

13.4 应急管理体系评估

13.4.1 评估依据

《突发事件应急预案管理办法》(国办发〔2024〕5 号)明确了应急预案、应急演练评估对象及评估内容。第三十三条规定,应急预案演练组织单位应当加强演练评估,主要内容包括:演练的执行情况，应急预案的实用性和可操作性，指挥协调和应急联动机制运行情况，应急人员的处置情况，演练所用设备装备的适用性，对完善应急预案、应急准备、应急机制、应急措施等方面的意见和建议等。第三十四条规定，应急预案编制单位应当建立定期评估制度，分析应急预案内容的针对性、实用性和可操作性，实现应急预案的动态优化和科学规范管理。

《生产安全事故应急预案管理办法》规定了应急预案评估周期及评估实施主体。第三十五条规定，矿山、金属冶炼、建筑施工企业和易燃易爆物品、危险化学品等危险物品的生产、经营、储存、运输企业、使用危险化学品达到国家规定数量的化工企业、烟花爆竹生产、批发经营企业和中型规模以上的其他生产经营单位，应当每三年进行一次应急预案评估。

应急预案评估可以邀请相关专业机构或者有关专家、有实际应急救援工作经验的人员参加，必要时可以委托安全生产技术服务机构实施。

《城市轨道交通建设工程质量安全事故应急预案管理办法》（建质[2014]34 号）规定了建设主管部门、建设单位、施工单位三个相关方的综合应急预案、工程项目应急预案、现场处置方案的主要内容和侧重点，在预案体系评估过程中，可以作为评估要素和权重综合考虑。第一，综合应急预案是对城市轨道交通建设工程质量安全事故应对工作的总体安排。主要规定工作原则、组织机构、预案体系、事故分级、监测预警、应急处置、应急保障、培训、演练与评估等，是应对城市轨道交通建设工程各类质量安全事故的综合性文件。第二，工程项目应急预案是指针对某一类型或某几种类型城市轨道交通建设工程质量安全事故而预先制定的工作方案。主要规定应急响应责任人、风险防范和监测、信息报告、预警响应、应急处置、人员疏散组织和路线、可调用或可请求援助的应急资源情况以及实施步骤等，体现自救互救、信息报告和先期处置特点。第三，现场处置方案是指针对某一特定城市轨道交通建设工程事故现场处置工作而预先制定的方案。主要规定现场应急处置程序、技术措施及实施步骤。侧重于细化企业先期处置，明确并落实生产现场带班人员、班组长和调度人员直接处置权和指挥权；严格遵守安全规程，科学组织有效施救，确保救援人员安全，并强化救援现场管理。现场处置方案是工程项目应急预案的技术支持性文件。

《生产安全事故应急演练评估规范》（AQ/T 9009—2015）规定了生产安全事故应急演练评估的目的、内容、方法与工作程序，演练评估工作的组织及实施可根据演练内容、演练形式、演练规模和复杂程度参照本标准进行。

《生产安全事故应急条例》（国务院令第 708 号）第二十七条规定，按照国家有关规定成立的生产安全事故调查组应当对应急救援工作进行评估，并在事故调查报告中作出评估结论。

地方性标准例如北京市出台了《生产安全事故应急救援评估指南》（DB11/T 1879—2021），定性规定了对应急救援评估的基本要求、评估程序和评估内容等。

刘鸿、刘合安按照科学性、系统性、实用性、目标导向性原则，构建了风险管理、预警管理、信息管理、公关管理、沟通管理、决策分析、应急事件恢复七个维度的二级评估指标和若干三级指标，通过层次分析法对评估指标量化赋值，以此衡量应急管理能力大小适用性。卢文刚、彭静结合广州城市轨道交通公共事件应急管理现状，设计了城市轨道交通突发事件应急能力评估指标体系。刘小月、赵秋红、鞠彦兵等结合突发事件应急管理现状从六大方面构建了应急管理评估指标体系，并提出了相应的评估方法，评估指标体系分别包括应急预案完备性评估、应急组织有序度评估、应急监测预警能力评估、应急响应能力评估、灾时应急组织绩效评估、灾后应急管理体系完善性评估。

上述法律法规、标准规范及相关文献研究从应急预案、应急演练、应急救援等方面的评估要求进行统一规范，针对诸如城市轨道交通工程建设行业主管部门、建设单位等不同实施主体的应急管理体系评估差异区分不甚明显，评估方法多为人为定性分析或专家打分，评估要素选择、权重赋值等标准不一，应急管理体系评估要素、评估指标体系构建、评估方法仍是未来研究的重点。

13.4.2 预案体系评估

应急管理部于2019年发布了《生产经营单位生产安全事故应急预案评估指南》(AQ/T 9011—2019)。该指南通过资料分析、现场审核、推演论证、人员访谈方式，对应急预案进行评估，评估要素包括应急预案管理要求、组织机构与职责、主要事故风险、应急资源、应急预案衔接、实施反馈、其他七项，应急预案评估报告对预案各个要素内容适用性分析，指出不符项，提出改进意见和建议，作出是否对应急预案修订的结论。该标准适用对象为生产经营单位，因不同实施主体的应急预案体系侧重点有很大不同，该标准在政府单位的应急预案评估的适用性和指导性有待加强。

《突发事件应急预案管理办法》(国办函〔2024〕5号)概述了政府单位和企事业单预案内容的完备性可通过针对性、实用性和可操作性三个评估指标体现。

针对城市轨道交通工程建设期间，参施单位多、安全风险高、建设期阶段性明显、工作场景变化快、技术复杂程度高的特点，行业主管部门与工程主体参施各方的应急预案衔接(预案之间的相容性)、应急资源的调查充分性、建设期间风险评估全面性、预案体系组织机构平战转换机制是应急预案体系完整性评估的核心要素，评估核心要素的准确性和客观与否取决于评估小组的综合素质，针对建设主管部门预案体系而言，可邀请相关专业机构人员或有关专家参与，必要时可委托安全生产技术服务机构实施；建设单位与施工单位预案体系一般联系较为密切，同步开展评估有助于两者的密切衔接，除了聘请专业机构、有关专家之外，还应邀请建设主管部门专家团队、负责人参与预案体系垂直衔接等方面的评估工作。

广义的应急预案体系中应当包含应急预案管理办法、应急培训制度、应急演练制度、应急设施检查制度、应急管理评估制度、应急物资管理制度、应急经费管理制度、应急值班管理制度等一些列管理性文件，因此在预案体系评估过程中，评估要素中应加入管理性文件的全面性、可实施性等内容。

13.4.3 应急演练评估

目前我国没有出台具体针对城市轨道交通建设期间应急演练评估的相关规范、办法等指导性文件，但是不同建设行业事故发生的类型有诸多相似特征，我们仍可以参考其行业部门指导性文件或上位文件。

2015年发布的《生产安全事故应急演练评估规范》(AQ/T 9009—2015)是应急管理相关上位文件，围绕演练目标和要求，对参加演练人员表现、演练活动准备及其组织实施过程作出客观评价，检验应急演练针对性和可实施性，通过评估发现应急预案、应急组织、应急人员、应急机制、应急保障等方面存在的问题或不足，提出改进意见或建议。

实战演练中准备情况评估，其要素分为演练策划与设计、演练文件编制、演练保障措施三个方面；实施情况评估，其要素分为预警与信息报告、紧急动员、事故监测与研判、指挥和协调、事故处置、应急资源管理、应急通信、信息公开、人员保护、警戒与管制、医疗救护、现场控制及恢复和其他13个方面；通过选择项(如：是/否判断，多项选择)、评分(如：0-缺项、1-较差、3-一般、5-优秀)、定量测量(如：响应时间、被困人数、获救人数)等评估方法定性或定量评估各要素内容，评估人员综合评估意见后出具评估报告，对演练基本情况、评估过程、演练情况分析、改进意见和建议、评估结论进行综述。

2022年，交通运输部出台《城市轨道交通运营应急能力建设基本要求》行业标准，规定城市轨道交通运营单位宜邀请外单位专家或委托第三方机构成立评估组的方式开展演练评估，通过制定评估方案、编写评估手册、评估表等文件，选择“选择项法”“定性分析法”“定量分析法”等方法得出演练的评估结果，编制评估报告、提出整改建议。

此外，建设主管部门主要依托建设、施工单位具体组织开展应急演练活动，在一定程度上可以模拟事故发生后多个部门、多条线路之间事故处置的协调联动。在没有建设主管部门参与下，建设单位、施工单位自行开展的应急演练活动，对事故应急处置的资源调配、外部单位的协调联动受到很大限制和制约。针对城市轨道交通工程建设步骤复杂、工序转换多，坍塌、涌水、开裂、沉降等易发事故类型广的特点，存在事故场景的复杂性、事故实际发生时的情形难以真实模拟的情况，致使应急演练难以全面覆盖、演练未能与实际场景相结合、甚至是演练效果不佳。就如何依据工程建设实际制定相适应的应急演练计划、如何真实模拟具体应急场景是应急演练评估需要重点考虑关注的其他指标和要素之一。

13.4.4 态势/趋势评估

监测与预警是指行业部门和建设等参施单位综合运用各种科学方法、技术手段和先进平台，结合有关数据、情报和资料，对可能导致突发事件的各类潜在威胁、危险源、危险区域、重要目标或系统运行状态进行实时动态的监控、观察和测量等活动，是研判突发事件态势发展趋势的重要前提，通过建立健全监测预警制度和信息化平台，有效控制、减轻和消除突发事件的发生。

《国家突发公共事件总体应急预案》中规定，各地区、各部门要完善预测预警机制，建立预测预警系统，开展风险分析，做到早发现、早报告、早处置。并将预警级别按照危害程度、紧急程度和发展态势，划分为Ⅰ级（特别严重）、Ⅱ级（严重）、Ⅲ级（较重）和Ⅳ级（一般）四个等级；预警信息的发布、调整和解除可通过广播、电视、报刊、通信、信息网络、警报器、宣传车或组织人员逐户通知等方式进行。

监测与预警工作主要包括实时监测、风险评估、信息报告、预警发布、预警行动等关键要素，这些要素构成了监测和预警工作的基本流程，同时也是突发事件发展态势和趋势评估的关键要素。城市轨道交通工程建设期间涉及大量基坑作业、地下暗挖、盾构等复杂工序，需要对建设全过程的重点部位开展沉降、位移监测、地质预报等工作，汛期、高温天气等非常规施工时段需要建立健全气象情况的预警预报、应急值守、信息报告等机制；对于监测到的危险源状态改变或新发风险情况，需运用定性或定量的防范科学分析与评估，进而预判预测事件发展态势。监测和预警信息发布时应借助多种手段、多个渠道，确保信息传递的及时和准确性；预警信息发布后，相关方应及时做好各项准备措施和预警行动。

目前，国内应急突发事件趋势或态势评估依据标准、评估要素选择、评估方法确定还未成体系，建设主管部门、建设各方需建立和完善针对监测与预警行为、事件发生态势预测预判行为的系统评估体系。

13.4.5 应急救援评估

2023年，应急管理部发布了《生产安全事故应急救援评估指南（征求意见稿）》，围绕应对事故灾害采取的紧急措施和救援行动，总结分析救援过程、应急保障、成功经验和问题不足，进行全过程评估并给出评估意见。评估对象包括事故单位和事发地各级人民政府生产安全事故的应急救援工作；评估方式为资料分析、人员访谈、专家论证、现场勘察、技术鉴定等若干定性分析方式；针对事故单位应急救援，将评估要素项目分为应急准备、应急响应（信息报送、先期救援）、配合现场开展救援工作（应急联动、现场管理）、应急保障（事故单位应急救援队伍保障、应急管理人员保障、应急装备保障、满足先期救援物资储备保障、应急处置资金保障)、救援工作总结五个方面。针对事发地政府单位应急救援,将评估要素项目分为应急准备、应急响应(信息接收、流转和报送、启动响应)、应急处置(现场指挥、人员救护、应急救援队伍和装备资源调动、防止事故危害扩大和防控环境影响的措施、现场秩序维护、信息发布与舆情管控)、应急保障四个方面。通过编制应救援评估报告综合分析应急救援基本情况、应急救援过程、应急保障情况、事故特点和救援难点、应急救援评估意见、相关工作建议等,不断提升和改进应急救援综合能力。

2021 年北京市先于行业标准,首先发布了《生产安全事故应急救援评估指南》(DB11/T 1879—2021)地方标准,与国家推出《生产安全事故应急救援评估指南》(征求意见稿)评估要素项目基本一致。

13.4.6 事故调查评估

随着应急管理水平不断提升,城市轨道交通工程建设期间安全生产事故得到了有效遏制,但较大及以上事故仍偶尔发生,一般事故时有发生,见表 13.4—1。

表 13.4—1 城市轨道交通工程建设期较大及以上事故统计(部分)

年 份	事故类型	伤亡人数
2008 年	杭州地铁湘湖站基坑坍塌	造成 21 人死亡、1 人重伤、3 人轻伤
2014 年	南宁市轨道交通 1 号线坍塌	造成 3 人死亡
2016 年	重庆市轨道交通 5 号线坍塌	造成 3 人死亡,1 人重伤
2017 年	深圳市轨道交通 3 号线坍塌	造成 3 人死亡,1 人受伤
2018 年	佛山市轨道交通 2 号线坍塌	造成 11 人死亡、1 人失踪、8 人受伤
2019 年	广州市轨道交通 11 号线坍塌	造成 3 人死亡
2021 年	成都市轨道交通 17 号线网架垮塌	造成 4 人死亡,14 人受伤
2021 年	天津市轨道交通 4 号线坍塌	造成 4 人死亡,1 人轻伤

事故调查评估实施主体为政府主管部门。《中华人民共和国突发事件应对法》第六十二条规定,履行统一领导职责的人民政府应当及时查明突发事件的发生经过和原因,总结突发事件应急处置工作的经验教训,制定改进措施,并向上一级人民政府提出报告。《国家突发公共事件总体应急预案》规定,要对特别重大突发公共事件的起因、性质、影响、责任、经验教训和恢复重建等问题进行调查评估。《生产安全事故报告和调查处理条例》规定,特别重大事故由国务院或者国务院授权有关部门组织事故调查组进行调查。重大事故、较大事故、一般事故分别由事故发生地省级人民政府、设区的市级人民政府、县级人民政府负责调查。事故调查组职责包括:查明事故发生的经过、原因、人员伤亡情况及直接经济损失;认定事故的性质和事故责任;提出对事故责任者的处理建议;总结事故教训,提出防范和整改措施;提交事故调查报告。

事故调查评估和报告应坚持独立性、客观性、规范性原则,在不影响事件应急处置的前提下尽快开展。调查评估工作组应全程参与事件应急处置过程,以更好获取第一手资料,需要技术鉴定的,应委托具有国家规定资质的单位进行技术鉴定,最终的调查报告应当遵循依法依规、实事求是、内容完整、表述准确的原则,符合有关法律法规、党政机关公文、事故调查处理信息公开及保密工作等有关方面的要求;同时,要准确表述事故基本情况、事故经过、事故原因、事故性质、事故责任和事故损失,评估应急处置过程,分析事故暴露出的主要问题,总结事故教训,提出有针对性和可操作性的整改和防范措施。事故调查报告应包括 11 个要素,分别为封面和目录、报告开篇和事故性质认定、事故基本情况、事故应急处置及评估情况、事故原因分析、有关责任单位存在的主要问题、对有关责任人员和单位的处理建议、事故主要教训、事故整改和防范措施、附件。事故调查报告原则上应按照本指南要求编写，满足上述内容要素和结构，必要时，可在尊重事实的基础上，根据调查工作需要作适当调整。事故调查报告应当依法及时向社会公开。公开时，应以开展调查的事故调查组名义在政府网站或主流媒体上全文公开事故调查报告正文内容。对涉及个人隐私、商业秘密以及法律法规规定的其他依法应当保密的内容，应进行适当处理后方可公开。

事故调查评估对后续应急管理体系的逐步完善、相关政策的制定和修改起到了积极推进作用。

14 城市轨道交通建设应急培训

14.1 我国城市轨道交通建设应急培训体系

14.1.1 相关制度法规

(1)《突发事件应急预案管理办法》(国办发〔2020〕5 号)第三十条规定:“应急预案编制单位应当通过编发培训材料、举办培训班、开展工作研讨等方式,对与应急预案实施密切相关的管理人员、专业救援人员等进行培训。”

(2)《城市轨道交通建设工程质量安全事故应急预案管理办法》(建质〔2014〕34 号)第二十一条规定:“建设单位、施工单位应当定期开展应急预案和相关知识的培训,至少每年组织一次,并留存培训记录。应急预案培训应覆盖预案所涉及的相关单位和人员。建设主管部门应当监督检查培训开展情况。”

(3)《建设工程安全生产管理条例》(国务院令第 393 号)第二十一条:“施工单位主要负责人依法对本单位的安全生产工作全面负责。施工单位应当建立健全安全生产责任制度和安全生产教育培训制度,制定安全生产规章制度和操作规程,保证本单位安全生产条件所需资金的投入,对所承担的建设工程进行定期和专项安全检查,并做好安全检查记录。”第二十五条规定:“垂直运输机械作业人员、安装拆卸工、爆破作业人员、起重信号工、登高架设作业人员等特种作业人员,必须按照国家有关规定经过专门的安全作业培训,并取得特种作业操作资格证书后,方可上岗作业。”第三十六条规定:“施工单位的主要负责人、项目负责人、专职安全生产管理人员应当经建设行政主管部门或者其他有关部门考核合格后方可任职。施工单位应当对管理人员和作业人员每年至少进行一次安全生产教育培训,其教育培训情况记入个人工作档案。安全生产教育培训考核不合格的人员,不得上岗。”第三十七条规定:“作业人员进入新的岗位或者新的施工现场前,应当接受安全生产教育培训。未经教育培训或者教育培训考核不合格的人员,不得上岗作业。施工单位在采用新技术、新工艺、新设备、新材料时,应当对作业人员进行相应的安全生产教育培训。”

(4)《“十四五”国家应急体系规划》(国发〔2021〕36 号)规定:

重点行业规模以上企业新增从业人员安全技能培训率达到 100%。

加强应急预案宣传培训,制定落实应急演练计划,组织开展实战化的应急演练,鼓励形式多样、节约高效的常态化应急演练,重点加强针对重大灾害事故的应急演练,根据演练情况及时修订完善应急预案。

将应急管理纳入各类职业培训内容,强化现场实操实训。加强注册安全工程师、注册消防工程师等职业资格管理,探索工程教育专业认证与国家职业资格证书衔接机制。

建设综合应急实训演练基地,完善室内理论教学、室外实操实训、仿真模拟救援等设施设备。

(5)《“十四五”应急救援力量建设规划》(应急〔2022〕61 号)规定:

开展社会应急力量应急理论和救援技能培训,加强与国家综合性消防救援队伍等联合演练,定期举办全国性和区域性社会应急力量技能竞赛,组织实施分级分类测评。

“强化运行保障。加大政策标准供给力度，健全应急救援力量建设发展、培训考核、指挥调派、任务保障、救援费用、奖励激励等制度机制和标准规范，推动应急救援力量科学建设、高效救援、规范运行。”

(6)各城市轨道交通企业标准或制度

除了国家外，各企业内部也建立了安全生产教育培训管理制度，并在综合应急预案中做出相关规定。例如，《成都轨道交通建设工程突发事件综合应急预案》规定：“建设公司各主管部门通过各种宣传手段，对员工、参建单位及周边公众广泛宣传应急法律法规、预案和防灾减灾等常识。并将应急预案培训纳入企业培训规划和职工年度培训计划，对各级人员进行培训。”《青岛地铁突发事件综合应急预案》规定：“集团及其分(子)公司和各参建单位要利用多种形式(培训、讲座等)加强对从业人员的应急知识教育，提高其应急知识(如应急救援措施、基本防护知识、自救与互救等基本常识)，增强应急队伍的应急能力。”《重庆轨道交通建设工程突发事件综合应急预案》规定：“轨道交通建设工程应急工作组负责组织本预案的宣贯、培训。建管中心、各项目公司、各参建单位应当采取有效的形式，加强对员工特别是专兼职应急救援队员的应急知识教育培训，普及突发事件预防、避险、自救、互救和应急处置知识，提高员工的应急处置意识和能力。”

14.1.2 人才选拔使用机制

当前各城轨建设单位对于应急安全方面的人才选拔以单位内部遴选为主，社会招聘为辅，也有少部分单位会采取院校定向合作的方式。

企业应紧跟生产运营和技术进步，制订职工培训计划。通过在岗培训、转岗培训、脱产培训、业务研修、岗位练兵、技能竞赛等方式，强化专业知识、操作技能、安全管理、应急处置等方面培训。学校按照专业设置与产业需求对接、课程内容与职业标准对接、教学过程与生产过程对接的要求，完善教育教学相关标准，调整专业课程设置，加强师资队伍建设，加强创新人才培养。校企合作应从早期简单的订单合作、冠名班培养，逐步发展到“人才共育、资源共享、文化共融”的一体化育人模式。

14.1.3 人才培养输送机制

城市轨道交通建设具有专业性强和复杂性高的特点，培训特定岗位的人员和管理系统的专业人员需要很长周期，应急安全相关专业技术岗位人员需求持续增加。

在国家及行业层面，建议开展轨道交通部门现有人员跟踪研究，掌握整个行业人才发展状况，提高应急安全专业人才储备的计划性，完善行业发展规划。对外宣传鼓励大专院校开设城市轨道交通专业，缓解对专业人才缺口的压力，提高专业人才储备量。计划完善现有工作人员培训系统和人事考核系统，完善职业准入制度，规范应急安全相关岗位的工作标准和服务体系，提升从业人员自我认知度和责任感，提高突发事件应急能力，要求加强平时突发事件培训及演练，做好应对一切突发状况准备。

在企业层面，应加强从业人员安全教育，注重安全管理、应急处置等培训。推广依托高等院校在城轨交通相关专业领域开展学习成果认证、积累与转换的试点经验。鼓励企业建立员工培训与工作绩效、岗位考核、岗位聘任(聘用)、职务(职称)评聘相衔接的管理机制。建议企业设立专门教育培训机构，大型轨道交通企业及其他有条件的企业应充分利用自有设备、设施、场地、师资和技术力量，在自主开展职工技能培训的同时，积极为筹备建设的企业提供职工培训服务，形成良好的人才培养与输送格局。

14.1.4 社会宣传及服务示范

城市轨道建设给人们的生产生活带来了诸多便利，但是地铁施工可能也会对周围环境及社会带来一定的影响，建设单位在安全应急方面除了对内部人员的教育培训外，还应当承担起社会宣传及服务示范作用，拓宽应急教育培训覆盖面，减少安全隐患，更好地服务于社会发展。在这方面，部分城轨企业公开发行了轨道应急安全宣传资料，主要形式包括宣传页/册、公众号/推文、现场活动、短视频或动漫画、科普材料、培训/公开课等。企业应当畅通公众参与渠道，开展丰富多样的安全应急普及活动，加大典型案例及风险告知等方面的宣传。通过宣传教育提高人员的危机意识，消除危机诱因，防范风险，避免突发事件，增强群众逃生避险能力。

14.2 我国城市轨道交通建设应急培训需求

14.2.1 培训对象

教育培训是应急能力建设工作开展的基础。城市轨道交通建设期应急培训对象主要分为四类：一是建设单位管理人员，如质量安全监察部人员、业主代表等；二是总包单位、施工单位、监理单位相关安全管理人员、一线作业人员等；三是专(兼)职救援队伍；四是社会公众。

企业应当采取有效的形式，加强对员工特别是专(兼)职应急救援队员的应急知识教育培训，普及突发事件预防、避险、自救、互救和应急处置知识，提高员工的应急处置意识和能力。例如，青岛地铁建设应急培训主要面向单位自有员工和参建单位人员，每年组织开展第一响应人培训、值班培训、应急管理培训、应急科目竞赛等，每年参训人数超 1 000 人次。杭州地铁培训对象还包括杭州地铁应急救援队，共 34 名专职应急抢险队员。

14.2.2 培训时机与培训时长

应急培训目前以日常培训为主，纳入安全培训一起实施。在新员工入职及晋级晋升之前均有针对性的培训。在工程施工开始前设有班前教育、入场教育等培训活动。

例如，上海地铁采用定期递进式培训和不定期重点突破式培训，要求新入职员工岗前安全培训不低于 24 学时，在岗员工定期培训根据不同车站、线路、区域的安排参与培训，有理论培训、综合演练等方式。青岛地铁要求培训时长每年不少于 12 小时。杭州地铁应急救援队要求培训时长为每周 6 小时。

14.2.3 培训主要内容

应急培训的内容包括应急法规、应急预案、应急程序和职责、应急技能和避险常识，应急装备的使用方法和注意事项等。具体可分为以下三类：

(1)安全应急基础知识培训。在安全生产月等活动中，开展应急管理法律法规及知识的培训，开展事故案例警示教育，强化员工应急安全意识。

(2)各级各类应急预案培训。开展自然灾害类、生产事故类、社会安全类、公共卫生类、高风险工程类等应急预案的培训学习。

(3)应急演练实战培训。结合工作实际开展各层级、各专业应急演练，丰富应急演练实战经验。

14.3 我国城市轨道交通建设应急培训方式

14.3.1 主要培训形式

当前城市轨道交通建设单位中，由安全质量部/安全监督部负责统筹应急预案的培训工作、日常的应急教育培训工作，培训内容和方式多种多样，包括理论培训、实际操作培训，采用线上线下结合的方式，除了单位内部培训外，还会请外部专家进行培训，或者进入专业机构/院校集训。

14.3.2 考核认证与职业技能鉴定

在应急人员考核认证与职业技能鉴定方面，政府与第三方机构发证较少，部分企业内部会颁发相关的资格证书。相关的证书包括应急救援员职业证书、安全员证书、红十字救护员证书、特种作业操作证书等。

14.3.3 培训效果评估

培训效果评估是培训管理和质量控制的重要手段。它不仅可以帮助组织了解培训的实际效果和效能，还可以为培训的持续改进和优化提供数据支持。同时，培训效果评估也是培训师和学员的一种激励和动力，能够激发学员的学习兴趣和积极性。

当前建设应急培训效果评估的主要方式包括出具培训总结报告、组织专项考试，及在应急演练中对效果进行检验，各企业可以根据培训的特点和目标选择合适的评估方法。

14.4 我国城市轨道交通建设应急培训资源

14.4.1 培训师资

城市轨道交通建设的应急人才培训师资力量，目前主要由政府相关部门、行业协会或学会、高校以及科研院所、社会培训机构和企业内部培训机构的应急管理专职或兼职培训人员组成。为了加强应急培训师资保障，城市轨道交通建设企业一般建立应急培训师资库，按照择优入库，动态管理的原则，促进优质师资资源共享。

14.4.2 培训教材

培训教材方面包括公开的法律法规，如《中华人民共和国安全生产法》《建设工程安全生产管理条例》《中华人民共和国建筑法》《中华人民共和国职业病防治法》等，以及各地的各类应急预案及作业指导书，还包括自编/委托研究形成的资料、课件、线上学习资源库等。

14.4.3 培训设备设施

建设应急安全培训中所用到的主要设施设备有消防设备、急救设备、施工安全设备、钻机、排水单元、登高排架等，部分政府部门和企业还建有专门的实训基地。

有数据表明，在城市轨道交通建设施工阶段，发生事故类型频率从高到低依次为坍塌、物体打击、高处坠落、机械伤害、火灾和爆炸、触电、起重伤害、车辆伤害等。针对各类事故，目前市面上也有相关设施设备用于人员的培训教育，提高相关人员安全意识、加强应急处置能力、减少事故伤害。

1. 机械伤害体验设备

设备能够仿真模拟齿轮伤害、挤压伤害、穿刺伤害、剪切伤害，能够使学员快速认识施工中各种工具、机械的伤害方式，学习如何做到“三不伤害”。机械伤害体验设备如图 14.4—1 所示。

2. 触电体验设备

设备通过视频和实物展示施工用电的正确操作方式，包括施工现场的临时用电讲解，学员通过触电仪真实体验触电的感觉。通过学习和简单操作，掌握触电急救方法，达到安全教育的目的。触电伤害体验设备如图 14.4—2 所示。

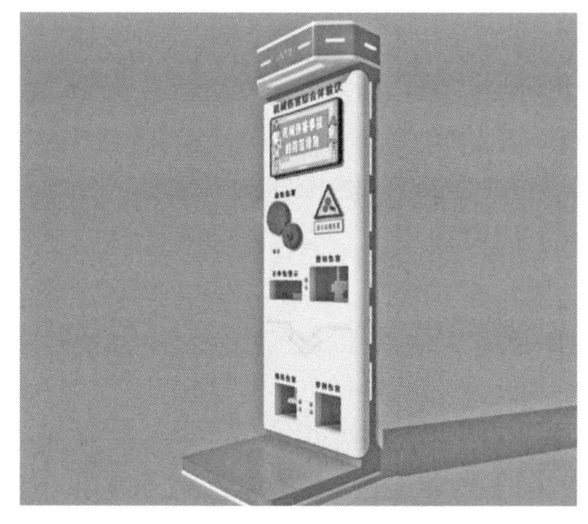

图 14.4—1 机械伤害体验设备

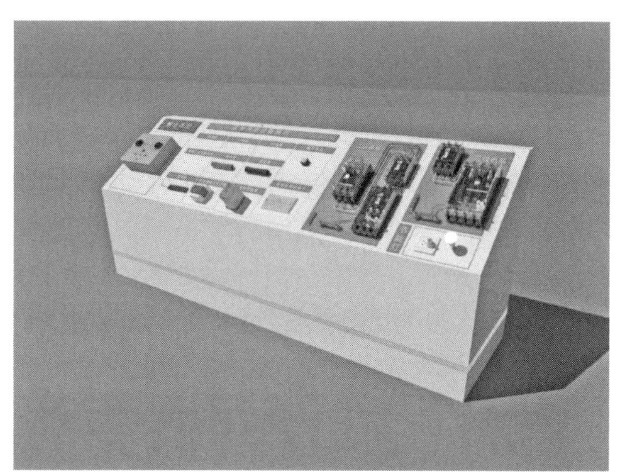

图 14.4—2 触电伤害体验设备

3. 安全帽撞击体验

设备通过实物展示真实撞击过程，学员能够学习正确的安全帽、安全鞋的穿戴方法，身临其境，通过实物体验给学员留下更深刻的印象。安全帽撞击体验设备如图 14.4—3 所示。

4. 安全标志认知系统

含认识安全工具标志、安全表示含义及设置要求等信息内容，帮助学员正确理解标志的含义与重要性，培养安全意识，培养依照标志操作、遇到危险参照标志行动的习惯。安全标志认知系统如图 14.4—4 所示。

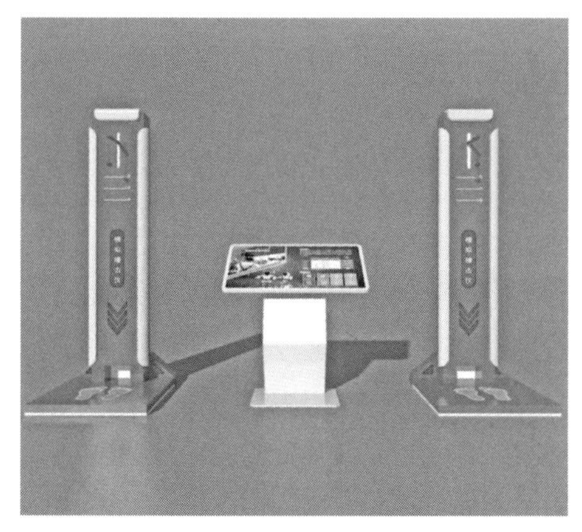

图 14.4—3 安全帽撞击体验设备

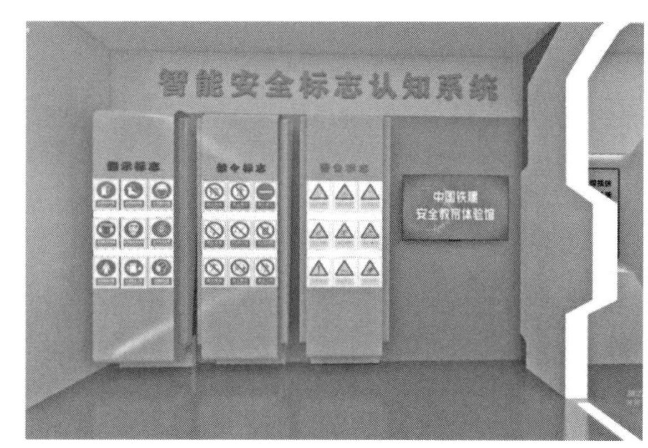

图 14.4—4 安全标志认知系统

5. 虚拟灭火体验设备

设备可以选择不同的灭火场景，学员根据不同场景的火灾类型选择灭火器并进行灭火。操作过程中无真实明火等安全隐患，不受场地限制，设备营造真实的灭火扑救体验，提高人员火灾应对能力。虚拟灭火体验设备如图 14.4—5 所示。

6. 心肺复苏救助体验系统

设置模拟实物操作系统，学员按照指示对假人模型进行心肺复苏术操作，通过心肺复苏训练，可以让学员真正掌握心肺复苏操作要领和操作规范，在突发情况下为伤员采取必要的急救措施，为专业医疗救护赢得宝贵时间。心肺复苏体验系统如图 14.4—6 所示。

图 14.4—5　虚拟灭火体验设备

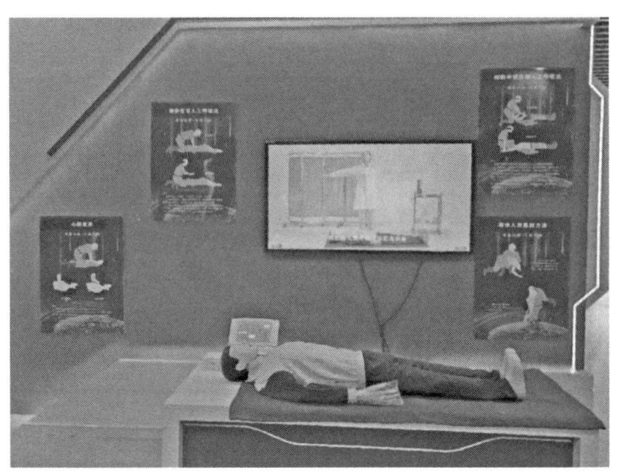

图 14.4—6　心肺复苏体验系统

7. 有限空间救援装置

能够培训作业学员对有限空间作业的安全认知和安全注意事项，开展救援绳打结演练、救援三脚架的搭设演练、受限空间救援演练等训练内容，包括常用的结绳方法、救援过程的标准用语、三脚架的搭设、空间通风与气体检测等，能够对救援人员在受限空间下的进入救援能力进行培训与考核，增强学员有限空间作业安全意识。有限空间救援演练装置如图 14.4—7 所示。

8. 施工安全 VR 体验装置

在虚拟现实中模拟真实施工事故发生场景，使学员学习正确的安全施工方法，真实体验建设施工的环境和操作，身临其境、真实感强。虚拟场景体验装备如图 14.4—8 所示。

图 14.4—7　有限空间救援演练装置

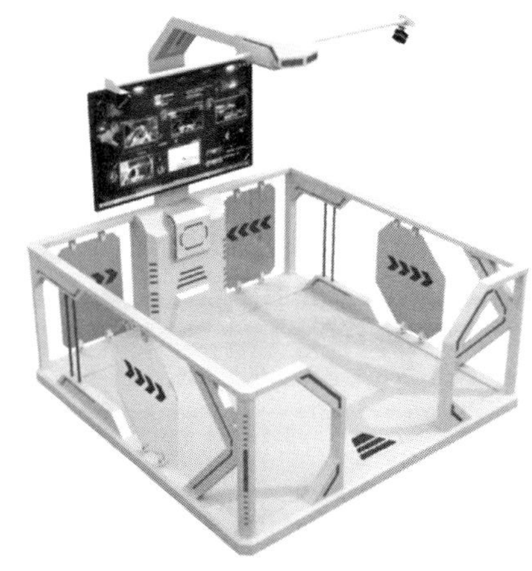

图 14.4—8　虚拟场景体验装备

14.5 我国城市轨道交通建设应急培训案例

14.5.1 各地区代表企业应急培训情况

郑州地铁邀请住房和城乡建设部建设专业委员会专家进行授课，充分掌握应急管理要点。

青岛地铁针对盾构司机等特殊作业人员开展培训，取得集团公司内部证书。

上海地铁针对不同岗位和职责的应急人员，按照定期递进式培训与不定期重点突破式培训相结合的方式，持续强化事态判断能力、专业排故能力和统一指挥能力培养，确保应急人员能够有效应对各类突发事件。通过制定体系化的中长期培训发展规划，充分利用系统内经验丰富的人员担任讲师，全方位提升轨道交通系统内部人员的专业技能。同时，针对人员的心理素质、思维能力、思考方式、意志力、执行力等方面，引入社会专业化培训力量，补强人员能力短板，提升应急人员综合素质。

深圳市住建局牵头出台了建设工程行业产业工人培训基地建设及培训要求办法，从政策和激励方面促进产业工人培训工作。

14.5.2 典型培训案例

1. 青岛地铁

“地连墙钢筋笼加工区东侧场地发生物体打击事件，造成一人受伤昏迷！”“请立即隔离危险区域，维持现场秩序，对伤员进行必要的救助，等候援助！”“伤员突发心脏骤停，请求使用 AED。”“伤者恢复稳定心跳，伤员体征稳定……”2023 年 3 月 11 日，这样“惊险”的一幕发生在青岛地铁 5 号线一标环湾大道站和福宁立交站。

这并非是一次真实的事故。当天，中国铁建青岛地铁 5 号线总部党委和中铁十二局集团青岛地铁 5 号线项目部党支部组织各工区、各班组负责人开展了应急演练和现场培训活动。

为确保安全生产和务工人员身体健康，增强一线班组人员安全意识，项目部未雨绸缪、防范在先，分别在地铁 5 号线一标环湾大道站和福宁立交站举行了物体打击应急演练和 AED 急救培训。在应急演练中，预警、隔离、救援等各环节工作再次得到了加强和巩固，为现场施工作业再加一把“安全锁”。演练中，实时穿插的 AED 培训，紧张又真实，给现场所有人员留下了深刻印象，如图 14.5—1 所示。

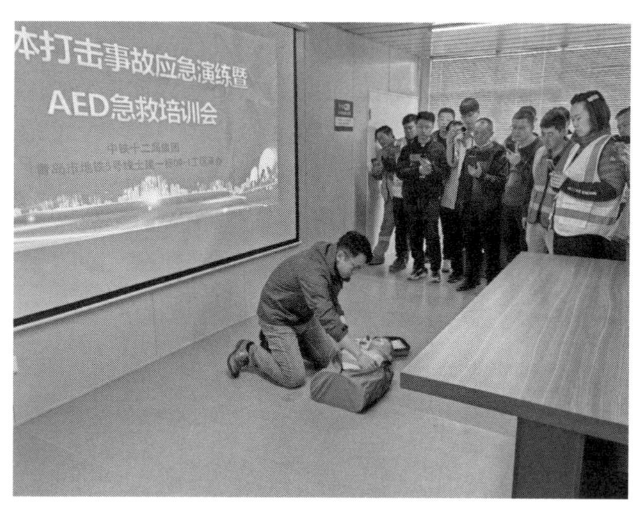

图 14.5—1　培训会现场专业老师教学

据了解，一旦发生心脏骤停，4 分钟以内是抢救的黄金时间，AED 就是一款用于抢救心脏骤停患者的医疗设备，它可以诊断特定的心律失常，并可用于电击除颤。AED 方便携带，经过培训的非医务人员可熟练操作。而此次培训，正是落实青岛地铁“提升青岛地铁基层应急救援水平，着力打造世界一流应急救援体系”重要举措，通过专业知识讲解和实操考核，使一线班组人员熟练掌握心脏骤停识别、心肺复苏急救、AED 使用等技能。

该项目相关负责人介绍，青岛市地铁 5 号线土建一标段 09—1 工区下辖一个明挖施工车站、两段盾构施工区间，周边环境复杂，施工压力大，过程中项目部依托班组建设，积极对产业工人进行“管体系、管培训、管分配、管生活”，配强班组、做优基层，把班组建设作为管理的基础。

自进场后，青岛地铁 5 号线土建一标 09—1 工区项目部不断强化班组安全建设，推行“互联网＋班组安全建设”，借助网络强化班组安全教育、制定《班组安全建设实施办法》、举办基层项目班组安全建设成果评比会，全过程执行“管体系、管培训、管分配、管生活”，着力达到班组成员“技能有提升、团队能自治、安全无三违、质量无隐患、工资无拖欠”，达到了管理人员与一线班组“同生活、同学习、同劳动、同报酬、同管理”的效果，实现“共担、共管、共赢、共建、共圆”的目标。

与此同时，项目部还积极对一线班组人员开展技能提升培训和学习，以岗位培训为基础，制订详细的培训计划，根据人员、岗位特点，采用理论指导、视频讲解、影像播放、实践操作等多种形式，开展有针对性和实效性的系统培训，累计开展培训 188 余人次，161 余名班组成员通过培训，提升了专业技能和岗位胜任力。“从制度设计、理念宣贯、过程管控、工作考核等方面入手，不断培育基层项目班组安全建设文化‘土壤’，锻造安全管理‘钥匙’，焊牢安全管控‘护栏’”。该项目部相关负责人称，他们通过全方位构建班组安全建设闭合体系，使班组成员从“要我安全”向“我要安全”转变，真正让基层班组安全建设“细胞”活起来、动起来、转起来。

下一步，该项目部全体人员将按照青岛地铁集团“进场就创建、达标才作业、过程创示范”三阶段推动班组建设工作，全面推动标准化班组创建活动走深、走细、走实，全面提升施工现场管理水平，保障工程质量和安全生产，为青岛大交通建设和建设世界一流地铁做出贡献。

2. 北京地铁

“目前处在火灾情况中，请各位有序逃生……”作业面起火，施工人员迅速通过逃生通道疏散——这一幕并没有真实发生在地铁隧道的暗挖施工现场，而是通过模拟发生在新成立的北京轨道交通体验式安全教育培训基地里。

北京轨道交通体验式安全教育培训基地设置真实环境、采用现代声光电技术手段，可以模拟轨道交通建设所涉及的 16 种场景，包括操作平台倾斜体验、墙体倾覆体验、钢丝绳使用等，并设置了 VR 安全体验等项目，施工人员通过沉浸式体验，就能接受安全培训。

基地把质量样板与有限空间体验相结合，让作业人员看到施工工艺的正确流程。通过体验式教育，可以让工人切实感受到危险发生瞬间的真实感受。当暗挖掌子面发生危险或者火灾时，大家要通过生命通道进行逃生，增强大家的安全意识。

作为北京轨道交通建设行业第一座体验式安全培训基地，其已成为全市轨道交通建设者进入施工现场前的“第一站”。正式运行后，日均可接待 200 人次进行体验式安全教育。解决了过去各项目部自行建设体验馆时，体验项目少、体验感差、资金浪费和土地浪费等问题。基地有专业的老师组织培训，培训更规范，体验感更强。下阶段将有计划地组织在施作业人员和新进场人员分标段、分批次有序参加体验式安全培训工作。

北京轨道交通体验式安全教培培训基地中的两项模拟体验如图 14.5—2 所示和图 14.5—3 所示。

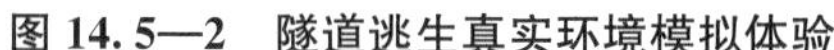

图 14.5—2 隧道逃生真实环境模拟体验

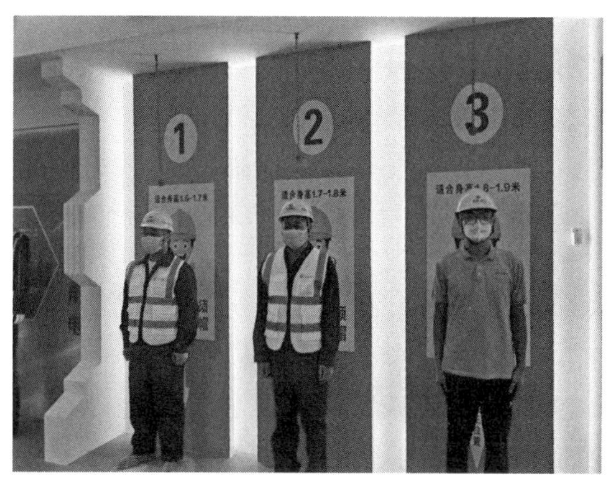

图 14.5—3 高空坠物体验

3. 广州地铁

2023 年 4 月，结合地铁车站深基坑施工、起重吊装及临边作业环境，广州轨道交通 11 号线 11308 标项目经理部(中铁上海局)严格落实年度安全培训计划，组织开展各类教育培训和应急演练，普及各类安全知识，提高施工管理人员安全认知，真正做到教育培训在日常，安全生产重预防，如图 14.5—4 所示。

该部安全管理人员在 11 号线南石路站、鹤洞东站工程建设中，坚持安全预防走在前，通过各类安全教育和应急演练，向现场管理作业人员讲解配电箱接电、检查漏电保护、电缆线架空、动火作业、宿舍严禁使用大功率电器，以及正确佩戴安全带、绝缘鞋、手套劳保用品等相应知识，如在触电急救知识普及中，明确各应急救援小组职责分工，告知在场人员雨季汗液导电，遭遇触电情形下，第一时间切断电源，利用“黄金四分钟”正确开展人工呼吸，胸部按压急救等。

截至目前，该部已组织开展起重吊装、消防、临时用电、气瓶管理、高处作业安全教育培训 13 次以上，已组织实施高空物体打击、消防、触电、防洪防汛应急演练 4 次以上，逾 500 人次接受安全教育。此举极大提高作业人员安全意识和自我保护能力，减少他们不安全行为同时，相应保证了生产安全。

4. 上海地铁

2023 年 5 月 13 日至 14 日，中铁四局上海公司 2023 年安质系统业务培训班在公司施工中的地铁 21 号线项目部举办，来自公司所属各单位的 33 名安质系统人员参加了本次培训，如图 14.5—5 所示。

图 14.5—4 专项应急演练场景

图 14.5—5 安质系统业务培训现场

培训会强调，要树立高度的安全意识和对待安全严肃认真的态度，培养良好的安全生产责任心，通过多种途径加强自身安全知识学习，营造学习安全、重视安全的浓厚氛围；要将安全管理融入生产管理中，明确各自安全生产责任，让安全管理和生产管理有机结合；要强化安全基础管理，落实安全主体责任，确保施工项目平稳推进，保障企业本质安全。

本次培训聚焦基层项目安质系统人员工作需要，培训课程设置针对性强，授课讲师理论和实践经验丰富，为期 2 天，共设置 13 节课程，主题丰富多样，包括《如何加强项目应急管理体系建设》《中铁四局安全质量隐患管理办法解读》《隐患排查治理系统的应用》《工程创优工作要点》《钢管脚手架工程专题安全培训》《施工现场消防安全管理》《钢结构施工基础知识》《地铁深基坑安全技术要点》《危险源辨识与评价》《桥梁施工安全管理要点》《安质管理基础业务》《爬架施工安全管理要点》《施工升降机安全技术要点》等业务知识。

本次培训还安排了现场观摩活动，组织全体参培人员到地铁 21 号线项目康南站施工现场进行标准化学习，进一步提升培训效果，把安全理论知识学习结合到现场实践中去。

培训后，全体参培人员参加了结业考试，以考促学，以学促行，不断巩固和增强学习效果，提高全员安全生产意识，提升项目安全生产管理水平 。

5. 深圳地铁

深圳市住房建设局、人力资源保障局、交通运输局、水务局联合出台了《深圳市工程建设行业产业工人职业训练管理办法》，该办法提出了深圳国有资金（含财政性资金）投资的建设工程项目工地施工人员的职业训练及训练基地设置的相关要求，对于提升施工作业人员质量安全意识和职业技能水平具有重大意义，也是将普通工地施工人员转变为产业工人的重要举措。

该办法将深圳市产业工人职业训练级别划分为入门级、初级、中级、高级、工匠级五个级别：

(1)入门级：完成质量安全基础训练课程，具备基本质量安全意识，熟悉进场安全基本知识，掌握基本安全操作技能；

(2)初级：完成职业技能提升训练的初级课程，熟悉本职业（工种）安全操作要求，能运用基本技能独立完成本职业（工种）的常规工作；

(3)中级：完成职业技能提升训练的中级课程，掌握本职业（工种）技术操作要求，能够熟练运用基本技能独立完成本职业的常规工作，在特定情况下，能够运用专门技能完成技术较为复杂的工作；

(4)高级：完成职业技能提升训练的高级课程，精通本职业（工种）技术操作要求，能够熟练运用基本技能和专门技能完成本职业较为复杂的工作，能独立处理和解决高难度技术问题或工艺难题，具备一定管理及带班作业能力；

(5)工匠级：完成建设工匠训练课程，专注本职业（工种）技术，能组织开展技术改造、革新活动，道德品德高尚、技能技艺卓越、带徒作用突出、业绩贡献显著。

并且对于不同级别的产业工人，市政府在各类奖励、评优、保障性住房或其他人才政策方面予以倾斜，极大地调动了作业人员的积极性。

该办法同时要求将产业工人职业训练专项经费在安全文明施工措施费中单列，作为不可竞争性费用，用于产业工人职业训练，建设单位对经费使用进行监督，经费使用相关条款写入施工合同，实行专款专用，极大的保障了产业工人职业训练工作的落地。

14.6 总结与展望

在城市轨道交通建设应急培训方面，行业内目前在一些方面已经取得了较好的成绩与效果，以下是一些优秀的做法：

(1)制定全面的培训计划：建设应急安全培训计划，涵盖各级别员工的培训需求，包括应急预案、逃生和自救技能、危险识别等内容。

(2)多样化的培训形式：采用多种形式的培训方式，如现场演练、模拟演练、在线培训和课堂培训等，以满足不同人员的学习需求。

(3)引入专业培训机构或人员：邀请专业培训机构或人员提供培训，确保培训内容科学、系统、专业。

(4)培训评估和反馈机制：建立培训评估机制，对培训效果进行评估和反馈，及时调整和改进培训内容和方式。

(5)定期演练和培训：定期组织应急演练和培训，加强员工的应急反应和应对能力。

但是仍需要在以下方面持续改进，建议包括：

(1)体系化培训。充分考虑行业人才培养的长期性和系统性，注重新型人才培养，立足构建全覆盖、多层次、高质量的人才培训体系，根据不同岗位的特点和需求，提供系统性、针对性的培训，确保培训内容与实际工作密切相关，提升行业应急人才队伍综合素质和业务能力。

(2)实践结合。加强实践环节，提供更多的实际操作和模拟演练机会，让员工能够在真实场景中学习和应用应急安全技能。通过集约高效建设实训基地，配备了满足自身需要的教育培训基础设施，包括培训场所、实训线(站)、仿真系统等，增加学员的实践机会，夯实培训效果。

(3)培训资源共享。目前行业仍存在工种岗位分类及定义不统一、在职人员培训认证体系尚存在缺位、标准规范和管理制度尚待完善的问题。企业专职培训师数量较少，教学能力水平有待提升，员工培训尚需统筹规划，参与率有待进一步提高。学校具备理论教学和实践教学能力的“双师型”教师和教学团队短缺，教育实践环节薄弱，与行业企业实际需求脱节。应当建立培训资源共享机制，各单位之间可以共享培训教材、案例和经验，提高培训效率。鼓励通过图文视频、模拟仿真、虚拟现实等技术，建设开放、交互的立体化数字课程资源库和人才资源数据库。汇聚行业各方教育培训资源(专业讲师、培训课程、经典案例、知识库等)。

(4)激励机制。企业技能人才培养、使用、评价、激励制度尚待完善，技能人才职业发展通道设计、薪酬分配制度设计以及高技能领军人才薪酬待遇制度设计等尚需跟上行业发展。应当设立充分的激励措施，鼓励员工参与培训并积极应用所学，提高培训的参与度和效果。

(5)持续的培训更新。应急安全培训工作是一个持续不断的过程，需要定期更新培训内容，以适应新的需求和风险，企业应当及时利用新的技术，增加相关的培训设备及内容，更好地面对新形势下的应急管理要求，丰富培训内容和培训方式，推动云计算、大数据、人工智能(AI)、虚拟现实(VR)、增强现实(AR)、移动智能终端等技术在应急管理培训中的广泛应用，提升培训信息化的程度及智能化的水平，提高培训便利度和可及性，实现全方位、高效率、精准化的培训效果。

15 城市轨道交通建设应急物资配置

15.1 应急物资配置标准

目前,各城市轨道交通工程均分类、分级配备了抢险救援物资、装备。青岛、成都、杭州等城市地铁根据各自实际制定了城市轨道交通工程建设应急物资配置标准,明确了管理制度,实现了对建设项目应急抢险救援装备物资的规范化管理。

15.1.1 青岛地铁

青岛地铁制定了《城市轨道交通工程建设应急物资配备指南》,规定各建设单位和施工单位按照不同工法分别配备相应应急装备物资,见表 15.1—1～表 15.1—6。

表 15.1—1 建设单位应急物资配备标准

序号	物资设备名称	规格	单位	数量	备注
1	移动式大功率水泵	功率 30 kW,200 m^3/h,扬程 100 m	台	2	防汛类
2	液压动力泵站	360 m^3/h/套	套	1	
3	水带	配套	m	1 000	
4	移动式发电机	100 kW	台	1	
5	沙袋/编织袋		个	2 000	
6	钢筋网片		t	2	防坍塌类
7	移动式围挡板/水马	2.0 m×1.5 m	m	50	
8	注浆机	单液/双液	台	1/1	
9	注浆管	配套	m	100	
10	混凝土喷射机	湿喷机/干喷剂	台	2/2	
11	钢管	ϕ108 mm	t	5	
12	工字钢	工 25	t	10	
13	钢板	10 mm×1.5 m×6 m	t	10	
14	圆木	直径不小于 20 cm	根	20	
15	方木	4 m×20 cm×20 cm	m^3	10	
16	方木	6 m×20 cm×20 cm	m^3	10	
17	水玻璃		t	2	
18	切割机		台	2	
19	救援车辆		辆	2	
20	挖掘机	0.5 m^3	台	3	大型机械类(可协议配备)
21	装载机	1 m^3	台	3	
22	吊车	25 t/100 t	台	3/1	
23	自卸车	10 m^3	台	3	
24	泵车		台	3	

表 15.1—2　施工单位基础类应急物资配备标准

序　号	名　称	规　格	单　位	数　量	备　注
1	挖掘机		台	1	大型机械类（可协议配备）
2	装载机		台	1	
3	吊　车		台	1	
4	自卸车		辆	2	
5	手推车		个	6	综合类（存放于工区应急物资库房）
6	照明灯具		套	10	
7	手持照明		只	10	
8	手持灭火器		个	20	
9	推车式灭火器		台	1	
10	雨衣、雨靴		套	20	
11	锥形桶		支	20	
12	警示带		卷	2	
13	安全带		副	20	
14	安全帽		个	30	
15	反光背心		套	30	
16	配电盘		个	2	
17	铁　锹		把	20	
18	活扳手		把	2	
19	管　钳		套	2	
20	液压剪刀		把	2	
21	千斤顶	10 t	台	2	
22	手拉葫芦	5 t/10 t	个	1/1	
23	风　镐		套	2	
24	大　锤		把	2	
25	麻　绳		m	100	
26	担　架		副	2	
27	对讲机		台	10	
28	防毒面具		套	20	
29	电　缆	(3×6+2×4) mm^2	m	200	
30	乙炔瓶		只	2	
31	氧气瓶		只	2	
32	围挡板/水马	2.0 m×1.5 m	张	30	
33	配电箱	小、中、大	套	3	
34	应急发电机	75 kW	台	1	
35	气体检测仪		台	1	

表 15.1—3 施工单位明挖法工点现场应急物资配备标准

序 号	名 称	规 格	单 位	数 量	备 注
1	钢 管	ϕ42 mm×6 m	t	2	防坍塌类（存放于明挖法工点施工现场）
2	与基坑宽度匹配的钢支撑		根	2	
3	钢 围 檩		m	20	
4	钢筋网片	1 m×1 m	片	100	
5	注浆锚管		t	1	
6	混凝土喷射机	干喷/湿喷	台	1	
7	注 浆 机	单液/双液	台	1	
8	注 浆 管	配套	m	100	
9	袋装水泥		t	2	
10	水 玻 璃		t	1	
11	交流电焊机		台	1	
12	气 割		套	2	
13	气腿式凿岩机	风 枪	台	2	
14	急 救 箱		套	1	
15	土工布/棉被		卷	1	
16	加气混凝土块		m^3	5	
17	水 泵	50 m^3/h,扬程 40 m	台	3	防汛类（存放于明挖法工点施工现场）
18	配套水带		m	100	
19	沙 袋	预 装	个	1 000	
20	编 织 袋		个	2 000	

表 15.1—4 施工单位矿山法工点现场应急物资配备标准

序 号	名 称	规 格	单 位	数 量	备 注
1	圆 木	6 m,直径不小于 20 cm	根	20	防坍塌类（存放于矿山法工点施工现场）
2	方 木	6 m×20 cm×20 cm	根	20	
3	扒 钉	10 mm×200 mm	个	500	
4	电 锯	手持式/台式	把	2	
5	钢 管	ϕ108 mm	t	2	
6	钢 管	ϕ42 mm×6 m	t	2	
7	钢筋网片	1 m×1 m	片	100	
8	注浆锚管		t	1	
9	格栅钢架	整 环	榀	5	
10	混凝土喷射机	干喷/湿喷	台	1	
11	注 浆 机	单液/双液	台	1	
12	注 浆 管	配套	m	100	
13	袋装水泥		t	2	
14	水 玻 璃		t	1	
15	交流电焊机		台	1	
16	气 割		套	2	
17	气腿式凿岩机	风 枪	台	2	
18	急 救 箱		套	1	
19	担 架		副	1	

续上表

序　号	名　称	规　格	单　位	数　量	备　注
20	水　泵	50 m^3/h,扬程 40 m	台	3	防汛类（存放于矿山法工点施工现场）
21	配套水带		m	100	
22	沙　袋	预装	个	2 000	
23	编织袋		m	2 000	

表 15.1—5　施工单位矿山法作业面附近应急物资配备标准

序　号	名　称	规　格	单　位	小断面区间隧道	大断面车站和区间隧道	
1	圆　木	6 m,直径不小于 20 cm	根	8	16	防坍塌类 1. 小断面隧道应存放于距离掌子面 50 m 内。 2. 分多个掌子面施工的,每个掌子面均应配备。 3. 小断面隧道应在每个掌子面 50 m 内存放不少于 200 个沙袋,另需在隧道内其他位置集中存放不少于 300 袋
2	方　木	6 m×15 cm×15 cm	根	8	16	
3	钢　管	6 m,ϕ108 mm	根	8	16	
4	扒　钉	10 mm×200 mm	个	50	100	
5	钢　管	ϕ42 mm×6 m	根	20	40	
6	型钢钢架	整环	榀	3	6	
7	钢筋网片	1 m×1 m	片	30	60	
8	加气混凝土块		m^3	2	4	
9	沙　袋	预装	个	200	1 000	
10	棉　被	2.0 m×1.5 m	张	10	20	

表 15.1—6　施工单位盾构/TBM 法工点现场应急物资配备标准

序　号	物资、设备名称	规　格	单　位	数　量	备　注
1	钢　管	配套	根	10	防涌水涌砂类（存放于盾构/TBM 法工点施工现场）
2	注浆锚管	6 m	根	20	
3	混凝土喷射机	干喷/湿喷	台	1	
4	水玻璃		t	1	
5	交流电焊机		台	1	
6	气　割		套	2	
7	泡沫剂	TBM 不含	kg	100	
8	聚氨酯		桶	5	
9	急救箱		套	1	
10	土工布/棉被		卷	1	
11	加气混凝土块		m^3	5	
12	水　泵	50 m^3/h,扬程 40 m	台	3	防汛类（存放于盾构/TBM 法工点施工现场）
13	配套水带		m	100	
14	沙　袋	预装	个	1 000	
15	编织袋		个	2 000	

15.1.2　成都地铁

成都地铁在《成都轨道交通建设工程突发事件综合应急预案》中明确了不同工法、不同阶段等情形下应急装备物资配备要求，见表 15.1—7～表 15.1—11。

表 15.1—7 深基坑工程应急物资清单

1. 主要设备清单			
序　　号	机械名称	规　　格	数量(台)
1	潜 水 泵	30 m^3/h	8
2	污 水 泵	7.5 kW，130 m^3	4
3	污 水 泵	300 m^3/h，扬程大于最深基坑深度 5 m 以上	2
4	钻机、双液注浆泵	规格不做具体要求，按满足现场实际需求配备	1 台(套)，现场存放
5	发电机组		1(现场存放)
6	交流电焊机		2
7	乙炔割枪		2
2. 主要物资清单			
序　　号	物资名称	单　　位	数　　量
1	水　　管	m	ϕ90 mm/ϕ85 mm/ϕ50 mm 等和水泵配套的水管不少于 500 m
2	注 浆 管	m	100
3	钢　　管	t	5
4	工 字 钢	t	5
5	与基坑宽度匹配的钢支撑	根	3
6	钢　　板	张	5 张(2 m×4 m，20 mm 厚)或同等面积
7	围 挡 板	m	总长 120 m(高度不低于 2 m)
8	手 推 车	个	6(分工点存放)
9	配 电 箱	个	二级 2 个，三级 8 个
10	照明灯具	套	10
11	应 急 灯	个	10
12	推车式灭火器	台	2
13	雨　　靴	双	30
14	氧气面罩	套	20
15	安全带、安全绳	根	30
16	方　　木	m^3	5
17	编 织 袋	个	3 000
18	砂	m^3	10
19	铁　　锹	把	50
20	袋装水泥(联系最近盾构单位取用)	t	5
21	反光背心	套	50
22	锥 形 桶	支	50
23	警 示 带	卷	10
24	氧 气 瓶	只	2
25	乙 炔 瓶	只	2
26	急救药箱	只	1

续上表

序　　号	物资名称	单　　位	数　　量
27	担　　架	副	1
28	对 讲 机	台	10
29	柴　　油	L	180
30	电　　缆	m	300
31	应急砂袋	只	1 000(50 cm×70 cm)
32	篷　　布	块	2(8 m×15 m)
33	扎丝(10 cm 长)	把	100
34	钢 丝 钳	把	10
35	棉　　被	个	5

表 15.1—8　半密闭空间工程应急物资清单

1. 主要设备清单			
序　　号	机械名称	规　　格	数量(台)
1	潜 水 泵	30 m^3/h	8
2	污 水 泵	7.5 kW,130 m^3	4
3	污 水 泵	300 m^3/h,扬程大于最深基坑深度 5 m 以上	2
4	钻机、双液注浆泵	规格不做具体要求,按满足现场实际需求配备	1 台(套),现场存放
5	地质潜孔钻机		1 台(现场存放)
6	发电机组		1(现场存放)
7	交流电焊机		2
8	乙炔割枪		2
9	手持式气体检测仪		1
2. 主要物资清单			
序　　号	物资名称	单　　位	数　　量
1	水　　管	m	ϕ90 mm/ϕ85 mm/ϕ50mm 等和水泵配套的水管不少于 500 m
2	注 浆 管	m	100
3	工 字 钢	t	5(18 号,9 m)
4	钢　　板	张	5 张(2 m×4 m,20 mm 厚)或同等面积
5	围 挡 板	m	总长 120 m(高度不低于 2 m)
6	手 推 车	个	6
7	配 电 箱	个	二级 1 个,三级 4 个
8	照明灯具	套	20
9	应 急 灯	个	30
10	推车式灭火器	台	1
11	灭 火 器	个	10(常备洞内动火作业区域)
12	雨　　靴	双	30
13	氧气面罩	套	20
14	安全带、安全绳	根	10
15	方　　木	m^3	5

续上表

序　　号	物资名称	单　　位	数　　量
16	编 织 袋	个	3 000
17	砂	m^3	10
18	铁　　锹	把	10
19	袋装水泥	t	5
20	水 玻 璃	t	3
21	反光背心	套	20
22	锥 形 桶	支	20
23	警 示 带	卷	2
24	氧 气 瓶	只	2
25	乙 炔 瓶	只	2
26	急救药箱	只	1
27	担　　架	副	1
28	对 讲 机	台	10
29	柴　　油	L	180

表 15.1—9　盾构工程应急物资清单

<table>
<tr><td colspan="4">1. 应急机械设备配备表</td></tr>
<tr><td>序　　号</td><td>机械名称</td><td>规　　格</td><td>数量(台)</td></tr>
<tr><td>1</td><td>潜 水 泵</td><td>30 m³/h</td><td>8</td></tr>
<tr><td>2</td><td>污 水 泵</td><td>7.5 kW,130 m³</td><td>4</td></tr>
<tr><td>3</td><td>污 水 泵</td><td>300 m³/h</td><td>2</td></tr>
<tr><td>4</td><td>钻机、双液注浆泵</td><td rowspan="9">规格不做具体要求,按满足现场实际需求配备</td><td>1 台(套),现场存放</td></tr>
<tr><td>5</td><td>单液注浆机</td><td>1 台</td></tr>
<tr><td>6</td><td>发电机组</td><td>1(现场存放)</td></tr>
<tr><td>7</td><td>交流电焊机</td><td>2</td></tr>
<tr><td>8</td><td>空 压 机</td><td>1 台</td></tr>
<tr><td>9</td><td>水泥浆搅拌机</td><td>1</td></tr>
<tr><td>10</td><td>叉　　车</td><td>1</td></tr>
<tr><td>11</td><td>乙炔割枪</td><td>2</td></tr>
<tr><td>12</td><td>手持式气体检测仪</td><td>1</td></tr>
<tr><td colspan="4">2. 应急物资配备表</td></tr>
<tr><td>序　　号</td><td>物资名称</td><td>单　　位</td><td>数　　量</td></tr>
<tr><td>1</td><td>水　　管</td><td>m</td><td>ϕ90 mm/ϕ85 mm/ϕ5 mm 等和水泵配套的水管不少于 500 m</td></tr>
<tr><td>2</td><td>注 浆 管</td><td>m</td><td>100</td></tr>
<tr><td>3</td><td>消 泡 剂</td><td>kg</td><td>100</td></tr>
<tr><td>4</td><td>钢　　板</td><td>张</td><td>10 张(2 m×4 m,20 mm 厚)或同等面积</td></tr>
<tr><td>5</td><td>围 挡 板</td><td>m</td><td>总长 120 m(高度不低于 2 m)</td></tr>
<tr><td>6</td><td>手 推 车</td><td>个</td><td>6(分工点存放)</td></tr>
<tr><td>7</td><td>配 电 箱</td><td>个</td><td>二级 2 个,三级 8 个</td></tr>
</table>

续上表

序　号	物资名称	单　位	数　量
8	照明灯具	套	10
9	应 急 灯	个	10
10	推车式灭火器	台	2
11	雨　靴	双	30
12	氧气面罩	套	20
13	安全带、安全绳	根	30
14	方　木	m^3	20
15	编 织 袋	个	3 000
16	砂	m^3	10
17	铁　锹	把	10
18	袋装水泥	t	5
19	反光背心	套	20
20	锥 形 桶	支	20
21	防 撞 桶	个	6
22	警 示 带	卷	2
23	氧 气 瓶	只	2
24	乙 炔 瓶	只	2
25	急救药箱	只	1
26	担　架	副	1
27	对 讲 机	台	10
28	柴　油	L	180
29	电　缆	m	300
30	扎丝(10 cm 长)	把	10
31	钢 丝 钳	把	5
32	棉　被	个	5

表 15.1—10　机电安装与装饰装修工程应急物资清单

1. 主要设备清单			
序　号	机械名称	规　格	数量(台)
1	潜 水 泵	20 m^3/h	4
2	污 水 泵	7.5 kW，130 m^3	2
3	污 水 泵	300 m^3/h	2
4	小型发电机	规格不做具体要求，按满足现场实际需求配备	1(现场存放)
5	交流电焊机		1 台
6	乙炔割枪		1 台
2. 主要物资清单			
序　号	物资名称	单　位	数　量
1	水　管	m	ϕ90 mm/ϕ85 mm/ϕ50 mm 不少于 100 m
2	手 推 车	个	5

续上表

序　号	物资名称	单　位	数　量
3	配 电 箱	个	二级 1 个,三级 5 个
4	照明灯具	套	10
5	应 急 灯	个	10
6	推车式灭火器	台	1
7	灭 火 器	个	10
8	雨　靴	双	30
9	氧气面罩	套	20
10	安全带、安全绳	根	10
11	编 织 袋	个	200
12	砂	m^3	10
13	铁　锹	把	10
14	反光背心	套	15
15	锥 形 桶	支	10
16	警 示 带	卷	2
17	氧 气 瓶	只	1
18	乙 炔 瓶	只	1
19	急救药箱	只	1
20	担　架	副	1
21	对 讲 机	台	5
22	柴　油	L	10
23	红 闪 灯	个	10
24	口　哨	支	10
25	手　电	支	10
26	铁　锤	把	2
27	扎丝(10 cm 长)	把	10
28	钢 丝 钳	把	2
29	棉　被	个	3

表 15.1—11　施工总承包联合体牵头单位轨道交通建设工程应急物资清单

序　号	物资名称	规　格	数　量
1	移动泵车	功率泵 1 000 m^3/h,扬程大于最深基坑深度 10 m 以上	至少 1 台
2	真空盘吸泵	毫米级	6 台
3	充气堵头	600 mm 充气堵头 2 套,800 mm 充气堵头 2 套,1 000 mm 充气堵头 1 套,1 200 mm 充气堵头 1 套,1 400 mm 充气堵头 1 套,1 600 mm 充气堵头 1 套,1 800 mm 充气堵头 1 套	9 个
4	污 水 泵	45 kW, 300 m^3/h,扬程 29 m	8 个
5	空 压 机	30 L	1 个
6	发电机组	45 kW	4 组
7	潜 水 泵	30 m^3/h	8 个
8	砂　袋		5 000 袋

15.1.3 武汉地铁

武汉地铁应急装备物资配备见表 15.1—12～表 15.1—14。

表 15.1—12 集团应急基地专业应急队伍主要设备物资清单(供参考)

序号	设备名称	规格型号	单位	数量	备注
1	随车吊	8 t	台	1	
2	发电机	200 kW	台	1	
3	双液注浆机	HJZB 型	台	1	
4	双液注浆机	KBY50/10-11	台	1	
5	双液注浆机	SYB-3.6/5	台	6	
6	搅拌桶	200 型	台	3	
7	搅拌桶	60 型	台	14	
8	履带式地质钻机	MDL-150D	台	1	
9	履带地质钻机	ZLJ-700D	台	1	
10	履带式全液压钻注一体机	ZJL1500/2500	台	1	
11	单液注浆泵	XHZB3.0	台	2	
12	剪叉式升降平台	SJG13-1.7	台	2	
13	叉车	CPCD30	台	1	
14	钢环加固电动作业车	XKR25	台	1	
15	库房立体升降平台	PT4-3T	套	2	
16	双液注浆机	HDD60-3	套	5	
17	双液注浆机	HDD90-3	套	1	
18	应急电源车	东风	台	1	集团
19	应急排水车	沃尔沃	台	1	集团
20	应急指挥车	无线视频连接现场与应急指挥中心	台	1	集团
21	高扬程排水单元	45 kW	台	6	集团
22	高扬程排水单元	18 kW	台	4	集团

表 15.1—13 专业应急队伍主要设备物资清单(供参考)

序号	名称	单位	数量	备注
1	工程钻机	台	1	ZLJ-350 加固型注浆钻孔机
2	应急抢险集装箱	个	1	
3	双液注浆泵	台	2	
4	单液注浆泵	台	1	
5	变频注浆泵	台	1	
6	堵漏机	台	2	
7	搅拌桶	个	2	轻型
8	沉浆桶	个	1	
9	齿轮泵	台	2	
10	泵体	个	2	

序　号	名　称	单　位	数　量	备　注
11	聚氨酯(A/B)液	t	2	
12	副　剂	kg	200	
13	水　泥	t	10	
14	水玻璃	t	5	小桶装,2 t
15	水溶性聚氨酯	kg	200	
16	堆胶(A/B)	kg	45	
17	液压油	kg	200	
18	震动泵	台	1	
19	封孔铁板	块	10	
20	注浆铁板	个	10	带球阀
21	止水针头	个	200	30 cm 长针头配备 10 根
22	喜利得冲击钻	把	2	
23	20 钻杆	根	2	1 m 长
24	220 V 电箱	个	2	100 m 线
25	380 V 电箱	个	3	100 m 线
26	吸浆管	根	4	
27	堵漏王	kg	500	
28	注浆台车	副	1	

表 15.1—14　建设期应急抢险设备物资(标段)基本配备标准参考清单

序　号	类　别	设备或物资名称	规格型号	单　位	数　量	施工阶段
1	引孔注浆组件	引孔设备		台套	1	基坑开挖,隧道施工
2		注浆设备	双液浆	台套	1	基坑开挖,隧道施工
3		注浆管		m	100	基坑开挖,隧道施工
4		普通水泥(P42.5)		t	3	基坑开挖,隧道施工
5		AB 液		t	0.5	基坑开挖,隧道施工
6		磷　酸		t	0.5	基坑开挖,隧道施工
7		水玻璃		t	1	基坑开挖,隧道施工
8		油(水)溶性聚氨酯		t	0.2	基坑开挖,隧道施工
9	电源	发电机	120 kW 以上	台套	1	基坑开挖,隧道施工
10	排水设备	污水泵组件	5.5 kW 以上	台套	5	基坑开挖,隧道施工
11		水管及配件		m	300	基坑开挖,隧道施工
12	通风设备	通风机	15 kW	台套	1	基坑开挖,隧道施工
13		风　管		m	30	基坑开挖,隧道施工
14	辅助物资	配电箱	二级 2 个、三级 5 个	个	7	基坑开挖,隧道施工
15		电　线		m	100	基坑开挖,隧道施工
16		棉　胎		床	10	基坑开挖,隧道施工
17		篷　布		m^2	200	基坑开挖,隧道施工
18		防汛专用砂袋		个	500	常　备
19		编织袋		个	3 000	常　备

续上表

序号	类别	设备或物资名称	规格型号	单位	数量	施工阶段
20	辅助物资	手推车		个	2	常备
21		铁锹		把	15	常备
22		铁丝		捆	2	常备
23		洋镐		把	4	常备
24		手持照明		个	5	常备
25		头灯		个	15	常备
26		灭火器		个	10	常备
27		安全带		副	30	常备
28		对讲机		台	6	常备
29		雨衣、雨鞋		台	15	常备
30		救生衣		个	15	常备
31		安全帽		个	15	常备
32		反光背心		个	15	常备
33		锥形桶		支	20	常备
34		警戒带		卷	10	常备
35		急救箱		个	2	常备
36		指挥棒		个	3	常备
37		担架		副	1	常备

注：建议按线路另外统筹大型施工设备装载机 1 台、挖掘机（1.8 m^3）2 台、挖掘机（0.5 m^3）2 台、自卸车 3 台、运输车 1 台以及砂石料等应急物资 30 m^3。

15.2 主要问题与建议

目前，各城市轨道交通工程应急装备物资配备多数缺少顶层设计、统筹规划、统一调度，没有统一的标准，行业储备存在随意性。储备数量也很难掌握，甚至有的物资已经不能适应当前新情况的运用。部分城市未建立统一配备标准，一些单位由于各种原因对现场应急装备物资配备不重视，一些应该配备的装备配备不全，或者不适用现场抢险救援。受到资金的限制，目前很多配备的装备物资只能应对局部小规模的突发事件，难以应对规模大、影响范围广、持续时间长的重特大城市轨道交通工程突发事件。

建议借鉴其他行业领域经验，由国家行业主管部门牵头，研究提出不同工法下的应急装备物资配备指南，各城市主管部门牵头对所辖城市轨道交通工程应急物资装备配备管理进行顶层制度设计，统筹区域内城市轨道交通工程应急装备物资配备，统一指挥、科学规划、分级分类配备，全面提高应急物资装备储备保障能力，科学高效应对各类突发事件。

16 城市轨道交通建设应急演练

城市轨道交通建设项目是一项复杂的工程，涉及多个利益相关者、广泛的基础设施和庞大的劳动力。确保这些项目的安全和可靠性至关重要。为了有效应对紧急情况并减少潜在风险，应急演练作为整体应急准备战略的重要组成部分应该得到充分的重视。

应急演练在城市轨道交通建设项目中具有多重目的。通过模拟真实的紧急情况，测试参与者和利益相关者的准备情况和应对能力，参与者通过实践应急协议和程序，确定优势和需要改进的领域，以提高整体准备水平。这些演练还通过提供协作和协调机制，加强了参与项目的不同实体之间的合作。通过这些演练，建立了有效的沟通渠道、协调协议和协同努力，增强了紧急情况下的响应能力。

此外，应急演练有助于发现项目中潜在的风险和脆弱性。通过检验模拟紧急情况的应对，利益相关者可以发现基础设施、通信系统或程序的弱点。这些信息有助于采取有针对性的风险缓解措施，提高项目的安全性。同时，演练为参与建设项目的人员提供了宝贵的培训机会。参与者熟悉应急协议、设备使用和应对程序，使他们能够在实际的紧急情况下迅速和高效地行动。通过定期的应急演练，可以识别潜在的风险，提高协调能力，并加强参与者的应急响应技能，从而确保建设项目的安全和可靠性。

城市轨道交通建设应急演练在确保项目的安全、可靠性和准备情况方面发挥着至关重要的作用。它通过测试应对能力、加强协作、识别风险和提供培训机会，减轻了潜在的紧急情况。因此，应急演练应该被视为城市轨道交通建设项目中不可或缺的一部分。

16.1 应急演练方式

城市轨道交通建设中的应急演练在提升应急响应能力方面起着关键作用，应急演练按照演练内容分为综合演练和单项演练，按照演练形式分为实战演练和桌面演练，按目的与作用分为检验性演练、示范性演练和研究性演练，本节重点讨论不同演练形式的差异。选择桌面演练或实战演练取决于多种因素，包括演练的目标、可用资源以及应急情景的复杂性。有效的应急演练需要精心设计的情景、积极的参与度、健全的沟通和协调机制以及全面的评估机制。在某些情况下，两种模式的结合可能更有益处。例如，先进行桌面演练以完善应急计划，然后进行实际战斗演练以测试实际执行能力，可以提供全面的培训体验。定期进行演练和持续改进对于确保城市轨道交通系统在应急情况下的安全和准备工作至关重要。

16.1.1 桌面演练

桌面演练是在受控环境中进行的模拟演练，例如会议室或控制中心。参与者通过讨论和分析假设的应急情景，而非实际执行应急程序来进行演练。桌面演练的主要目标包括：

(1)决策和规划。参与者分析模拟的应急情景，讨论应对策略，并根据各自的角色和责任做出决策。该演练评估决策过程的有效性和不同部门单位之间的协调性。

(2)沟通和协调。桌面演练测试为应急响应建立的沟通渠道和协调协议。参与者在模拟危机中实践关键信息的共享、协调行动,并保持有效的沟通。

(3)评估和改进。该演练使参与者能够评估应急响应计划的优点和不足,并确定改进标准操作程序的领域。

桌面演练的优点包括经济高效、灵活的情景设计以及提供全面分析和讨论的机会。它使参与者能够专注于决策和协调方面,无须实际资源。然而,与实际战斗演练相比,桌面演练可能缺乏真实性和实践经验。

16.1.2　实战演练

实战演练,也称为现场演练或实际演习,是在城市轨道交通建设区域内模拟真实应急情况的演练。它需要应急人员、施工人员和相关部门单位的积极参与。实际战斗演练的主要目标包括:

(1)实践应用。参与者进行实时的应急响应活动,例如疏散、急救、灭火以及与外部机构的协调。这种演练使他们能够应用训练并评估应急程序在真实环境中的有效性。

(2)设备和资源测试。实际战斗演练评估应急设备的功能和适用性,例如消防系统、通信设备和医疗用品。它有助于识别不足或维护需求。

(3)部门间协调。该演练测试不同部门之间的协调和合作,包括团队协作、信息共享、指挥调度等。它评估他们在应急情况下合作的能力。

实战演练的优点包括真实性、实践经验以及在应急响应计划中识别实际挑战和限制的机会。它使参与者更深入地了解真实应急情况的复杂性。然而,进行实战演练需要广泛的规划、协调和资源。

有效应急演练的关键考虑因素:

(1)情景设计。应急情景应与城市轨道交通建设背景相关,考虑潜在风险和挑战。情景设计应反映真实情况,为有效培训提供意义深远的机会。

(2)目标和学习成果。为每次演练确立明确的目标和学习成果。这些目标应与应急响应计划的具体目标相一致,帮助参与者培养必要的技能和知识。

(3)参与者参与度。应急演练的成功离不开利益相关者的积极参与和投入,包括应急人员、施工人员以及相关部门。让参与者参与情景制定和决策练习,增加他们对过程的理解和承诺。

(4)沟通和协调。应建立有效的沟通协议和协调机制,并在演练过程中进行测试。这包括团队内部的沟通、部门间的协调以及与外部机构的合作。定期的沟通演练确保信息流畅和应急时的协调。

(5)评估和反馈。应实施严格的评估方法,以评估参与者的表现和应急响应计划的有效性。评估标准应明确定义,包括定量和定性指标。应收集参与者的反馈意见,获取建议,以提高应急响应能力。

16.2　应急演练科目

在城市轨道交通应急方案中,分阶段、分工法的应急演练是一种有效的训练方法,它通过将应急演练划分为不同的阶段和科目,以提高应急响应能力和应对突发事件的能力。以下是一些常见的阶段性与分工法的应急演练科目:火灾应急演练、塌方事故应急演练、事故伤亡应急演练、施工设备故障应急演练、紧急疏散演练、环境污染应急演练、暴雨洪水应急演练、基坑涌水涌砂应急演练、盾构施工突发喷涌应急演练等,科目类型。

常见突发事件包含:隧道坍塌、矿山隧道内涌水涌砂、矿道法隧道初支失稳、基坑涌水涌砂、基坑支撑失稳或坍塌、盾构始发与到达事件、盾构内进水、双护盾 TBM 内进水、盾构(TBM)进仓作业、建筑物倾斜或倒塌、管线沉降破裂、道路地面塌陷、支架垮塌、起重吊装作业事故、高空坠物及物体打击事故、触电事故、机械设备伤害事故、火灾事故、有限空间作业、食物中毒等。

16.2.1 按阶段划分

阶段性方法是根据不同施工阶段组织演练,确保涵盖所有相关方面,并让参与者逐步提升技能。应急演练的关键阶段包括以下几个阶段。

1. 前期准备阶段演练

演练组织:测试应急演练组织者的组织能力和计划编制能力,包括演练方案的制定、演练资源的调配等。

演练指挥:测试指挥员的指挥能力和应急决策能力,包括应急响应指挥系统的运行和指挥流程的协调等。

2. 施工演练

现场布置演练:测试施工现场的布置和安全措施,包括施工区域的划定、安全标识的设置等。

人员培训演练:测试施工人员的安全意识和应急知识,包括应急预案的培训、安全操作规程的培训等。

火灾应急演练:测试施工现场的火灾应急处置能力,包括火灾报警、疏散逃生、灭火等。

塌方事故应急演练:测试施工现场的抢险和救援能力,包括紧急疏散、人员搜救、救援装备的使用等。

事故伤亡应急演练:测试施工现场的急救和伤员救护能力,包括急救措施、伤员转移和医疗救护等。

紧急疏散演练:测试施工现场的疏散指挥能力和人员自救能力,包括疏散路线规划、疏散组织和应急出口的使用等。

3. 施工结束后演练

设备故障应急演练:测试施工现场的设备故障排除和维修能力,包括紧急维修、设备更换和备用设备的使用等。

环境污染应急演练:测试施工现场对环境污染事故的应急处置能力,包括污染源控制、污染物清理和环境保护等。

通过分阶段的演练科目,能够全面测试城市轨道交通施工阶段各个阶段的应急能力,提高应对突发事件的能力和效率。同时,演练过程中还可以发现问题并及时进行改进,确保施工过程的安全性和顺利进行。

16.2.2 按对象划分

1. 现场指挥部演练

指挥部组织:测试指挥部的组织能力和应急决策能力,包括应急响应指挥系统的运行和指挥流程的协调等。

通信协调:测试指挥部与其他部门或机构之间的协调和沟通能力,包括通信设备的使用、信息传递和指令执行等。

2. 施工人员演练

安全疏导:测试施工人员的安全意识和应急疏导能力,包括疏导人员的指挥能力、疏导路线的规划和执行等。

现场救援：测试施工人员的救援和抢险能力，包括紧急疏散、人员搜救、救援装备的使用等。

3. 环境保护人员演练

污染物清理：测试环境保护人员的应急处置能力，包括污染物的清理、废弃物的处理和环境保护措施的执行等。

4. 安全监测人员演练

监测设备操作：测试安全监测人员的设备操作和数据分析能力，包括监测设备的使用、数据采集和分析处理等。

风险评估：测试安全监测人员的风险评估能力，包括对施工现场风险的分析、预警和应急措施的提出等。

5. 管理人员演练

应急组织管理：测试管理人员的应急组织和协调能力，包括应急预案的制定、资源调配和指挥流程的协调等。

人员安全培训：测试管理人员对施工人员的安全培训和教育能力，包括安全操作规程的培训、应急预案的传达和安全意识的培养等。选择适当的应急演练主题对于城市轨道交通建设中的全面培训和应急准备至关重要。阶段性方法确保演练涵盖应急情况的所有阶段，从准备到响应和恢复。分工法根据部门、团队和个人的角色和职责将特定的演练主题分配给不同的参与者，实现有针对性的培训。应急演练科目及演练频次建议见表 16.2—1。

表 16.2—1　应急演练科目及演练频次建议表

应急演练科目	科目与演练频次
现场火灾应急演练（电气、易燃气体、固体等）	模拟施工现场发生火灾，测试应急疏散和灭火救援能力。建议每季度进行一次演练，确保施工人员熟悉应急预案和灭火器材的使用
现场爆炸应急演练（粉尘、密闭空间易燃气体）	模拟施工现场发生爆炸事故，测试应急疏散和爆炸事故处理能力。建议每半年进行一次演练，确保施工人员能够迅速应对爆炸事故
交通事故应急演练（施工设备作业盲区）	模拟施工区域发生交通事故，测试应急疏散和事故处理能力。建议每季度进行一次演练，提高施工人员的应急响应能力
环境风险应急演练（管径较大的雨水、污水、给水、燃气、热力等风险）	模拟施工现场发生环境事故，测试应急处理和环境保护能力。建议每年进行一次演练，确保施工人员能够有效应对环境污染事件
恶劣天气应急演练	模拟施工现场遭遇恶劣天气，测试应急疏散和恶劣天气应对能力。建议每季度进行一次演练，提高施工人员的应急响应能力
地质灾害应急演练（洪涝灾害、气象灾害、地震灾害、地质灾害以及不良地质引发的坍塌、涌水涌砂等）	模拟施工现场发生地质灾害，测试应急疏散和抢险救援能力。建议每年进行一次演练，确保施工人员能够应对地质灾害
现场突发事件应急演练（包括隧道坍塌、管线破坏、建筑物破坏等）	模拟施工现场突发事件，测试应急处理和危机管理能力。建议每年进行一次演练，确保施工人员能够迅速应对突发事件
施工设备失控应急演练	模拟施工设备失控事故，测试应急处理和设备控制能力。建议每季度进行一次演练，确保施工人员能够熟练应对设备失控事故
公共卫生事件（染病疫情、群体性不明原因疾病、食品安全及其他严重影响公众健康和生命安全）	模拟发生公共卫生事件，测试防控措施的有效性和协调配合能力。建议每年至少进行一次全面的公共卫生事件演练，以检验相关部门和人员的准备情况和应急响应能力

16.2.3　应急演练的组织流程

1. 应急演练具体的组织流程

(1)确定演练目标：明确演练的目的和重点，例如测试应急响应能力、验证应急预案、培训人员等。

(2)制订演练计划:根据演练目标和要求,制订详细的演练计划,包括演练的内容、时间、地点、参与人员、角色分工等。

(3)编制演练脚本:根据演练计划编制详细的演练脚本,包括演练的情景、事件发生的顺序、相关角色的行动等。

(4)人员组织:确定参与演练的人员,并为每个人员分配相应的角色和任务。

(5)场景设置:根据演练脚本,搭建逼真的场景,包括设置模型、设备、道具等,以模拟真实的轨道交通系统和紧急情况。

(6)物资准备:根据演练脚本和场景需求,准备好所需的物资和设备,如救援装备、通信设备、标志牌等。

(7)演练开展:按照演练计划和脚本的安排进行演练。参与人员按照各自的角色扮演,模拟应急情况的发生和应对。

(8)行为记录:在演练过程中,进行详细的行为记录,包括参与人员的行动、沟通、决策等。这些记录有助于回顾和总结,以及提供参考和改进意见。

(9)演练评估和总结:演练结束后,进行评估和总结。评估演练的效果和参与人员的表现,总结经验教训,提出改进措施。

(10)演练报告和改进:根据演练评估和总结的结果,编写演练报告,并提出相应的改进意见和措施,以进一步提高应急响应能力。

以上是应急演练的一般组织流程,具体的流程可能会根据实际情况和需求进行调整和变化。

2. 各地的应急演练

(1)上海地铁建设应急演练。上海城市轨道交通建设系统在应急演练方面具有一定的特殊性,因为上海是中国的经济中心之一,城市系统非常庞大,也面临着特殊的地理和气候挑战,如台风。因此,上海市轨道交通系统可能会考虑更大规模的疏散和救援,定期进行应急演练,以确保建设项目的安全性和应急准备。例如,火灾演练模拟了一个火灾发生在一处正在建设中的地铁站的情景。演练的重点是测试地铁员工、应急服务人员和相关机构之间的协调能力。参与者通过实践疏散程序、应急通信和灭火等应对措施,评估应急响应的效果和改进空间。

(2)北京地铁建设应急演练。北京地铁在不同的建设工地进行应急演练,以提升安全和应急响应的能力。例如,坍塌演练场景涉及模拟隧道段发生地质不稳定导致坍塌的情况。演练目的在于评估疏散计划、救援行动和建设工人、应急人员以及相关政府机构之间的协调效果。参与者将实践应对坍塌事故的紧急救援措施,并探索改进和加强应急响应能力的方法。

(3)广州地铁建设应急演练。广州地铁作为中国最大的城市轨道交通系统之一,定期进行应急演练以确保建设项目的安全。例如,火灾演练的场景是模拟正在建设中的车站发生火灾。演练的重点是测试建设人员在处理火灾、应对伤亡和与外部救援队伍协调等方面的应急响应能力。演练还涉及评估应急通信系统的有效性和整体应急响应计划的实施情况。

(4)成都地铁应急演练。成都地铁定期进行应急演练,以提升其建设项目的应急响应能力。例如,管道破坏演练的情景是模拟隧道段发生燃气泄漏。演练的目的是测试应急协议的执行情况、应急通信系统的效果以及建设人员、应急人员和地方政府部门之间的协调能力。参与者将实践应对燃气泄漏的紧急处置措施,评估演练的效果并提出改进建议,以加强应急响应能力和整体项目的安全性。

(5)佛山地铁应急演练。针对佛山市的季节特点,佛山市每年 4—5 月进入主汛期,会要求施工单位在此期间组织防汛的双盲演练,并检查施工单位的演练执行情况。8—10 月,佛山市进入台风多发季节，会要求施工单位在此期间组织防汛防台风的应急演练，并检查施工单位的演练执行情况。另外根据施工现场关键工序的转换，危大工程施工前进行关键环节开工条件验收，将应急演练是否开展作为开工条件验收的主控项目，未开展针对性的应急演练不允许转入下一道关键工序。

不同城市的地铁建设都会根据自身特点和需求进行应急演练的安排和实施，模拟不同的突发事件场景，涵盖火灾、地质不稳定、燃气泄漏、防汛和台风等。这些演练的目标都是测试相关人员的应急响应能力和协调配合能力，评估应急预案的有效性，提出改进建议，以加强应急能力和整体项目的安全性。这些经验和教训也为其他城市轨道交通项目的应急准备提供了参考，促进了全国范围内的应急演练标准化和提升。

16.3 应急演练检查

城市轨道交通应急演练检查对于提高应急响应能力、发现问题并改进、提高员工应急意识、加强应急协作与合作以及增强公众安全感都具有重要意义，对于确保城市轨道交通系统的安全运营和应对突发事件具有重要作用。本节将详细介绍应急演练检查的不同方面，包括常规检查、演练检查（盲演）、检查标准和检查频率。

16.3.1 常规检查

常规检查是对城市轨道交通应急演练的日常运行情况进行检查。常规检查内容包括但不限于以下几个方面。

1. 演练准备情况检查

检查演练方案：确保演练方案符合实际需要，包括演练目标、演练内容、演练流程等。

检查演练资源：确保演练所需的人员、设备、场地等资源齐备，能够满足演练需求。

检查应急预案：核对应急预案的更新和完善情况，确保演练与预案的一致性。

2. 演练现场设施检查

检查安全设施：检查现场的安全标识、疏散通道、灭火器材等安全设施是否完好有效。

检查通信设备：检查通信设备的运行状态和通信畅通情况，确保应急指挥和联络的顺利进行。

3. 人员准备情况检查

检查人员培训：检查相关人员的应急培训记录，确保参与演练的人员具备相应的应急知识和技能。

检查人员装备：检查人员的个人防护装备是否齐备，如安全帽、安全鞋、防护服等。

4. 演练指挥控制检查

检查指挥系统：检查应急指挥系统的运行情况，包括信息传递、指挥流程、指挥员的指挥能力等。

检查指挥人员：核对指挥人员的身份和指挥权限，确保指挥岗位的人员熟悉应急流程和指挥要求。

5. 演练过程监督检查

监督演练流程：对演练过程进行监督和记录，确保演练按照预定计划进行，发现问题及时纠正。

监督安全操作：对施工人员的安全操作进行监督，确保演练过程中不发生安全事故。

常规检查能够确保城市轨道交通施工阶段的应急演练顺利进行，发现问题及时处理，提高应急响应能力和施工现场的安全性。同时，检查过程中也可以评估演练的效果，为今后的演练提供参考和改进的依据。

16.3.2 演练检查(盲演)

盲目演练(盲演)是指在演练过程中,不事先通知相关人员和部门,以模拟真实情况下的突发事件应对能力进行演练。这种演练方式能够更真实地测试施工现场的应急响应能力,以及相关人员的应对能力和协同配合能力。

在盲演中,演练组织者会选取一种或多种突发事件场景,例如塌方、火灾、事故等,然后在某个具体的时间和地点进行模拟演练。演练开始时,相关人员并不知道演练即将开始,他们需要根据自身岗位职责和应急预案,迅速做出反应和处理。

盲演的目的是为了检验施工现场的安全性和应急响应能力。通过这种方式可以发现施工现场中的薄弱环节和问题,及时进行改进和完善。同时,盲演还能够提高相关人员的应急意识和应对能力,增强团队协作和沟通能力。

在进行盲演时,需要确保演练过程中的安全性。相关人员需要接受培训和指导,了解演练的目的和流程,熟悉应急预案和操作规程。同时,演练组织者还需要与相关部门和机构进行协调和沟通,确保演练过程中不影响正常的施工和工人的安全。

盲演能够有效提升施工现场的安全性和应急响应能力,保障施工人员的安全。通过不预先通知相关人员和部门,能够更真实地模拟突发事件,使演练更具挑战性和实用性。

16.3.3 检查标准

城市轨道交通应急演练的检查标准可以按照国家和地方的相关规定进行,也可以根据实际情况进行制定。一般来说,检查标准应包括以下方面:

(1)演练方案和预案的一致性。检查演练方案和应急预案之间的一致性,确保演练内容和流程与预案要求相符。

(2)演练准备情况。检查演练前的准备工作,包括演练资源的准备、人员培训的完成情况等。

(3)演练目标的达成情况。检查演练的目标是否明确,并评估演练过程中是否能够达到预期的目标。

(4)演练过程的顺利进行。检查演练过程中的指挥流程、沟通协调、任务分工等是否有序进行,评估指挥员的指挥能力和团队的协作配合情况。

(5)应急措施的有效性。检查演练中采取的应急措施是否有效,包括火灾报警、疏散逃生、救援抢险等应急措施的执行情况。

(6)安全操作的遵守情况。检查施工人员在演练中是否按照安全操作规程进行操作,评估施工现场的安全性。

(7)演练记录和总结。检查演练过程中的记录和总结,包括演练过程的记录、问题的发现和改进措施的提出等。

通过检查标准,能够对应急演练进行全面评估和检查,发现问题并及时改进,提高应急响应能力和施工现场的安全性。同时,检查过程中也可以评估演练的效果,为今后的演练提供参考和改进的依据。

16.3.4 检查频率

城市轨道交通应急演练的检查频率应根据实际情况进行安排。一般来说,常规检查应该定期进行,可以是每月、每季度、每半年或每年进行一次,以确保应急设备、应急预案和应急培训的有效性。

盲演的频次可以根据需要进行，但通常不宜过于频繁，以免造成应急响应疲劳和演练效果降低。一般来说，每年进行一次盲演是比较常见的做法，但在特定情况下，如新线路开通、重大事件发生等，也可以适当增加盲演的频次。

16.4 应急演练评估

城市轨道交通应急演练评估可以发现应急预案、应急组织、应急人员、应急机制、应急保障等方面存在的问题或不足，提出改进意见或建议，也可总结演练中好的做法和优点，对于提高应急响应能力、加强应急协作具有重要意义。通过评估方法的选择、考核的实施和处置标准的制定，可以全面评估城市轨道交通应急演练的质量和效果，及时发现问题并采取相应的措施进行改进，提高应急响应能力和处理突发事件的能力。

1. 评估方法

城市轨道交通应急演练评估可以采用多种方法，包括实地观察、模拟演练、调查问卷、专家评审等。具体评估方法应根据实际情况和评估目的进行选择。

(1)实地观察：评估人员可以到现场观察应急演练的进行情况，包括应急设备的完好性、应急预案的执行情况、应急响应的协调配合等。

(2)调查问卷：可以向参与演练的员工和相关人员发放问卷，收集他们对应急演练的意见和建议。问卷可以包括对应急设备、应急预案和应急响应的评价等内容。

(3)专家评审：可以邀请相关领域的专家对应急演练进行评估和指导。专家可以根据自身专业知识和经验，对应急设备、应急预案和应急响应进行评估，并提出改进建议。

2. 评估内容

应急演练的评估可从演练策划与准备和演练实施两个方面进行。其中，演练策划与准备的评估可从演练策划与设计、演练文件编制、演练保障三个方面进行；演练实施的评估可从预警与信息报告、紧急动员、事故监测与研判、指挥和协调、事故处置、应急资源管理、应急通信、信息公开、人员保护、警戒与管制、医疗救护、现场控制及恢复和其他十三个方面进行。

3. 评估结果运用

城市轨道交通应急演练评估的处置标准是根据评估结果来制定相应的改进措施和处理方案。具体的处置标准可以根据评估结果、实际情况和相关法规要求等进行制定。

(1)对于评估结果较好的部分，可以给予肯定和鼓励，并提出进一步完善的建议。这些建议可以涉及应急设备的更新和维护、应急预案的进一步细化和完善、应急培训的加强等方面。

(2)对于评估结果较差的部分，应及时提出问题，并制定改进措施和时间表。这些改进措施可以包括应急设备的修复和更新、应急预案的修订和培训、应急响应的流程优化等方面。

(3)对于严重影响应急响应能力和安全的问题，必须立即采取紧急措施进行处理。这可能涉及应急设备的紧急维修和替换、应急预案的紧急修订和培训、应急响应的紧急调整等方面。

通过评估方法的选择、考核的实施和处置标准的制定，可以全面评估城市轨道交通应急演练的质量和效果，及时发现问题并采取相应的措施进行改进，提高应急响应能力和处理突发事件的能力。

16.5 主要问题与建议

1. 应急设备不完善

问题:部分城市轨道交通系统的应急设备存在不足或不可靠的情况,如灭火设备、应急通信设备等不足或无法满足实际应急需求。

建议:加强对应急设备的配备和维护,确保设备的完好性和可靠性。定期检查和测试应急设备,及时修复或更换故障设备。同时,根据实际需求,适时更新和升级应急设备,确保其能够应对各类紧急情况。

2. 应急预案更新不及时

问题:部分城市轨道交通系统的应急预案更新不及时,无法及时应对新的突发事件类型和应急需求。预案内容可能过于简单或不够详细,缺乏具体操作指导。

建议:建立健全的预案更新机制,及时根据实际情况和新的突发事件类型进行应急预案的修订和更新。预案应包括详细的操作指导,明确各部门的职责和协作流程,确保在紧急情况下能够迅速、准确地执行。同时,定期组织预案演练,评估预案的可行性和有效性,发现问题并及时改进。

3. 应急培训不足

问题:部分员工缺乏应急培训,对应急预案的内容和应急操作流程不熟悉,应急响应能力有待提高。

建议:加大对员工的应急培训力度,提高员工对应急预案和应急操作流程的熟悉程度。培训内容可以包括应急知识、应急技能和模拟演练等方面。定期组织培训,包括理论培训和实际操作,让员工实际操作和应对紧急情况,提高应急响应能力。同时,建立培训记录和考核机制,确保员工的应急培训得到及时跟踪和评估。

4. 应急通信不畅通

问题:部分城市轨道交通系统的应急通信系统存在通信不畅或信号覆盖不全的问题,影响应急指挥和信息传递。

建议:加强应急通信系统的建设和维护,确保通信设备畅通可靠。增加信号覆盖区域,提高通信信号的稳定性和覆盖范围,以保证应急指挥和信息传递的有效性。同时,定期测试和维护通信设备,确保其正常工作,并制定紧急通信方案,以备不时之需。

5. 应急演练频率低

问题:部分城市轨道交通系统应急演练频率较低,无法及时发现和解决应急响应中的问题,应急响应能力无法得到有效锻炼和提升。

建议:增加城市轨道交通系统的应急演练频率,定期组织模拟紧急情况的演练,以及常规的演练和评估。通过演练,发现问题并及时改进,提高应急响应能力。制订演练计划并记录,跟踪和评估演练的效果,及时总结经验,不断改进和提升应急演练的质量和效果。

通过解决这些问题,城市轨道交通系统的应急演练能够更加全面、高效地提升应急响应能力,确保在突发事件发生时能够快速、准确地应对和处理,保障乘客和员工的安全。

第五部分 >>>>>>>

发展与展望

17 探索科学有效的应急管理模式

应急管理是国家治理体系和治理能力的重要组成部分，党的二十大报告提出，要完善国家应急管理体系，提高公共安全治理水平，建立大安全大应急框架，完善公共安全体系，推动公共安全治理模式向事前预防转型，并且要提高防灾减灾救灾和重大突发公共事件处置保障能力，加强国家区域应急力量建设。这里面提到了一个体系、一个框架和一个能力，我国的应急管理建设应当在这三个目标前提下逐步完善。

关于国家应急管理体系方面，国务院印发了《"十四五"国家应急体系规划》，该规划要求从深化体制机制改革、夯实应急法治基础、防范化解重大风险、加强应急力量建设、强化灾害应对保障、优化要素资源配置、推动共建共治共享等方面重点发力，提出到2025年，应急管理体系和能力现代化要取得重大进展，形成统一指挥、专常兼备、反应灵敏、上下联动的中国特色应急管理体制，建成统一领导、权责一致、权威高效的国家应急能力体系，安全生产、综合防灾减灾形势趋稳向好，自然灾害防御水平明显提升，全社会防范和应对处置灾害事故能力显著增强。到2035年，建立与基本实现现代化相适应的中国特色大国应急体系，全面实现依法应急、科学应急、智慧应急，形成共建共治共享的应急管理新格局。关于大安全大应急框架方面，结合总体国家安全观的概念和内涵，大安全大应急就是对总体安全观在应急领域的具象与深化，通过安全和应急的相互融合，推进公共安全治理由事后补救向事前预防转型，大大增强安全韧性。

在应急处置保障能力方面，要聚焦工程装备、生产作业装备、应急保障装备、救助打捞装备等的瓶颈问题，推动产业链上下游协同开展攻关与示范应用，重点在于加强国家综合性消防救援队伍、区域应急力量、专业救援队伍和社会应急力量建设，立足实战强化装备保障，全力开展抢险救援救灾。城市轨道交通建设应急是国家应急体系下的一个分支，其模式和理念也应紧随国家应急体系的建设发展要求，提出更为适用的应急管理组织与机制，推动安全与应急的融合，强化应急保障能力建设，探索出具有行业特色的应急管理新模式。

17.1 推动城市轨道交通应急管理智慧化建设

随着云计算、人工智能、5G和物联网等数字化技术的不断创新突破，智慧工地管理已在全国建筑行业中崭露头角，在国家"十四五"规划指引下，智慧工地作为智慧城市在工程领域延伸，轨道交通应急管理"智慧化"趋势成必然，未来发展前景十分广阔。

首先，智慧应急是应急管理现代化的发展方向。当前，全球新一轮科技革命和产业变革加速推进，数字化转型日益凸显。《"十四五"国家信息化规划》指出，"十四五"时期是信息化创新引领高质量发展的重要机遇期，是以信息化推进国家治理体系和治理能力现代化的深化巩固期，要加快构建数字社会，极大提升基于数据的国家治理能力现代化水平。应急管理体系和能力建设是国家治理体系和治理能力现代化的重要组成部分，必须主动顺应和引领新一轮信息革命浪潮，在新的历史起点上开创应急管理信息化发展新局面。

其次，新一代信息科技为智慧应急建设提供了历史机遇。新一轮科技革命和产业变革加速演进，以智能化为核心的人类第四次工业革命，正以前所未有的态势席卷而来。全球信息化发展将进入全面渗透、跨界融合、加速创新、引领发展的新阶段，信息技术创新代际周期大幅缩短，创新活力、集聚效应和应用潜能裂变式释放，更快速度、更广范围、更深程度地引发新一轮科技革命和产业变革。物联网、云计算、大数据、人工智能、机器深度学习、区块链、5G通信等新技术驱动万物互联，数字化、网络化、智能化服务将无处不在，为加快应急管理信息化建设迎来了难得的历史机遇。

再次，智慧应急是提升应急管理能力的重要载体。智慧应急是现代信息网络技术与应急管理业务深度融合后形成的新业务形态。通过应急管理信息化建设和应用系统智能化升级改造，推进现代信息网络技术与应急管理业务深度融合，有利于促进体制机制创新、业务流程再造和工作模式创新，提高监测预警、监管执法、辅助指挥决策、救援实战和社会动员能力，逐步改变传统经验式、粗放化的应急管理方式，向科学化、精准化和智能化转变，实现智慧应急。

城市轨道交通应急智慧化可依托智慧工地平台体系构建，增加智慧应急管理功能，完善应急智慧化管控机制，以提高我国城市轨道交通建设应急处置能力。

1. 推进智能创新，提升风险管控能力

安全生产事故频发人为因素占比较高，违规违章行为是主要原因，必须创新安全管控手段，以系统促规范、以规范提水平。加快构建施工安全监控网络，引进智慧工地等智能化监控平台，提高风险感知能力和安全管控水平。

2. 强化智能研判，提升预警能力

构建基于多因素多指标的智慧化安全评估及预测模型，提升事故早期识别和风险预警能力，及时部署应急物资和装备，及时开展事故早期处置，达到科学应急。

3. 强化数据驱动，提升决策分析能力

加强数据汇集和数据可视化，及时提供事故动态研判、事故损失评估和应急指挥辅助决策，在安全事故发生后，快速为决策者开展应急指挥救援提供数据和技术支撑，对减轻灾害损失、减少生命伤亡具有重要意义。

17.2 推行突击式无脚本的应急演练模式

零事故、零死亡是安全生产工作追求的目标，实现这个目标需要一个长期的过程。对常见的生产安全事故，通常会制定一系列的应急预案，以便这些事故发生后能够迅速、有针对性地实施应急救援处理工作。同时为了让有关人员熟悉并掌握应急救援流程，通常会在有关人员中有计划地实施应急演练。然而由于地铁建设过程复杂，建设中的一些难以预测的失误或潜在的不安全状况会突破生产管理体系的安全防范系统，导致生产过程中事故和危机事件突发，应急处置往往因为做得不够到位而使事故或危机事件深化，这就需要在平时工作中熟练掌握有关的应急救援技能，做好应急救援准备。作为提高应急救援能力最直接、最有效的方法，应急演练如何开展变得尤为重要。结合应急演练和救援工作实际情况，对应急演练的模式和方法进行比较分析。

17.2.1 应急演练的模式和方法分析

应急演练是针对事故情景，依据应急预案而模拟开展的预警行动、事故报告、指挥协调、现场处置等活动。简单来说，演练是针对事故而开展的模拟救援活动。事故发生在企业或施工工地，第一时间进行处置的是企业。对于企业而言，预警、事故报告、现场处置是重点；而对于企业没有及时完成现场处置的事故，就涉及到了各级政府和部门的接警处置、应急救援准备、协调指挥和现场抢险救援等。因此，要充分考虑这些因素来选择和应用应急演练模式及方法。

17.2.1.1 培训式的应急演练

在各相关职能部门、专业应急救援队和企业适用。主要是本单位内部人员或者请专家对现场演练的具体操作等情况进行培训、训练和讲解，也可以看作是应急演练的专门培训。这种演练对企业和有关场所尤其重要。具体操作时，一定要把最容易出现问题、导致事故发生、导致事故后果最严重的危险因素找出来。对这些危险因素导致事故后具体如何救援等各个细节要逐一培训到位，让有关人员熟练掌握这些应急救援知识，进而通过开展相关的现场演练，确保救援行为及时有效。

17.2.1.2 研讨式的应急演练

在各级政府、职能部门、专业应急救援队和企业均适用。主要是以研讨的方式，分析整理出某些事故最有效、最可行的应急救援预案，形成样本，在危险到来时直接应用。

根据国内外比较典型的事故案例，结合当地具体情况，拟定可能发生的相对比较复杂的事故情景，组织有关行业领域的专家、专业救援队代表和企业代表等人员，以会议研讨等方式，对拟定事故情景的现场应急和抢险救援过程中可能涉及的各个环节进行分析讨论和推演，对各环节可能会出现什么情况、怎么解决等形成最可行的抢险救援方案，记录在案，一旦有相对应的事故发生，能够直接拿来临场应用。在各种典型的事故救援中，专家和专业应急救援队发挥着重要的作用。之所以如此，是因为这些人和一般人相比，应急救援经验更丰富、更专业。这些专业知识和经验都是长期的实践、研究积累下来的，专家组、专业救援队通过桌面推演、研究各类危险点源、各种常见和可能发生的事故情况，形成系统的应急救援方案，确保出现险情时能够有序应对、有效救援。

在应急救援工作中，现场的先期处置永远都是第一重要的。所以，企业要重视经过评审合格的预案和有关评价报告中的所有危险因素，加强把控这些危险因素可能存在的各种装置、场所、设备设施的管理单位和岗位，对危险因素可能导致的事故的救援情况进行分析、研讨等桌面推演，结合实际制定出各种最可行的现场处置方案，并且要定期对这些现场处置方案进行培训、演练，确保各救援人员熟练掌握相关技能，在脱离书本的情况下也能有效实施。

17.2.1.3 预先通知的演练

通常意义上讲的按照脚本实施的现场演练，企业首先要侧重于进行预先通知的演练。这种演练涵盖了规定的检验预案、锻炼队伍、磨合体系、宣传教育、完善准备等各种应急救援演练目的；是一种实战性的现场演练，可以是综合演练，也可以是单项演练。演练要突出典型事故的典型现场处置和应急救援方法，对类似事故的现场处置和救援要有指导性、可参照性。实际工作中如果发生了类似事故，可以参照演练的具体情况开展现场处置和应急救援工作，确保及时、有效、快速救援成功，真正降低事故损失。

17.2.1.4 突击式的应急演练

与预先通知的演练相对应的是突击式的演练。即在事先不通知开展演练的情况下，突然报警有事故发生，通知相关部门、项目经理部人员立即赶赴现场开展抢险和救援，组织单位在现场对各职能部门的应急响应情况进行点评。这种演练方法不是桌面演练，而是现场演练在实施救援之前叫停的演练。这种演练主要检验各相关单位、一线施工作业人员的应急反应速度、对各类事故的应对方法、各种应急物资、器材的调动等情况。通过与相应的事故应急救援演练脚本相比较，对各单位、基层作业人员应急响应过程中的接警处置、拟定的现场处置和现场抢险救援的方式方法或者方案是否得当，应急反应速度是否及时、迅速，应急准备是否充分妥当等情况进行评判，找出存在问题。

这种演练灵活性比较大，可以是某个岗位、一个班组、一个工作面，甚至是整个施工线路演练。最简单的演练内容可以是演练如何找到、使用某些应急救援物资和器材，以及如何维护保养和检验是否有效等。应急处置的各个环节都要演练，由于存在很多人为因素的影响，理论和实际肯定是有差距的，只有实际现场演练了，才能够及时弥补、和纠正桌面演练的失误和误差，毕竟在事故现场开展实际救援时，很多时候细节都决定了救援成败。

突击式应急演练可采取无脚本实地演练、无脚本电话演练、无脚本口述演练等形式。

无脚本实地演练：构造应急事故和危机事件场景后通知各参与部门及人员，各参与部门及人员根据场景情况安排参与设备，并按实际工作情况进行应急处置、应急救援、事件调查、善后处理、应急状态解除等。

无脚本电话演练模式：策划应急场景和参与人员，并落实参与人员工作电话，应急事件发生者利用电话发出紧急信号，以应急管理人员电话为线串起各参与人员，各自按照实际工作情况电话模拟并描述应急处置、应急救援、事故调查、善后处理、应急状态解除等工作及事项。

无脚本口述演练模式：策划好事故、危机事件和参与人员，事件发生者发出紧急信号，应急管理部门组织各参与人员根据实际工作情况进行口述模拟应急处置、应急救援、事件调查、善后处理、应急状况解除等过程。

17. 2. 2　突击应急演练的效果和实用性分析

没有预先通知和应急预案参考，消除了预先策划和预计结果，演练比较接近实际情况。因为是在临时召集的情况下，演练比较逼真，所以此演练模式能够激发参与人员的能动性和创新性。参与人员在演练过程中与实际工作相结合，可通过口述、电话、实地等形式进行演练，能够检验实际工作过程的正确性和合理性。

不管哪种形式均可用于反复演练及教育培训，电话演练和口述演练虽然成本低，但实际行动性差，实地模拟演练模式比较贴近实际应急处置场景，很适合应急管理工作应用。不过，在安全生产实际应急管理过程中，为了熟练应对事故和危机事件的发生，应经常组织进行应急演练。应急管理领导也应随时抽查各施工单位对某一事故或危机事件的应急处置熟练程度，应急演练所具备的情况和条件的差异，给这些不同的应急演练模式提供了舞台，使得它们在应急演练的舞台上能够各自发挥独特的优势，得到很好应用。有时如果将这些模式进行穿插组合，还会达到意想不到的效果。

17. 2. 3　突击式应急演练需注意的问题

1. 演练首先要符合法规规定和标准要求

地铁建设施工各层级演练要协调统一，各层级预案的制定、修订和备案要合规，演练标准、次数也要符合要求，设定的事故情景要结合地铁建设环境情况，符合实际、贴近现实，具有针对性，采取的救援方式方法也要符合标准的要求，比如采取的灭火方法要根据燃着物选择。演练中建设单位、施工单位的职责设定也要符合法律法规的规定。

2. 尽量演练在最不利条件下发生的事故

要把各施工站点可能接触的各种危险因素全部制定到现场处置方案，以全员、班组或岗位为单位，对所有综合预案、专项预案、现场处置方案进行演练，演练要侧重于最可能发生、最经常发生、危害最重的情况优先进行。虽然事故情景是假设的，但救援过程必须要真实，只有这样才能起到检验和锻炼等作用。比如高处作业，高处坠落摔伤的情况是模拟的，但是摔伤必须是模拟人的情况，必须真正演练出来，只不过把受伤人员替换为模拟人。只有真正演练，才能发现问题和不足，才能补正和修订预案。演练要做好记录，在演练以后要研判如果真发生了人员摔伤的情况，这样处置还有哪些不妥、不足之处，还存在哪些问题，要怎么改进等，否则只是浪费时间、浪费财力物力，起不到演练的作用，应急能力没有提升。

3. 要充分发挥应急教育宣传培训作用

无论是哪种方式的演练，都要达到应急宣传教育的目的。因此，任何演练都要把参演单位的应急救援职责宣传到位，让各相关单位和施工单位项目部所有人员清楚自己的应急救援职责，并宣传应急措施。做到人人讲安全，个个会应急。在人人都是通讯社、人人都是发言人的自媒体时代，要及时正确引导社会舆论，引导社会公众释放正能量。

4. 演练一定要结合建设施工实际情况

开展演练的目的很明确，最直接的目的就是一旦有事故发生，按照演练开展，能够最大程度减少人员伤亡和财产损失。如果演练不符合日常的工作实际，比如某个工地周边仅有市政供水主管道，演练设置为天然气管道泄漏事故，这样的演练就没有意义，一旦有险情发生，按照演练开展救援，不但起不到对险情的控制，还很有可能因为误操作导致忙乱无序，耽误正常救援、抢险和应急处置。因此。演练不能只在网上找找材料或者把其他地方的演练拿来生搬硬套，一定要按照实际运行情况来设置和开展。

5. 演练要做到 "演""练"并重

应急演练要有"演"，更要有"练"。"演"是演给别人看的，是对观众的培训和教育，注重"演"是在提高其他人甚至是全社会的能力和素质。"练"是在锻炼应急救援组织者、实施者自己的实际应急救援能力，注重"练"是提高在危险时刻的应急处置能力、抢险和救援能力，目的更是确保一旦有险情发生能够及时有效救援减少损失。因此，要"演"和"练"并重，尽可能多地开展有效演练。"平时多流汗、战时少流血"的道理同样适用在生产安全事故应急救援演练工作。

救援用时少一点，事故损失就会降很多。总之，应急演练是提升应急管理能力有效的一种模式，通过应急演练能有效提高参建人员应急重视程度，推动施工企业实现演练制度化、经常化和全员化，不做表面文章，让应急深入人心，真正做到人人讲安全，个个会应急。

17.3 推进应急预案的标准化

近年来，法规标准日趋完善，在政府各部门和地铁各参建单位的共同努力下，建立了地铁建设应急预案工作制度，初步形成较为完善的应急预案体系。通过预案建设，明确企业及政府各有关部门应急管理职责，在事故抢险救援中发挥了重要作用，并为应急管理体制体系法制建设奠定良好基础。通过应急演练，推动各地各单位检验预案、完善准备、锻炼队伍、磨合体系、增强应急意识，提高应急能力。结合《生产经营单位安全生产事故应急预案编制导则》(GB/T 29639—2020)以及《城市轨道交通工程基坑、隧道施工坍塌防范导则》(建办质〔2021〕42 号)，对应急预案标准化进行分析，展开设想。

17.3.1 应急预案编制导则要求

2021 年 4 月 1 日实施的《生产经营单位安全生产事故应急预案编制导则》(GB/T 29639—2020)规定，生产经营单位应急预案编制程序由原有的 6 个步骤修订为"成立应急预案编制工作组、资料收集、风险评估、应急资源调查、应急预案编制、桌面推演、应急预案评审和批准实施"8 个步骤，增加了"应急资源调查"和"桌面推演"步骤。

导则明确应急预案编制内容，强调应急预案格式的简明化、图表化和流程化。同时，明确应急预案的权限管理要求，提出清晰的企业及外部救援队伍应急响应权限及相关指挥权界定，为进一步落实企业与外部救援力量的有效衔接提供参考。

应急预案评审要求由原有的内部评审和外部评审调整为评审或论证，增加了应急预案评审内容，明确了应急预案评审程序，首次提出了“不少于出席会议专家人数三分之二，方为通过”的应急预案审查表决要求。

17.3.2　当前应急预案工作问题

1. 应急预案衔接不顺畅

建立科学完备的应急预案体系是做好应急预案管理工作的重要保障，是解决好应急预案衔接问题的关键。目前我国由于应急管理体制相对条块化，以至于应急预案体系横向上未能与其他突发事件应急预案体系有机融合，未能与各行业主管部门应急预案体系形成有机整体，纵向上各层级应急预案之间界定不清晰，出现衔接不到位、上下“一般粗”等问题。因此，建立科学的应急预案体系，理顺不同层级、不同类别预案关系，确保在应急预案管理方面建设单位管理责任、施工企业主体责任、政府属地责任和行业部门监管责任的落实，形成应急整体合力。

2. 编制人员配备不合要求

很多单位将应急预案的编制工作只交给安全管理部门的一位或几位负责人来编写，没有其他部门人员参与，或者直接邀请安全生产中介服务机构来编写。若单位内的编写人员部分专业知识储备不足，编写的应急预案不仅专业性不强，甚至可能会出现知识性错误。中介服务机构编写的预案虽然是出自专业人士之手，但他们很少对各单位施工内容、机械设备、施工人员和周边环境等情况进行深入调研，对该单位的具体情况了解甚微，只能依靠该单位的安全评价结果进行编制，编写出的预案过于格式化，其具体内容与该企业自身的特点结合不紧密，这样的预案缺乏操作性，在应用过程中势必会影响应急处置效果。

3. 应急能力评估不准确

一些单位不重视开展对本单位的应急能力评估工作，对本单位现有的应急人力、物资设备和财力评估不准确，导致编制的应急预案中事故响应等级划分不合理，应急响应措施根本无法具体落实。

4. 应急预案可操作性、针对性和实用性不强

一些单位把应急预案编制成一本厚书，单位概况、危险源的分析方法和计算公式占几十页，而应急组织机构及职责分工、响应分级和响应程序等内容则表达模糊，无法操作；针对可能发生的塌陷、火灾等事故的处置措施大同小异；应急预案编制的文字太多，图表、框图少，应急指挥部位置及救援队伍的行动路线描述不清等现象。主要表现在如下方面。

(1)存在应付型应急预案。只简单拷贝其他类似单位编制的生产安全事故应急预案，修改一下组织机构人员名单，没有结合本施工单位实际施工内容情况，拷贝的应急预案缺乏针对性。

(2)缺乏实用性。应急预案编制时追求内容完善，要素齐全，动辄几十页，甚至上百页，但缺乏实用性。具体表现在：应急预案过于注重环节到位，理论性太强，预案启动、应急处置等环节缺乏可操作性；没有明确的流程，不注重应急响应工作“流”；发生事故时，应急处置人员面对厚厚的预案往往会手足无措。从某种程度上讲，预案越厚、越复杂，实用性就越差。

(3)重技术轻业务。对事故应急预案的编制工作认识不到位，在编制应急预案时，往往只从技术角度考虑，而忽视了业务方面的内容。

17.3.3 应急预案的功能定位

应急预案是政府、企业为了依法、迅速、科学、有序应对突发事件而预先制定的工作方案，用于明确事前、事中、事后谁来做、做什么、何时做、用什么做。而目前，普遍存在将应急预案等同于制度规范或者现场救援方案，导致产生应急预案“无用论”的观点。因此，解决好应急预案的功能定位，才能突显应急预案在应急管理工作中的作用。

17.3.4 应急预案标准化探讨

编制生产安全事故应急预案是贯彻落实“安全第一、预防为主、综合治理”的安全生产方针，规范企业应急管理工作，提高应对风险和各类突发事故能力，保障职工安全健康和人民群众生命财产安全，最大限度减少企业财产损失、环境破坏和社会影响的重要举措。

17.3.4.1 应急预案体系标准化

综合应急预案是生产经营单位为应对各种生产安全事故而制定的综合性工作方案，是本单位应对生产安全事故的总体工作程序、措施和应急预案体系的总纲，各参建单位均要编制，同时与相关方、上级应急预案相衔接。

建设单位作为地铁建设管理主体单位只需编制综合应急预案，需要与上级单位市轨道办、市交通局、市住建局等的应急预案相衔接。

各施工单位项目部作为施工方需要编制综合应急预案、专项应急预案、现场处置方案，同时与建设单位、指挥部、公司总部的应急预案相衔接。

地铁建设涉及各相关方，比如排水、供水、燃气、供电等单位，制定的应急方案应与各相关方应急处置相衔接。

(1)应急预案系统规范化。轨道交通建设单位、施工总承包单位、施工单位应急预案存在不同程度的脱节，响应界限不清，响应条件不一致。根据工程特点，应统筹建立各层级应急预案体系，规范各层级主要应急预案类别，明确划分响应界限，统一响应条件标准，系统性建立规范化的应急预案体系。

(2)科学建立预警体系。预测预警是应急管理的“千里眼”，建立安全生产事故预警体系，是掌握工作主动权的关键，对可能发生和可以预警的生产事故，依据可能造成的危害程度、紧急程度和发展态势，提前制定处置方案，有备应对。加强应急预警体系建设，提高各级应急管理人员“想到”的能力，强化监测预报预警，提高生产事故预警信息发布的覆盖率和预报的准确率、及时率，将矛盾化解在萌芽，将危机控制于起始。

(3)强化应急预案的科学性与可操作性。有的应急预案对风险分析、评估不重视，不到位，导致风险分析和应急管理脱节；有的应急预案过于复杂，重点不突出，泛泛要求多，原则性要求多，措施不明确、不具体，或者内容过于简单，应急处置措施不具体，导致应急预案可操作性不强。应急预案是针对可能的重大事故或灾害，为保证迅速、有序、有效地开展应急救援行动，降低事故损失而预先制定的有关计划或方案，是在充分辨识和评估潜在危险、事故类型、发生的可能性及发生过程、事故后果及影响程度的基础上，对应急机构职责、人员、技术、装备、设施、物资、救援行动及协调等方面预先做出的具体安排。应急预案的科学制定与具体落实，是成功处置事故的前提。

17.3.4.2 应急预案编制标准化

1. 组建预案编制班子

组建以董事长和总经理为组长的编制小组，抽调集团公司及各单位专家和工程技术人员担任编写人员，每组再分若干小组，按照合法、完整、实用、科学、注重针对性、操作性和衔接性的原则，开展编写工作。人员应由涉及重大危险源的各个管理部门技术人员组成，这些人员应具有一定的专业知识，熟悉所管理的重大危险源事故的防范和处理，具有安全管理的丰富经验。

2. 按照规范导则标准编制

按照导则规定的编制流程，先编制生产安全事故风险评估报告大纲，进行危险有害因素辨识、事故风险分析、事故风险评价，最后得出结论建议；同时可以开展生产安全事故应急资源调查，编制大纲，进行单位内部、外部应急资源调查，并进行应急资源差距分析，提出本单位内外部应急资源补充建议；然后组织编制综合应急预案、专项应急预案、现场处置方案。

3. 预案编制简洁、流程清晰

尽量用图、表格、标注和数字进行表述，以简洁明了的方式说明问题。通过整合，解决内容重复、臃肿、堆砌等问题，使预案表述清晰，针对性和实用性强，便于学习应用。

4. 讨论交流修改完善

初稿编写后进行全员交流、讨论，凝聚集体智慧，发挥个人潜能，确保写作质量和效率。按程序开展内部和外部评审，认真听取专家意见，进行修订、发布、备案和贯彻学习等工作。

17.3.4.3　推广使用应急处置卡

应急处置卡与应急预案相比，具有一事一议、简单实用、针对性和可操作性更强等特点，与一线员工处置初期突发事件结合更加紧密，对防止事件扩大发挥关键作用。因此，在指导施工单位编制施工操作人员应急处置卡时，明确了“直观、简洁、实用、可操作”的指导思想和要求。

可操作性强，主题明确。在某种类型危害发生时，每一个岗位关键的处置措施和步骤，都明确、具体，直接到人和设备，每一个岗位的关键处置步骤尽量精简，不做精细操作，力争满足所有文化程度的施工一线人员的记忆和应用的需求。

针对性强，具体问题具体对待。事先将突发事件的情况“想象”得贴近实际，想的越细，才有可能提出更有针对性的应对措施。结合岗位关键设备或要害部位等可能发生的事故来制定，明确该卡片所处置的事故类别、处置程序和注意事项，充分体现处置的针对性，做到“一案一卡”。简便易行，一线施工人员能够接受。一线施工人员是应急操作卡的直接使用者，他们对应急操作卡的认同与否，决定了其有效执行的程度，所以尽可能以简洁实用的方式编制，每个卡牌上的操作步骤不多于五步，让员工一看就懂、一看就会。便于施工班组、岗位应急演练。在应急管理制度中，一般要求施工班组每半月不少于一次针对应急处置卡进行演练，重点是以检验处置卡的实用性及施工人员的处置能力。应急处置卡内容简单，每项演练一般在 3～5 分钟内完成，不会影响正常生产，也不会引起施工人员的不满情绪。而施工队长需要重点掌握的应急操作卡控制在 5 项以内，经过反复的演练，能够达到熟练掌握的程度。

17.3.4.4　应急预案考核坚持关口前移

要扭转重处置、轻防范的应急管理做法，按照预防为主、预防与应急相结合的原则，加强事前防范，最大限度地控制和消除突发事件风险隐患。要把工作着力点前移，在做好灾害风险评估和隐患排查的基础上，加强施工单位应急处置能力建设，完善重大危险源安全监控系统和监管网络，加强应急物资、抢险队伍等规范化，完善突发事件紧急医疗救援网络，提高应急处置管理基础能力。

要实现安全救援必须强化培训教育，加强战备，加强训练，强化岗位练兵，不断提高指战员战术水平。

17.4 应急物资统筹管理

安全生产应急物资储备是安全生产应急保障的有机组成部分，是做好突发事件应急救援和成功处置的物质保障和支撑，具有非常重要的现实意义。但目前仍然存在应急物资储备不充足、应急物资存放不符合要求、应急物资维护保养不及时、部分应急物资过期未处理、应急物资台账不完善等情况。

1. 科学配置应急物资

根据风险辨识结果，通过对可能发生的事故类型和应急需要来配备应急物资，注意应急物资的成套性配置。建立严格的规章管理制度，科学的出入库统计，形成制度化、科学化管理机制，加强救援物资的管理，账目清楚，定期进行检查、维护和保养，及时补充更新过期或报废的物资，保证完好性，确保在应急处置时能够正常使用。

2. 优化应急物资存放

根据轨道交通建设站点施工场地布局，综合风险点、场内道路、临时用房等因素，合理地选择应急物资存放地点。地铁线路集中应急物资库地点，要结合地工点位置、道路交通、工点风险程度等条件综合考虑设置，方便应急抢修时物资调拨。

3. 建立应急物资共享机制

多条线路同时建设的城市，建立救援物资共享机制，按照区域特点，合理布局，依托相关施工单位，建立救援物资装备储备基地。救援设备物资采取集中储备或分散储备，集中调度使用等形式。通过救援物资的适度集中管理使用，提高利用率，降低救援成本。

4. 优化应急资源调度

应急物资调度效率直接影响到突发事件应急处置的效率，突发事件发生以后，通过动用储备、市场采购、征收征用等方式进行物资筹措，优化运输路径和方式选择，在保证快速供应的前提下尽量降低成本，调度应急资源快速送达应急点。

5. 建设应急物资信息平台

应急信息平台是应急管理的发展走向，未来的应急救援很大程度上是应急信息资源共享，建设应急物资信息平台，健全各类应急物资储备数据库，可以实现互联互通，达到资源共享，方便在最短时间内找到所需物资设备，为救灾赢得宝贵的时间。

17.5 应急演练形式多样化、视频化

1. 应急演练形式多样化

轨道交通建设应急演练应达到国家法律、法规、标准要求的应急演练次数要求，但应急演练多数以桌面演练，实战演练较少，“双盲”演练微乎其微，且多数桌面演练流于形式、实战演练变成了“演戏”，达不到演练的预期目标。在不影响安全生产的前提下，提高实战演练比例，增加“双盲”化演练，可以更多地真实检验各级各部门信息沟通、传递是否顺畅，各级人员对预案的熟悉程度以及预案的可操作性，在突发事件发生后各级各部门的职责定位是否明确，应急指挥是否科学、应急处置是否得当。

2. 应急演练视频化

轨道交通建设应急演练次数可以达到国家法律、法规、标准要求，但是普遍存在不能全员都按

照规定参与各项应急演练。当前电子设备的普及化为演练视频化提供了便利，将每种演练全过程录制成视频形式不再困难，通过统筹协调，将综合应急演练、专项应急演练、现场处置演练均全部视频化容易实现，进行覆盖全员的视频化培训，可以提升整体应急处置能力。

17.6 建立多层次、业务素质高的应急救援队伍

1. 培养应急实战型指挥人才

安全生产事故应急处置要做到“科学、高效、有力、有序”，同样需要战略与战术的结合，需要艺术与技术的结合，应注意培养大量的实战型指挥人才，培育骨干精英，在行业或单位组织内部培养一批敢于负责、敢于担当、专长突出的公众骨干精英，使其具备抢险指挥的专业化决策水平和实战综合指挥能力。

2. 建立专业性应急处置队伍

在企业现有兼职救援队基础上，建立能力较强的专业性应急处置队伍。将专业性应急队伍工作纳入到日常生产工作中，职责以应急处置为主，并承担更多企业具有风险性的生产工作任务，增强企业自身应急处置能力。

3. 组建区域性应急救援队伍

集合区域各行业的应急力量、应急物资及应急人员，可以弥补单独企业队伍在应急技术、应急资源储备上的不足，共同建立区域性的精干的专业救援队伍，定期进行应急演练和技术交流，可以提高应急响应及处置效率。

4. 强化现场各应急队伍协同能力

事故应急救援过程中，通常会有来自多个政府管理机构和部门、不同专业领域的应急机构和救援队伍以及民间力量参加，由于缺少统一标准，在事故现场经常会出现多个指挥系统，救援力量无法快速、高效地协同应急，难以形成合力，严重制了约应急处置效率。建立统一指挥的现场应急指挥部，使各应急处置行动及处置方案能够在统一的指挥框架下开展行动。

18 城市轨道交通相关应急法制持续完善

目前，我国城市轨道交通行业发展前景主要体现在两个方面：一是国家“十四五”规划，落实对城市轨道交通做出的战略性规划；二是智慧城市的发展，推动加快城市轨道交通建设。

《“十四五”现代综合交通运输体系发展规划》要求未来城轨交通将从重建设逐渐转变为建设、运营并重，在 2025 年实现城市轨道交通运营里程 10 000 km 的发展目标。我国规划了 19 个城市群，从其具体交通运输规划来看，除京津冀、长三角、大湾区的 10 000 km 的预期开工里程之外，成渝、山东半岛等城市群和都市圈规划陆续出台，将推动城际市域建设将向更多地区延伸。

随着我国推进城市轨道交通基础设施建设，安全建设的压力和挑战也日益加大。需统筹发展和安全，贯彻“安全第一、预防为主、综合治理”的方针，坚持超前防控、全过程动态管理理念。

在安全制度方面：一是出台了质量安全管理暂行办法，规定了建设、勘察、设计、施工、监理、监测、检测单位安全质量责任，明确了主管部门、建设单位、施工单位应当健全安全生产预警和应急协调保障机制；二是出台了基坑、隧道施工坍塌防范导则，提出坍塌防范对策措施，细化全过程防范措施，提升应急处置能力，有效遏制事故发生；三是出台了安全生产管理工作指南，包括质量安全检查指南、标准化管理技术指南、地质风险控制技术指南，有效指导城市轨道交通工程安全管理工作。

在应急制度方面：出台了应急预案管理办法，遵循综合协调、分级负责、属地为主、企地衔接、动态管理的原则，明确了城市轨道交通建设工程质量安全事故应急预案管理工作，规定了主管部门、建设单位、施工单位的应急预案编制、评审、发布、备案、培训、演练、评估和修订等工作要求，形成了较为完善的安全与应急管理体系。明确应急预案体系，包括综合应急预案、工程项目应急预案和现场处置方案。建设主管部门应当编制本部门综合应急预案；建设单位应当编制本单位综合应急预案，并按照影响工程周边环境事故类别编制工程项目应急预案；施工单位应当编制所承担工程项目的综合应急预案，并按工程事故、影响周边环境事故类别编制工程项目应急预案，同时制定事故现场处置方案。

从目前来看，城市轨道交通建设政策法规方面仍存在不足，应从以下方面加以完善。

18.1 加快推进城市轨道交通专项应急法规的出台

(1)新管理办法需要制定。城市轨道交通建设安全管理主要以国务院文件、部门规章以及地方性法规为主，大部分规定包含于相关房屋建筑和市政基础设施工程条文中，未予以单独出台。对于城市轨道交通建设，尚缺乏国家层面性法律法规、地方性法规。建议制定城市轨道交通建设突发事件应急演练的相关管理办法和城市轨道交通建设安全风险分级管控和隐患排查治理的相关管理办法等规章文件。

(2)旧管理办法需要更新。2014 年颁布的《城市轨道交通建设工程质量安全事故应急预案管理办法》，与 2021 年颁布的《生产经营单位安全生产事故应急预案编制导则》在部分内容上要求不统一。

《生产经营单位安全生产事故应急预案编制导则》调整了应急编制程序，细化了应急预案编制要求，新增桌面推演要求，强调应急预案格式的简明化、图表化和流程化，明确了应急预案的权限管理要求，清晰界定企业和外部救援队伍应急响应权限及相关指挥权要求，为城市轨道交通建设应急处置提供了更好指导。建议更新修订《城市轨道交通建设工程质量安全事故应急预案管理办法》。

(3)安全生产应急管理法制建设中，在立法理念上存在重处置、轻预防的现象。当前应急管理主要着眼于事故发生之后的应对，呈消极被动的现象，是一种传统的抗灾救灾观念，缺乏积极、主动、有意识地采取事前、事中和事后有计划的、连续的动态管理。“预防为主、防救并重”还没有引起足够重视，事前的风险管理和应急准备方面的立法还有许多工作要做。应急管理的根本任务是施工预防到位，加强事前防范，最大限度地控制和消除突发事件风险隐患，要把工作着力点前移，在做好灾害风险评估和隐患排查的基础上，加强生产经营单位应急处置能力建设。建议制定城市轨道交通建设应急管理考核的相关法规。

18.2　推动城市轨道交通应急标准体系构建

(1)标准规范体系不完善。已经出台的轨道交通安全质量检查、标准化等管理指南倾向于土建工程，对设备、系统安全管理涉及较少，需要颁布指导性文件。建议在行业层面开展城市轨道交通工程应急管理标准体系的相关研究，明确本领域专项标准规范的制订、修订计划。

(2)安全生产应急管理处置的资源配备没有标准。轨道交通主管部门、建设单位和施工单位，如何要求，怎样做到应急配备与建设施工有效结合没有具体标准。应急资源是事故救援取得成功的重要保障，正所谓“兵马未动粮草先行”，应急资源备而不用，尤其是机械设备长期闲置，易形成资源浪费，需要统筹好建设和应急物资的协调，充分发挥资源效用。建议制定城市轨道交通建设应急资源配置标准相关法规。

(3)安全生产应急管理队伍管理没有标准。轨道交通主管部门、建设单位和施工单位应急管理队伍仅是各自成立，应急管理制度预案中体现沟通机制，没有自上而下系统的应急管理队伍。应急管理队伍的培训基本都是按照专业培训计划进行的，很少有单独针对应急管理队伍的知识培训。需要出台应急管理队伍的法规或规范，以指导应急管理队伍建立标准、培训、演练等。建议制定城市轨道交通建设应急队伍建设的相关法规。

(4)缺少智慧化管理标准。随着物联网、云计算、5G、AI、大数据等新技术不断成熟与普及，轨道交通建设应急管理发展的趋势也将受益于智慧城市的发展，但是智慧化管理的法规和规范性文件目前还是空白，还需要研究、摸索，紧跟时代发展陆续、及时出台，作为规范管理的依据。建议制定城市轨道交通建设应急智慧管理相关法规，并开展试点、总结经验，组织专项培训，以指导企业开展相应应急管理改进。

(5)缺乏总体管理基本框架。轨道交通建设作为城市重要基础设施，轨道交通建设涉及参建单位众多，建设单位多是地方国有企业，上级为政府部门。全国没有一个总体基本管理框架参考，应急预案中往往都是一笔带过，可操作性差，影响应对危机工作的成效，尚缺乏一个规范性文件进行指导，理顺工作关系，形成上下、左右贯通，提高联合应对事故能力，运转高效的应急管理体制。建议制定城市轨道交通建设应急管理体系的相关法规。

针对以上问题，建议国家和行业相关主管部门下一步尽快组织专项研究，制定针对城市轨道交通建设方面的法律法规和规范性文件，及时更新和补充相关办法，补充完善安全检查管理设备、系统等标准规范，全面总结国内外轨道交通建设应急管理体系建设和监管经验，强化法治保障、防救并重，形成我国城市轨道交通建设应急体系的规范性要求和城市轨道交通建设应急体系的监督办法等。

展望未来轨道交通建设，需要解放思想，依法开展应急管理工作，应对突发事件不能仅依靠经验，更重要的是应当依靠法制，通过健全法律法规明确责任、强化约束，强化预防为主，防救并重，减少突发事件应对工作中的任意和无预期行为，提高应急处置工作效能。

19 加快应急市场和应急人才培育

19.1 应急市场的培育

应急市场是指为了管理和应对突发事件或灾害，提供相关产品、服务和解决方案的商业活动的总体。这些突发事件包括自然灾害(如地震、洪水、风暴等)、人为灾害(如恐怖袭击、工业事故等)以及其他紧急情况(如公共卫生事件、交通事故等)。

应急市场的主要对象是社会和政府部门，包括各级政府机构、紧急救援部门、医疗机构、公共交通运营商、企事业单位等。应急市场的主要目标是通过提供应急管理设备、技术、培训和咨询服务，提高应对突发事件的能力和效率，保障人员和财产安全。

在应急市场中，有多种产品和服务被提供，例如紧急通信设备、灾害预警系统、危险品管理解决方案、紧急救援车辆和装备、应急灯光和供电设备、应急培训和演练等。与此同时，应急市场还包括了相关的专业服务，如应急规划和管理咨询、危机管理策划、灾后恢复等。

随着突发事件和灾害频发，应急市场已经成为一个相对独立且重要的市场领域。该市场以促进应急管理能力的提升和社会安全的保障为目标，为相关企业和机构提供有效的解决方案和支持，以应对不同类型的紧急情况。

19.1.1 城市轨道交通建设应急市场的作用

应急市场在城市轨道交通建设期的作用主要包括提供高质量的应急装备、专业化的应急服务和保障应急开展的有效性，是轨道交通应急的坚实后盾。

(1)提供高质量的应急装备。应急物资和装备质量十分依赖应急市场的发展，完善的应急市场和上下游产业链是应急保障的重要组成部分，优秀的技术和设备可以有效帮助轨道交通建设方降低施工过程中的安全风险。例如：快速成孔注浆设备，隧道变形支撑系统和设备，长距离、高扬程、大功率抽排水设备，快速凝固、膨胀灌浆材料，移动式发电设备，地下通信设备，通风排烟设备，快速冷冻加固设备等，都可以有效应对意外事件，保障施工人员和结构设施的安全。

(2)提供专业化的应急服务。城市轨道交通建设可能面临各种紧急情况，除了一般性的地质灾害、施工意外、人员伤亡等，还可能出现塌方人员围困、水下救援、深层打捞等特殊救援需求，这就需要社会专业救援力量的支持，完善的应急市场可以补全轨道交通特殊应急救援需求的短板，并且诸如紧急通信设备、灾害预警系统、紧急救援车辆和装备等，可以帮助轨道交通企业和施工方快速响应突发事件，减少特殊应急救援能力的建设和投入。

(3)保障应急开展的有效性。完善应急市场可为城市轨道交通提供应急人才、技术和解决方案方面的支持，帮助轨道交通企业和相关管理部门有效应对突发事件，提升应急的效率和质量。

19.1.2 城市轨道交通建设应急市场存在的问题

目前应急市场仍存在一些问题，例如，缺乏专业应急产品供应商，产品质量不一致；科技创新和应用落后，没有及时更新适应新兴需求；应急管理意识和能力不足等。因此，应急市场在城市轨道交通建设期需要进一步加强与相关部门和行业的合作，提高产品质量和技术创新能力，加强人员培训和知识传递，以适应快速发展的建设需求。

19.1.3 城市轨道交通建设应急市场培育方案

(1)政策和法规支持。政府可以制定相关政策和法规，支持和鼓励应急市场的发展。例如，为应急设备的采购提供财政支持，推动国内应急设备制造商的发展；建立应急设备采购优惠政策，鼓励企事业单位购买质量可靠的应急设备等。

(2)建立合作机制。城市轨道交通建设期涉及多个部门和机构，需要建立起紧密的合作机制。相关政府部门、轨道交通企业、应急设备供应商、救援机构等应加强协作，共同制定应急管理方案，明确各自的责任和职能，实现资源的共享和优化利用。

(3)技术创新和研发。加快应急市场培育需要持续进行技术创新和研发。政府可以提供资金支持和研发项目，促进应急设备技术的进步和升级。同时，建立开放性的技术交流平台，推动企业、研究机构和高校之间的合作，加快新技术在应急市场的应用。

(4)培训和能力建设。加强应急人才的培训和能力建设是培育应急市场的关键。政府可以组织相关培训课程，提供应急管理的专业知识和技能培训。

(5)开展市场推广和宣传。通过市场推广和宣传活动，加强对应急市场的宣传和认知。

19.2 应急人才的培育

应急人才是指在应急事件发生时能够迅速使用其专业知识和技能进行应急处置和解决问题的专业团队。他们具备专业的培训和教育背景，熟悉应急管理体系和工作流程，能够熟练运用所学知识和技能进行应急预警、应急响应、应急指挥、救援和灾后重建等工作。

应急人才还需要具备团队合作能力、沟通协调能力、应变能力和压力管理能力，以应对复杂、紧急的应急情况。他们的存在和团队运作可以有效提高应急事件的应对能力和处理效率，从而最大程度地减少灾害损失。由于应急事件的多样性和复杂性，应急人才也需要不断学习和提升自身能力，以适应各种应急场景的要求。

19.2.1 城市轨道交通建设期应急人才的作用

应急人才在城市轨道交通建设期间发挥着重要的作用，他们通过制定应急预案、应急演练与培训、突发事件应对、提供知识与技术支持以及协调与沟通等方面的工作，确保轨道交通建设期间的安全和应急管理的有效实施。具体来讲，应急人才在以下几个方面发挥作用：

(1)应急预案制定与实施。应急人才参与制定和完善轨道交通建设期的应急预案，并在实施过程中提供专业指导和支持。他们负责分析可能发生的应急事件，制定应对措施，并确保预案的有效执行。

(2)应急演练和培训。应急人才组织和参与应急演练，以确保相关人员熟悉应急预案和应急程序。他们还负责培训相关人员，提高他们在突发事件中的应急能力和技能。

(3)突发事件应对。应急人才作为应急指挥中心的核心成员，负责及时响应和处理发生的突发事件，指导和协调各部门的行动，确保应急处置工作的顺利进行。

知识与技术支持。应急人才提供关于轨道交通建设期间安全管理的相关知识和技术支持。他们监测和评估工程进展，及时发现潜在的风险和问题，并提出解决方案，确保施工期间的安全运行。

(4)协调与沟通。应急人才在应急管理过程中起到协调和沟通的作用。他们与相关部门、承包商、监管机构和其他利益相关方进行紧密合作，确保信息的畅通流转和有效沟通，以保障应急工作的顺利开展。

19.2.2 城市轨道交通建设期应急人才培育存在的问题

目前，我国应急管理的人才培养与学科建设仍处于初期发展阶段，长期以来，我国本科专业目录中没有设置应急管理专业，因此各高校只能依托院校性质、办学特色、学科背景和师资情况开展人才培养，如防灾科技学院隶属于中国地震局，其应急管理人才培养侧重于自然灾害，而河南理工大学和华北科技学院则侧重于安全生产。城市轨道交通建设应急需要的是兼具安全生产、地质灾害处置、地下空间作业等多方面的综合素质人才，对于理论知识和专业设备操作等均有较高要求。直到 2019 年，我国才开始设置应急技术与管理、防灾减灾科学与工程和应急管理三个特设专业。截至 2019 年 6 月底之前，本科教育阶段开展应急管理专业教育的院校，共有 9 所，年招生不到 500 人。据统计，2018 年在政府管理系统中，从事应急安全方面的人员，同时拥有专业背景的只占到了 1/3。2020 年全国安全监管、服务和技术方面的应用人才缺口高达 43 万人。以湖南省为例，基层安全监管人员缺口达 26.2%，具有相关专业背景的不足 15%。

由此表明，安全与应急管理领域存在专业人才缺乏、供给不足，专业结构不合理、职称结构不合理、行业分布不合理、地区分布不合理等问题。

19.2.3 城市轨道交通建设期的应急人才培育机制

《"十四五"国家应急体系规划》明确，构建人才集聚高地，加强专业人才培养。建立应急管理专业人才目录清单，拓展急需紧缺人才培育供给渠道，完善人才评价体系。实施应急管理科技领军人才和技术带头人培养工程。加强应急管理智库建设，探索建立应急管理专家咨询委员会和重特大突发事件首席专家制度。鼓励各地依托现有资源建设一批应急管理专业院校和应急管理职业学院。加强应急管理学科专业体系建设，鼓励高校开设应急管理相关专业。加强综合型、复合型、创新型、应用型、技能型应急管理人才培养。实施高危行业领域从业人员安全技能提升行动，严格执行安全技能培训合格后上岗、特种作业人员持证上岗制度，积极培养企业安全生产复合型人才和岗位能手。提升应急救援人员的多言多语能力，依托高校、科研院所、医疗机构、志愿服务组织等力量建设专业化应急语言服务队伍。

目前，我国应急管理的人才培养与学科建设起步时间不长，在人才培养体系、培训方法和内容的科学性和针对性等问题上尚不完备；在学科布局安排、课程设计、师资结构等方面尚不科学。为此，我们有必要总结过去应急管理人才培养工作的经验和教训，借鉴国外有益的经验，加大应急管理学科建设步伐，构建一个面向实际需求，政府积极引导，社会广泛参与的应急管理人才培养体系。

在城市轨道交通建设期间，建立一个完善的应急人才培育体系非常关键。以下是建立应急人才培育体系的几个重要组成部分：

(1)应急人才培养机制。明确应急人才的培养目标和培养路径，制订培养计划和培养方案。建立培养机制，包括选聘优秀人才、设置专业岗位培养计划，以及持续性的培训和发展计划。

(2)专业化课程体系。建立专业化的课程体系，包括应急管理、应急预案编制、应急响应指挥、灾害风险评估等方面的课程。课程内容应根据实际需求进行定制，涵盖技术知识、管理技能和应急心理等方面的内容。

(3)实践教学和实习实训。提供实践教学和实习实训的机会，让应急人才参与到实际的应急管理工作中。通过与实际项目合作或模拟训练，让应急人才实践和运用所学知识，提高他们的应急处置能力和判断力。

(4)师资力量和专家支持。确保师资力量的专业性和实践经验。组织应急管理领域内有经验的专家和从业人员参与培训和指导工作，提供实用的案例分析和技术指导。

(5)评估与认证体系。建立应急人才培养的评估和认证体系。通过考核、评估和认证，评估应急人才的综合能力和专业水平。这样可以确保应急人才的培养质量和培养成果的认可度。

(6)继续教育和职业发展。建立继续教育和职业发展机制。提供持续的学习和进修机会，以更新应急人才的知识和技能，跟上行业的发展。同时，为应急人才提供职业发展通道和晋升机会，激励其持续学习和成长。

(7)知识交流和合作平台。建立知识交流和合作平台，鼓励应急人才之间的交流和合作。可以组织专业会议、研讨会和工作坊等形式的活动，促进经验的分享，推动行业的发展和应急工作的不断提升。

建立一个完善的应急人才培育体系，可以从人才选拔、培训、实践、评估、发展等方面全面提高应急人才的能力和素质。这样的体系可以确保应急人才具备必要的知识、技能和经验，以应对城市轨道交通建设期间的各类应急事件。

19.2.4 应急人才在城市轨道交通建设期的培训方式

当前轨道交通建设公司应急培训主要以讲座、研讨会和虚拟应急场景训练为主，同时引用了事故案例分析以及在岗培训等方式，针对不同培训内容有严格的学时规定。但因缺乏专门的应急演练培训基地、实验室资源、现代化教学资源，以及事故案例还原困难、历史未发生的罕见案例难预测等方面的制约，致使传统培训方式还存在诸多弊端，导致培训效果不佳。

为提高城市轨道交通建设期的应急人才能力，可以采取以下培训方式：

(1)设立专业化培训课程。建立应急管理相关的专业化培训课程，包括应急预案编制、应急响应指挥、灾害风险评估等方面的培训内容。培训课程可以由专业机构或行业协会提供，并邀请行业内具有丰富经验的专家进行授课。

(2)实践项目和实习机会。组织应急人才参与实践项目和实习，让他们参与实际的应急管理工作，锻炼应急处置能力和解决问题的能力。可以与轨道交通建设项目现场进行合作，让应急人才了解施工过程中的风险和挑战，并学习如何应对突发事件。

(3)培养跨学科专业人才。建立跨学科的培养机制，培养具有多领域知识和技能的应急人才。除了应急管理知识，还应具备相关领域的知识，例如工程技术、环境保护、交通规划等，以综合应对各类应急事件。

(4)组织应急演练和模拟训练。定期组织应急演练和模拟训练，让应急人才在真实场景中进行应急响应和处置，提高应急技能和应对能力。演练可以包括各个专业岗位的协同合作，以及与其他应急部门的联合演练，增强应急团队的整体效能。

(5)建立知识交流平台。建立应急人才之间的知识交流平台，促进经验的分享和学习。可以组织专业研讨会、培训讲座、工作坊等形式的活动，让应急人才互相学习和交流，不断提升自身能力。

(6)推动政策和法规支持。加强与政府部门的合作，推动出台相关的政策和法规，为应急人才的培育提供政策支持，并为应急人才的职业发展提供更好的平台和机会。

以上培训方式旨在创建一个全面、系统、持续的培养体系，培育应急人才，并推动其能力和素质的提升，以确保在城市轨道交通建设期间具备高水平的应急人才队伍，确保轨道交通项目的安全运行和突发事件的有效应对。

附录

附录A 城市轨道交通建设期企业应急能力建设静态评价表

序 号	建设项目	标准分	建设内容	评价方法	评价标准
1	预防与应急准备	〔50〕			
1.1	法规制度	〔4.5〕			
1.1.1	法律规章	〔2.5〕			
(1)	法律法规收集	1	1. 收集应急方面的法律法规、部门规章等； 2. 建立应急法律法规目录或汇编，应包括但不限于：(1)国家层面、(2)地铁施工监管机构、(3)地方法规文件； 3. 应及时更新，确保最新	查阅法律法规	未能及时收集到应急方面的法律法规、部门规章；国家、政府相关预案，缺少一项扣0.1分，扣完为止
(2)	法律法规落实	1.5	针对收集到的国家应急相关法律法规等，及时转发并制定落实措施，及时开展培训宣贯，开展自查自改，根据要求完善本单位应急工作	查阅相关文件、记录	未及时转发收集到的法律法规，发现一处扣0.1分，仅转发未提出具体落实措施的，发现一处扣0.1分，未开展培训宣贯，发现一次扣0.1分，未及时落实国家和政府相关法律法规要求，发现一处扣0.1分，扣完为止
1.1.2	规章制度	〔2〕			
(1)	企业规章制度建立	1	应有企业上级及本单位应急管理制度、规定等，包括组织管理、预案管理、队伍管理、物资管理、设备管理、应急值班、信息报送、资料管理等方面内容，本单位相关规章制度应按有关规定及时更新	查阅企业相关资料	每缺少一项上级制度文件扣0.2分，本单位制度或规定每缺少一方面内容扣0.1分，未按规定及时进行更新每发现一次扣0.1分，扣完为止
(2)	企业规章制度落实	1	应对上级及本单位应急管理制度进行及时传达、培训宣贯和落实	查阅企业相关资料	未及时传达相关制度，发现一处扣0.1分，未开展培训宣贯，发现一次扣0.1分，未及时落实相关要求，发现一处扣0.1分，扣完为止
1.2	应急规划与实施	〔2〕			
1.2.1	应急规划	〔1〕			
(1)	应急管理发展规划	0.4	应将应急管理工作纳入企业整体发展规划	查阅与应急管理工作相关规划	应急管理工作未纳入企业发展规划不得分，纳入规划项但缺乏科学合理性一处扣0.1分，扣完为止
(2)	地铁建设开展差异化规划设计	0.2	根据施工区域可能发生的自然灾害及地质条件的特点，分析发生突发事件的几率，应对重点项目、重要地层开展差异化规划设计	查阅有关差异化规划设计文件	未开展差异化规划设计不得分；开展差异化规划设计但针对性不强扣0.1分

续上表

序　号	建设项目	标准分	建设内容	评价方法	评价标准
(3)	纳入规划项组织实施	0.4	应按发展规划逐步实施	查阅有关文件、实施材料、记录，现场询问察看	未按规划进行实施每处扣0.1分，扣完为止
1.2.2	应急日常管理	〔1〕			
(1)	工作总结及报表	0.5	1. 每季定期编制应急管理工作报表，主要内容包括：(1)应急管理和应急指挥机构基础情况季报表；(2)应急管理和应急指挥机构统计表；(3)应急预案编制情况统计表；(4)应急管理培训情况统计表；(5)应急平台建设情况统计表；(6)应急演练开展情况统计表。 2. 编制年度计划报表 (1)应急培训计划表；(2)应急演练计划表；(3)应急体系建设重点项目表。 3. 每年应组织开展应急管理年度(半年)工作总结，编写半年总结报告。总结报告内容：(1)应急管理工作总体情况，主要包括组织体系建设及运转情况；日常工作开展情况(规章制度修编、预案修编、演练培训、其他重点工作完成情况、统计其内发生的应急事件及其应对情况)；(2)安全生产应急管理工作存在的主要问题；(3)有关对策、意见和建议；(4)明年(下半年)工作思路和重点工作	查阅应急管理季度、半年、年度总结报告、报表	无总结报告不得分；季、年报表及总结报告不全面缺少一项内容扣0.1分；针对提出的问题未提出相应的对策和建议扣0.1分
(2)	案例管理	0.5	应注意收集国内外各种类型重大事故应急救援的实战案例(含本单位应急处置案例)，建立典型案例分析库，对典型事故筛选与分析，吸取经验教训，完善现有应急预案	查阅典型案例库	未建立典型案例分析库扣0.5分，未进行统计分析扣0.5分，统计分析不到位扣0.2分；未对上一年度应急响应及处置情况纳入案例分析扣0.2分，分析不到位扣0.2分
1.3	应急组织体系	〔6〕			
1.3.1	领导机构	2	(1)应设应急领导机构，组长由本单位主要负责人担任，副组长由其他领导担任； (2)应急领导机构成员名单及常用通信联系方式应报上级单位备案； (3)落实主要负责人是应急管理第一责任人的工作责任制	查阅相关文件、制度，检查落实情况	未设应急领导小组(或应急指挥中心)不得分，成员组成不符合要求一处扣0.2分；应急领导小组成员名单及常用通信联系方式未报上级备案扣0.5分
1.3.2	管理机构	2	应急领导机构应下设应急办公室，明确相关职责，配备专职或兼职人员，对应急工作进行归口管理	查阅相关文件、制度，检查实情况	未设应急办公室并 未进行归口管理扣0.5分；职责不明确或未配备专职或兼职人员扣0.5分

续上表

序　号	建设项目	标准分	建设内容	评价方法	评价标准
1.3.3	保证体系	2	(1)应急办公室应负责开展应急管理和预案制定工作的监督检查。 (2)调度、运检、安监、信通、外联、保卫等部门应实时监控施工安全，及时处置突发事件应急；物资、财务、后勤等部门应落实应急队伍和物资储备，做好应急抢险救灾、抢修恢复等应急处置及保障工作。 (3)层层建立安全生产应急管理责任体系	查阅相关文件、制度，检查落实情况； 对相关领导、管理人员、一线员工进行访谈或查问	应急办公室未开展安全、稳定应急管理和预案制定的监督检查，扣0.5分；各专业部门应急职责不明确，每发现一处扣0.2分；专业部门和单位未落实应急工作要求，每发现一处扣0.2分，扣完为止
1.4	应急预案体系	〔9.5〕			
1.4.1	风险分析	〔2.5〕			
(1)	工程自身风险，周边环境风险分析	1	应结合地质、结构、施工工法、周边环境等综合分析工程自身风险和周边环境分析，制定风险管控措施和方案，做好过程风险巡查和风险监控	查阅风险评估成果、风险动态管控清单、风险巡查和监测等相关材料	未开展风险评估扣0.5分，风险评估质量不符合要求扣0.2分，未制定风险管控措施方案或执行不到位扣0.2分，未开展动态风险管控及监测扣0.3分，扣完为止
(2)	人身、设备安全风险分析	1	应结合具体施工工序、工艺、场景分析人身伤害和设备损毁风险，采取安全防护措施或装备，定期开展隐患排查	查阅风险评估成果，安全防护措施落实情况，隐患排查资料	未开展风险评估扣0.5分，风险评估质量不符合要求扣0.2分，未制定安全防护措施或落实不到位扣0.2分，未开展隐患排查扣0.3分，扣完为止
(3)	其他风险分析	0.5	应根据本工程特点，开展自然灾害、事故灾难、公共卫生和社会安全事件风险分析	查看预案等有关材料，现场询问察看	未开展响应风险分析，每项扣0.2分，扣完为止
1.4.2	预案管理	〔7〕			
(1)	总体应急预案	〔1.5〕			
①	预案要求	0.5	应结合企业安全生产和应急管理工作实际，并满足以下基本要求： (1)符合与应急相关的法律、法规、规章和技术标准的要求； (2)与风险分析和应急能力相适应； (3)责任分工明确，责任落实到位； (4)与上级及政府部门的应急预案有机衔接	查阅施工单位的综合(总体)应急预案	内容不符合企业安全生产和应急管理工作实际，扣0.1分；不满足基本要求每项扣0.1分，扣完为止
②	预案结构和内容	1	应符合《城市轨道交通建设工程质量安全事故应急预案管理办法》的相关要求	查阅综合(总体)应急预案	结构不符合导则规定，每项扣0.2分，扣完为止
(2)	专项应急预案	〔2〕			
①	自然灾害类专项应急预案	0.5	应针对区域可能面临的自然灾害，如地震、大暴雨、洪水等风险分析结果，编制相应的专项应急预案	查阅施工单位的自然灾害类专项应急预案	预案不齐全，每缺少一项扣0.2分；预案针对性不强，每项扣0.1分；未按要求发布，每缺少一项扣0.1分，扣完为止
②	事故灾难类专项应急预案	0.5	应针对可能发生的人身事故、拼装事故、设备事故、网络信息安全事故及环境污染事故等各类地铁建设事故风险分析结果，编制相应的专项应急预案	查阅施工单位的事故灾难类专项应急预案	预案不齐全，每缺少一项扣0.2分；预案针对性不强，每项扣0.1分；未按要求发布，每缺少一项扣0.1分，扣完为止

续上表

序号	建设项目	标准分	建设内容	评价方法	评价标准
③	公共卫生事件类专项应急预案	0.2	应针对可能发生的传染病疫情、群体性不明原因疾病、食物中毒等突发公共卫生事件的风险分析结果，编制专项应急预案	查阅施工单位的公共卫生事件类专项应急预案	没有预案不得分；预案针对性不强，每项扣 0.1 分；未按要求发布，扣 0.1 分，扣完为止
④	社会安全事件类专项应急预案	0.3	应针对可能发生的群体性事件、突发新闻媒体事件等社会安全事件的风险分析结果，编制相应的专项应急预案	查阅施工单位的社会安全事件类专项应急预案	预案不齐全，每缺少一项扣 0.2 分；预案针对性不强，每项扣 0.1 分；未按要求发布，每缺少一项扣 0.1 分，扣完为止
⑤	预案内容	0.5	1. 应符合《城市轨道交通建设工程质量安全事故应急预案管理办法》相关要求。 2. 附件应包括：(1)有关应急机构或人员联系方式；(2)应急救援队伍信息；(3)应急物资储备清单；(4)规范化格式文本；(5)关键的路线、表示和图纸；(6)相关应急预案名录；(7)有关流程等内容	查阅施工单位的专项应急预案	内容不符合导则，发现一处扣 0.1 分，扣完为止
(3)	现场处置方案	〔1.5〕			
①	现场处置方案设置要求	0.5	应组织基层单位或部门针对特定的具体场所(如调控值班室、盾构机驾驶舱等)、设备设施(如盾构刀盘、螺旋出土器等)、岗位(如运行人员、检修人员等)，在详细分析现场风险和危险源的基础上，针对典型的突发事件类型(如人身事故、拼装事故、设备事故等)，制定相应的现场处置方案	查阅相关资料	方案不齐全，每缺少一项扣 0.1 分；未按要求发布，每缺少一项扣 0.1 分，扣完为止
②	现场处置方案内容	0.5	现场处置方案的结构和内容包括： (1)总则；(2)事件特征；(3)应急组织及职责；(4)应急处置；(5)注意事项；(6)附件	查阅施工单位的现场处置方案。对管理人员及一线人员进行访谈或查问	内容不符合导则，发现一处扣 0.1 分，扣完为止；被访谈或查问人员不清楚本岗位现场处置方案应急职责和处置流程，发现一次扣 0.1 分，扣完为止
③	应急处置卡	0.5	(1)重点岗位应制定应急处置卡； (2)重点岗位应包括但不限于：调度、掘进控制、拼装、管片运输等	查阅施工单位的应急处置卡	重点岗位未制定应急处置卡的，发现一处扣 0.1 分，扣完为止
(4)	预案评审	1	(1)施工单位应当组织专家对本单位编制的应急预案进行评审，涉及各方协调和社会联动的应急预案评审时可邀请政府有关部门和其他相关单位人员参加； (2)应急预案的评审应当注重应急预案的实用性、基本要素的完整性、预防措施的针对性、组织体系的科学性、响应程序的操作性、应急保障措施的可行性、应急预案的衔接性等内容； (3)评审应当形成书面纪要并附有专家名单； (4)施工单位应当依据专家评审意见对应急预案进行修订完善	查阅施工单位事故应急预案的评审、审批记录文件	未按要求组织预案评审，每个预案扣 0.1 分，未按照专家评审意见进行修订和完善，每一处扣 0.1 分，扣完为止

续上表

序号	建设项目	标准分	建设内容	评价方法	评价标准
(5)	预案发布和备案	0.5	评审通过的应急预案由本单位主要负责人(分管负责人)签署发布,并报上级主管单位及政府相关部门备案	查阅施工单位事故应急预案的审批、发布、备案文件	预案编制或修订后,未及时发布,每项扣0.1分;未报上级主管单位及政府相关部门备案扣0.1分,扣完为止
(6)	预案更新	0.5	按照《城市轨道交通建设工程质量安全事故应急预案管理办法》的有关要求,根据应急管理法律法规和有关标准变化情况、安全生产形势和问题、应急处置经验教训、应急组织机构和人员的联系方式等,及时进行更新	查阅施工单位事故应急预案及相关内容	未对预案进行动态管理与及时修订的发现一处扣0.1分,扣完为止
1.5	应急培训与演练	〔8〕			
1.5.1	应急培训	〔4〕			
(1)	培训计划	0.8	应将应急培训纳入企业教育培训规划和职工年度培训计划,制定培训大纲和具体课件,培训结束后要有培训总结	查阅企业年度培训计划、演练方案、班组安全活动记录,实地核查	未纳入年度培训计划不得分;计划落实不到位扣0.3分
(2)	应急管理人员培训	1	(1)应定期组织开展现场考问、反事故演习、事故预想等场培训活动,应掌握本岗位或与本岗位密切相关的应急预案有关内容。 (2)应组织开展应急管理、应急指挥理论技术培训。 (3)应参加相关技术业务培训。 (4)应组织并参加相关应急常识、救援抢修技能的业务培训,如应学会紧急救护法;应掌握消防器材的使用方法等	现查阅培训资料	未定期组织开展应急培训扣0.2分;未掌握相关应急预案相关内容扣0.1分;未接受急救培训或不掌握紧急救护法扣0.1分/人;不掌握消防器材使用方法扣0.1分
(3)	应急队伍培训	1	(1)应急队伍人员应每年进行专业应急技能培训; (2)掌握相关应急救援抢修设备、装备的使用; (3)掌握突发事件(故)预防、避险、自救、互助、减灾等技能	查阅培训资料	未安排专业技能培训,扣0.4分;未安排专项训练和急救训练扣0.3分;未掌握应急装备的正确使用方法扣0.3分
(4)	应急知识宣传	0.6	(1)利用多种渠道或方式开展地铁施工安全应急知识的科普宣传和教育,提高公众掌握应对施工突发事件的能力; (2)三级安全教育培训应包括生产作业场所危险源(点)辨识、如何避险和报警等有关内容; (3)公布有关应急预案、报警电话等	查阅宣传手册、展板、图片及相关影像等资料	未面向公众开展相关应急宣传和教育不得分;三级安全教育应急培训内容不全面扣0.2分;员工无法查询应急预案、报警电话扣0.1分

续上表

序　号	建设项目	标准分	建设内容	评价方法	评价标准
(5)	检查考核	0.6	针对岗位应急知识教育和自救互救、避险逃生技能培训情况，定期组织考核	查阅考核记录	未组织考核，发现一处扣0.2分，扣完为止
1.5.2	应急演练	〔4〕			
(1)	演练计划	0.5	(1)施工单位应制定年度演练计划； (2)演练计划应包含内容：演练项目名称、主要内容、演练类型、参演人数、计划完成时间、演练经费概算等	查阅施工单位制定的年度演练计划	未制定演练计划的不得分；未按计划完成演练任务的扣0.3分；演练计划内容不完整，每缺少1项扣0.1分，扣完为止
(2)	演练实施	2	(1)每年应至少组织一次本单位内部施工紧急突发事件应急演练； (2)应定期组织开展施工调度联合反事故演习，综合考虑施工薄弱环节及多发性事故特点，有针对性地演练各部门之间协同处置重大突发事件的应急机制，提高各级运行人员的事故判断和应急处置能力； (3)应针对重大人员伤亡、施工设施毁损、自然灾害等各类突发事件，定期组织应急演练	查阅施工单位演习记录	未按要求定期组织开展地铁施工突发事件应急演练扣0.5分；应急演练无针对性扣0.5分；各类突发事件应急演练不全面，每缺少一类，扣0.1分，扣完为止
(3)	演练评价和改进措施	1.5	应及时对应急演练开展情况进行评价，根据评价结果采取相应整改完善措施，并检查落实情况	查阅应急工作总结等相关资料	未对应急演练情况进行评价发现一次扣0.4分，评价后对于发现问题未列整改计划发现一处扣0.2分，计划未落实发现一处扣0.2分
1.6	应急队伍	4			
1.6.1	专家队伍	1.5	(1)应组织建立施工应急专家组，开展专家信息收集、分类、建档工作，建立相应数据库，逐步完善专家信息共享机制，形成分级分类、覆盖全面的地铁施工应急专家资源信息网络； (2)完善专家参与预警、指挥、抢险救援和恢复重建等应急决策咨询工作机制，开展专家会商、研判、培训和演练等活动	查阅相关文件、制度，检查落实情况	未建立专家队伍不得分；施工应急专家资源覆盖专业不全面扣0.2分；未建立专家参与应急决策咨询工作机制扣0.3分，扣完为止
1.6.2	应急抢险救援队伍	2.5	(1)应组建专(兼)职应急抢险救援队伍，包含设备抢修、舆情应对等； (2)加强应急抢险救援队伍的日常管理； (3)配备必要的应急装备、物资； (4)定期组织技能培训、装备保养、预案演练等活动	查阅相关资料、档案	未建立专(兼)职应急救援队伍不得分；未执行管理制度，扣0.3分；未定期组织技能培训、装备保养、预案演练扣0.3分
1.7	应急指挥中心	〔4.5〕			

续上表

序号	建设项目	标准分	建设内容	评价方法	评价标准
1.7.1	应急指挥中心硬件设施	2	应急指挥中心硬件设施应包括： (1)应急指挥中心应满足指挥、会商、值班等功能和空间要求； (2)应配备电视电话会议系统； (3)与政府及相关部门应急指挥中心建立畅通的联络机制； (4)与上下级应急指挥中心应完成系统对接； (5)应满足应急指挥中心与各相关协调单位应急通信的要求； (6)应满足应急指挥中心与各级施工单位、事故处理部门以及重要用户之间的应急指挥、调度、通信的要求； (7)应对音频、视频、有关数据做完整记录； (8)应急中心网络有相关网络安全规定，运行满足安全保密要求	现场检查	未按要求建设应急指挥中心的不得分；配置不满足要求扣0.2分；无会议系统扣0.5分；与政府应急指挥中心未完成相应对接的扣0.2分，与下级未实现对接的扣0.5分；未考虑应急电话量和电话应急优先级别扣0.5分；音频、视频、数据记录缺少一项扣0.5分；未有网络安全防护措施的不得分，防护措施不完善的扣0.5分；扣完为止
1.7.2	应急管理软件系统	1.5	应急管理软件系统应包括： (1)应建立完善的应急管理信息系统； (2)应急管理信息系统的信息通道应畅通； (3)应急管理信息系统应具有辅助决策功能； (4)应急管理信息系统应有良好的可扩展性和升级能力	现场检查	未建立应急管理软件系统不得分；软件系统功能缺少一项扣0.3分；信息数据不完备扣0.3分，扣完为止
1.7.3	应急指挥中心自身保障	1	(1)应急指挥中心应具备独立的两路交流供，电每路电源应具备应急指挥中心满负荷供电能力，且两路交流电源之间能实现互为备用、快速转换； (2)交流失电后，应急指挥中心控制室内的重要设备、应急照明设备等应由UPS电源进行供电，供电时间不低于1 h，应急指挥中心应在交流失电1 h内应能启动应急电源进行供电	现场检查	不具备独立的两路交流电源不得分；两路交流电源不能实现互为备用不得分；无UPS电源进行供电或供电时间小于1 h不得分；应急指挥中心在交流失电1 h内无法启动应急电源供电不得分
1.8	应急保障能力	〔11.5〕			
1.8.1	资金保障	1	(1)应将应急培训、演练、应急系统建设及运行维护等所需资金，纳入年度资金预算，建立健全应急保障资金投入机制； (2)企业行政领导应保证所需经费的提取和使用	查阅安监、财务等部门相关资料	未将应急体系建设所需资金纳入年度资金预算不得分；经费不能保证不得分；未对应急经费使用情况进行监督扣0.5分
1.8.2	物资保障	〔3.5〕			

续上表

序号	建设项目	标准分	建设内容	评价方法	评价标准
(1)	物资储备	2	(1)应建立应急物资仓库或在物资仓库中储备应急物资，形成应急物资储备网络； (2)储备方式可采取实物储备、协议储备、动态周转等方式； (3)应急物资日常维护管理，定期调整、轮换与更新储备物资，保证应急情况下的快速投入使用	现场检查物资库、查阅相关资料	未建立应急物资仓库或在物资仓库中储备应急物资不得分；未制定应急装备清单扣 0.5 分；未建立应急物资管理制度不得分；未按规定存放和保养，每件(套)扣 0.2 分；装备存在故障或缺陷，影响安全和使用性能，每件(套)扣 0.2 分，扣完为止
(2)	物资调配	1	(1)应急物资应统一合理调配； (2)应建立重要施工应急物资监测网络、预警体系和应急物资生产、储备及紧急配送体系	查阅物资调配制度、应急物资台账	未建立应急储备物资统一调拨制度不得分；未建立应急物资监测网络扣 0.2 分，未建立应急物资预警体系扣 0.2 分；未建立应急物资采购及配送体系扣 0.5 分，扣完为止
(3)	物资信息	0.5	应实现应急物资综合信息动态管理和共享，在事故应急时可迅速获取物资储备的资源分布情况，保障应急物资供应	检查应急物资存放现场、检查物资信息系统、台账资料	未建立动态数据库不得分；信息不完整每项扣 0.1 分；更新不及时、信息有差错发现一处扣 0.1 分，扣完为止
1.8.3	装备保障	〔2〕			
(1)	装备配置	1	(1)基本配置(一组)：应急发电车 1 辆、中小型发电机 5 台、高杆照明灯 2 套、指挥部帐篷 2 顶、卫星电话 2 部； (2)上述装备施工单位应至少各配备一组，大型重点工程施工单位应至少各配备两组；装备的具体容量、参数等结合各工程情况实际确定； (3)各单位在满足基本配置的基础上，应结合单位、区域特点和历史突发事件等，适当配置基本生活装备(应急食品、个人防护服等)、交通运输装备(冲锋舟、炊事车、净水车等)、生命保障装备(急救包、防毒面罩等)等	检查应急装备存放现场、检查台账资料	未按标准配置每发现一处扣 0.2 分，扣完为止
(2)	装备维护管理	1	(1)专用装备设施应按相应规定妥善存放和按时保养； (2)指定专人负责 (3)不得擅自挪用	查阅应急装备维护制度、使用、保养记录	未建立应急装备维护管理制度不得分；装备维护使用信息不完整、更新不及时扣 0.3 分；信息有差错扣0.2 分
1.8.4	通信保障	2	(1)应按照国家有关标准配备适用的卫星通信、数字集群、短波电台等无线通信设备，健全完善已有的有线通信设备和网络信息系统，增大应急通信系统的传输容量，增强极端条件下应急通信的可靠性，并根据需要配备保密通信设备； (2)应严格执行应急通信管理制度； (3)应急响应期间，应有可靠的指挥、调度、通信联络和信息交换渠道	检查应急联络制度、现场查看应急通信设备设施	未严格执行应急通讯管理制度，扣 0.1 分；未建立相应通信录，扣 0.5 分；相关人员通信方式不齐全扣 0.2 分；应急通信与信息不畅通，扣 0.3 分，扣完为止

续上表

序号	建设项目	标准分	建设内容	评价方法	评价标准
1.8.5	后勤保障	1	建立后勤保障体系，保证突发事件发生后对灾区抢修队伍及员工生活、医疗、心理等方面的快速保障与救助		未建立后勤应急保障体系扣0.3分；人员职责不清扣0.2分；应急保障措施不落实扣0.3分，扣完为止
1.8.6	协调机制	〔2〕			
(1)	施工单位与政府部门、单位的协调	1	(1)施工单位应与当地政府部门建立协调机制；发生较严重施工突发事件时，应及时向政府汇报，争取各方面支援； (2)应与公共服务资源建立协调机制，建立相互协作支援机制； (3)应急情况下，施工单位应配合和支持政府或重要单位的应急工作	查看事故应急预案及相关文件	施工单位与政府未建立协调机制不得分；发生突发事件未及时向政府汇报，延缓救援或造成不良舆论不得分；未与公共服务资源建立协调机制不得分；未及时配合和支持政府或重要单位应急工作不得分
(2)	多方协调	1	(1)各部门应急预案之间的协调应有协议或文件保证； (2)协调机制失灵时应有快速调解机制	查看事故应急预案及相关文件	应急预案未规定协调机制不得分，应急预案之间的协调无文件或者协议扣0.1分；未根据工程类型建立不同的协调机制的扣0.1分；未指定快速调解机制扣0.1分，扣完为止
2	监测与预警	〔10〕			
2.1	监测预警能力	〔3〕			
2.1.1	基础信息数据库	1.5	(1)应依托现有专业信息系统，实现突发事件信息的汇集、分析、传输与共享； (2)利用现有生产、调度、营销等平台，明确信息报送渠道和程序； (3)建立与上级主管部门、政府及相关专业部门的信息联络网	现场检查查阅有关信息管理系统、信息报送流程资料	未建立专业信息系统，扣0.5分；企业未明确信息报送渠道和程序，扣0.3分；主要生产单位未明确信息报送渠道和程序，扣0.3分；未建立与上级部门的信息联络网扣0.3分，扣完为止
2.1.2	完善系统	1.5	应按照事件类别，明确部门，完善现有各类在线监测、监控系统，整合利用相关信息，建立健全监测预警系统	现场检查；查阅有关信息管理系统	未建立典型灾害监测预警系统，发现一处扣0.3分，扣完为止
2.2	事件监测	〔3〕			
2.2.1	风险告知	1	(1)必须向从业人员告知作业岗位、场所危险因素和险情处置要点； (2)高风险区域和重大危险源必须设立明显标识，并确保逃生通道畅通	现场检查；现场考问	未进行风险告知，发现一处扣0.2分；未对高风险区域等设立标识，发现处扣0.2分，扣完为止

续上表

序号	建设项目	标准分	建设内容	评价方法	评价标准
2.2.2	监测网络	2	（1）应建立分级负责的常态监测网络。按事件分类，明确由各相关专业部门指定的负责人对各类事件进行常态监测、监控； （2）应明确各专业部门的监测职责，明确监测范围； （3）与上级主管部门、政府及其有关部门，气象、交通、防汛、地震、消防、卫生等专业机构，建立常态联络机制； （4）应对发现的问题提出整改意见或应对措施。事故处理后应及时进行分析评价，提出改进措施； （5）应建立舆情监测系统，实时监测新闻媒体及网络信息	现场检查；查看预案、制度文件以及信息系统	未建立分级负责监测网络不得分，各部门监测负责人或职责不明确，每处扣 0.2 分；专业部门的监测职责、监测范围不明确，每处扣 0.2 分；与上级部门、政府部门、专业机构常态联络机制，缺少一项扣 0.1 分；事故处理后未及时分析评价或提出改进措施，1 次扣 0.3 分，未建立舆情监测系统扣 0.2 分
2.3	预警管理	〔4〕			
2.3.1	预警分级	1	应针对不同突发事件建立预警分级机制，明确分级标准和启动程序	查看相关应急预案	未开展预警分级工作的，不得分；预警分级机制不符合要求的，发现一处扣 0.2 分，扣完为止
2.3.2	预警发布	1	应针对可能发生的自然灾害、事故灾难、公共卫生事件和社会安全事件，提前进行研判，明确预警等级，确定预警措施，发布内部预警通知。有可能发生施工突发事件时，及时报告受影响区域地方政府，并提出预警信息发布建议，并视情通知附近群众	查看预警通知和处置记录	未做预警通知 1 次扣 0.3 分；预警措施缺乏针对性 1 次扣 0.2 分；预警级别确定不合理 1 次扣 0.1 分；预警发布流程不规范 1 次扣 0.1 分；未向政府及时报告的 1 次扣 0.2 分
2.3.3	预警行动	1.5	（1）应根据事态发展情况和预警等级，安排应急值班； （2）预警阶段，应及时收集事件发展信息，及时按照信息报告流程报告信息； （3）应急领导小组成员、应急队伍和相关人员应根据预警等级，按照预警通知要求进入待命状态； （4）应及时向预警发布部门反馈措施执行情况，实现闭环管理	现场检查；查看事件处置记录	应开展应急值班而未开展扣 0.3 分；应及时报送信息未报送扣 0.2 分；应急队伍等人员未按照要求进入待命状态扣 0.2 分；其他预警措施未响应到位 1 次扣 0.2 分，措施执行情况未反馈 1 次扣 0.1 分，扣完为止
2.3.4	预警调整和结束	0.5	根据事态发展，应适时调整预警级别并重新发布。有事实证明突发事件不可能发生或者危险已经解除，应立即发布预警解除信息，终止已采取的有关措施	查看相关事件处置记录	未及时调整或者解除预警响应的 1 次扣 0.2 分；调整或者解除程序不符合要求的，1 次扣 0.1 分，扣完为止

续上表

序号	建设项目	标准分	建设内容	评价方法	评价标准
3	应急处置与救援	〔30〕			
3.1	先期处置	3	(1)突发事件发生时,现场人员应能第一时间进行先期处置,采取阻断或隔离事故源、危险源的措施,控制事态发展,防止事故扩大,重点做好人员的自救和互救工作; (2)严重危及人身安全时,立即停止现场人员作业,采取必要的或可能的应急措施后撤离危险区域; (3)立即将险情或事故发生的时间、地点、当前状态等简明信息如实向上级、有关部门报告	查看相关事件处置记录,视情况考问现场处置相关人员	未掌握先期处置方法的每人次扣0.5分;未及时上报事件简明信息扣0.5分;未进行正确的先期处置导致人员自身伤亡或事故扩大本项不得分
3.2	应急指挥	〔8.5〕			
3.2.1	启动应急响应	2	(1)经应急领导小组批准确定响应级别,迅速按照相关预案要求启动相应级别的应急响应并组织实施应急处置; (2)将启动应急响应有关情况报告上级或地方政府有关部门	查看相关事件处置记录,视情况考问相关人员	未按预案要求启动应急响应本项不得分;启动应急响应的级别不正确扣0.1分;未按规定报告上级或地方政府扣0.1分
3.2.2	应急响应行动	3.5	(1)按有关预案要求迅速启用应急指挥中心; (2)根据事态发展组织开展应急会商; (3)组织开展应急值班,按要求开展信息报告:监测、设备运维等工作; (4)应急领导小组成员、应急队伍和相关人员应根据预警等级,按照预警通知要求进入待命状态; (5)应及时向预警发布部门反馈措施执行情况,实现闭环管理	查看相关事件处置记录,视情况考问相关人员	未按照预案要求启用应急指挥中心扣0.5分;未按要求开展应急会商扣0.5分;未要求开展应急值班扣0.5分,未要求开展信息报告扣0.5分,未部署相关专业人员开展救援,发现一处扣0.2分,扣完为止
3.2.3	资源调动	3	(1)应急指挥人员应及时到岗到位; (2)迅速调派应急队伍奔赴事故现场; (3)应急救援物资应及时供应; (4)后勤保障系统工作到位; (5)必要时跨区调用应急队伍、应急物资及时支援	查看相关事件处置记录,视情况考问相关人员	应急指挥人员未能及时到岗到位不扣0.5分;应急队伍集结、出发不及时扣0.5分;应急保障制度不完善扣0.5分;应急物资供应不及时、后勤保障不能及时跟进每发现一处扣0.2分,扣完为止
3.3	应急救援	〔8.5〕			
3.3.1	现场救援	3.5	(1)应急救援队伍携带必需的应急装备、工器具迅速抵达现场,勘查现场情况,及时反馈信息; (2)立即组织开展现场人员自救互救、疏散、撤离、人员安置等应急救援工作; (3)配置相应的设备设施,迅速搭建现场指挥部,建立与后方指挥部的通信联系; (4)保障现场应急照明、应急供电系统可靠运行	查看相关事件处置记录,视情况考问相关人员	应急救援队伍未及时抵达现场每发现一次扣0.5分;抵达现场装备配置不符合现场要求每发现一处扣0.2分;应急救援不能有序开展每发现一处扣0.2分;现场指挥部与后方指挥部的通信联系不畅通每发现一处扣0.2分,未保障现场应急照明、应急供电系统可靠运行,扣0.2分,扣完为止

续上表

序　　号	建设项目	标准分	建设内容	评价方法	评价标准
3.3.2	现场处置	5	(1)成立现场指挥部； (2)及时制定现场抢修方案，抢修方案应考虑不同条件下的危险因素和困难，经专家论证后按抢修方案进行应急抢修； (3)应急队伍应熟悉现场抢修方案，开展施工现场抢修； (4)做好现场安全保卫，控制危险源，标明危险区域，封锁危险场所，并采取其他防范措施避免事故或损失扩大； (5)做好现场监测，保证抢修现场人员安全； (6)做好基本生产保障和事故现场环境评价工作，做好事故防范措施，防止次生灾害和二次事故的发生	查看相关事件处置记录，视情况考问相关人员	未按预案要求成立现场指挥部扣0.1分；现场抢修方案未制定扣0.1分，现场抢修方案不合理或未经专家论证每发现一处扣0.2分；应急抢修队伍对现场抢修方案不熟悉，未熟练掌握应急处置技能与应急装备使用知识每发现一处扣0.2分；未采取有效的防范措施致使事故或损失扩大每发现一处扣0.5分；未能有效开展现场监测扣0.5分；发生次生灾害或二次事故扣0.1分
3.4	信息报送	〔6〕			
3.4.1	信息统计及报送	2	应建立应急信息统计报送制度，及时掌握施工设备受损程度和影响范围，按要求及时、全面、准确地统计突发事故造成的人员伤亡和损失情况，并按上级单位和政府的要求及时上报	查看相关文件制度和事件处置记录	未建立应急信息统计制度的扣0.1分；事发单位、班组未熟练掌握灾情统计报告流程扣0.5分；灾情统计分析不到位每处扣0.2分，上报不及时每处扣0.2分，扣完为止
3.4.2	信息收集与交换	1	整合各类信息，确保与上级、政府主管部门和各专业机构有效沟通、充分交换信息	查看相关事件处置记录	信息报送内容、数据不一致每发现一处扣0.2分，信息不完整每发现一处扣0.2分，沟通交换信息不及时每发现一处扣0.2分，扣完为止
3.4.3	信息发布	〔3〕			
(1)	信息发布程序	2	(1)应制定信息发布的模板和新闻发布通稿； (2)应按政府要求，做好相关信息发布工作； (3)信息发布应及时，避免产生负面影响	查阅信息发布相关规定及已经发布的信息资料，视情况考问相关人员	未制定信息发布模板和新闻发布通稿扣0.5分；未按要求进行信息发布或新闻发布扣0.1分；信息发布不及时或产生负面影响的扣0.5分
(2)	信息发布内容	1	(1)信息发布的内容应包括：事件概要、影响范围、事件原因、已采取的措施、预计恢复时间等； (2)信息发布应结合应急响应阶段性特点，做好动态管理，及时更新	查阅信息发布相关规定及已经发布的信息资料，视情况考问相关人员	信息发布的内容不全面扣0.3分；不同阶段未做好动态管理、及时更新发现一处扣0.3分，扣完为止
3.5	舆情引导	3	(1)建立突发事件舆情监测预警、管理控制相关的数据库、信息获取与分析系统； (2)落实舆情信息监测人员职责； (3)发生突发事件，通过微博、微信等渠道第一时间向社会发布信息	查阅相关规定资料，视情况考问相关人员	未建立舆情监测预警系统的扣0.5分；监测人员职责不落实、分析不到位扣0.5分；上报及发布不及时，扣0.5分；未开通官方微博、微信，信息发布渠道单一的扣0.2分

续上表

序号	建设项目	标准分	建设内容	评价方法	评价标准
3.6	调整与结束	1	是否按要求调整或终止应急响应，发布调整或解除应急响应通知是否按预案要求执行	查看相关事件处置记录，视情况考问相关人员	调整或解除应急响应的条件与预案要求不一致扣0.5分，发布调整或解除应急响应通知不及时、不规范每发现一处扣0.2分，扣完为止
4	事后恢复与重建	〔10〕			
4.1	后期处置	〔3〕			
4.1.1	灾后人员心理疏导	0.2	对受影响且需要心理救助的人员进行心理疏导和救助	查阅相关报告及记录等	未对受灾影响需要心理救助的员工开展心理恢复的每件扣0.1分
4.1.2	事件经济损失分析	1	组织相关专业部门开展突发事件的损失统计和综合分析，及时开展保险理赔及费用结算	查阅相关报告及记录等	未进行损失统计及综合分析的每次扣0.2分，未及时开展保险理赔及费用结算每次扣0.2分
4.1.3	事件调查分析	1	查找突发事件的起因、性质、影响、经验教训	查阅相关报告及记录等	未针对突发事件进行分析每次扣0.2分
4.1.4	资料归档	0.8	及时清理事发现场，收集整理灾害影响影像资料和相关基础资料，并进行归档	查阅相关报告及记录等	响应结束后未及时进行资料归档的每次扣0.2分
4.2	应急处置评价	〔4〕			
4.2.1	评价调查与考核机制	1	(1)建立健全事件处置评价调查与考核机制； (2)事发单位对每次突发事件的处置过程进行评价调查； (3)事发单位应对上级单位应急处置评价调查报告有关建议和要求，应予以落实，制定整改计划，限期整改，闭环管理，按要求向上级单位进行反馈； (4)应按规定组织或配合上级部门开展事故调查，并做好归档和备案工作，有针对性地制定事故防范对策措施，对整改措施进行落实； (5)将应急考核工作纳入企业业绩考核；建立应急工作奖惩机制，对应急日常管理、应急体系建设、应急处置与救援全过程进行考核	查阅相关考核记录等	未建立评价调查与考核机制不得分；未对突发事件处置进行评价调查每次扣0.2分；评价调查整改措施不落实或未形成闭环管理每次扣0.2分，扣完为止
4.2.2	事件评价调查	〔3〕			
(1)	预警启动评价调查	0.5	(1)预警解除后，在规定时间内进行自行评价调查； (2)分析各预警环节的优劣，指出存在问题，提出整改建议； (3)针对提出的问题，制定整改措施，对需长时间才能完成的要列入工作计划	上一年度及本年度突发事件的预警响应记录、预警评价报告及相关资料	未进行预警启动评价的不得分；预警启动不适当或应启动而未启动的酌情扣0.1分；未对发现的问题提出有效的整改措施扣0.1分；未上报的扣0.1分，扣完为止

续上表

序　号	建设项目	标准分	建设内容	评价方法	评价标准
(2)	应急响应评价调查	1.5	(1)应急响应解除后，在规定时间内进行自行评价调查； (2)完成评价调查报告； (3)对应急处置过程中发现的薄弱环节进行评价；对应急响应各阶段应急处置的正确性，预案的科学合理性及相关防范措施落实情况进行评价	现场勘查、查阅相关文字、音像资料和数据信息、询问有关人员等	未对应急处置过程中发现的薄弱环节进行评价，扣0.5分；评价内容不全面缺少一项扣0.5分；重要的总结评价报告未经专家审核扣0.5分，未及时上报扣0.5分；未针对总结评价提出的问题制定整改措施扣0.5分，扣完为止
(3)	应急预案执行	0.5	(1)启动应急响应是否按预案要求执行； (2)响应行动措施是否按预案执行； (3)收集及报送内容、程序等是否符合预案要求	查看相关事件处置记录，视情况考问相关人员	启动应急响应未按预案要求执行扣0.2分，应急响应级别确定不符合预案要求扣0.2分，应急响应启动的条件和程序不符合预案要求扣0.2分，应急响应行动措施未按预案执行，发现一处扣0.1分，信息收集及报送内容、程序等不符合预案要求，发现一处扣0.2分，扣完为止
(4)	落实整改	0.5	根据总结评价提出的整改措施进行落实，短期内不能完成的整改内容应列入整改计划	查阅整改计划与落实情况	整改措施未落实或未制定整改计划不得分，措施不全面或不符合实际每项扣0.2分，措施不落实每项扣0.2分
4.3	恢复重建	〔3〕			
4.3.1	重建被毁设施设备	1.5	制定临时过渡措施和整改措施计划，针对存在的设备、设施隐患，落实资金及工作时间进度，保证系统安全	查阅相关报告及记录等	未针对短期内无法恢复的设备设施制定临时过渡措施和整改计划的每次扣0.2分
4.3.2	重新规划和建设	1.5	结合事故调查分析结果，查找存在的问题，重新修改工作规划，提出施工规划建议，制定改造和改进方案	查阅相关报告及记录等	未针对事故调查分析结果，重新修改施工方案及工作规划，制定改造和改进方案的每次扣0.1分

附录 B 城市轨道交通建设期企业应急能力建设动态评价表

序号	评价方式	评价内容	对象	标准分值	评价标准
1	访谈（5分）	对本岗位应急工作职责的了解程度	应急领导小组成员	2.5	熟悉 2～2.5 分；一般熟悉 1～2 分；不熟悉 0～1 分
		对总体预案和施工事故预案内容、预警、响应流程的了解程度		2.5	熟悉 2～2.5 分；一般熟悉 1～2 分；不熟悉 0～1 分
2	考问（20分）	对本岗位应急．工作职责的掌握程度	部门负责人、管理人员、一线员工	5	熟悉 4～5 分；一般熟悉 2～3 分；不熟悉 0～1 分
		对相关预案内容等的掌握程度		10	熟悉 8～10 分；一般熟悉 5～7 分；不熟悉 0～4 分
		国家相关法律法规、地铁施工监管机构相关规定、各级政府地方法规有关规定、本企业相关规定、标准的了解程度		5	熟悉 4～5 分；一般熟悉 2～3 分；不熟悉 0～1 分
3	考试（25分）	国家相关法律法规、地铁施工监管机构相关规定、各级政府地方法规有关规定、本企业相关规定、标准	管理人员、一线员工	5	考题：50 分制的考题，按标准分设置情况出相应的题目；100 分制的考题按标准分的两倍出相应的题目。 组织：选取一定的人员组织考试，取平均分，再归一化至 50 分。另外，再明确各项分指标的平均分
		应急管理基本常识与技能		5	
		应急救援抢修基本常识与技能		5	
		隧道施工、监测安全知识		10	
4	现场演练（50分）	参加现场应急处置的人员是否准备充分	一线员工	5	现场应急处置人员数量不足、两穿一戴不规范、携带的工器具不齐全，每发现一处扣 1 分，扣完为止
		先期处置阶段的处置措施是否全面、得当		10	先期处置阶段的处置措施不够全面、得当或与现场处置方案、应急处置卡不一致，每发现一处扣 1 分，扣完为止
		是否正确报告事件信息		10	未按现场处置方案、应急处置卡要求报告事件信息不得分；报告事件信息不规范扣 2～5 分
		现场应急处置阶段的处置措施是否全面、得当		10	现场处置阶段的处置措施不够全面、得当或与现场处置方案、应急处置卡不一致，每发现一处扣 1 分，扣完为止
		现场处置基本结束后，是否及时、正确开展后期处置工作		5	后期处置不全面、不正确，发现一处扣 1 分，扣完为止